中国社会科学院创新工程学术出版资助项目

中国社会科学院马克思主义理论
学科建设与理论研究系列丛书

马克思 恩格斯 列 宁 斯大林 论俄国-苏联和东欧中亚

LUN E GUO-SULIAN HE DONGOU ZHONGYA

|本卷主编：吴 伟

中国社会科学出版社

图书在版编目（CIP）数据

马克思、恩格斯、列宁、斯大林论俄国—苏联和东欧中亚 / 吴伟主编.
—北京：中国社会科学出版社，2013.9
ISBN 978 - 7 - 5161 - 2798 - 8

Ⅰ.①马…　Ⅱ.①吴…　Ⅲ.①马列著作 - 文集　Ⅳ.①A56 - 53

中国版本图书馆 CIP 数据核字（2013）第 129685 号

出 版 人　赵剑英
责任编辑　赵　丽
责任校对　邓晓春
责任印制　李　建

出　　版　中国社会科学出版社
社　　址　北京鼓楼西大街甲 158 号　（邮编 100720）
网　　址　http：//www.csspw.cn
　　　　　中文域名：中国社科网　　　010 - 64070619
发 行 部　010 - 84083685
门 市 部　010 - 84029450
经　　销　新华书店及其他书店

印　　刷　北京奥隆印刷厂
装　　订　北京市兴怀印刷厂
版　　次　2013 年 9 月第 1 版
印　　次　2013 年 9 月第 1 次印刷

开　　本　710 × 1000　1/16
印　　张　20.5
插　　页　2
字　　数　328 千字
定　　价　55.00 元

前　　言

　　以毛泽东、邓小平、江泽民为核心的党的三代领导集体和以胡锦涛同志为总书记的党中央始终高度重视党的理论工作，重视全党对马克思主义经典著作的学习和研究工作。

　　2004 年 1 月，《中共中央关于进一步繁荣发展哲学社会科学的意见》下发，并决定实施马克思主义理论研究和建设工程。

　　为贯彻落实党中央关于把中国社会科学院努力建设成为马克思主义坚强阵地、党和国家的思想库智囊团、哲学社会科学的最高殿堂的要求，中国社会科学院党组采取了一系列重要措施。2009 年初又决定把加强马克思主义理论学科建设与理论研究作为一项重要工作来抓，并成立中国社会科学院马克思主义理论学科建设与理论研究工作领导小组。小组成立后，一方面注重抓好马克思主义理论学科组织机构的建设，设立马克思主义理论类别的研究室和中心等；同时又注重马克思主义基础理论研究，安排了马克思主义经典作家在 28 个相关领域的"专题摘编"及基础理论专题研究。

　　中国社会科学院推出的"马克思主义经典作家专题摘编"丛书的出版，对我国学术界马克思主义理论学科建设本身，对深化我国学术界相关科研工作，对相关部门的工作人员和广大干部群众的学习也将提供便利并会产生一定的促进作用。

中国社会科学院

"马克思主义经典作家专题摘编"编委会

二〇一〇年十二月

摘 编 说 明

　　本书汇集了马克思、恩格斯、列宁、斯大林有关俄国—苏联和东欧、中亚的论述。

　　全书分为上下两编：上编为马克思、恩格斯、列宁、斯大林论沙皇俄国；下编为列宁斯大林论苏联东欧中亚。每编之内或按内政、外交领域、或按不同地区分为若干专题；每个专题之下，再按政治、经济、军事、国家关系、民族关系等分为系列子专题。子专题下，选择一段言论中或几段言论中具有概括性、典型性的语句作为子目标题，列入目录，以便于读者了解相应言论的主要内容。

　　上编马克思、恩格斯、列宁、斯大林论沙皇俄国分为"马克思、恩格斯、列宁、斯大林论沙皇俄国的对外政策和外交"和"马克思、恩格斯、列宁、斯大林论沙皇俄国的国内问题"两个专题。前一个专题主要包括：论沙皇俄国的外交政策，论沙皇俄国外交史，论"神圣同盟"，论沙皇俄国的扩张，论沙皇俄国与波兰问题，论俄国对德国的"支持"和瓜分，论沙皇俄国与土耳其的关系，论沙皇俄国与土耳其问题，论与俄国有关的战争与革命，论俄国军队等 10 个子专题，60 余个子目。后一个专题包括：论俄国废除农奴制的问题，俄国公社和俄国农村状况，论俄国的社会革命，论 1905 年革命，论泛斯拉夫主义等 5 个子专题，27 个子目。这些子专题和子目涉及了沙皇俄国内政外交的主要重大问题。

　　下编列宁斯大林论苏联东欧中亚，是本书的主要部分。列宁、斯大林亲自领导了苏联的社会主义政治经济建设，言论极为丰富。本编分为论布尔什维克党、论苏联社会主义经济政策和经济建设、论苏联的民族国家建设、论东欧等四个专题。"论布尔什维克党"中包括：论无产阶级政党的创建，论社会民主党的斗争策略，论党性，论布尔什维克党的执政，论布尔什维克党的纪律，论党内民主、矛盾与争论等 6 个子专题，40 余个子目。"论苏联社会主义经济政策和经济建设"中包括：论从资本主义到社会主义的过渡，论社会主义经济制度，论经济政策和纲领，论农业，论分配，论金融和银行，论财政，论社会主义的商品生产，论战时共产主义，论粮食税，论新经济政策，论社会主义的计划经济，论社会主义国家的对外经济关系等 13 个子专题，70 余个子目。"论苏联的民族国家建设"中包括：论民族自决权与民族主义，论联邦制，论联盟的建设和巩固问题等 3 个子专题，约 20 个子目。"论东欧"中包括：论巴尔干地区，论波兰，论罗马尼亚、保加利亚、捷克斯洛伐克、塞尔维亚等 3 个子专题，30 余个子目。

本书所摘编言论，均以相关的最新版本为准。马克思、恩格斯著作的摘编，首先使用《马克思恩格斯文集》十卷本的译文，其次是《马克思恩格斯全集》第 2 版（目前已出版 21 卷），最后是《马克思恩格斯全集》第 1 版（总计 50 卷）。列宁著作摘编，使用《列宁专题文集》（5 卷）和《列宁全集》第 2 版（60 卷）。斯大林的著作由于尚无新版本，故仍采用《斯大林全集》（13 卷）和《斯大林文集》（1 卷）。

由于译者、出版社、出版年代的不同，本书中有时会出现同一人却有不同译名的现象，或者现在已经弃用的词语写法，为保留原译文，编者没有进行统一。

编　者

目　　录

上编　马克思、恩格斯、列宁、斯大林论沙皇俄国

上　编

马克思、恩格斯、列宁、斯大林论沙皇俄国

一 马克思、恩格斯、列宁、斯大林 论沙皇俄国的对外政策和外交

1. 沙皇俄国的外交政策

俄国政策中最显著的特点就是目的和方法上的传统的守恒性

你们知道，根据俄国的坚决要求，塞尔维亚大臣加腊沙宁被解职。在取得这第一次的胜利之后，俄国得寸进尺，现在又要求免除全体反俄军官的职务。而且在此之后，还打算用米哈伊尔·奥布廉诺维奇大公这个俄国和俄国利益的驯服工具来替换在位的亚历山大大公。亚历山大大公为了避免这一灾难——在某种程度上也是在奥地利的压力下——出来反对苏丹，并且宣布他愿意严守中立。

俄国政治中最显著的特点就是这种不仅在目的方面，而且在达到目的的方法方面的传统的守恒性。在现在的东方问题上，没有一次纠纷，没有一项交易，没有一个官方照会，不带有重复历史上某些事件的印记。

俄国目前向苏丹提出要求，只能以凯纳吉条约为借口，虽然这项条约并没有规定沙皇对他的教友实行保护的权利，而仅仅是给予它在伊斯坦布尔建筑教堂和呼吁苏丹仁慈对待他的基督教臣民的权利。路西德帕沙在他本月 14 日的照会中反驳沙皇的时候，正确地指出了这一点。但是，早在 1774 年签订这个条约的时候，俄国就有心早晚要像 1853 年那样解释这个条约。当时奥地利驻奥斯曼帝国政府的使臣图古特男爵于 1774 年向本国宫廷上书说：

"今后无论何时，俄国只要认为时机有利，事先不作很多准备就能从自己黑海的港口派兵袭击君士坦丁堡。在这种情况下，无疑就会爆发同希腊正教教会的首脑们事先共同策划好的阴谋，而苏丹就只好在一获悉俄国人逼近的消息就离开自己的皇宫，逃到亚洲腹地，把欧洲土耳其王位交给比较有经验的统治者。首都一被占领，俄国的统治在恐怖手段和信希腊正教的基督徒的狂热支持下，无疑会很容易地扩展到整个阿希佩拉哥群岛、小亚细亚沿岸和直到亚得里亚海岸的整个希腊。占有这些举世无双的物产丰富、土地肥沃的天府之国将使俄国强大无比，使历史上古代君主的丰功伟

业的一切奇迹都相形见绌。"

> 马克思:《政府在财政上的失败。——出租马车。——爱尔兰。》(1853 年 7 月 29 日),《马克思恩格斯全集》第 12 卷,人民出版社 1998 年第二版,第 259—261 页。

俄国的政策在目的方面的单一性,是由它过去的历史、由它的地理位置决定的

政治家们要说明俄国的整个传统政策,特别是要说明它对君士坦丁堡的意图的时候,通常援引彼得一世遗嘱。但是他们还可以追溯更远的历史。远在八百多年以前,当时是异教徒的俄罗斯大公斯维亚托斯拉夫,召集大贵族宣布说,"由俄罗斯来统治的不仅应该有保加利亚,而且应该有欧洲的希腊帝国,以及波希米亚和匈牙利"。斯维亚托斯拉夫于公元 967 年占领了锡利斯特里亚并且进窥君士坦丁堡,像尼古拉在 1828 年所做的那样。在俄罗斯帝国建立后不久,柳里克王朝便把自己的王都从诺夫哥罗德迁到基辅,以便更靠近拜占庭。在 11 世纪,基辅在各方面都仿效君士坦丁堡,被称为第二个君士坦丁堡;这个称呼表达了俄国长期的愿望。俄国的宗教和文明起源于拜占庭,因此,俄国那时想使像现在的奥斯曼帝国一样微弱的拜占庭帝国从属于自己,比起德国皇帝们想征服罗马和意大利更加自然。所以,俄国的政策在目的方面的单一性,是由它过去的历史、由它的地理位置决定的,是由于它必须在阿希佩拉哥群岛(像在波罗的海一样)获得出海口以便在欧洲保持领导地位这一情况决定的。但是,俄国用来追求这些目的的那些传统手法,根本不值得欧洲的政治家们那样赞扬。它的传统政策的成功证明了西方列强的软弱,而这一政策的手法似一成不变则证明了俄国本身的野蛮。如果想让法国的政治按照黎塞留遗嘱或查理大帝敕令办事,那谁会不觉得可笑呢?

> 马克思:《政府在财政上的失败。——出租马车。——爱尔兰。》(1853 年 7 月 29 日),《马克思恩格斯全集》第 12 卷,人民出版社 1998 年版,第 261—262 页。

俄国的外交总是走进死胡同

只要研究一下俄国外交的最著名的一些文件就会得出这样的结论:尽管俄国的外交善于敏锐地、聪明地、熟练地和巧妙地找到欧洲的国王、大臣和宫廷的弱点,但是,每当涉及西方各国人民自己的历史运动时,它的聪明才智就完全不中用了。利文公爵指望好人阿伯丁对沙皇的所作所为加以默许，显示出他对阿伯丁性格的判断是完全正确的，但是他在1831年改革运动的前夕预言托利党将继续执政，他对英国人民的判断就大错特错了。波措－迪－博尔哥伯爵曾经对查理十世作出完全正确的判断，但是他怂恿自己的"神圣君王"同这位国王在他被赶出法国的前夕举行瓜分欧洲的谈判，这样他在对法国人民的估计方面就犯了一个最大的错误。俄国的政策以其传统的诡谲、奸诈、狡猾可以让本身也是传统之物的欧洲宫廷上它的圈套，但是，它在对付革命人民时却证明是完全无能为力的。

> 马克思：《政府在财政上的失败。——出租马车。——爱尔兰。》（1853年7月29日），《马克思恩格斯全集》第12卷，人民出版社1998年第二版，第262页。

沙皇要找一个恐吓西欧的稻草人

这些消息以及一大堆类似的通讯、报道等等，都不过是俄国代理人的可笑企图，他们想使西方世界产生一种能对俄国有利的恐惧心理，迫使西方世界继续执行拖延政策，在这种政策的掩护下，俄国就可以像过去一样实现它在东方的计划。这一幕骗局是怎样系统地演出的，可以从以下报道看到：

上星期，几家以接受俄国津贴而出名的法国报纸发现：

"真正的争执与其说是在俄土之间，倒不如说是在彼得堡和莫斯科之间即沙皇和旧俄派之间；对专制君主来说，战争的危险性比遭到坚决要求攻城略地的党派的报复要小得多，这个党派已经不止一次地表明它会如何对待让它不高兴的那些君主。"

缅施科夫公爵自然是"这一党派的首领"。《泰晤士报》和多数其他英国报纸马上就跟着传播这一荒谬的论断，它们当中有的完全意识到了这种说法的含义，有的则可能是无意识的受骗者。那么公众从这个新发现中会得出什么结论呢？或者是，尼古拉在众口嘲笑之下后退，放弃他对土耳其的好战的态度，那么，他就是战胜了本国好战的旧俄派；或者是，尼古拉真的开战，那么，他这样做只不过是由于必须向这个（神话故事中的）党派让步罢了。不管发生什么事情，"这只是莫斯科战胜彼得堡或彼得堡战胜莫斯科的问题"，因而决不会是欧洲战胜俄国的问题。

关于这个著名的旧俄派，我曾碰巧从在巴黎与我有许多交往的几位消息灵通的俄国贵族那里得知，这个党派早就完全消失了，只是当沙皇要找一个鬼怪来恐吓西欧，迫使西欧容忍他的傲慢无礼的要求时，才偶尔把这个党派的阴魂招回来给人看。正因为如此，才把缅施科夫这样的人挖掘出来，给他相应地穿上神话故事中的旧俄式样的服装。在俄国贵族中，沙皇真正害怕的只有一个党派，这个党派的目的是要按照英国模式建立贵族立宪制度。

　　马克思：《俄国的欺骗。——格莱斯顿的失败。——查理·伍德爵士的东印度改革》（1853 年 6 月 7 日），《马克思恩格斯全集》第 12 卷，人民出版社 1998 年第二版，第 126—127 页。

对外政策是沙皇政府所擅长的，它的一切成就都具有非常明显的物质基础

　　但是不仅需要知道敌人的弱点，而且还要知道它的长处。而对外政策，这毫无疑问是沙皇政府所擅长的，而且是非常擅长的一个方面。俄国外交界形成了某种现代的耶稣会，它强大到在需要的时候甚至足以克服沙皇的任性，足以任自己内部取缔贪污腐化，而在周围更广泛地传播这种贪污腐化之风。最初这一耶稣会主要是由外国人组成的，其中有：科西嘉岛人如波茨措－迪－博尔哥；德国人，如涅谢尔罗迭；波罗的海沿岸的德国人，如利文。它的创始人叶卡特林娜二世也是外国人。

　　……

　　正是这个最初由外国冒险家组成的秘密团体，把俄罗斯帝国变得现在这样强大。这一帮人以钢铁般的坚定性，始终不渝地追求既定的目的，不惜背信弃义，阴谋叛变，进行暗杀，也不惜卑躬屈节，重金贿买，不因胜利而陶醉，不因失败而气馁，踩着千百万士兵的尸体和至少是一个沙皇的尸体向前进，——这一帮人有多大本领就能干出多大的伤天害理的事情；对于使俄国的边界从德涅泊河和德维纳河扩展到维斯拉河以西，直到普鲁特河、多瑙河和黑海，从顿河和伏尔加河扩展到高加索以南，直到奥克苏斯河和亚克萨尔特河的发源地，他们的作用超过了俄国所有的军队；正是这一帮人使俄国成为巨大、强盛和令人恐惧的国家，并为它开辟了称霸世界的道路。但这样一来他们也就在国内巩固了沙皇政权。在庸俗爱国主义的公众的眼中，胜利的光荣、一连串的征服、沙皇政府的威力和表面的光彩，绰绰有余地足以补偿它的一切罪恶、一切暴政、一切不义和专横，沙文主义的夸耀绰绰有余地足以弥补一切拳打脚踢。这些成就的真正原因和详情细节在俄国越无人知道，它们越被官方的奇谈所代替（那些好心肠的政府为了臣民的福利和为了刺激他们的爱国主义到处都在这样做，例如在法国和普鲁士就是如此），这种现象就越厉害。因此，任何俄国人，只要他是沙文主义者，迟早总会拜倒在沙皇政府的面前，像我们从吉霍米罗夫的例子中已经看到的那样。

　　　恩格斯：《俄国沙皇政府的对外政策》（1889 年 12 月—1890 年 2 月），
　　《马克思恩格斯全集》第 22 卷，人民出版社 1965 年版，第 16—18 页。

俄国外交总是尽力设法避免战争，只是把它当作万不得已的手段

　　我们来看看上一世纪中叶俄国的情况。那时它就拥有一大片国土，它的居民完全属于同一种族。人口稀少，但增长迅速，因此，单是时间的推移就足以保证国家威力的增长。这些居民在精神上停滞不前，缺乏创造性，但是在其传统的生活方式的范围内，他们无所不能；他们坚韧顽强，大胆无畏，忠诚不二，吃苦耐劳，对于由密集的群众决定战局的时代的战争来说，他们是最好的兵源。这个国家的本土只有自己的西部边界面向欧洲，因此只有这一面可以受到攻击；国内没有一旦攻下来就可以迫使它媾和的中心；这个国家道途梗阻，幅员广阔，补给来源缺乏，因而它几乎是根本无法征服的——这里为任何善于利用它的人提供了一个无懈可击的坚强的阵地，他可以从这里不受惩罚地在欧洲搞各种能把任何一个别的政府拖入无休止的战争的勾当。

　　强大的、在防御方面几乎是不能攻破的俄国，在进攻方面却相应地软弱无力。在国内，军队的征集、组织、武装和调动，都碰到极大的障碍，不仅在物质上有种种困难，而且官吏和军官的贪污现象也极端严重。直到今天，所有想使俄国能够大规模地采取攻势的试图都遭到了失败；很可能，最近一次即目前所作的实行普通义务兵役制的尝试，也会遭到完全的失败。可以说，在这里障碍几乎与需要组织的群众的数字的平方成正比地增长，更不用谈在少得可怜的城市居民中找不到现在所需的大量军官了。这一弱点对俄国外交来说从来不是秘密；因此，俄国外交总是尽力设法避免战争，只是把它当作万不得已的手段，并且只是在绝对有利的条件下才进行战争。俄国只愿意进行这样的战争：由俄国的盟国担负主要的担子，由它们的变成了战场的领土承受破坏，由它们提供最多的兵士，而俄国军队则担任后备军这种在大多数战斗中都备受珍惜、但在所有的大战役中却能以较少牺牲换得决定战局的荣誉的角色；在 1813—1815 年的战争中就是这样。但是，在这样有利条件下进行的战争是不常有的，所以俄国外交宁愿利用其他强国的互相矛盾的利益和贪欲来达到自己的目的，唆使这些强国互相倾轧，从它们的敌对关系中坐收渔利，以便推行俄国的侵略政策。沙皇政府只是在对付那些显然弱小的敌人如瑞典人、土耳其人或波斯人时，才自己把战争担当起来，在这种情况下它就无须跟任何人分享战利品。

恩格斯：《俄国沙皇政府的对外政策》（1889 年 12 月—1890 年 2 月），《马克思恩格斯全集》第 22 卷，人民出版社 1965 年版，第 18—19 页。

这里就会马上为在解放的幌子下的侵略准备好基础

然而再回过来看看 1760 年的俄国。这个由单一种族构成的不可攻克的国家的邻国，全都是这样一些国家：它们或者表面上或者实际上已趋于衰落，濒于崩溃，因此成了真正的 matière à conquêtes［侵略对象］。北部是瑞典，它的实力和威望正是由于查理十二作了入侵俄国的尝试而丧失的，查理十二以此葬送了瑞典，并清楚地向大家表明了俄国是不可攻克的。南部是已成强弩之末的土耳其人和他们的纳贡者克里木鞑靼人；土耳其人的进攻力量早在一百年前已被摧毁，他们的防御力量暂时还算可观，但也已减弱；这一日益扩大的弱点的最好标志是：在被他们征服的基督教徒（构成巴尔干半岛大多数居民的斯拉夫人、罗马尼亚人和希腊人）中已开始骚动。这些基督教徒，几乎全属于希腊正教派，因此是俄国人的教友，而其中的斯拉夫人——塞尔维亚人和保加利亚人——又是他们的同族。因此，只要俄国一宣布自己保护被压迫的正教教会和被奴役的斯拉夫人的使命，这里就会马上为在解放的幌子下的侵略准备好基础。高加索山脉以南，还有一些在土耳其统治下的小的基督教国家和信奉基督教的阿尔明尼亚人，对于他们，沙皇政府也同样可以自称是"解放者"。而且，在这里，在南方，还有一件使贪婪的侵略者着迷的、在欧洲无与伦比的战利品：东罗马帝国的旧都，整个正教世界的都城；这个城市，单是它的俄国名称——君士坦丁堡—沙皇格勒，就表明了对东方的统治，表明它的统治者在东方基督教徒中间享有的威望。

然而，沙皇格勒作为俄国的第三都城而与莫斯科和彼得堡并列，这不仅会意味着对东方基督教世界的精神统治，而且也是确立对欧洲的统治的决定性的一步。这会意味着对黑海、小亚细亚、巴尔干半岛的独占统治。

这会意味着，只要沙皇高兴，他随时都可以封锁黑海，禁止除俄国之外的任何别的商船和舰队航行，会意味着把黑海变为俄国的军港和俄国舰队独占的演习场所，俄国舰队可以在任何时刻从这个安全的后备阵地通过设防的博斯普鲁斯海峡进行偷袭，然后退回这个港口隐蔽。那时，俄国只要再取得对松德海峡和两个贝耳特海峡的同样的（直接或间接）统治，从海上也就无法攻破它了。

恩格斯：《俄国沙皇政府的对外政策》（1889 年 12 月—1890 年 2 月），《马克思恩格斯全集》第 22 卷，人民出版社 1965 年版，第 20 页。

只要善于利用相互冲突的利益，就能保证俄国在从事任何外交活动时取得强大的支持

在彼得之后，由于普鲁士的兴起，这种情况进一步变得有利于俄国了。普鲁士的成长使德国皇帝在帝国内部有了一个差不多与他势均力敌的敌人，它使德国的分裂状态永久化和极端化。但同时这个敌人羽翼未丰，还不能离开法国或俄国——特别是俄国——的帮助，因此，它愈多地摆脱对德意志帝国的从属关系，则愈牢靠地陷入对俄国的从属地位。

由上可见，欧洲只有三个必须正视的强国：奥地利、法国、英国。而要唆使它们相互倾轧或用许诺领土的诱饵去收买它们，这并不需要多高明的手法。英国和法国仍然是海上的竞争者；可以用占领比利时和德国领土的前景引诱法国；可以用向法国、普鲁士，而从约瑟夫二世时代起也向巴伐利亚索取各种利益的诺言引诱奥地利。因此，只要善于利用相互冲突的利益，就能保证俄国在从事任何外交活动时取得强大的甚至是绝对强大的盟友的支持。这样，与俄国相对立的，是这样一些正处于瓦解状态中的邻国，是这样三个大国，它们被传统、经济条件、政治或王朝利益或者侵略野心所引起的永无休止的争吵弄得四分五裂，彼此经常想以狡计取胜对方；而俄国却是一个统一的、单一种族的、年轻的、迅速成长的国家，它是几乎无法攻破的，完全不可征服的，而且它是一块未被触动的、几乎毫无阻力的可塑之材。对于有本领和野心的人来说，对于那些不论地点，不择手段，只求取得真正权力、能为他们的本领和野心找到真正用武之地的人来说，这是多么难得的地方啊！而"开明的"十八世纪产生了许多这样的人；这些人在为"人类"服务的名义下走遍全欧，谒见所有开明的君主，——而在那时有哪个君主不想成为开明的呢！——在找到好差事的地方安居下来，组成一个"没有祖国"的贵族资产阶级的开明国际。这一国际拜倒在北方的塞米拉米达的脚下，拜倒在那位在俄国被叫做叶卡特林娜二世的也没有祖国的安哈尔特—策尔布斯特的索菲姬—奥古斯塔的脚下。这位叶卡特林娜正是从这个国际中为自己的俄国外交耶稣会搜罗人材的。

恩格斯：《俄国沙皇政府的对外政策》（1889年12月—1890年2月），
《马克思恩格斯全集》第22卷，人民出版社1965年版，第23—24页。

只有当在俄国发生这样一种转变，使俄国人民能够永远结束自己沙皇的传统的侵略政策，抛弃世界霸权的幻想，而关心自己本身在国内的受到极严重威胁的切身利益时，这种世界战争的全部危险才会消失。

到那一天，俾斯麦将失去他的一切反对法国的同盟者，因为这些同盟者是受到俄国的威胁才投入他的怀抱的。不论对于奥地利来说还是对于意大利来说，为俾斯麦火中取栗，去参加欧洲大战，都不会有丝毫的好处。德意志帝国又将陷于孤立，在那种情况下，用毛奇的说法是：大家全都怕它，可是谁也不喜欢它，这是它的政策的必然结果。那时，为自由而斗争的俄国同共和制的法国的相互接近，对两国的局势来说将是非常自然的，而对欧洲整个局势来说将是非常安全的。在这种情况下，俾斯麦本人或他的继承者在决定对法国发动战争之前也必须三思，因为在这场战争中，俄国不会牵制奥地利，奥地利也不会牵制俄国，来掩护他的侧翼，两国反而都会为他遭到的每一个失败而高兴，这样，即使单是法国人他是否能对付得了，也是值得怀疑的。那时所有的同情都会在法国一边，即使在最坏的情况下也会保障法国不再丧失领土。因此，那时德意志帝国将不会采取战争的方针，相反，它大概很快就会发现自己所处的孤立地位难以忍受，因而将诚心诚意地去同法国达成协议；这样一来，可怕的战争危险就会消除，欧洲就能裁军，而从这里得益最多的会是德国自己。

到那一天，奥地利将丧失它存在的唯一的历史根据——作为防止俄国进攻君士坦丁堡的屏障。只要俄国不再威胁博斯普鲁斯海峡，欧洲对于这堆形形色色的民族的存在就会失去任何兴趣。全部所谓的东方问题，即关于土耳其在斯拉夫人、希腊人和阿尔巴尼亚人居住区的统治的未来命运问题，以及关于黑海门户的占有权的争执（那时已经没有人能够独占这个门户，并用它来反对欧洲）也将失去意义，马扎尔人、罗马尼亚人、塞尔维亚人、保加利亚人、阿尔纳乌特人、希腊人和土耳其人将终于有可能不受外来的干涉而自己解决相互间的纠纷，划定自己的国界，按照自己的意见处理自己的内部事务。那时很快就会发现，在喀尔巴阡山脉和爱琴海之间的地区，各民族以及各民族的残余部分实行自治和实行自由联合的主要障碍，原来就是那个以解放这些民族的假面具来掩盖自己的独霸世界计划的沙皇政府。

到那时，法国将摆脱由于和沙皇结盟而陷入的那种无可奈何的反常的处境。如果说沙皇厌恶与共和国结盟，那末革命的法国人民对于与暴君，与波兰和俄国的刽子手结盟则更加厌恶得多。法国如果站在沙皇一边作战，一旦失败，法国就不可能使用自己伟大的、唯一有效的自救手段，1793 年的挽救手段——进行革命，通过恐怖来动员全民的力量，在敌对的国家进行革命宣传。一旦如此，沙皇就会立即与法国的敌人联合起来，因为从 1848 年起时代已经大大地改变了，从那时候起沙皇已经在俄国国内亲身体验过什么是恐怖了。因此，与沙皇结盟根本不会加强法国的力量，相反，在最危险的关头，它会妨碍法国拔出自己的刀剑。但是，如果俄国国民议会在俄国取代了强大的沙皇的地位，那末新的解放了的俄国同共和制的法国的同盟就是十分自然和完全正常的了，那时这个同盟将促进法国的革命运动，而不是阻碍它，那时这个同盟对于为自己的解放而斗争的欧洲无产阶级也会是有利的。由此可见，沙皇的万能威势的破灭对于法国也有好处。

与此同时，那种把整个欧洲变成兵营并且迫使人们把战争几乎当做救星看待的疯狂的军备竞赛的所有借口也将消失。那时甚至连德意志帝国国会也很快就会被迫拒绝不断增长的军事拨款的要求。

而这样一来，西方就有可能不受外来干扰地、一心一意地致力于自己当前的历史任务：解决无产阶级和资产阶级之间的冲突和把资本主义社会改造为社会主义社会。

恩格斯：《俄国沙皇政府的对外政策》（1889 年 12 月—1890 年 2 月），

《马克思恩格斯全集》第 22 卷，人民出版社 1965 年版，第 53—56 页。

沙皇俄国是欧洲反动势力的堡垒

普鲁士对自己在俄国面前摇尾乞怜颇感自豪；奥地利则是违背己愿跟着俄国走的，但是在决定关头它总是由于对革命的恐惧而让步，因为沙皇始终是反对革命的最后支柱。于是俄国便成了欧洲反动势力的堡垒，同时也不放弃准备利用泛斯拉夫主义的煽动在奥地利和土耳其实行进一步的掠夺。在革命年代俄国军队对匈牙利的镇压，对东欧和中欧说来，就像巴黎六月战斗之于西欧一样，是有决定意义的事件；其后，当尼古拉皇帝在华沙充当普鲁士国王和奥地利皇帝之间的仲裁者的时候，反动派对欧洲的统治也就随着俄国的统治的建立而建立起来了。

恩格斯：《流亡者文献》（1874 年 5 月—1875 年 4 月），《马克思恩格斯全集》第 18 卷，人民出版社 1964 年版，第 575—576 页。

巴枯宁翻译的《共产党宣言》俄文第一版，60 年代初由《钟声》印刷所出版。当时西方只能认为这件事（《宣言》译成俄文出版）是著作界上的一件奇闻。这种看法今天是不可能有了。

当时（1847 年 12 月），卷入无产阶级运动的地区是多么狭小，这从《宣言》最后一章《共产党人对各国各种反对党派的态度》中可以看得很清楚。在这一章里，正好没有说到俄国和美国。那时，俄国是欧洲全部反动势力的最后一支庞大后备军；美国正通过移民吸收欧洲无产阶级的过剩力量。这两个国家，都向欧洲供给原料，同时又都是欧洲工业品的销售市场，所以，这两个国家不管怎样当时都是欧洲现存秩序的支柱。

……

现在来看看俄国吧！在 1848—1849 年革命期间，不仅欧洲的君主，而且连欧洲的资产者，都把俄国的干涉看作是帮助他们对付刚刚开始觉醒的无产阶级的唯一救星。沙皇被宣布为欧洲反动势力的首领。现在，沙皇在加特契纳成了革命的俘虏，而俄国已是欧洲革命运动的先进部队了。

……

对于这个问题，目前唯一可能的答复是：假如俄国革命将成为西方无产阶级革命的信号而双方互相补充的话，那么现今的俄国土地公有制便能成为共产主义发展的起点。

马克思、恩格斯：《〈共产党宣言〉1882 年俄文版序言》（1882 年 1 月 21 日），《马克思恩格斯选集》第一卷，人民出版社 1995 年第二版，第 250—251 页。

对我们来说最有利的是以和平方式或武力方式把俄国逼走，那时革命就会在那里爆发。泛斯拉夫主义者会参加到里面去，但第二天就会受到愚弄。马克思总是很有把握地谈到这一点——而我不知道有谁能象他那样清楚地了解俄国，了解俄国的国内事务和国外事务，他说，在俄国，旧制度一旦崩溃（是谁使它崩溃的无关紧要），议会一旦召开（是什么样的议会无关紧要），俄国的侵略政策就将完结，因为那时国内问题将压倒一切。而这个最后的反动堡垒一旦垮台，它给予欧洲的影响将是巨大的，这一点我们在德国将首先感觉到。

> 恩格斯：《致奥古斯特·倍倍尔（摘录）》（1886 年 9 月 13—14 日），《马克思恩格斯全集》第 36 卷，人民出版社 1974 年版，第 516 页。

自从俄国本身有了革命运动以来，曾经是无敌的俄国外交界就再也不能得到任何成功了。而这是非常好的，因为这种外交界无论对你们还是对我们都是最危险的敌人。这是目前俄国唯一坚定的力量，在俄国甚至军队本身也对沙皇不忠，在军官中进行的大逮捕就证明了这一点，这种逮捕表明俄国军官的一般发展和道德品质要比普鲁士军官高得无可比拟。只要你们（你们或者哪怕是立宪主义者）在外交界获得拥护者和可靠分子，你们的事业就胜利了。

> 恩格斯：《致维拉·伊万诺夫娜·查苏利奇》（1890 年 4 月 3 日），《马克思恩格斯全集》第 37 卷，人民出版社 1971 年版，第 372 页。

2. 沙皇俄国外交史

彼得大帝第一个充分估计了对俄国非常有利的欧洲形势

这位真正的伟人（其伟大决不是像彼得的继承者叶卡特林娜二世的恭顺奴仆弗里德里希大帝那样的"伟大"）第一个充分估计了对俄国非常有利的欧洲形势。他清楚地（比他那大概是由某个后裔编写的所谓遗嘱中所写的要清楚得多）看到了、制定了并开始实行了无论是对瑞典、土耳其、波斯和波兰的还是对德国的俄国政策的基本原则。除瑞典之外，德国比任何其他国家更多地引起了彼得的注意。瑞典他一定能打垮；波兰只要他一伸手就能拿到；至于土耳其，离它还太远；但是要在德国站稳脚跟，在那里占据法国所充分利用的而瑞典还没有力量利用的那种地位——这是他的主要任务。他曾经尽一切方法想取得德国的一部分领土，从而侧身于德意志帝国诸侯之列，但是徒劳；他只是成功地采取了同德意志帝国诸侯通婚以及在外交上利用德国内部纠纷的办法。

> 恩格斯：《俄国沙皇政府的对外政策》（1889 年 12 月—1890 年 2 月），《马克思恩格斯全集》第 22 卷，人民出版社 1965 年版，第 22—23 页。

波兰的一块土地是女皇抛给普鲁士的一根骨头

1762 年，当大淫妇叶卡特林娜二世在丈夫被杀后登上王位的时候，国际形势从来不曾这样有利于沙皇政府推行其侵略计划。七年战争把整个欧洲分裂成两个阵营。英国摧毁了法国人在海上、在美洲、在印度的威力，然后又把自己在大陆上的同盟者普鲁士国王弗里德里希二世抛给命运去摆布。这后者，在 1762 年，当登上俄国王位的彼得三世停止对普鲁士作战的时候，已经濒于毁灭；被自己最后和唯一的同盟者英国所遗弃、跟奥地利和法国长久闹翻、在七年生死存亡的斗争中弄得筋疲力竭①的弗里德里希，只得投身到刚即位的俄国女皇的脚下，而不能有其他的选择。这样做，他不仅能获得强有力的保护，而且还有希望兼并那块将东普鲁士和他的帝国的主要部分隔开的波兰土地，而占领这块土地现在已成了他一生的主要目的了。1764 年 3 月 31 日（4 月 11 日），叶卡特林娜和弗里德里希签订了一个彼得堡同盟条约，根据这个条约的一项秘密条款，双方承担了用武力保护波兰现行宪法这个毁灭波兰的最好工具免遭任何改良的义务。这就预先决定了波兰在将来要被瓜分。波兰的一块土地是女皇抛给普鲁士的一根骨头，使它在整整的一百年间驯顺地被拴在俄国的锁链上。

恩格斯：《俄国沙皇政府的对外政策》（1889 年 12 月—1890 年 2 月），
《马克思恩格斯全集》第 22 卷，人民出版社 1965 年版，第 25 页。

拿开明、自由主义、解放各族人民作为幌子

这些开明的至尊的邻居对于叶卡特林娜是再有用不过了。"开明"是十八世纪沙皇政府在欧洲高喊的口号，就像十九世纪的"解放各族人民"一样。沙皇政府每次掠夺领土，使用暴力，进行压迫，都是拿开明、自由主义、解放各族人民作为幌子。而天真幼稚的西欧自由党人，直到格莱斯顿，都相信这一点，就像同样幼稚的保守党人对于官方俄国同时反复说的那些关于保卫正统主义，保持秩序、宗教、欧洲均势，以及关于条约神圣的空话也深信不疑一样。俄国外交巧妙地蒙骗了欧洲的两大资产阶级党派。它，也只有它，被许可同时既是正统派又是革命派，既是保守派又是自由派，既是传统派又是开明派。因此，这种俄国外交家对"有教养的"西方所怀的藐视，是可以理解的。

---

① 原文如此。——编者注

波兰之后就轮到德国了。1778 年，奥地利和普鲁士由于巴伐利亚的王位继承权打了起来，这又只对叶卡特林娜有利。俄国现在已经强大到不要再像彼得那样想取得作为德意志帝国成员的权利了；它现在力求在那里取得它已在波兰取得的和法国在德意志帝国所占据的地位，即能防止任何改良企图而保持德国混乱局面的保证人的地位。它终于争取到了这一地位。根据 1779 年的帖欣和约，俄国和法国共同负责保证这项和约以及它所确认的以前各项和约，其中包括 1648 年的威斯特伐里亚和约的执行。这样，德国的软弱就被固定下来，它本身也成了法国和俄国未来瓜分的对象。

土耳其也没有被遗忘。俄国对土耳其人的战争总是在俄国西部边界太平无事，而欧洲在别处忙于其他事务的时候进行的。叶卡特林娜进行了两次这样的战争。第一次战争的结果是得到了阿速夫海沿岸地区，克里木宣布独立，并在四年之后成了俄国的一个省份。第二次战争使俄国的边界从布格河推进到德涅斯特尔河。在这两次战争当中，俄国的代理人都煽动希腊人起义反对土耳其人。自然，起义者最后都被俄国政府抛弃而听任命运的摆布。

在美国独立战争期间，叶卡特林娜以自己及自己同盟者的名义首先提出了"武装中立"的原则（1780 年），即要求限制英国认为它的军舰在公海上应当享有的权利，这一要求从那时起便成为俄国政策的不变目的，并且按照 1856 年巴黎和约的条款已基本上为欧洲和英国本身所承认。只有美利坚合众国直到现在还不愿意予以考虑。

法国革命的爆发给叶卡特林娜带来了新的时运。她毫不惧怕革命思想渗入俄国，而只是把这一事件看做是使欧洲各国彼此争吵起来，从而使俄国能自由行动的一个新的有利时机。在她的两个"开明的"朋友和邻居死后，弗里德里希－威廉二世在普鲁士，列奥波特在奥地利企图实行独立的政策。革命给了叶卡特林娜一个大好机会，使她能以反对法兰西共和国作幌子重新把这两个人拴在俄国的锁链上，并且在他们两人忙于法国边界的时候，在波兰进行新的掠夺。普鲁士和奥地利都陷入了罗网。虽然普鲁士（它从 1787 年到 1791 年扮演了波兰反对叶卡特林娜的同盟者的角色）及时地醒悟过来，并且这次要求在掠夺波兰的勾当中获得较多的份额，虽然也不得不分给奥地利一块波兰土地，但是猎获物的最大部分仍然落入叶卡特林娜手中。差不多整个白俄罗斯和小俄罗斯现在都并入了大俄罗斯。

但是这一次事物也有相反的一面。由于对波兰的掠夺也分散了1792—1794年同盟的力量，使得同盟进攻法国的力量削弱了，法国在这时就得以巩固起来，以至完全独立地取得了胜利。波兰倒下了，但是它的反抗拯救了法国革命，而随着法国革命开始了连沙皇政府也无力对付的运动。波兰人的这一作用，我们西方人永远也不会忘记。而且，我们将看到，波兰人并不只是这一次拯救了欧洲的革命。

在叶卡特林娜的政策中已经明显地显示出俄国目前政策的所有主要的特征：兼并波兰，虽然最初还不得不把一部分猎获物让给邻居；把德国变成未来的瓜分对象，把君士坦丁堡当做永不忘记的、可以逐渐实现的最主要目标，夺取芬兰作为彼得堡的屏障而把挪威并给瑞典作为补偿，——叶卡特林娜在弗里德里希斯哈姆就是这样向国王古斯达夫三世提出的；用国际法的限制性条款来削弱英国的海上优势；在土耳其的基督教徒—莱雅中煽动起义；最后，把自由主义的和正统主义的词句巧妙地结合起来，俄国按照需要用它来愚弄西欧酷爱词句的"有教养的"庸人，以及他们的所谓舆论。

到叶卡特林娜逝世的时候，俄国的领地已超过了甚至最肆无忌惮的民族沙文主义所能要求的一切。凡是冠有俄罗斯名字的（少数奥地利的小俄罗斯人除外），都处在她的继承者的统治之下，这个继承者现在完全可以称自己为全俄罗斯君主。俄国不仅夺得了出海口，而且在波罗的海和黑海都占领了广阔的滨海地区和许多港湾。受俄国统治的不仅有芬兰人、鞑靼人和蒙古人，而且还有立陶宛人、瑞典人、波兰人和德国人。——还想要什么呢？对于任何其他民族来说，这是足够了。可是对于沙皇的外交来说（民族是不去问的），这只不过是现在才得以开始的真正掠夺的基础。

恩格斯：《俄国沙皇政府的对外政策》（1889年12月—1890年2月），
《马克思恩格斯全集》第22卷，人民出版社1965年版，第26—29页。

拿破仑的崛起现在给了俄国外交取得新胜利的机会

法国革命已经平息，它自己产生了自己的镇压者——拿破仑。它似乎证实了没有被大规模人民起义吓倒的俄国外交的高度英明。拿破仑的崛起现在给了俄国外交取得新胜利的机会：德国日益接近于遭遇和波兰一样的命运。但是叶卡特林娜的继承者保罗是个固执、任性、不可忖度的人；他时时刻刻打乱外交家们的计划；他变得使人无法容忍，必须要把他除掉。

这件事情的执行者在近卫军军官中很容易就找到了；皇储亚历山大参与了这一阴谋并掩护了这个阴谋。保罗被勒死了，立刻开始了为新沙皇争取更大光荣的新的进军，这位沙皇由于他登极的方法本身而成了外交家的耶稣会匪帮的终生奴仆。

这帮人让拿破仑彻底摧毁德意志帝国并使它的混乱局面达到顶点。但是当要最后结算的时候，俄国便重新出面了。根据吕内维尔和约（1801年），法国获得了德国的莱茵河左岸的全部地区，同时约定，因此而丧失领地的德意志诸侯应当在莱茵河右岸从帝国僧侣（主教、神甫等）的土地中得到赔偿。这时，俄国援引它根据1779年帖欣条约所取得的保证人的权利宣布，在分配赔偿的时候，决定性的话应当由它和法国这两个德国混乱局面的保证人来讲。而德意志诸侯的割据和贪婪，他们习以为常的对帝国的背叛，已经保证了俄国和法国讲的话成为真正决定性的话。结果是俄国和法国拟定了失去领地的诸侯瓜分教会土地的计划，并且这个由外国根据外国的利益拟定的计划的全部要点都上升成了德意志帝国的法律（1803年帝国代表会议决议）。

作为联邦国家的德意志帝国实际上已经瓦解；奥地利和普鲁士开始作为独立的欧洲大国行动，而且像俄国和法国那样，把帝国各小邦仅仅看做是供侵略的领土。什么在等待着这些小邦呢？普鲁士还太小，太年轻，因而还不能僭望对它们的霸权，奥地利则刚刚彻底丧失了这种霸权。但是俄国和法国也希望得到德意志帝国的王位继承权。法国用武力摧毁了旧的帝国；它利用自己沿整个莱茵河与德国毗邻的关系对各小邦直接施加压力；拿破仑和法国军队胜利的荣誉完成了其余的工作，——德意志的小诸侯都俯身在它的脚下。而俄国呢？现在当它世代追求的目的几乎要达到的时候，当德国已陷于彻底瓦解，已弄得筋疲力竭、软弱无力和走投无路的时候，——正是在这种时候，俄国能容许科西嘉岛的暴发户从它的鼻子底下把猎获物夺走吗？

用外交来对付诸侯，用文字来对付庸人

俄国外交立刻为确立对德意志各小邦的霸权而开始了进军。不言而喻，不战胜拿破仑要达到这一点是不可能的。因此，必须把德意志诸侯和德国的所谓舆论（如果那时能谈得上什么舆论的话）拉到自己这方面来。开始用外交来对付诸侯，用文字来对付庸人。在各个宫廷充满了俄国人的献媚、威胁、欺骗和贿赂的同时，给公众散发了神秘的小册子，其中把俄国捧为唯一能够拯救并且有效地保护德国的强国，而根据1779年的帖欣条约，保护德国是它的权利和义务。当1805年战争爆发时，只要稍微懂一点事的人都会明白，问题仅仅在于各小邦是做法国的莱茵联邦，还是做俄国的莱茵联邦。

命运保佑了德国。俄国人和奥地利人在奥斯特尔利茨城下被打败了，新的莱茵联邦也就没有成为沙皇政府的前哨。而法国的压迫至少是现代的压迫，它迫使德意志的君主们消除了当时制度中最不能容忍的旧时代残余。

在奥斯特尔利茨战役以后，接着而来的是普俄联盟，耶拿战役，埃劳战役，弗里德兰德战役和1807年的提尔西特和约。这里又一次表明，俄国在战略上的安全地位给了它多么大的优势。虽然它在两次战役中都打败了，但是它却靠牺牲自己昨天的同盟者而获得了新的领土，并且同拿破仑结成了同盟来瓜分世界：西方归拿破仑，东方归亚历山大！

这个同盟的第一个成果是占领芬兰。俄国人不经宣战，只是得到拿破仑的同意便开始了进攻；瑞典将军们的笨拙无能、卖身投靠以及彼此意见分歧，使俄国人轻易地取得了胜利；俄国军队大胆横越冻结的波罗的海这一行动，引起了斯德哥尔摩的暴力的宫廷政变和芬兰的让与俄国。但是三年后，当沙皇亚历山大准备同拿破仑破裂时，他把被选为瑞典王储的贝尔纳多特元帅召到亚波，向他许诺，如果他加入英俄同盟反对拿破仑，就把挪威让给他。这样就在1814年实现了叶卡特林娜的计划：芬兰归我，挪威归你。

但是，芬兰不过是一个前奏曲。亚历山大追求的目的，像往常一样，仍然是沙皇格勒。在提尔西特和爱尔福特，拿破仑曾坚定地答应把莫尔达维亚和瓦拉几亚给他，并且给了他以瓜分土耳其的希望，但是君士坦丁堡得除外。从1806年起，俄国开始同土耳其作战；这一次，举行起义的不仅有希腊人，而且还有塞尔维亚人。但是，对于波兰来说只是讽刺性的话，对于土耳其倒是符合真实情况：它靠混乱维持着。钢铁般坚强的士兵，钢铁般坚强的土耳其农民的儿子，正是由于这种混乱才得以补救被卖身投靠的帕沙所破坏了的一切。土耳其人可以被打败，但是要把他们粉碎是不可能的，因此俄国军队向沙皇格勒推进得非常缓慢。

但是，这种在东方"行动自由"的代价是加入拿破仑的大陆体系，同英国断绝一切贸易往来。而这对于当时的俄国意味着商业的彻底破产。

亚历山大便作为欧洲的主宰进入了巴黎

俄国只有通过海上贸易，把自己的原料产品输往当时的主要市场——英国，才能获得钱；而俄国已经是太欧洲化的国家，没有钱是不行的。贸易封锁日益变得无法忍受。经济比外交和沙皇加在一起还要更强；同英国的贸易又悄悄地恢复了；提尔西特和约的条款被破坏了，于是爆发了1812年的战争。

拿破仑率领着整个西方的联军越过了俄国的边界。波兰人在这方面是够格的评断人，他们劝告他停留在德维纳河和德涅泊河边，改组波兰，并在那里等待俄国人的进攻。像拿破仑这样的统帅应当懂得，这个计划是正确的。但是，拿破仑由于站在令人目眩的高处，他所依靠的基础又很不稳固，已经无法下决心进行旷日持久的战争。他需要迅速获得成功，取得辉煌的胜利，通过突击争取签订和约，他忽视了波兰人的忠告，直向莫斯科挺进，从而把俄国人引进了巴黎。

拿破仑的大军在从莫斯科撤退时全军覆没，这成了西方普遍起义反对法国统治的信号。普鲁士全民奋起，迫使怯懦的弗里德里希—威廉三世对拿破仑作战。奥地利刚一完成作战准备工作便加入了俄国和普鲁士的行列。在莱比锡会战以后，莱茵联邦脱离了拿破仑，而在拿破仑攻入莫斯科之后过了大约十八个月，亚历山大便作为欧洲的主宰进入了巴黎。

被法国所出卖的土耳其，于1812年在布加勒斯特签订了和约，把贝萨拉比亚让给了俄国人。维也纳会议把波兰王国给了俄国，因此，过去波兰的领土现在差不多有十分之九已并入俄国。但是，更重要的是沙皇现在在欧洲所占的地位。在欧洲大陆上，他不再有对手了。奥地利和普鲁士听他使唤。法国波旁王朝在他的帮助下得以恢复王位，因此也对他俯首听命。瑞典在他的帮助下得到了挪威，作为它实行亲俄政策的保证。甚至西班牙王朝的复辟也应更多地归功于俄国人、普鲁士人和奥地利人的胜利，而不尽归功于威灵顿的胜利，因为后者的胜利永远也不能消灭法兰西帝国。

俄国从来还没有获得过如此强大的地位。但是它也在自己的天然边界之外又跨出了一步。如果说对于叶卡特林娜的侵略，俄国的沙文主义还有某些托词——我不愿说是理由，那末对于亚历山大的侵略，就根本谈不到这一点了。芬兰是芬兰人和瑞典人的，贝萨拉比亚是罗马尼亚人的，会议桌上的波兰是波兰人的。在这里根本谈不到使冠有俄罗斯名字的各个分散的亲属部落重新合并的问题，在这里我们所看到的，是对别国领土的赤裸裸的强力的掠夺，是明白的抢劫。

> 恩格斯：《俄国沙皇政府的对外政策》（1889 年 12 月—1890 年 2 月），《马克思恩格斯全集》第 22 卷，人民出版社 1965 年版，第 29—34 页。

对俄国外交说来，只在于利用在欧洲所取得的霸权进一步向沙皇格勒推进

对拿破仑的胜利就是欧洲的君主国对法国革命的胜利，因为拿破仑帝国是法国革命的最后阶段；恢复"正统主义"就是对这次胜利的庆祝。但是，当达来朗想用他所臆造的这个词儿使沙皇亚历山大上钩的时候，俄国的外交却更加成功得多地借助这同一个词儿愚弄了整个欧洲。它借口保卫正统主义而建立了"神圣同盟"，这个同盟是俄奥普同盟的扩大，把它变成了所有欧洲的君主在俄国沙皇领导下反对本国人民的一个阴谋。其他的君主都相信这一借口；但是沙皇及其外交如何看待这个借口，下面我们就会看到。

对俄国外交说来，问题只在于利用在欧洲所取得的霸权进一步向沙皇格勒推进。为了达到这一目的，它可以利用三个杠杆：罗马尼亚人、塞尔维亚人、希腊人。最合适的是希腊人。这是个以经商为业的民族，而商人最苦于土耳其帕沙的压迫。信基督教的农民在土耳其统治下，物质条件比任何地方都优越。他们保留着在土耳其人统治以前就已存在的机构，并且实行充分的自治；只要他们缴纳赋税，土耳其人照例不管他们；他们只是间或受到像中世纪西欧农民所不得不忍受的那种来自贵族的压迫。这是一种屈辱的、勉强忍耐的生存，但是在物质方面并不太坏，也并不怎样不适合这些民族当时的文明水平；因此，只是过了很长时间之后，斯拉夫的莱雅才发觉这种生存不可容忍。相反，希腊人的贸易从土耳其的统治使它摆脱了威尼斯人和热那亚人的具有压倒优势的竞争以后，迅速地繁荣起来，并且达到这样巨大的规模，连土耳其的统治也不能再容忍了。的确，土耳其的统治，也和任何别的东方的统治一样，是和资本主义社会不相容的；所取得的剩余价值无法保证不受总督和帕沙的贪婪的劫掠；没有资产阶级从事经营活动的第一个基本条件，即保证商人的人身及其财产的安全。所以毫不奇怪，自 1774 年起已做过两次起义尝试的希腊人，这时又一次举行了起义。

这样，希腊人的起义便造成了有利的机会；但是要使沙皇的外交能在这里展开有力的活动，必须防止西方的干涉，也就是说，要设法使西方忙于自己内部的事务。而正统主义这个词儿就出色地为此准备好了土壤。正统主义的君主们到处招致了深仇大恨。企图恢复革命前的秩序的尝试，使整个西方的资产阶级群情激愤，在法国和德国开始酝酿风潮，在西班牙和意大利爆发了公开的起义。这一切阴谋和起义都有沙皇外交插手其间。并不是说这些阴谋和起义都是由它搞起来的，或者它们获得暂时的成功至少是得到它的重大支持。但是沙皇外交曾通过它的半官方代理人尽可能在它的正统主义的同盟者的领地内散布内部不和的种子。它完全公开地庇护那些在同情希腊人的幌子下进行活动的西方叛乱分子，而这些募集金钱、往希腊派送志愿军及成批的武装辅助部队的希腊之友，不正是那些烧炭党人及西方其他的自由党人吗？

整个欧洲都怀着惶恐的心情望着这个俄国巨人

在维罗那，法国大臣、浪漫主义者沙多勃利昂完全为沙皇所迷惑，因为沙皇向法国人表示，只要他们驯顺地追随俄国，他们就有取得莱茵河左岸的希望。俄国外交就用这种希望（后来在查理十世时又以一些明确的诺言来加以充实）牵着法国的鼻子走，并且直到1830年，除了一些短暂的间隔以外一直支配着法国的东方政策。

尽管有这一切，力图在解放希腊基督教徒、使之不受伊斯兰教压迫的幌子下而自己取代伊斯兰教的地位的沙皇，他的"仁爱"政策并未获得预期的成功。因为正如俄国驻伦敦大使利文公爵所写的（1825年10月18日（30日）报告），

"整个欧洲都怀着惶恐的心情望着这个俄国巨人，他的大军只待信号一发，就会向它压将过去。因此，欧洲的利益是，支持土耳其强国这个我们帝国的天然的敌人。"

希腊的战争仍然是胜败无常，俄国想得到欧洲的崇高的许可，即允许它占领多瑙河各公国，从而迫使土耳其投降的全部企图都没有成功。而在此同时，土耳其于1825年得到了埃及的援助；希腊人到处被击溃，起义几乎被镇压下去。俄国的政策面临着抉择：要么失败，要么作出大胆的决定。

总理大臣涅谢尔罗迭向自己的大使们征询意见。驻巴黎的波茨措—迪—博尔哥（1825年10月4日（16日）报告）和驻伦敦的利文（1825年

10月18日（30日）报告）无条件地主张大胆行动：应该不理会欧洲，甚至不理会欧洲大战的危险，立即占领多瑙河各公国。显然，整个俄国外交界的主张都是这样。但是亚历山大是一个优柔寡断、反复无常的人，他自命不凡，充满神秘主义的幻想，他不仅由于他的狡猾和虚伪，而且还由于犹豫不定和缺乏毅力，活像《grec du Bas-Empire》［"东罗马帝国时代的希腊人"，即拜占庭人］（拿破仑这样叫他）。他当真地推崇起正统主义者，他已经讨厌希腊的起义者了。他无所事事，在没有铁路的情况下几乎不可捉摸地在南方塔干罗格附近旅行。忽然传来了他的死讯。谣传他是被毒死的。是不是外交界又像以前除掉父亲那样除掉了儿子呢？无论如何，对外交界说来他死得再适时不过了。

> 恩格斯：《俄国沙皇政府的对外政策》（1889年12月—1890年2月），《马克思恩格斯全集》第22卷，人民出版社1965年版，第35—38页。

沙皇政府在全世界面前给俄国丢了丑，同时也在俄国面前给自己丢了丑

无论如何，这次媾和使俄罗斯帝国得到了多瑙河口、亚洲的一块土地以及经常干涉多瑙河各公国事务的新口实。多瑙河各公国从这时起直到克里木战争为止，成了俄国军队的《karczma zajezdna》；在这整个期间，它们不受俄国军队侵扰的时间是很少的。

在还没有来得及利用这些优势达到下一步的目的以前，七月革命爆发了。这时俄国的代理人不得不暂时收起自己的自由主义词句；现在的问题只是保卫"正统主义"了。神圣同盟向法国的进军已经准备停当，可是忽然爆发了波兰起义，这个起义把俄国牵制了整整一年；波兰就这样再次以自我牺牲拯救了欧洲的革命。

这时，沙皇外交遭到了一个惨重的失败：当康斯坦丁大公1830年11月29日为了躲避波兰起义者被迫逃出华沙的时候，他的全部外交档案、外交大臣的指示原本和使节们的一切重要报告的官方复本都落到了起义者手中。1825—1830年俄国外交的全部手腕被揭露了。波兰政府通过扎莫伊斯基伯爵把这些文件转交给了英法两国，按照英国国王威廉四世的指示，戴维·乌尔卡尔特于1835年将它们发表在"公文集"上。这个"公文集"至今仍是关于沙皇政府力图使西欧各国彼此发生争吵，从而使它们全都服从自己的统治的那些阴谋的历史的主要资料之一，至少是最可靠的资料。

　　俄国外交已经经受住了这么多次西欧革命，不仅没有受到损害，而且还得到直接的益处，所以当 1848 年二月革命爆发时，俄国外交竟能够把这个革命作为对它极为有利的事件来欢迎。革命扩展到了维也纳，不仅除掉了俄国的主要对手梅特涅，而且还把奥地利的斯拉夫人，这些沙皇政府的可能的同盟者，从沉睡中唤醒；革命席卷了柏林，从而治好了什么都想做而什么都做不到的弗里德里希—威廉四世渴望脱离俄国而独立的病症。还有什么更称心的事呢？俄国保证不会受任何传染，波兰被重兵驻守着，动也不能动弹。而当革命一延伸到多瑙河各公国，俄国外交就得到了它所希望的东西，——重新侵入莫尔达维亚和瓦拉几亚，以便在那里恢复秩序并且进一步巩固俄国的统治的口实。

　　不仅如此。奥地利，俄国在巴尔干半岛边界上最顽固最倔强的对手，因匈牙利和维也纳的起义已濒于毁灭。但是匈牙利人的胜利意味着欧洲革命的重新爆发，而在匈牙利军队中有许多波兰人这一事实，将保证这次革命不会在波兰的边界上停留下来。所以尼古拉宽大为怀。他命令自己的军队开进匈牙利，以优势的兵力镇压了匈牙利军队，从而肯定了欧洲革命的失败。……不仅匈牙利，整个欧洲都俯身在沙皇的脚下，这就是革命的直接后果，所以，俄国外交不是很有理由对于西方的革命暗中感到高兴吗？

　　克里木战争是一出无与伦比的大型误会喜剧，在看这出戏的时候，你时刻都会问自己：这儿被骗的究竟是谁？但是这出喜剧花了无数的钱财和一百多万人的生命。联军的头批队伍一在保加利亚登陆，奥地利人就进入多瑙河各公国，而俄国人则退到普鲁特河以东。这样，奥地利便在多瑙河地区插入交战双方之间；在这个地区继续进行军事行动，只有得到它的同意才行。而在俄国西部边境进行战争是需要奥地利的。奥地利知道，俄国永远不会原谅它这忘恩负义的行为；所以奥地利决心加入联军方面，只是为了进行一场旨在恢复波兰并大大推回俄国西部边界的认真的战争。这个战争必然会把普鲁士也卷入同盟，因为俄国是通过它的领土获得自己的全部给养的；欧洲同盟会从陆上和海上封锁俄国，并以肯定能够取得胜利的强大的优势兵力向它进攻。

　　……

　　他的继承人匆忙缔结的和约，条件极其宽大。比较起来，战争的后果对国内的影响要更大一些。为了在国内实行专制统治，沙皇政府在国外应该是绝对不可战胜的；它必须不断地赢得胜利，它应该善于用沙文主义的胜利热狂，用征服愈来愈多的地方来奖赏自己臣民的无条件的忠顺。而现在沙皇政府遭到了惨败，并且是发生在它的外表上最显赫威武的代表人物身上；沙皇政府在全世界面前给俄国丢了丑，同时也在俄国面前给自己丢了丑。前所未有过的觉醒时期开始了。战争中的庞大牺牲使俄国人民太激动了，沙皇太滥用了俄国人民的忠诚，要立即使他们回到从前那种机械服从的消极状态是不可能了。而且俄国在经济方面和思想方面也逐渐发展；除贵族阶级之外又出现了另一个开明的阶级——资产阶级。

恩格斯：《俄国沙皇政府的对外政策》（1889 年 12 月—1890 年 2 月），《马克思恩格斯全集》第 22 卷，人民出版社 1965 年版，第 38—44 页。

俄国不生气，它在积聚力量

总之，新登极的沙皇不得不装扮成自由派，但这一次是在国内。而这就为俄国的内部历史、为本民族的思想界的运动及其反映即社会舆论奠定了开端，这社会舆论尽管还很微弱，但是它愈来愈具有重要意义，愈来愈不容人忽视。这样，在沙皇外交面前出现了一个同它势不两立的敌人；因为只有当人民还完全消极容忍，除了政府的意志之外没有别的意志，其唯一的使命就是为实现外交家所追逐的目的而提供炮灰和缴纳赋税的时候，这种外交才有可能存在。但是既然俄国已开始了内部的发展，同时也开始了内部的党派斗争，那末赢得使这一党派斗争能在不引起暴力震荡的情况下进行的立宪形式，就只是时间问题了。而到那时，原先的俄国掠夺政策就将成为过去；在各党派争夺政权的斗争中外交将失去它的始终不变的目的，无条件地支配全民族的力量将成为不可能，——俄国将和以往一样难于攻破而在进攻方面和过去一样相对地软弱无力，但是在所有别的方面，它将成为与其他国家完全一样的欧洲国家，它以往的外交的那种特殊力量将永远被破坏。

La Russie ne boude pas, ellee se recueille〔俄国不生气，它在积聚力量〕，——总理大臣哥尔查科夫在战争结束后说道。他自己也不知道他的话多么正确。他说的只是外交的俄国。但是非官方的俄国也在积聚力量。而且在作这种积聚（recueillement）时，政府本身帮助了它。战争证明：哪怕出于纯粹军事上的考虑，俄国也需要铁路和大工业。于是，政府着手培植俄国的资本家阶级。但是这个阶级没有无产阶级是无法存在的，而为了创造无产阶级分子，不得不实行所谓农民解放；农民为了人身自由把自己最好的一部分土地给了贵族。他们手中剩下的土地，对他们来说饿死嫌太多，活命嫌太少。这样，在俄国的农民公社被根本破坏的同时，新兴的大资产阶级的发展，却由于给铁路公司的种种特权、保护关税及其他优惠办法而大大得到鼓励；于是，在城市和乡村里开始了一场真正的社会革命，这个革命再不让业已活动起来的思想界平静下来了。年轻的资产阶级的出现反映在自由主义立宪运动中，而无产阶级的诞生则反映在通常称作虚无主义的运动中。这就是俄国的《recueillement》真正后果。

各国人民敢于发表意见并得到成功时，俄国外交处境严重地恶化了

一般说来，正是在 1878 年以后可以看出，从各国人民愈来愈敢于起来发表意见并且得到成功的时候起，俄国外交的处境严重地恶化了。甚至在巴尔干半岛，在俄国 ex professo〔专门〕以各国人民解放者的姿态出现的地区，也毫无收获。是罗马尼亚人使俄国人得以在普勒夫那城下获得胜利的，但是他们得到的报答是不得不重新让出自己的那块贝萨拉比亚，现在他们未必还会相信关于将来合并塞米格腊迪埃和巴纳特的诺言了。保加利亚人已经从派到他们国家去的沙皇代理人的活动中饱尝了沙皇式解放的滋味；只有塞尔维亚人，也许还有希腊人，暂时还没有被吓坏，而这是因为他们都不直接站在通向君士坦丁堡的道路上。奥地利的斯拉夫人——沙皇认为把他们从德国的压迫下解放出来是自己的使命——从那时起，至少是在帝国的息斯莱达尼亚部分，本身已经占据了统治地位。关于万能的沙皇解放各国人民的空话已经过时，它至多还能适用于克里特岛或者阿尔明尼亚，但是在欧洲，甚至对虔信基督教的英国自由党人，它也不能产生任何影响了；自从美国人谦楠向全世界揭露了沙皇政府在自己的帝国中镇压一切反抗企图的全部卑鄙勾当以后，甚至连格莱斯顿这样的沙皇崇拜者也已经不会为了克里特岛或阿尔明尼亚而冒欧洲战争的危险了。

当你读俄国报纸的时候，的确会以为整个俄国都热中于沙皇的侵略政策；到处是沙文主义和泛斯拉夫主义，到处是把基督教徒从土耳其人的压迫下解放出来、把斯拉夫人从德国和马扎尔人的压迫下解放出来的号召。但是，第一，任何人都知道俄国报刊披戴着什么样的枷锁；第二，政府成年累月地在所有学校里培养这种沙文主义和泛斯拉夫主义；第三，如果这些报刊也表达出一点独立见解的话，那末它只是表达了城市居民的情绪，即新兴资产阶级的情绪，而资产阶级自然是热中于作为扩大俄国市场手段的新的侵略的。但是这种城市居民在全国只占微不足道的少数。一旦国民议会使俄国人民的绝大多数即农村居民有机会发表自己的意见，我们所听到的就会完全不同。政府曾经试行建立地方自治机关。而随后它又被迫把这些地方自治机关化为乌有，这个经验可以作为这样一点的保证，即俄国的国民议会为了克服哪怕是最主要的内部困难，也很快就会坚决打消一切发动新的侵略的意图。

> 恩格斯：《俄国沙皇政府的对外政策》（1889 年 12 月—1890 年 2 月），
> 《马克思恩格斯全集》第 22 卷，人民出版社 1965 年版，第 44—53 页。

3. "神圣同盟"

这个同盟的灵魂是俄国，最终目的是征服法国，废除共和制

还在几个月以前，普鲁士、奥地利和俄国就结成了新的"神圣同盟"，这件事全世界都已经知道了。条约最近就要公诸于世。依靠"上帝和鞭子的恩典"的君主们的这个同盟的灵魂是俄国。

> 马克思、恩格斯：《新"神圣同盟"》（1848 年 12 月 30 日），《马克思恩格斯全集》第 6 卷，人民出版社 1961 年版，第 171 页。

可见，法国政府终于发觉，东欧的反革命对它也是个威胁，新的神圣同盟的最终和最高的目的不过是征服，而这一次还可能是瓜分法国。

我们确实知道，根据信奉正教的沙皇同他的奥里缪茨和波茨坦的两个藩臣之间所签订的条约，同盟的最终目的是征服法国，废除共和制，立"圣路易之子"、波尔多的白痴亨利为法国和纳瓦腊的"正统国王"。

> 恩格斯：《沙皇和他的藩臣们》（1849 年 5 月 8 日），《马克思恩格斯全集》第 6 卷，人民出版社 1961 年版，第 569 页。

1812 年俄国战局使俄国成为整个神圣同盟在大陆战争中的中心。俄国军队构成主力，普鲁士、奥地利和其他国家的军队以后才集结在它的周围。俄国军队在联军侵入巴黎之前一直是主力。亚历山大（更确切地说是他背后的俄军总参谋部）事实上是各国军队的总司令。但是从 1848 年后，神圣同盟就已经建立在更加坚固的基础上了。1849—1851 年反革命的发展，使法国以外的整个欧洲大陆对俄国的关系就像莱茵联邦和意大利对拿破仑的关系一样。这是一种纯粹的附庸关系。

恩格斯:《1852年神圣同盟对法战争的条件与前景》(1851年4月),《马
克思恩格斯全集》第10卷,人民出版社1998年第二版,第655页。

……这个同盟从1815年以来一直受俄国沙皇政府的领导,尽管发生过
种种暂时的内讧,但继续存在到现在。1815年,这个同盟的成立就是为了
与法国人民的革命精神相对抗;1871年,这个同盟由于兼并了亚尔萨斯和
洛林而得到巩固,这种兼并把德国变成了沙皇政府的奴隶,而把沙皇变成
了欧洲命运的主宰;1888年,这个同盟继续保存,是为了镇压三个帝国内
部的革命精神和民族要求,同样也是为了镇压劳动者阶级的政治运动和社
会运动。由于俄国具有几乎攻不破的战略地位,俄国沙皇政府便成为这个
同盟的核心,成为整个欧洲反动派的主要后备力量。推翻沙皇政府,消灭
这个威胁着整个欧洲的祸害,——我认为,这就是解放中欧和东欧各民族
的首要条件。一旦沙皇政府垮了台,那末,现在以俾斯麦为代表的那个倒
霉的国家就丧失了它极其有力的支持,也就会跟着完蛋和崩溃。奥地利将
要解体,因为它存在的唯一意义即将丧失:奥地利的存在是为了阻止穷兵
黩武的沙皇政府吞并喀尔巴阡和巴尔干各分散的民族。波兰将要复兴。小
俄罗斯将要自由地选择自己的政治立场。罗马尼亚人、马扎尔人、南方斯
拉夫人将能自己调整彼此之间的关系,并且不受任何外来干涉而确定自己
的新疆界。最后,高贵的大俄罗斯民族所竭力追求的,将不再是为沙皇政
府的利益充当凶恶的征服者,而是对亚洲负起自己真正传播文明的使命,
并且在同西方的合作中发挥出自己广博的才智,而不是用绞架和苦役去摧
残自己的优秀人物。

恩格斯:《致若昂·纳杰日杰》(1888年1月4日),《马克思恩格斯全
集》第37卷,人民出版社1971年版,第4—5页。

对波兰进行瓜分把三个强国联系起来了

从1815年开始,某些方面甚至从法国第一次革命时期开始的欧洲反动
势力,首先建立在什么基础上呢? 建立在俄罗斯—普鲁士—奥地利神圣同
盟的基础上。而这个同盟是靠什么结成的呢? 靠瓜分波兰,这3个同盟者
从瓜分波兰中取得了利益。

这3个强国对波兰进行的瓜分的路线,乃是一根把它们互相连结起来
的链条;共同的掠夺用团结的纽带把它们联系起来了。

从第一次掠夺波兰时起,德国就陷于依赖俄国的地位。俄国命令普鲁

士和奥地利保持君主专制政体，普鲁士和奥地利必须服从。资产阶级，特别是普鲁士资产阶级为自己争取统治地位的那种本来就软弱无力的意图，由于不可能摆脱俄国，由于俄国支持普鲁士的封建专制阶级而落空了。

此外还有一种情形，就是从三个同盟国最初企图征服波兰的时候起，波兰人就不仅举行起义来争取自己的独立，同时还进行革命活动来反对本国的社会制度。

瓜分波兰之所以能够实现，是由于波兰大封建贵族和参加瓜分波兰的3个强国结成联盟。正如前诗人约丹先生所断言的，这个联盟根本不是进步的；它是大贵族摆脱革命的最后一个手段，它彻头彻尾是反动的。

恩格斯：《法兰克福关于波兰问题的辩论》（1848 年 8 月 7 日—9 月 6 日），选自《马克思恩格斯全集》第 5 卷，人民出版社 1958 年版，第 389—390 页。

的确，我们都遇到同一个巨大的障碍，它阻碍一切民族的以及每个民族的自由发展，而没有这种自由发展，我们既不能在各国开始社会革命，更不能在彼此合作下完成社会革命。这个障碍就是旧的神圣同盟，即三个扼杀波兰的刽子手的同盟……

恩格斯：《致若昂·纳杰日杰》（1888 年 1 月 4 日），《马克思恩格斯全集》第 37 卷，人民出版社 1971 年版，第 4 页。

工人政党同情波兰恢复的另一个原因是波兰的地理、战略和历史地位所具有的特点。瓜分波兰是把俄国、普鲁士和奥地利这三个军事专制国家连结起来的锁链。只有波兰的恢复才能拆散这种联系，从而扫除横在通向欧洲各民族社会解放道路上的最大障碍。

恩格斯：《支持波兰》（1875 年 3 月 24 日），《马克思恩格斯全集》第 18 卷，人民出版社 1964 年版，第 630 页。

要是俄国发生革命，它就会成为全世界社会革命的开端

您在罗马尼亚必定了解沙皇政府。基谢廖夫的《组织规程》、1848 年对起义的镇压、对贝萨拉比亚的两次侵占、对贵国的无数次入侵（贵国对俄国来说只是通向博斯普鲁斯的一个兵站），使您从切身经验中对沙皇政府有了充分的体会。沙皇政府深信，一旦沙皇政府占领君士坦丁堡的宿愿实现，贵国的独立存在也就完了。在此以前，沙皇政府将以从匈牙利人手中夺回罗马尼亚的特兰西瓦尼亚的诺言来诱骗你们；其实正是由于沙皇政府的罪过，特兰西瓦尼亚才同罗马尼亚分离。只要彼得堡的专制制度一垮台，欧洲也就不存在奥匈帝国了。

现在这个同盟看来是瓦解了，战争的威胁迫在眉睫。但是，如果战争爆发，那只是为了使不顺从的普鲁士和奥地利屈服。我希望，和平将继续维持下去，对于这类战争，绝不能同情交战的任何一方——相反，只能希望它们统统垮台，如果能够做到的话。这种战争是可怕的，但是无论发生什么情况，归根结底，都会有利于社会主义运动，都会使工人阶级早日执掌政权。

请原谅我发表了这些见解，但是在目前这种时候，我给罗马尼亚人写信，无论如何不能不谈谈自己对这些迫切问题的见解。这些看法归结起来就是：在目前，要是俄国发生革命，它就会拯救欧洲免遭全面战争的灾难，并成为全世界社会革命的开端。

恩格斯：《致若昂·纳杰日杰》（1888 年 1 月 4 日），《马克思恩格斯全集》第 37 卷，人民出版社 1971 年版，第 5—6 页。

西欧的工人政党不得不与俄国沙皇政府作殊死战

我们，西欧的工人政党，双倍地关心俄国革命政党的胜利。

第一，因为沙俄帝国是欧洲反动势力的主要堡垒、后备阵地和后备军；因为单是它的消极存在，对我们来说已经是一种威胁和危险。

第二，——对于这一点，从我们这方面来说，一直还没有足够地加以强调，——因为这个帝国以其对西方事务的不断干涉，阻挠和破坏我们发展的正常进程，而且其目的是占领一些可以保证它对欧洲的统治并从而使欧洲无产阶级的胜利成为不可能的地理据点。

卡尔·马克思的一个功劳就在于，他第一个在 1848 年指出，并从那时起不止一次地强调：正是由于这个原因，西欧的工人政党不得不与俄国沙皇政府作殊死战。在这里，当我根据这同样的精神发表意见时，我也仅仅是作为我的亡友的继承者，完成他未竟的事业。

甚至俄国的革命家有时也表现出他们对俄国历史的这一方面知道得相当少。这是由于，第一，在俄国国内，关于这一切只容许官方的奇谈存在；第二，许多革命家过于轻视沙皇政府，认为它不能有任何合乎理智的行动，其所以不能，部分是由于它鼠目寸光，部分是由于贪污腐化。在对内政策方面倒确实是这样；在这里，沙皇政府的无能是十分明显的。

恩格斯:《俄国沙皇政府的对外政策》（1889 年 12 月—1890 年 2 月），
《马克思恩格斯全集》第 22 卷，人民出版社 1965 年版，第 15—16 页。

一旦沙皇政权这个全欧洲反动势力的最后堡垒垮台，整个欧洲的风向
就会完全改变。因为欧洲的反动政府都很清楚，它们虽然由于君士坦丁堡
等等而同沙皇争吵不休，但是可能有这么一天，它们会乐意把君士坦丁堡、
博斯普鲁斯海峡、达达尼尔海峡以及沙皇所要求的一切都抛给他，只要他
能保护它们不受革命之害。所以，一旦这个主要堡垒本身转入革命的手中，
欧洲的反动政府就会彻底丧失自信心和镇静；那时它们将只有指靠自己本
身的力量，并且很快会感到局势发生了多大的变化。也许，他们竟会派遣
自己的军队去恢复沙皇政权——这将是世界历史的莫大讽刺！

正是由于这些情况，整个西欧，特别是西欧的工人政党，关心着，深
切地关心着俄国革命政党的胜利和沙皇专制制度的崩溃。欧洲正好像沿着
斜坡一样越来越快地滚向规模空前和力量空前的世界战争的深渊。只有一
个东西能够阻止它，那就是俄国制度的改变。这种改变将在最近若干年内
发生，这是无庸置疑的。但愿这种改变及时发生，发生在没有它就无法避
免的那种事情出现之前。

恩格斯:《俄国沙皇政府的对外政策》（1889 年 12 月—1890 年 2 月），
《马克思恩格斯全集》第 22 卷，人民出版社 1965 年版，第 56—57 页。

4. 沙皇俄国的扩张

俄国自彼得大帝那时起抢夺领土的事实

俄国对土耳其竟然抱着善良的愿望！彼得一世自己早就打算在土耳其
的废墟上登上统治的宝座。叶卡捷林娜也曾一再劝说奥地利并要求法国一
同来参与拟议中的肢解土耳其，在君士坦丁堡建立一个以她孙子为首的希
腊帝国，而且胸有成竹地让她的孙子受了相应的教育，甚至为此还给他取
了相应的名字。现在，比较稳健的尼古拉只是要求承认他是土耳其的唯一
的保护人。但是所有的人都不会忘记，俄国做过波兰的保护人、克里木的
保护人、库尔兰的保护人、格鲁吉亚和明格列利亚的保护人、切尔克西亚
和高加索各部族的保护人。现在它又要当土耳其的保护人了！至于俄国对
扩张所抱的反感，让我从俄国自彼得大帝以来大量夺取领土的现象中举出
以下几个事实罢。

俄国边界向外伸展的情况是：

往柏林、德累斯顿和维也纳方向扩展……约 700 英里

往君士坦丁堡方向……约 500 英里

往斯德哥尔摩方向……约 630 英里

往德黑兰方向………约 1000 英里

俄国从瑞典手里夺取的领土比这个王国剩下的领土还大；它在波兰夺取的领土相当于整个奥地利帝国；在欧洲土耳其夺取的领土超过了普鲁士的国土面积（不包括莱茵河流域的属地）；在亚洲土耳其夺取的领土有全部德国本土那样大；在波斯夺取的领土面积等于一个英国；在鞑靼区夺取的领土面积等于欧洲土耳其、希腊、意大利和西班牙的总和。俄国最近 60 年来所夺取的领土，从面积和重要性来看，等于俄罗斯帝国在此以前的整个欧洲部分。

> 马克思：《土耳其问题。——《泰晤士报》。——俄国的扩张》（1853 年 5 月 31 日），《马克思恩格斯全集》第 12 卷，人民出版社 1998 年第二版，第 123—124 页。

俄国大使声称：

"俄国对土耳其政府是宽宏大量的，对自己的盟国的愿望是无限尊重的，但是，它不得不保留它独有的解决自己与土耳其帝国国务会议的分歧的权利；向奥斯曼帝国作出一般保证，就足以伤及圣上的感情，触犯俄国既得的权利和这些权利赖以产生的原则，更不用说这种行动非同一般和突如其来了。"

现在，俄国要求占领多瑙河两公国，并且不许土耳其政府把这个步骤看作是开战的理由。

1827 年，俄国曾要求"以三强国的名义占领摩尔多瓦和瓦拉几亚"。

俄国在 1828 年 4 月 26 日的宣战书中声明：

"它的盟国会看到它时刻准备和它们同心协力地履行伦敦条约，会看到它始终想有助于完成它的宗教和全人类的神圣感情使它深切关怀的事业；它们会看到它时刻准备纯粹为了使 7 月 6 日的条约更快地得到履行而利用它的实际地位。"

俄国在公元 1829 年 10 月 1 日的宣言中宣称：

"俄国一向就没有任何侵略思想和任何扩张意图。"

马克思：《俄国对土耳其的政策。——宪章运动》（1853 年 7 月 1 日），
《马克思恩格斯全集》第 12 卷，人民出版社 1998 年第二版，第 179—
180 页。

沙皇俄国毫无疑问是一个有侵略野心的国家

一次征服必然继之以又一次征服，一次兼并必然继之以又一次兼并，
所以俄国征服土耳其只不过是兼并匈牙利、普鲁士、加利西亚和最终建立
某些狂热的泛斯拉夫主义哲学家所梦寐以求的斯拉夫帝国的序幕而已。

俄国毫无疑问是一个有侵略野心的国家，一百年来就是这样，直到
1789 年的伟大运动才给它产生了一个充满强大生命力的严峻敌人。我们指
的是欧洲革命、民主思想的爆炸力量以及人生来就有的自由要求。从这个
时候起，欧洲大陆实际上只存在着两种势力：一种是俄国和专制，一种是
革命和民主。现在，革命似乎是被镇压下去了，但是它活着，人们还非常
怕它，就像过去一直非常怕它一样。不久前的米兰起义使反动派惊慌万分
就说明了这一点。但是俄国如果占领了土耳其，它的力量几乎会增加一半，
它就会比其他欧洲国家的力量加在一起还要强大。如果事态这样发展，对
革命事业将是一种莫大的灾难。维护土耳其的独立或在奥斯曼帝国可能解
体之际粉碎俄国的兼并计划，这是一件极其重要的大事。在这种情况下，
革命民主派和英国的利益是相符的，无论前者或后者都不能让沙皇把君士
坦丁堡变成自己的一个首府。所以我们将看到，如果被逼得无路可走的话，
这两种势力将给沙皇以同样坚决的抵抗。

恩格斯：《土耳其问题的真正症结》（1853 年 3 月 23—24 日），《马克思恩
格斯全集》第 12 卷，人民出版社 1998 年第二版，第 20—21 页。

俄国从来都是非万不得已不肯牺牲一个戈比和一名兵士，但一有机会
就要在欧洲各国间挑起纷争并削弱它们，因此，在路易—拿破仑还没有得
意扬扬地摆出意大利解放者的姿态以前，当然要由俄国通过哥尔查科夫的
条约来加以认可。当俄属波兰的民情报告已经证实形势非常不妙，以致在
毗邻的匈牙利不能允许发生任何起义的时候，当动员俄国第一批 4 个军的
尝试表明国家的元气尚未恢复的时候，当农民的骚动和贵族的抵抗规模在
对外战争期间会成为一种威胁的时候，俄皇的将军衔侍卫长就来到了法军
大本营，于是就缔结了维拉弗兰卡和约。俄国暂时可以满足于既得的成就
了。奥地利因为 1854 年的"忘恩负义"而遭到严厉的惩罚，其严厉程度比

俄国所能指望的要大得多。在战前眼看就能整顿就绪的奥地利财政，受到了惨重的破坏，要几十年才能恢复，整个国家机构摇摇欲坠，它对意大利的统治不存在了，领土缩小了，军心涣散了，军队对自己的长官失去了信任，匈牙利人、斯拉夫人和威尼斯人的民族运动大大加强，与奥地利分离现在已经成了他们公开提出的目标；自此以后，俄国可以完全不再把奥地利的抵抗放在眼里，可以指望逐渐把奥地利变成自己的工具。这就是俄国的成就。

> 恩格斯：《萨瓦、尼斯与莱茵》（1860 年 2 月 4—20 日），《马克思恩格斯全集》第 19 卷，人民出版社 2006 年第二版，第 480—481 页。

俄国的侵略政策在亚洲正获得接二连三的成功

毫无疑问的是，如果有谁会在北京拥有政治影响，那一定是俄国，俄国由于上一个条约①得到了一块大小和法国相等的新领土，这块领土的边境大部分只和北京相距 800 英里。约翰牛自己通过进行第一次鸦片战争，使俄国得以签订一个使它有权沿黑龙江航行并在陆地边界自由贸易的条约；而通过进行第二次鸦片战争，又帮助俄国获得了鞑靼海峡和贝加尔湖之间价值无量的地域——这是俄国无限垂涎的一块地方，从沙皇阿列克谢·米哈伊洛维奇到尼古拉，一直都企图把它弄到手。

> 马克思：《中国和英国的条约》（1858 年 9 月 28 日），《马克思恩格斯选集》第一卷，人民出版社 1995 年第二版，第 732 页。

来自俄国的危险减少了吗？没有。只是欧洲统治阶级的昏聩达到了极点。首先，如俄国官方历史学家卡拉姆津的承认，俄国的政策丝毫没有改变。它的方法、它的策略、它的手段可能改变，但是这一政策的灯塔——世界霸权——是不会改变的。在今天只有一个狡猾的同时又统治着众多野蛮人的政府才能想出这样一个计划来。正如近代最大的俄国外交家波措—迪—博尔哥在维也纳会议时期写给亚历山大一世的奏疏中关于这一点所说的那样，波兰是俄国谋取世界霸权的最重要的工具，但在波兰人因吃尽欧洲背信弃义之亏而变成俄国佬手中一条可怕的鞭子之前，波兰还是一个不可逾越的障碍。现在，撇开波兰人民的情绪不谈，请问有没有出现什么足

---

① 指俄国乘第二次鸦片战争之机胁迫中国于 1858 年 5 月 28 日签订的中俄瑷珲条约。下文所述俄国取得大片中国领土以及黑龙江航行权，均以该条约为据。在陆上边界自由贸易则属 1851 年 8 月 6 日签订的中俄伊犁塔尔巴哈台通商章程之内容。

以使俄国计划受挫、行动受阻的情况呢？

无须我来告诉你们，俄国在亚洲的侵略不断得逞。无须我来告诉你们，所谓的英法对俄战争把高加索的山地要塞、黑海的统治权，以及叶卡捷林娜二世、保罗和亚历山大一世妄想从英国手里夺取的海上权利交给了俄国。铁路正在把俄国分布于广大地区的兵力联合并集中起来。俄国在会议波兰——它在欧洲的牢固的营垒——所掌握的物质手段大大地增加了。

马克思：《1867 年 1 月 22 日在伦敦纪念波兰起义大会上的演说》（1867 年
1 月 7 日—22 日），《马克思恩格斯全集》第 21 卷，人民出版社 2003 年第
二版，第 285 页。

俄国从英法对中国的战争中得利

当英国和法国对中国进行一场代价巨大的斗争时，俄国保持中立，到战争快结束时才插手干预。结果，英国和法国对中国进行的战争只是让俄国得到了好处。这一回俄国的处境可真是再顺利没有了。摇摇欲坠的亚洲帝国正在一个一个地成为野心勃勃的欧洲人的猎获物。这里又有一个这样的帝国，它很虚弱，很衰败，甚至没有力量经受人民革命的危机，而是把一场轰轰烈烈的起义都变成了看来无法医治的慢性病；它很腐败，无论是控制自己的人民，还是抵抗外国的侵略，一概无能为力。正当英国人在广州同中国的下级官吏争执不下、英国人自己在讨论叶总督是否真是遵照中国皇帝的意旨行事这一重要问题的时候，俄国人已经占领了黑龙江以北的地区和该地区以南的大部分满洲海岸；他们在那里建筑了工事，勘测了一条铁路线并拟定了修建城市和港口的规划。当英国终于决定打到北京、而法国也希望捞到一点好处而同英国联合起来的时候，俄国——尽管就在此时夺取了中国的一块大小等于法德两国加在一起的领土和一条同多瑙河一样长的河流——竟能以处于弱者地位的中国人的无私保护人身分出现，而且在缔结和约时俨然以调停者自居；如果我们把各国条约比较一下，就必须承认：这次战争不是对英、法而是对俄国有利，已成为昭然若揭的事实。

……

至于俄国，情况完全不同。不但英、法所得的一切明显利益，不管是什么，俄国都有份，而且俄国还得到了黑龙江边的整个地区，这个地区是它早已悄悄占领的。俄国并不满足于此，它还取得了这样一个成果，即成立俄中委员会来确定边界。现在我们都知道这种委员会在俄国手里是什么

货色。我们曾看到这种委员会在土耳其的亚洲边界上的活动情况，20 多年来它们在那里把这个国家的领土一块一块地割去，直到最近这次战争才打断了它们的活动，而现在又该重新再来一遍了。

> 恩格斯：《俄国在远东的成功》（1858 年 10 月 25 日前后），《马克思恩格斯选集》第一卷，人民出版社 1995 年第二版，第 734—736 页。

俄国正在迅速地成为亚洲的头等强国

事实是，俄国正在迅速地成为亚洲的头等强国，它很快就会在这个大陆上压倒英国。由于征服了中亚细亚和吞并了满洲，俄国使自己的领地增加了一块像除俄罗斯帝国外的整个欧洲那样大的地盘，并从冰天雪地的西伯利亚进入了温带。中亚细亚各河流域和黑龙江流域，很快就会住满俄国的移民。这样获得的战略阵地对于亚洲，正如在波兰的阵地对于欧洲一样，具有重要的意义。占领图兰威胁着印度；占领满洲威胁着中国。而中国和印度，两国共有 45 000 万人口，现在是亚洲的举足轻重的国家。

> 恩格斯：《俄国在远东的成功》（1858 年 10 月 25 日前后），《马克思恩格斯选集》第一卷，人民出版社 1995 年第二版，第 737 页。

俄国与中国的贸易

然而俄国人却自己独享内地陆路贸易，这成了他们被排除于海上贸易之外的一种补偿，看来，在内地陆路贸易中，他们不会有什么竞争者。这种贸易是依照 1787 年叶卡捷琳娜二世在位时订立的一项条约进行的，以恰克图作为主要的（如果不算是唯一的）活动中心，恰克图位于西伯利亚南部和中国的鞑靼①交界处、在流入贝加尔湖的一条河上、伊尔库茨克城以南约 100 英里的地方。这种一年一度的集市贸易，由 12 名代理商管理，其中 6 名俄国人，6 名中国人；他们在恰克图会商并规定双方商品交换的比率，因为贸易完全是用以货易货的方式进行的。中国人方面拿来交换的货物主要是茶叶，俄国人方面主要是棉织品和毛织品。近年来，这种贸易似乎有很大的增长。10 年或 12 年以前，在恰克图卖给俄国人的茶叶，平均不超过 4 万箱；但在 1852 年却达 175 000 箱，其中大部分是上等货，即在大陆消费者中间享有盛誉的所谓商队茶，完全不同于由海上进口的次等货。中国人卖出的其他商品是少量的糖、棉花、生丝和丝织品，不过这一切数

---

① 指蒙古。——编者注

量都很有限。俄国人则付出数量大致相等的棉织品和毛织品，再加上少量的俄国皮革，锻造金属、毛皮，甚至还有鸦片。买卖货物的总价值——按照公布的账目来看，货物定价都不高——竟达 1 500 万美元以上的巨额。1853 年，因为中国内部不安定①以及产茶省区的通路被明火执仗的起义者队伍占领，所以运到恰克图的茶叶数量就减少到 5 万箱，那一年的全部贸易额只有 600 万美元左右。但是在随后的两年内，这种贸易又恢复了，运往恰克图供应 1855 年集市的茶叶不下 112 000 箱。

由于这种贸易的增长，位于俄国境内的恰克图就由一个普通的要塞和集市地点发展成一个相当大的城市了。它被选中成为这一带边区的首府，荣幸地驻上了一位军事司令官和一位民政长官。同时，恰克图和距离它约 900 英里的北京之间，最近建立了直接的、定期的邮政交通以传递公文。

马克思：《俄国的对华贸易》（1857 年 3 月 18 日左右），《马克思恩格斯选集》第一卷，人民出版社 1995 年版，第 699—700 页。

俄国派遣了几万名士兵到中国去战胜了手无寸铁的中国人

俄国正在结束对华战争。动员了许多军区，耗费了亿万卢布，派遣了数以万计的士兵到中国去，打了许多仗，取得了一连串的胜利，——不过，这些胜利与其说是战胜了敌人的正规军，不如说是战胜了中国的起义者，更不如说是战胜了手无寸铁的中国人。水淹和枪杀他们，不惜残杀妇孺，更不用说抢劫皇宫、住宅和商店了。而俄国政府以及奉承它的报纸，却庆祝胜利，欢呼勇敢的军队的新战功，欢呼欧洲文化击败了中国的野蛮，欢呼俄罗斯"文明使者"在远东的新成就。

列宁：《对华战争》（1900 年 9—10 月），《列宁选集》第一卷，人民出版社 1995 年第三版，第 278 页。

俄国政府恐怕是最先向中国伸出魔掌的

欧洲资本家的贪婪的魔掌现在伸向中国了。俄国政府恐怕是最先伸出魔掌的，但是它现在却扬言自己"毫无私心"。它"毫无私心地"占领了中国旅顺口，并且在俄国军队保护下开始在满洲修筑铁路。欧洲各国政府一个接一个拼命掠夺（所谓"租借"）中国领土，无怪乎出现了瓜分中国的议论。如果按照真实情况，就应当说：欧洲各国政府（最先恐怕是俄国

---

① 指太平军起义。——编者注

政府）已经开始瓜分中国了。不过它们在开始时不是公开瓜分，而是像贼那样偷偷摸摸进行的。它们盗窃中国，就像盗窃死人的财物一样，一旦这个假死人试图反抗，它们就像野兽一样猛扑到他身上。它们把一座座村庄烧光，把老百姓赶进黑龙江中活活淹死，枪杀和刺死手无寸铁的居民和他们的妻子儿女。这些基督教徒建立功勋的时候，却大叫大嚷反对野蛮的中国人，说他们竟胆敢触犯文明的欧洲人。俄国专制政府在 1900 年 8 月 12 日给各国的照会中宣称：俄国军队占领牛庄并且开入满洲境内，是临时性措施，采取这些措施，"完全是由于必须击退中国叛民的侵略行动"；"绝对不能说明帝国政府有任何背离自己政策的自私计划"。

......

沙皇政府对中国实行的政策不仅侵犯人民的利益，而且还竭力毒害人民群众的政治意识。凡是只靠刺刀才能维持的政府，凡是不得不经常压制或遏止人民愤怒的政府，都早就懂得一个真理：人民的不满是无法消除的，必须设法把这种对政府的不满转移到别人身上去。例如煽起对犹太人的仇恨，卑鄙的报纸中伤犹太人，说犹太工人不像俄国工人那样受资本和警察政府的压迫。目前在报刊上又大肆攻击中国人，叫嚣黄种人野蛮，仇视文明，俄国负有开导的使命，还说什么俄国士兵去打仗是如何兴高采烈，如此等等。向政府和大财主摇尾乞怜的记者们，拼命在人民中间煽风点火，挑起对中国的仇恨。但是中国人民从来也没有压迫过俄国人民，因为中国人民也同样遭到俄国人民所遭到的苦难，他们遭受到向饥饿农民横征暴敛和用武力压制一切自由愿望的亚洲式政府的压迫，遭受到侵入中华帝国的资本的压迫。

俄国工人阶级已经开始从人民群众所处的那种政治上的愚昧无知中挣脱出来。因此，一切觉悟的工人就有责任全力起来反对那些煽起民族仇恨和使劳动人民的注意力离开其真正敌人的人。沙皇政府在中国的政策是一种犯罪的政策，它使人民更加贫困，使人民受到更深的毒害和更大的压迫。沙皇政府不仅把我国人民变成奴隶，而且还派他们去镇压那些不愿做奴隶的别国人民（如 1849 年，俄国军队曾镇压匈牙利革命）。它不仅帮助俄国资本家剥削本国工人，把工人的双手捆起来，使他们本能团结自卫，而且还为了一小撮富人和显贵的利益出兵掠夺别国人民。要想打碎战争强加在劳动人民身上的新的枷锁，唯一的办法就是召开人民代表大会，以结束政府的专制统治，迫使政府不要光照顾宫廷奸党的利益。

列宁：《对华战争》（1900 年 9—10 月），《列宁选集》第一卷，人民出版社 1995 年第三版，第 279—282 页。

俄国的贪婪的眼光注视着多瑙河口和高加索山脉

只要看一眼欧洲地图，就会在黑海西岸看到多瑙河的河口，正是这条发源于欧洲心脏的河，可以说是天然形成的一条通往亚洲的大道。正对面，在黑海东岸，自库班河以南，高加索山脉从黑海东南伸向里海，绵延约 700 英里，把欧亚两洲分开。

谁掌握多瑙河河口，谁就掌握了多瑙河，控制了通往亚洲的大道，同时也就在很大程度上控制了瑞士、德国、匈牙利、土耳其的贸易，首先是摩尔多瓦和瓦拉几亚的贸易。如果他还掌握了高加索，黑海就成了他的囊中之物；而要关闭黑海的门户，只要把君士坦丁堡和达达尼尔海峡拿过来就行了。占有了高加索山脉就可以直接控制特拉佩宗特；而通过在里海的统治地位直接控制波斯的北方沿海地带。

俄国的贪婪的眼光既注视着多瑙河口，又紧盯着高加索山脉。它在多瑙河口是要夺得统治地位，在高加索山脉则是要保住这种地位。高加索山脉把南俄同俄国人从穆斯林那里夺得的格鲁吉亚、明格列利亚、伊梅雷蒂亚和古里亚等富饶的省份隔开。这样，这个庞大帝国的脚就同身子分开了。只有一条可以称为道路的军用通道，从莫兹多克蜿蜒经过达里亚尔峡谷的隘口，通往梯弗里斯，这条道路上虽然一个接一个地布满了工事，但仍不断从两旁遭到高加索部族的袭击。这些部族如果有个军事首领把它们联合起来，甚至可能威胁邻近的哥萨克地区。……

现在，多瑙河和高加索这两个地方都吸引着我们的注意，使我们同样地感到担忧，——在多瑙河岸，俄国占领了欧洲的两大谷仓；在高加索，它面临着失掉格鲁吉亚的危险。俄国侵占摩尔多瓦和瓦拉几亚是由阿德里安堡条约为它作好准备的，它占有高加索的权利也是从这个条约中得到承认的。

马克思：《帕麦斯顿勋爵》第七篇（1853 年 10 月 1 日—大约 12 月 22 日之间），《马克思恩格斯全集》第 12 卷，人民出版社 1998 年第二版，第 458—460 页。

俄皇找到了把持多瑙河两公国的新借口。他今后把持两公国已经不是把它们作为他的精神要求的物质保障，也不是为了补偿占领它们的费用，——不，他现在要把持它们是由于巴尔塔利曼尼条约中所说的"内部混乱"。由于俄国人确实在两公国闹得天翻地覆，内部混乱的存在是不能否认的。

……

他们已经有了更清楚的经验：同属一个伟大种族的德国人和斯堪的纳维亚人，如果彼此争吵而不结成同盟，那只会为自己的世仇斯拉夫人铺平道路。

> 马克思：《广告税。——俄国的行动。——丹麦。——合众国在欧洲》
> （1853 年 8 月 5 日），《马克思恩格斯全集》第 12 卷，人民出版社 1998 年
> 第二版，第 273、277 页。

俄国人占领了两个公国以后，第一件事就是禁止公布苏丹确认一切教派的基督徒的特权的敕令，并封闭了一家在布加勒斯特出版的德文报纸，因为这家报纸竟敢刊登关于东方问题的文章。同时，俄国人还要求土耳其政府支付他们前次（1848—1849 年）占领莫尔达维亚和瓦拉几亚时规定的年贡的第一批贡款。从 1828 年以来，俄国的保护制度使这两个公国花费了一亿五千万披亚斯特，而抢劫和破坏造成的巨大损失还不算在内。英国为俄国支付了它对法作战的费用，法国为它支付了对波斯作战的费用，波斯为它支付了对土耳其作战的费用，土耳其和英国为它支付了对波兰作战的费用；现在匈牙利和多瑙河各公国要为它支付它对土耳其作战的费用了。

……

1833 年沙皇通过签订有名的安吉阿尔—斯凯莱西条约，同土耳其订立了防御同盟，根据这个条约，外国舰队禁止驶近君士坦丁堡。由此可见土耳其不被瓜分，完全是为了让俄国全部独吞。

> 马克思：《俄土纠纷。——不列颠内阁的诡计和诡辩。——涅谢尔罗迭最
> 近的照会。——东印度问题》（1853 年 7 月 12 日），《马克思恩格斯全集》
> 第 9 卷，人民出版社 1961 年版，第 220—222 页。

战争终于在多瑙河上开始了，对于双方来说这是宗教狂信的战争，对于俄国人来说这是实现传统的野心的战争，对于土耳其人来说，这是生死存亡的战争。

> 恩格斯：《神圣的战争》（1853 年 10 月 27 日左右），《马克思恩格斯全集》
> 第 9 卷，人民出版社 1998 年版，第 504 页。

占领波斯领土是俄国与波斯战争的起因和结果

俄国占据了塞凡湖边的格克恰地带（这无疑是波斯的领土），并且要波斯放弃对它自己的另一部分领土卡潘的要求，作为俄国撤兵的交换条件。波斯拒绝了，于是它被侵略，被征服，在 1828 年 2 月被迫签订了图尔克曼恰伊条约。按照这个条约，波斯不得不付给俄国 200 万英镑的赔款，并割让包括埃里温和阿巴萨巴德的要塞在内的埃里温省和纳希切万省。照尼古拉的说法，签订这个条约的唯一目的是划定沿阿拉斯河的共同边界，硬说这是防止两个帝国将来发生任何纠纷的唯一方法。但是他同时又拒绝把属于波斯的阿拉斯河岸的塔雷什和莫甘两地归还波斯。最后，波斯还保证不在里海驻留舰队。这就是俄波战争的起因和结果。

> 马克思：《帕麦斯顿勋爵》第二篇（1853 年 10 月 1 日—大约 12 月 22 日
> 之间），《马克思恩格斯全集》第 12 卷，人民出版社 1998 年第二版，第
> 411 页。

波斯实际上从属俄国

波斯实际上从属俄国，而阿富汗实际上从属英国，这种情况可由俄国已派兵去波斯，而英国已派兵去喀布尔的事实来证明。

俄国占有里海西岸和北岸的全部地区。巴库（距阿斯特拉巴德 350 英里）和阿斯特拉罕（距阿斯特拉巴德 750 英里），是两个可供设置军用仓库和集结预备队的上好地方。当俄国里海舰队控制着这个内海时，俄国可以很容易地向阿斯特拉巴德输送必需的物资和援军。在里海东岸通往咸海的各条道路的起点上，都有俄国的堡垒。由此向北方和东方，伸展出一道俄国的堡垒线，沿线散布有乌拉尔河流域哥萨克人的村庄，这道堡垒线早在 1847 年就已经由乌拉尔河推进到了恩巴河和土尔盖河，即向俄国统治下的吉尔吉斯诸汗国境内和咸海方向推进了 150—200 英里。此后，实际上已在咸海沿岸修筑了堡垒，现在在咸海和亚克萨尔特河上都有俄国的轮船航行。甚至有消息说，俄军已占领希瓦，不过这种说法至少还为时过早。

俄国人向中亚细亚或南亚细亚发动任何大规模进攻时所必须遵循的作战路线，是自然条件规定了的。如果从陆路由高加索沿里海西南岸前进，就会遇到巨大的天然障碍——波斯北部的山脉，并且会使进攻的军队在到达主要目的地赫拉特之前必须通过 1 100 英里以上的路程。如果从陆路由奥连堡向赫拉特进攻，则进攻的军队不仅要经过那个使彼罗夫斯基的军队

在征讨希瓦时遭到复灭的沙漠，而且还要经过两个同样不好客的沙漠。从奥连堡到赫拉特的距离，按直线计算有 1 500 英里，但是如果俄国人从这一方向进攻，则奥连堡将是俄军能够选来作为作战基地的最近地点。此外，俄属阿尔明尼亚同奥连堡都几乎完全与俄国的中心隔绝，前者被高加索山脉所隔绝，后者被大草原所隔绝。要在这两个地方把夺取中亚细亚所必需的物资和军队集中起来，是根本谈不上的。因此，只剩下一条路，那就是横渡里海，以阿斯特拉罕和巴库作为基地，以里海东南岸的阿斯特拉巴德作为监视站，而且这条路到赫拉特总共只有 500 英里。这条路线具有俄国所能期望的一切优越性。阿斯特拉罕在伏尔加河上的位置，正如新奥尔良在密西西比河上的位置一样。它位于俄国最大的一条河流的河口，而这条河流的上游地区实际上形成了俄罗斯帝国的中心——大俄罗斯，所以它具有一切方便条件可被用来转运人员和弹药，以组成强大的远征军。由阿斯特拉罕乘轮船走四天，乘帆船则走八天，便能到达里海对岸的阿斯特拉巴德。里海本身无疑地是俄国的内海，而阿斯特拉巴德（现已被波斯沙赫献给俄国），则位于由西面到赫拉特这条唯一的道路上的起点。这条道路通过霍拉桑山脉，完全不经过沙漠。

恩格斯：《英国—波斯战争的前景》（1857 年 1 月底—2 月初），《马克思恩格斯全集》第 12 卷，人民出版社 1962 年版，第 135—136 页。

沙皇对芬兰人民的进攻

芬兰是在 1809 年俄瑞战争期间并入俄国的。为了把瑞典国王的过去的臣民芬兰人拉到自己方面来，亚历山大一世决定承认和批准芬兰的旧宪法。按照这个宪法，未经议会，即各等级的代表会议的同意，不得颁布、修改、解释或废除任何根本法。亚历山大一世在几次颁布①的诏书中都"庄严地"承认"关于要绝对保护边疆特别宪法的诺言"。

后来俄国的各代皇帝，包括尼古拉二世在内，都确认了这个誓言。尼古拉二世在 1894 年 10 月 25 日（11 月 6 日）的诏书中说："……我保证保护它们〈根本法〉，使它们具有不可违反的和确定不变的力量和效用。"

可是，还不到五年，俄国沙皇就背信弃义了。在卖身投靠、卑躬屈节的报刊对芬兰进行了长期的攻击以后，1899 年 2 月 3 日（15 日）颁布了建

---

①　原文如此。——编者注

立新程序的"诏书"：颁布"涉及全国需要的法律或者和帝国的立法有关的法律"，可以不经议会同意。

这是严重违反宪法的行为，是一次真正的国家政变，因为任何法律都可以被说成是涉及全国需要的法律！

这次国家政变是用暴力完成的：总督博勃里科夫威胁说，如果参政院拒绝公布诏书，他就要把军队开进芬兰。驻扎在芬兰的俄罗斯军队（据俄罗斯军官所说）已经荷枪实弹，备马待发了，等等。

继第一次暴力行为之后，又接二连三地发生了无数次暴力行为：芬兰报纸相继被封闭，集会自由被取消，芬兰到处有俄国的间谍，到处有极其无耻的挑衅者在激起暴动，如此等等。最后，未经议会的同意，就颁布了6月29日（7月12日）的义务兵役法，颁布了这个在呈文中已作充分分析的法律。

1899年2月3日的诏书和1901年6月29日的法律都是非法的，这是背信弃义者和被称作沙皇政府的一伙杀人强盗的暴力行为。当然，250万的芬兰人根本别想举行什么暴动，但是，我们所有这些俄国公民，倒应该想一想我们蒙受了什么样的耻辱。我们仍然是个驯服的奴隶，竟被人利用去奴役其他的民族。我们仍然容忍我们的政府，容忍它不仅像刽子手那样残暴地镇压俄国国内的任何自由倾向，而且利用俄国军队对其他民族的自由进行武力侵犯！

列宁：《芬兰人民的抗议》（1901年11月20日），《列宁全集》第5卷，
人民出版社1986年第二版，第319—321页。

冬宫的黑帮强盗和第三届杜马中的十月党人骗子手们开始向芬兰发动新的进攻。废除芬兰人借以保护自己的权利免受俄国专制君主蹂躏的宪法，使芬兰同俄国其他地区处于同样无权的非常状态，——这就是这次进攻的目的。这次进攻是以沙皇不通过芬兰议会而颁布关于兵役问题的命令并从俄国官吏中任命一批新的参议员这两件事作为开端的。强盗和骗子手们企图用各种论据来证明他们向处在百万大军的威胁下的芬兰提出的那些要求是合理的和正当的。对这些论据进行分析是没有意义的。问题的实质不在于这些论据，而在于所追求的目的。沙皇政府及其帮凶们想通过对民主自由的芬兰的进攻把1905年人民的胜利果实消灭得一干二净。因此，这几天哥萨克团队和炮兵营加紧占据芬兰的一些中心城市，这是关系到全俄国人

民的事件。

受到芬兰人民支持的俄国革命，曾经迫使沙皇松开了他若干年来紧紧扼住芬兰人民喉咙的魔爪。当时，想把自己的专制制度扩展到芬兰去的沙皇（虽然他的祖先和他本人都曾对芬兰的宪法宣过誓），不仅被迫承认刽子手博勃里科夫分子被从芬兰土地上赶走这一事实，被迫同意废除他自己颁布的一切非法命令，而且被迫同意在芬兰实行普遍的和平等的选举制。现在，沙皇在镇压了俄国革命之后，又干起了老一套，不过所不同的是，现在他感到支持他的不仅有他所雇用的暗探和贪官污吏这些老班底，而且还有以克鲁平斯基之流和古契柯夫之流为首的、在第三届杜马中共同以俄国人民的名义行事的有产者这班狐群狗党。

现在情况对于强盗的这种勾当十分有利。俄国革命运动大大削弱了，因此，戴王冠的恶棍全神贯注的已经不是革命运动，而是他看中的猎物。曾经一再致函沙皇，要求它不再侵扰芬兰的西欧资产阶级，现在对于强盗们的行为将会采取袖手旁观的态度，不加阻止。这是因为那些曾经呼吁欧洲谴责沙皇对芬兰的政策的人们刚刚向他们担保，说沙皇的意愿是诚挚的，是"符合宪制"的。那些自命为"俄国知识分子的代表"和"俄国人民的代表"的立宪民主党的领袖，郑重其事地向欧洲资产阶级保证说，他们以及和他们一起的俄国人民，是支持沙皇的。俄国的自由派想尽一切办法要欧洲对双头凶鹰向芬兰的新进攻持不介入态度，就像对双头凶鹰向自由波斯的讨伐持不介入态度一样。

> 列宁：《沙皇对芬兰人民的进攻》（1909 年 10 月 31 日），《列宁全集》第 19 卷，人民出版社 1989 年第二版，第 126—127 页。

5. 沙皇俄国与波兰问题

俄国征服波兰的最初阶段在彼得大帝时代就开始了

彼得一世有一次曾经感叹，要征服世界，俄国佬什么也不缺，只缺士气。而俄国只要把波兰人吞噬掉，它所需要的这种生气勃勃的精神就能够进入它的躯体。

> 马克思：《1867 年 1 月 22 日在伦敦纪念波兰起义大会上的演说》（1867 年 1 月 7 日—22 日），《马克思恩格斯全集》第 21 卷，人民出版社 2003 年第二版，第 285—286 页。

俄国征服波兰的最初阶段在彼得大帝时代就开始了，可直到现在还只是部分地完成。缓慢的、然而可靠的胜利和迅速的、具有决定意义且成果巨大的攻击一样，都是符合它的期望的；但是，它总是同时考虑到这两种可能性的。它在 1859 年战争中利用匈牙利起义的做法，即把这次起义留作第二步使用的作法，清楚地暴露了俄国的手法。

> 恩格斯：《萨瓦、尼斯与莱茵》（1860 年 2 月 4—20 日）。《马克思恩格斯全集》第 19 卷，人民出版社 2006 年第二版，第 478 页。

"抵抗俄国对欧洲的侵犯——恢复波兰！"

工人阶级就不同了。他们要干涉，而不是不干涉；只要俄国干涉波兰的事务，他们就主张同俄国打仗，而且每次波兰人起来反对自己的压迫者的时候，他们都证明了这一点。不久以前，国际工人协会更充分地表达了它所代表的阶级的这种普遍的天然的感情，它在自己的旗帜上写道："抵抗俄国对欧洲的侵犯——恢复波兰！"

> 恩格斯：《工人阶级同波兰有什么关系？》（1866 年 1 月底—4 月 6 日），《马克思恩格斯全集》第 21 卷，人民出版社 2003 年第二版，第 220 页。

什么时候俄国的工人阶级（如果在这个国家里有像西欧所理解的那种意义上的工人阶级的话）提出自己的政治纲领，而这个纲领又包含有解放波兰的要求，——到那个时候，也只有到那个时候，俄罗斯作为一个民族也不必去谈了，而要受到谴责的就只是沙皇政府了。

> 恩格斯：《工人阶级同波兰有什么关系？》（1866 年 1 月底—4 月 6 日），《马克思恩格斯全集》第 21 卷，人民出版社 2003 年第二版，第 222 页。

最后在 1830 年，当沙皇尼古拉和普鲁士国王即将对法国发动一次新的入侵以实现其复兴正统王朝的计划时，你们今天所纪念的波兰革命挡住了他们的道路。"华沙恢复了秩序"。

> 马克思和恩格斯：《致日内瓦 1830 年波兰革命 50 周年纪念大会》（1880 年 11 月 27 日），《马克思恩格斯全集》第 25 卷，人民出版社 2001 年第二版，第 444 页。

民族原则只是俄国人为了灭亡波兰所臆造出来的发明

在这里我们就看出了，在"民族原则"与民主派和工人阶级关于欧洲各个大民族［nations］享有独立自主的生存权利的老观点之间是有区别的。"民族原则"完全不触及欧洲那些有历史地位的民族的民族生存权利这个大问题，如果说它也触及的话，那也只是要把水搅浑而已。

……

民族原则远非波拿巴为了支持波兰复兴而发明的，它不过是俄国人为了灭亡波兰而发明的。正如下面我们就会看到的，俄国就是以民族原则为借口吞并了古老波兰的大部分领土。这种思想已经存在一百多年了，俄国现在每天都在使用它。泛斯拉夫主义不就是俄国为了自己的利益而把民族原则应用于塞尔维亚人、克罗地亚人、卢西人、斯洛伐克人、捷克人以及其他在土耳其、匈牙利和德意志境内的昔日斯拉夫民族的残余吗？甚至此时此刻，俄国政府还在让代理人奔走于挪威北部和瑞典的拉普兰人中间，试图在这些游牧的野蛮人当中鼓吹"大芬兰民族"的思想，即在欧洲的极北地区把"大芬兰民族"恢复起来——当然是在俄国的保护之下。

恩格斯：《工人阶级同波兰有什么关系？》（1866年1月底—4月6日），《马克思恩格斯全集》第21卷，人民出版社2003年第二版，第225—226页。

1700年至1772年的波兰历史，不过是俄国人在波兰篡夺政权的编年史

当旧的波兰国家由于同立陶宛合并而组成时，俄国的情形是怎样的呢？那时，它还处于150年前就被波兰人和日耳曼人携手赶回第聂伯河以东的蒙古征服者的铁蹄之下。只是经过长期的斗争，莫斯科的大公们才终于摆脱了蒙古人的枷锁，开始把大俄罗斯的许多公国联合成一个统一的国家。然而，这一成就看来只是助长了他们的野心。当君士坦丁堡刚落入土耳其人之手，莫斯科大公就把拜占庭皇帝的双头鹰加在了自己的盾形徽章上，以此表明他要当他们的继承人和未来的复仇者；众所周知，从那时起俄国人努力的目标就是占领沙皇格勒即沙皇城——这是他们在自己的语言中对君士坦丁堡的称谓。后来，小俄罗斯的富饶平原又引起了他们的吞并欲望。可是，波兰人当时是一个强大的民族，而且从来就是一个勇敢的民族，他们不仅知道怎样为自身而战，而且还知道怎样以牙还牙：17世纪初，他们甚至把莫斯科占领了好几年。

当政的贵族逐渐腐化，资产阶级赖以发展的力量不足，连年战争把国家弄得一片荒芜，这一切终于摧毁了波兰的威力。一个顽固地保持着封建社会制度的国家，当它的所有邻邦都在进步，形成了中间阶级，发展了贸易和工业，建立了大城市的时候，这样的国家就注定要灭亡。毫无疑问，是贵族毁灭了波兰，而且是彻底地毁灭了它。贵族在毁灭了波兰以后，又就此事互相责骂，并把自己和自己的国家出卖给外国人。1700—1772 年的波兰历史，不过是俄国篡夺波兰统治权的记录，而俄国之所以能够篡夺，就在于波兰贵族的腐败。俄国兵几乎总是占领着这个国家，波兰国王即使自己并不想做卖国贼，但也越来越被置于俄国大使的手心里。这种把戏要得那样成功、那样长久，以致当波兰最后被灭亡的时候，整个欧洲都没有提出一声抗议，而人们感到惊奇的只是，俄国怎么这样大方，把那么大一块地方割给了奥地利和普鲁士。

信教自由——这就是为了消灭波兰所需要的字眼。波兰在宗教问题上从来就是极其自由的，有事实为证：当犹太人在欧洲所有其他地方都遭到迫害时，他们在这里却找到了避难所。东部各省的大部分居民信奉希腊正教，而波兰本地人则是罗马天主教徒。这些希腊正教徒中有很大一部分人在 16 世纪时受劝承认罗马教皇的最高权力，被叫做合并派希腊正教徒，但他们当中有很多人在所有各方面仍然保持原先的希腊正教信仰。他们主要是农奴，而他们的高贵主人差不多全都是罗马天主教徒；他们按民族来说是小俄罗斯人。俄国政府在本国除希腊正教外不容忍其他任何宗教，把叛教当作罪行严加惩罚；它征服别的民族，吞并左右邻人的地盘，与此同时，它把俄国农奴身上的镣铐钉得更加牢固——就是这个俄国政府，很快就对波兰下手了，它以信教自由的名义，因为据说波兰压迫希腊正教徒；它以民族原则的名义，因为东部这些省份的居民是小俄罗斯人，因此他们应当并入大俄罗斯；它以革命权利的名义，把农奴武装起来去反对他们的主人。俄国是完全不择手段的。有人说阶级对阶级的战争是极端的革命，可是，将近一百年以前俄国在波兰就发动了这样一场战争，而且是一场非常典型的阶级战争。当时，俄国的士兵和小俄罗斯的农奴并肩去焚烧波兰领主的城堡，这只是为了给俄国的吞并作准备；吞并一实现，还是那些俄国士兵就又把农奴拖回他们领主的枷锁之下。

所有这一切都是在信教自由的名义下进行的，因为民族原则当时在西欧还未成时尚。不过，那个时候已经有人在小俄罗斯农民眼前摆弄这一原则了，而且从那时起，它在波兰事务中就一直起着重要的作用。俄国最大最主要的野心，就是把所有的俄罗斯部落都统一到那位自称所有俄罗斯人的专制君主（Samodergetz vseckh Rossyiskikh）的沙皇统治之下，它把白俄罗斯和小俄罗斯都包括在这所有俄罗斯人之中。为了证明它的野心仅止于此，在三次瓜分中它都十分谨慎，只兼并白俄罗斯省份和小俄罗斯省份，而把波兰人居住的地区，甚至把小俄罗斯的一部分（东加利西亚）留给自己的同谋者。可是，现在的情况怎样呢？1793 年和 1794 年被奥地利和普鲁士兼并的省份，现在却大部分以波兰王国的名称处于俄国统治之下，并且不时在波兰人中间唤起一种希望：只要他们服从俄国的最高权威，放弃对昔日立陶宛省份的一切要求，他们就可以期望把所有其他的波兰省份统一起来，恢复波兰，以俄国皇帝为国王。如果在目前这个时候普鲁士和奥地利对打起来，那就非常可能形成这样的局面：这场战争，最终将不是使石勒苏益格—荷尔斯泰因归并于普鲁士或威尼斯归并于意大利，而是使奥属波兰，和至少是一部分普属波兰归并于俄国。

　　关于民族原则用于波兰事务就谈到这里。

　　　　恩格斯：《工人阶级同波兰有什么关系?》（1866 年 1 月底—4 月 6 日），
　　　　《马克思恩格斯全集》第 21 卷，人民出版社 2003 年第二版，第 228—
　　　　232 页。

　　不管俄国从彼得大帝以来如何地发展，不管它在欧洲的势力如何地增长（普鲁士国王弗里德里希二世在这方面出了不少力，而且非常清楚自己在做什么），但是在占领波兰之前，它实质上仍然像土耳其一样是一个欧洲之外的大国。1772 年波兰遭到第一次瓜分；1779 年俄国已经根据帖欣和约要求并得到了干涉德国事务的正式权利。这对于德国各邦君主应当是一个教训，但是，尽管如此，弗里德里希—威廉二世，这个唯一认真反抗俄国政策的霍亨索伦和弗兰茨二世仍然同意完全消灭波兰。拿破仑战争之后俄国更攫取了前普鲁士所属和奥地利所属波兰各省的极大部分，现在它公然以欧洲仲裁者的身分出现了，这个角色它连续不断地扮演到 1853 年。

　　　　恩格斯：《流亡者文献。——波兰宣言》（1874 年 5 月—1875 年 4 月），
　　　　《马克思恩格斯全集》第 18 卷，人民出版社 1964 年版，第 575 页。

　　对巴尔干半岛的统治将把俄国的疆界扩展到亚得利亚海。但是如果不相应地扩展俄国整个西部边界，不大大地扩张它的势力范围，西南部的这段边界就是不稳固的。而在这方面，形势可以说是更加有利的。

　　首先拿波兰来说，这个以掠夺和压迫农民为基础的贵族共和国处于完全土崩瓦解的状态；它的宪法使得任何全国性的行动都无法采取，因而使

它成为邻国可以轻取的战利品。根据波兰人自己的说法，从十八世纪初开始，波兰就靠混乱维持着（Polska nieryadem stoi）；外国军队不断地侵占波兰全部国土或取道波兰；它成了他们的客栈和小饭店（如波兰人所说的：karczma zajezdna），而且他们通常总是忘了付钱。彼得大帝有步骤地毁坏了波兰，他的继承者只要伸手去拿就行了。而且对此他们还有"民族原则"这样一个借口。波兰不是一个单一种族的国家。当大俄罗斯受到蒙古人压迫的时候，白俄罗斯和小俄罗斯归并于所谓立陶宛公国以寻求保护，防御来自亚洲的侵犯。后来，这个公国自愿地同波兰合并。此后，由于波兰有较高的文明，白俄罗斯和小俄罗斯的贵族在很大程度上波兰化了，而在十六世纪，耶稣会教徒统治波兰，迫使波兰的信奉正教的俄罗斯臣民改宗罗马天主教。这就给了大俄罗斯的沙皇们一个称心如意的借口，使他们能够把过去的立陶宛公国当做一个俄罗斯民族的、但是遭受到波兰压迫的地区，而对之提出领土要求，尽管根据最著名的现代斯拉夫学家来克洛希奇的意见，至少小俄罗斯人讲的并不就是一种俄罗斯方言，而是一种完全独立的语言；另一个干涉的借口是：作为正教的维护者，要保护东方礼天主教徒，虽然后者早已安于自己在罗马天主教教会中的现状。

恩格斯：《俄国沙皇政府的对外政策》（1889 年 12 月—1890 年 2 月），《马克思恩格斯全集》第 22 卷，人民出版社 1965 年版，第 21 页。

俄国要使波兰恢复为一个弱小的王国

俄国历史学家波果丁在一本根据俄国政府的命令并由俄国政府出资印行的书中写道，波兰一向是从内部蛀蚀俄国的蛆虫，现在应当使它成为俄国的右臂，为此就必须使波兰恢复为一个受某位俄国公爵管辖的弱小的王国，——这样就很容易把居住在土耳其和奥地利的斯拉夫人吸引到自己这边来。

恩格斯：《流亡者文献》（1874 年 5 月—1875 年 4 月），《马克思恩格斯全集》第 18 卷，人民出版社 1964 年版，第 572—573 页。

只要俄国士兵还侵占着波兰，俄国人民就不能获得解放

波兰是扼杀不了的，它在 1863 年证明了这一点，而且现在每天都在证明着。它在欧洲各民族大家庭中独立生存的权利是不容争辩的。波兰的恢复是必要的，对于德国人和俄国人这两个民族自己来说尤其是必要的。

压迫其他民族的民族是不能获得解放的。它用来压迫其他民族的力量，最后总是要反过来反对它自己的。只要俄国士兵还侵占着波兰，俄国人民就既不能获得政治解放，也不能获得社会解放。但是在俄国目前的发展水平下，有一点是毫无疑问的，就是一旦俄国失去波兰，俄国国内的运动就会壮大到足以推翻现存秩序的地步。波兰的独立和俄国的革命是互为条件的。但是，波兰的独立和俄国的革命——在社会、政治和财政无止境地崩溃下去的情况下，在贪污贿赂之风腐蚀着整个官方俄国的情况下，这个革命的爆发比乍看起来要快得多。

　　　　恩格斯：《流亡者文献》（1874 年 5 月—1875 年 4 月），《马克思恩格斯全
　　　　集》第 18 卷，人民出版社 1964 年版，第 577—578 页。

6. 俄国对德国的"支持"和瓜分

俄国曾两次与法国结成同盟瓜分德国

　　1812 年以前俄国"支持"德国的"完整和独立"不过是表面结成同盟，暗中却和拿破仑订立密约，而且后来还靠抢劫和掠夺充分地补偿了自己的所谓援助。

　　　　马克思、恩格斯：《俄国的照会》（1848 年 8 月 1 日），《马克思恩格斯全
　　　　集》第 5 卷，人民出版社 1958 年版，第 343 页。

　　在这个世纪内，俄国曾两次与法国结成同盟，并且每一次都是以瓜分德国为其目的或者基础。

　　第一次是在蒂尔西特附近的木筏上。俄国当时让法国皇帝完全支配德国而自己仅取得普鲁士的一部分作为交换条件。为此它取得了在土耳其行动的自由，于是就赶忙夺取比萨拉比亚和摩尔多瓦，并驱军渡过多瑙河。但是不久以后，拿破仑"研究了土耳其问题"并根本改变了他对于这个问题的看法；这个情况对俄国说来便成了 1812 年战争的主要原因之一。

　　第二次在 1829 年。俄国与法国缔结了一个条约，根据这个条约，法国应取得莱茵河左岸，俄国则再度取得在土耳其行动的自由。这个条约被七月革命撕毁了；达来朗在准备对波林尼雅克内阁的起诉时，发现了有关的文件，但为了避免使法国和俄国的外交出丑，他把这些文件付之一炬。在公众面前，各国外交家结成了秘密同盟，他们永远也不会公开地彼此揭丑。……

　　蒂尔西特条约和 1829 年条约给这个问题作出了答案。如果俄国把它的

领土扩张到多瑙河并且直接或者间接地统治了君士坦丁堡，法国也应当取得它自己的那份战利品。俄国所能提供给法国的唯一抵偿就是莱茵河左岸。德国只得再次承受牺牲。俄国的自然的和传统的对法政策，是允许法国占领莱茵河左岸或者在一定场合帮助它占领以换取法国对俄国侵占魏克瑟尔河和多瑙河的承认和支持；对由于感恩图报而承认俄国侵占行为的德国，则帮助它从法国手中收复失地。自然，这个计划只有在发生重大的历史危机时才有可能实现，但是这绝不妨碍俄国在1859年很好地考虑到这些可能性，像在1829年那样。

> 恩格斯：《萨瓦、尼斯与莱茵》（1860年2月4—20日），《马克思恩格斯全集》第19卷，人民出版社2006年第二版，第476—479页。

德国人一定不会忘记俄国以及其他许多事情

但愿德国人也不要忘记俄国的其他许多事情。

1807年在签订蒂尔西特和约的时候，俄国要它的同盟者普鲁士拿出一块领土——比亚韦斯托克省给自己，并且把德国出卖给了拿破仑。

1814年，甚至奥地利也承认波兰有独立的必要（见卡斯尔雷回忆录）时，俄国还把华沙大公国（也就是以前属于奥地利和普鲁士的几个省）几乎全部并入了自己的版图，从而对德国采取了进攻的态势，它将长期威胁着我们，直到我们把它从那里驱逐出去。在1831年后筑成的要塞群——莫德林、华沙、伊万城——甚至连亲俄派哈克斯特豪森也认为是对德国的直接威胁。

1814年和1815年，俄国采取了一切手段来使德意志联邦条例以现在这种形式固定下来，从而使德国对外永远软弱无能。

自1815年到1848年，德国处于俄国的直接控制之下。奥地利在多瑙河上曾同俄国抗衡，而在莱巴赫、特罗保和维罗纳等会议上，它却实现了俄国对西欧所抱的一切希望。俄国能这样控制是德意志联邦条例造成的直接后果。普鲁士在1841年和1842年曾一度企图摆脱俄国的控制，但立即就被迫恢复原状。结果是，当1848年革命爆发时，俄国发出了一个通告，把德国的运动说成是儿童游戏室里的吵闹。

1829年，俄国和波林尼雅克内阁缔结了自1823年就开始由夏多勃里昂准备的（并经他正式确认的）条约，根据这个条约，莱茵河左岸割让给了法国。

1849 年，俄国在匈牙利支持了奥地利，条件是要奥地利恢复联邦议会和摧毁石勒苏益格—荷尔斯泰因的抵抗；伦敦议定书保证俄国在最近期间获得对整个丹麦君主国的继承权，并使它有希望实现自彼得大帝以来就渴望实现的进入德意志联邦（以前是德意志帝国）的计划。

1850 年，普鲁士和奥地利被召到华沙受沙皇审判，虽然在庸俗的政客眼里只有普鲁士受到了屈辱，其实奥地利所受的屈辱并不见得少些。

1853 年，俄皇尼古拉一世在同汉·西摩尔爵士交谈中任意摆布德国，就好像德国是他的世袭领地似的。他说，他对奥地利是放心的；至于普鲁士，他根本不屑于一提。

最后，1859 年，当神圣同盟看来已彻底瓦解的时候，俄国就同路易—拿破仑缔结条约，法国在俄国的同意和支持下进攻奥地利，哥尔查科夫还发出通告，非常放肆地禁止德国人向奥地利提供任何援助。

这就是从这个世纪开始以来我们要感激俄国人的一切，但愿我们德国人永远不要忘记这一切。

难道我们应该继续容忍俄国这样玩弄我们吗？俄国把我们最美丽、最富庶、工业最发达的一个省永远当作诱使法国御用军政权上钩的诱饵，难道我们 4500 万人民还要继续忍受下去吗？难道莱茵地区除了作为战争的牺牲品，帮助俄国取得在多瑙河和魏克瑟尔河上行动的自由以外，就再没有其他任何用处了吗？

问题就是这样摆着。我们希望德国能迅速地手持利剑来回答这个问题。只要我们团结一致，就一定能把法国御用军和俄国"毛虫"一起打发回老家。

在此期间，我们已经有俄国农奴这样一个同盟者。现在俄国农村居民中的统治阶级和被统治阶级之间爆发的战争，正在动摇俄国对外政策的整个体系。这个体系只有当俄国内部在政治上还没有发展以前，才可能存在。但是这个时代已经过去了。由政府与贵族以各种方式推动的工业和农业的发展，已经达到了不能再承受现存的社会关系的程度。这种社会关系的废除一方面是必要的，而另一方面，不经过暴力变革又是不可能的。随着从彼得大帝到尼古拉一世的俄国的毁灭，这个俄国的对外政策也将遭到毁灭。

看来，德国注定不仅要用笔墨而且要用刀剑来向俄国说明这一事实了。如果发展到这一步，那时德国就将恢复自己的名誉，洗净几世纪来蒙受的政治耻辱。

恩格斯：《萨瓦、尼斯与莱茵》（1860 年 2 月 4—20 日），《马克思恩格斯
全集》第 19 卷，人民出版社 2006 年第二版，第 482—484 页。

7. 沙皇俄国与土耳其的关系

俄国与"东方问题"

每当革命风暴暂时平息的时候，一个老是反复出现的问题必定要冒出来，这就是永远解决不了的"东方问题"。例如，当第一次法国革命的暴风雨过去，拿破仑和俄皇亚历山大签订了蒂尔西特和约，瓜分了整个欧洲大陆的时候，亚历山大利用了暂时平静的时机，把军队开进土耳其，向那些正在从内部摧毁这个衰败中的帝国的势力"伸出援助之手"。再如，西欧革命运动刚被莱巴赫会议和维罗纳会议镇压下去，亚历山大的继承者尼古拉就又给了土耳其一个打击。几年以后，当七月革命以及随之发生的波兰、意大利和比利时的起义已经过去，于 1831 年经过改造的欧洲看来已经摆脱了内部风暴的时候，东方问题于 1840 年又几乎把"列强"卷入一场大战。现在，正当目光短浅的当权的侏儒们因成功地使欧洲摆脱了无政府状态和革命危险而自鸣得意之时，这个永恒的题目，这个永远无法解决的难题又来了：对土耳其怎么办？

现在我们就来谈一谈这个问题。土耳其由以下三个完全不同的部分组成：非洲的藩属王国（埃及和突尼斯）、亚洲土耳其和欧洲土耳其。非洲属地（其中只有埃及可以算是真正隶属于苏丹）可以暂时不谈。埃及要在更大程度上属于英国人，将来只要瓜分土耳其，它必定是被英国人分去。亚洲土耳其才真正是帝国现时拥有的全部力量之所在。400 年来土耳其人的主要居住地小亚细亚和亚美尼亚，是补充土耳其军队的后备基地，从兵临维也纳城下的土耳其的军队，到库列夫察战役中被吉比奇并不很高明的战术打得四散奔逃的土耳其军队都来自那里。亚洲土耳其尽管人口稀少，却形成了一个坚不可摧的土耳其族的狂热的穆斯林群体，目前谁也休想去征服它。实际上每当"东方问题"提出的时候，在这个地区中所考虑的只是巴勒斯坦和基督徒聚居的黎巴嫩谷地。

问题的真正焦点永远是欧洲土耳其，即萨瓦河和多瑙河以南的大半岛。这个好地方不幸聚居着各不相同的种族和民族，很难说它们当中哪一个最

缺少走向进步和文明的素质。1200 万斯拉夫人、希腊人、瓦拉几亚人、阿尔瑙特人都处于 100 万土耳其人的统治下，而直到不久以前还很难说，在所有这些不同种族当中土耳其人不是最有能力掌握统治权的，同时在居民这样混杂的情况下，统治权又不能不属于其中的一个民族。但是，我们看到，土耳其当局走上文明道路的一切尝试遭到了怎样可悲的失败——以几个大城市中的土耳其暴民为主要支柱的伊斯兰教狂热势力，总是在奥地利和俄国援助之下卷土重来并消灭任何可能取得的进步；我们看到，中央即土耳其当局由于基督徒聚居省份的起义（由于土耳其政府的衰弱和邻邦的干涉，这些起义没有一次是毫无所获的）而一年年地削弱下去；我们看到，希腊取得独立，俄国占领部分亚美尼亚，而摩尔多瓦、瓦拉几亚和塞尔维亚相继归于俄国的保护之下，——当我们看到这一切的时候，我们不能不承认，土耳其人在欧洲的存在是开发色雷斯—伊利里亚半岛的一切潜力的真正障碍。

> 马克思、恩格斯：《不列颠政局。——迪斯累里。——流亡者。——马志尼在伦敦。——土耳其》（1853 年 3 月 11—22 日），《马克思恩格斯全集》第 12 卷，人民出版社 1998 年第二版，第 5—8 页。

有一些事实虽然不大引起同时代人的注意，却成为划分历史时期的清晰标志，1833 年俄国人对君士坦丁堡的军事占领就是一个这样的事实。

俄国的宿愿终于实现了。来自冰冷的涅瓦河畔的野蛮人把繁荣奢华的拜占庭和阳光煦丽的博斯普鲁斯海岸紧紧地抱在自己怀里。自封的希腊皇帝后裔占领了——虽然是暂时地——东方的罗马。

> 马克思：《帕麦斯顿勋爵》第四篇（1853 年 10 月 1 日—大约 12 月 22 日），《马克思恩格斯全集》第 12 卷，人民出版社 1998 年第二版，第 432—460 页。

可见，当时盟国的全盘计划是让俄国长驱直入占领土耳其各省，而让联军占领奥斯曼帝国的首都和达达尼尔海峡。这就是英法军队拖延时间和进行种种被误解的调动的原因。土耳其军队的英勇打乱了俄、英、法三国的这一计谋当然是"出乎意料的"。

> 马克思：《东方问题。——西班牙的革命。——马德里报刊》（1854 年 8 月 15 日），《马克思恩格斯全集》第 13 卷，人民出版社 1998 年第二版，第 477 页。

东方问题的实质

对东方问题可以用几句话概括如下：沙皇的这样大的一个帝国只有一个港口作为出海口，而且这个港口又是位于半年不能通航，半年容易遭到英国人进攻的海上，这种情况使沙皇感到不满和恼火，因此，他极力想推行他的先人的计划——开辟一条通向地中海的出路。他正在把奥斯曼帝国的最边远的地区逐个地从奥斯曼帝国主体上分割下来，直到最终使这个帝国的心脏——君士坦丁堡——停止跳动为止。每当他认为土耳其政府的统治似有加强，或者发现斯拉夫人中有自我解放的更危险的征兆，从而威胁到他对土耳其的计划时，他就会故伎重演侵入这个帝国。他利用西方列强的胆小怕事吓唬欧洲，尽可能地提出自己的要求，以便在后来得到自己最想要的东西而止步时显得宽宏大量。

另一方面，不坚定的、畏缩而又互相猜忌的西方列强，起初由于害怕俄国侵略而鼓励苏丹反抗沙皇，而最后却由于害怕一场大战会引起一次大革命而强迫苏丹让步。它们太软弱，太胆小，不敢用建立希腊帝国或建立斯拉夫国家的联邦共和国的办法来重建奥斯曼帝国，所以它们的全部目的就是保持现状，即保持那种使苏丹不能摆脱沙皇、斯拉夫人也不能摆脱苏丹的腐败状态。

马克思：《战争问题。——议会动态。——印度》（1853 年 7 月 19 日），《马克思恩格斯全集》第 12 卷，人民出版社 1998 年第二版，第 239—240 页。

西欧和俄国争夺君士坦丁堡的斗争包含着这样一个问题；是拜占庭主义在西方文明面前衰落下去呢，还是它们之间的对抗将以空前可怕而粗暴的形式重演。君士坦丁堡是架设在东西方之间一道金桥，不通过这道桥，西方文明就不能像太阳一样绕过世界；而不同俄国进行斗争，它就不能通过这道桥。君士坦丁堡在苏丹的手里只不过是暂时归他代管留待革命来取的物品，而认为自己的"秩序"的最后堡垒是在涅瓦河畔的西欧现在的名义上的统治者们，目前则只能使问题悬而不决，一直到俄国不得不面对它真正的敌人——革命为止。将推翻西方的罗马的革命也将战胜东方的罗马的邪恶势力。

马克思：《政府在财政上的失败。——出租马车。——爱尔兰。》（1853 年 7 月 29 日），《马克思恩格斯全集》第 12 卷，人民出版社 1998 年第二版，第 263 页。

久待解决的东方问题看来终于达到了这样的阶段：再也不能仅仅采取外交手段，进行反复无常和毫无结果的活动了。本月 3 日法国和英国的舰队已进入黑海，企图阻止俄国舰队对土耳其舰队或土耳其沿岸地区的袭击。沙皇尼古拉以前曾宣称，他将把这种行动看作是宣战的信号。

……

在此期间，俄国竭尽全力在世界各地，在英属印度的边境、在波斯、在塞尔维亚、在瑞典、在丹麦等地使用威胁利诱的手段。在波斯，英国公使和沙赫政府之间发生了分歧，后者正准备让步时，俄国大使插手进来，不仅竭力挑动沙赫对英国的愤恨，而且激起他对土耳其政府的强烈的敌意，并驱使他对土耳其宣战。但是，据说这个阴谋失败了，其原因是英国代办汤普森先生威胁说他将离开德黑兰，沙赫害怕会立即引起波斯人民反俄的怒潮，同时阿富汗外交代表团来到恫吓说，如果波斯同俄国缔结同盟，阿富汗人就要进占波斯领土。

大批俄国间谍一起出动涌向塞尔维亚各地。他们寻找过去以忠于被放逐的奥布廉诺维奇家族而出名的地方和人们，并积极地开展活动。他们同一些人谈论年轻的米哈伊尔公爵，同另一些人谈论他的老父米洛什，在谈话中时而使他们觉得有希望在俄国的保护下扩大塞尔维亚的疆界，把现在在土耳其和奥地利统治下的全部操塞尔维亚语的人联合起来，建立一个新的伊利里亚王国，时而又威胁说，如敢反抗，就派大军侵入，把塞尔维亚完全征服。

马克思：《东方战争》（1854 年 1 月 14 日），《马克思恩格斯全集》第 13 卷，人民出版社 1998 年第二版，第 19、24—25 页。

欧洲大陆上的倒退运动总是意味着俄国向东方的扩张

大家知道，关于圣地问题已经作了使俄国满意的解决；俄国驻巴黎和伦敦的大使都保证，俄国除要求承认它在这些圣地的优先地位之外，并没有更多的企图。

……

这一条约的主要目的，是要求保证俄皇对土耳其政府治下的所有信希腊正教的基督徒的保护权。根据 18 世纪末签订的库楚克—凯纳吉条约，在君士坦丁堡应该建造一座希腊正教教堂，而且俄国使馆有权干预希腊正教教堂的神父同土耳其人的争端。阿德里安堡条约又重申了这项特权。但现在缅施科夫公爵却想把这项不平常的特权变成对土耳其整个希腊正教教会的普遍保护权，即对欧洲土耳其的大多数居民的普遍保护权。

……

在获得一系列辉煌的胜利之后，俄国已不可能向土耳其提出比这更过分的要求了。这再清楚不过地证明了俄国是如何顽固地坚持着它的已经根深蒂固的观念，即欧洲每个反革命的王位虚悬时期都给予它向奥斯曼帝国勒索让步的权利。实际上也正是这样，从第一次法国革命的时候起，欧洲大陆上的倒退总是意味着俄国在东方的扩张。

> 马克思：《荷兰情况。——丹麦。——不列颠国债的兑换。——印度、土耳其和俄国》（1853 年 5 月 24 日），《马克思恩格斯全集》第 12 卷，人民出版社 1998 年第二版，第 104—106 页。

1828 年，俄国曾得到机会向土耳其发动了战争，结果缔结了阿德里安堡条约，该条约把整个黑海东岸地区北起阿纳帕南至波季（切尔克西亚除外）割让给俄国，并且把多瑙河河口诸岛屿划归俄国所有，使摩尔多瓦和瓦拉几亚实际上也脱离了土耳其，转归俄国统辖，当时大不列颠的外交大臣是阿伯丁勋爵。1853 年，我们看到，同一位阿伯丁成了这同一个国家的"混合内阁"的首脑。只要指出这个简单的事实，就足以说明为什么俄国目前在它同土耳其和欧洲的冲突中表现得那样咄咄逼人了。

> 马克思：《土耳其和俄国。——阿伯丁内阁对俄国的纵容。——预算。——报纸增刊税。——议会的舞弊》（1853 年 6 月 21 日），《马克思恩格斯全集》第 12 卷，人民出版社 1998 年第二版，第 154 页。

……我们最坚决地站在土耳其人方面，这有两个理由：

（1）因为我们研究了土耳其农民——也就是研究了土耳其的人民群众——并且认识到他们无疑是欧洲农民的最能干和最有道德的代表之一。

（2）因为俄国人的失败会大大加速俄国的社会变革（它的因素大量存在），从而会加速整个欧洲的急剧转变。

情况的发展不是这样。为什么？由于英国和奥地利的叛卖。

英国——我指的是英国政府——譬如说，在塞尔维亚人被击溃时救了他们；它造成一种假象，仿佛俄国人（通过英国）建议停战，停战的第一个条件是停止军事行动，从而以欺骗手段使土耳其人停止战斗。只是由于这样，俄国人才能取得最近一些突然胜利。否则他们的军队很大一部分会饿死和冻死；只是由于开辟了通往鲁美利亚——那里可以获得（即夺取）储备品，而且气候较温和——的道路，俄国人才得以逃出挤满俄国士兵的保加利亚陷阱，蜂拥南窜。

> 马克思：《致威廉·李卜克内西》（1878 年 2 月 4 日），《马克思恩格斯全集》第 34 卷，人民出版社 1972 年版，第 294—295 页。

从 1815 年起，欧洲列强在世界上最害怕的事情，就是 status quo〔现状〕遭到破坏。但是列强中的任何两国发生任何战争都有打破 status quo 的危险。因此，西方列强才以容忍的态度对待俄国在东方进行的掠夺，而且从来不向它要求任何代价，只要求它找出某种借口，哪怕是荒谬绝伦的借口也好，好使它们能够继续中立，不致于非去阻挡俄国侵略不可。俄国一直受到夸奖，都说它的"神圣君王"宽宏大量，不仅仁慈地愿意来掩盖西方各国当局的那种不可掩盖的、可耻的卑屈行为，而且对土耳其很宽大，没有把它一口吞完，而是一块一块地吞吃。这样一来，俄国外交就有了西方的国家活动家们的胆怯心理作为依靠，而它的外交术也逐渐成了一种公式，以致于对照着过去的记录就可以几乎丝毫不差地察知当前谈判的经过。

> 马克思：《俄国对土耳其的政策。——英国的工人运动》（1853 年 7 月 1 日），《马克思恩格斯全集》第 9 卷，人民出版社 1961 年版，第 184 页。

结果，由于西欧各国政府的愚昧无知，举棋不走和畏首畏尾，俄国在所有重大问题上都一一达到了自己的目的。从纳瓦林会战起，到现在的东方危机止，西方各国的行动不是出于相互间的争吵（这些争吵大半是出于它们对东方情况都不了解，出于那种对东方人来说完全不可理解的小猜忌）而瓦解，就是他们的每一次行动都直接为俄国的利益服务。于是，不仅希腊人（住在希腊和住在土耳其的），而且斯拉夫人，也都认为俄国是自己的天然的保护者。而且，甚至君士坦丁堡政府也越来越不再希望那些以根本不能独立判断土耳其的情况为荣的西方列强的使节们终究会了解它的迫切需要和它的真实情况，因此这个土耳其政府每次都不得不向俄国求情，请这个强国保护，虽然这个强国公然宣称它决心要把所有土耳其人赶出博斯普鲁斯海峡，并把圣安德烈的十字架竖立在艾亚—索非亚清真寺的尖塔上。

俄国的这些一贯的和顺利的侵略行动，不管外交传统怎样，终于使西欧各国的内阁模模糊糊地预感到危险的迫近。

恩格斯：《土耳其问题》（1853 年 3 月底），《马克思恩格斯全集》第 9 卷，

人民出版社 1961 年版，第 26 页。

然而与此同时，俄国慢慢地，但是一步不停地向君士坦丁堡进逼，全不把法国和英国的一切外交照会、一切计谋和手腕放在眼里。

欧洲各国所有党派虽然都承认俄国节节挺进的事实，但是没有一个官方要人能够解释这个事实。他们看到这个事实的影响，甚至看到它的后果，但是原因何在，他们仍然不知道，尽管一切因由都非常简单。

恩格斯：《欧洲土耳其前途如何？》（1854 年 4 月），《马克思恩格斯全集》

第 9 卷，人民出版社 1961 年版，第 35 页。

推动俄国去占领君士坦丁堡的动力

推动俄国向君士坦丁堡迅速挺进的强大动力，正是原来想借以阻止它这样做的那个办法，即空幻的、从来没有实现过的维持现状的理论。

这种现状是什么呢？对于土耳其政府管辖下的基督教臣民来说，这无非是意味着使他们永远受土耳其的压迫。而他们只要仍然处在土耳其统治的压迫下，希腊正教教会的首领、6000 万信希腊正教的基督徒的统治者（不管他在其他方面怎样）就是他们的天然的解放者和保护者。这样一来，原先为了防止俄国侵略而发明的外交体制，反而迫使欧洲土耳其的 1000 万信希腊正教的基督徒向俄国求援。

我们且来看看历史事实。早在叶卡捷林娜二世即位以前，俄国就从来没有放弃任何一个机会来取得在摩尔多瓦和瓦拉几亚的特惠。这些优惠最后在阿德里安堡条约（1829 年）中得到了极为详尽的规定，以致上述两个公国目前在更大的程度上受制于俄国，而不是土耳其。当 1804 年爆发了塞尔维亚革命的时候，俄国马上出来保护起义的莱雅，在两次战争中支持他们，然后又在两个条约中保障了他们国家的内政独立。当希腊人举行起义的时候，是谁决定了斗争的结局呢？不是亚尼纳的阿里帕沙的阴谋和叛乱，不是纳瓦里诺会战，不是在摩里亚登陆的法国军队，不是伦敦的那些会议和议定书，而是吉比奇率领的越过巴尔干山脉进入马里查河谷地的俄国军队。而当俄国如此无所顾忌地动手肢解土耳其的时候，西方的外交家们仍然在维护现状和奥斯曼帝国领土的不可侵犯，把它们奉为神圣！

只要西方外交界仍然把不惜任何代价维持现状和维持土耳其目前状态

下的独立这一传统当作他们的指导原则，欧洲土耳其十分之九的居民就始终会把俄国看作他们唯一的靠山，他们的解放者，他们的救世主。

恩格斯：《欧洲土耳其前途如何?》（1853 年 4 月 1 日以后—最迟 7 日），
《马克思恩格斯全集》第 12 卷，人民出版社 1998 年第二版，第 38 页。

侵占君士坦丁堡是俄国政策一贯的目的，为了达到这个目的，它是不择手段的，如果今天还想来论证这个事实，那就可笑了。我们在这里只准备提醒一点，就是俄国除非与法国或者英国结盟，否则永远不能实现瓜分土耳其的目的。1844 年，当俄国感到向英国直接提出建议是适时的时候，尼古拉皇帝曾去英国并亲自带去了俄国关于瓜分土耳其的备忘录，其中还把埃及许给了英国人。建议被拒绝了，但是阿伯丁勋爵把这份备忘录放在一个小匣内，加了封签传给了他外交部的继任者。以后历任外交大臣都看了这个文件，然后重新加封传给自己的继任者，直到 1853 年上院辩论时，这件事才终于被公开出来。

恩格斯：《萨瓦、尼斯与莱茵》（1860 年 2 月 4—20 日），《马克思恩格斯全集》第 19 卷，人民出版社 2006 年第二版，第 479 页。

俄国军队向巴尔干挺进，于是一块一块的领土就同奥斯曼帝国脱离了关系

但是，当英国和法国（在很长一段时间甚至还有奥地利）还在黑暗中摸索、设法确定自己的东方政策的时候，另一个强国却狡猾地把它们全都胜过了。在本身具有半亚洲式的条件、风俗、传统和制度的俄国，有相当多的人能够了解土耳其的真实的情况和特性。俄国人和十分之九的欧洲土耳其居民信奉同一宗教；俄国人的语言同 700 万土耳其国民的语言几乎完全一样；而且大家都知道，俄国人是善于学习外国语的（尽管也许没有完全掌握它），这就使报酬优厚的俄国的代理人能够毫不困难地完全通晓土耳其的事务。而俄国政府也老早就利用了自己在东南欧极其有利的地位。数以百计的俄国的代理人周游土耳其各地，向信奉希腊正教的基督徒指出，正教皇帝是被压迫的东正教教会的首领，天然的保护人和最终解放者，他们特别向南方斯拉夫人指出，这位全能的沙皇，迟早会把大斯拉夫族的所有分支统一在一个王权之下，并且使它们成为欧洲的统治种族。希腊正教教会的教士很快就拟定了散布这种思想的大阴谋。俄国的金钱和俄国的影响或多或少直接促成了 1804 年塞尔维亚的起义和 1821 年的希腊起义。无论在哪里，只要土耳其的帕沙举起反对中央政府的反叛的旗帜，从来都少不了俄国人在背后出谋划策和给予资助。这样，当土耳其国内问题把那些对土耳其的真实情况了解得并不比对月球上的人了解得更多的西方外交家搞得晕头转向、茫然不解的时候，战争已经宣布，俄国军队已经向巴尔干挺进，奥斯曼帝国已经被一块一块地瓜分了。

> 恩格斯：《土耳其问题》（1853 年 3 月 25—31 日），《马克思恩格斯全集》第 12 卷，人民出版社 1998 年第二版，第 27—28 页。

毫无疑问，现在在波斯尼亚、塞尔维亚、黑山以及克里特岛上所发生的一切暴动和阴谋，都有俄国的代理人插手其中；但是土耳其的在战争中就已经暴露出来，并且被和约强加于它的义务所加剧了的极端衰竭和软弱，已足以说明苏丹的基督教臣民为什么会这样普遍躁动不安了。可见，俄国虽然把一条窄小的土地暂时牺牲——因为显然它一有机会一定收回——却换得了在实现自己对土耳其的谋划方面的长足进展。加紧分裂土耳其和对土耳其基督教臣民行使保护权，这就是俄国在战争肇始时所追求的目的；谁能说现在俄国不是比过去任何时候都在更大的程度上行使着这种保护权呢？

> 恩格斯：《俄国在远东的成功》（1858 年 10 月 25 日左右），《马克思恩格斯选集》第一卷，人民出版社 1995 年第二版，第 733 页。

俄国利用西方世界的轻信散布谣言，好像是苏丹迫使沙皇进行战争

10 月 4 日交给四大强国的土耳其宣言，是一个为苏丹对沙皇宣战作辩护的文件，从各个方面来看，它都好于 1853 年 5 月以来充斥欧洲的大堆大堆的官方文件。

宣言说：苏丹并没有造成引起纠纷的口实。在圣地问题解决以后，就不再有产生纠纷的任何借口了。俄国方面破坏了一切条约，而土耳其方面则用尽了一切和解手段。……既然俄国甚至对凯纳吉条约的明确条文都作了曲解，难道还可以冒险，"把模棱两可、含糊不清的条文交到它的手里，让它能够为它的所谓宗教保护权找到振振有词的借口吗？"

……

始终要弄老一套亚洲式的阴谋诡计的俄国，又利用西方世界的轻信散布谣言，说什么沙皇"刚好迫不及待地向维也纳派出信使，宣布他毫无保留地完全接受调停的各强国提出的一切条件"，可是很遗憾，就在这时他忽

然"获悉土耳其政府宣战的消息"。于是，俄国人的圣主自然就立刻收回了他以前曾经作过的一切让步，并且叫嚷说："现在已别无选择，只有作战，作殊死战〔guerre à l'outrance〕"。这样一来，似乎是苏丹迫使沙皇进行战争了。

> 马克思：《土耳其宣言。——法国经济状况》（1853 年 10 月 18 日），《马克思恩格斯全集》第 12 卷，人民出版社 1998 年第二版，第 489—490 页。

或者是在君士坦丁堡问题上获胜，或者是革命

但是，每一个人，只要他用心研究历史，体味到人间事物的永不停息的变迁，懂得除不固定本身外万事皆不固定，除变化本身外万物皆变幻无常；每一个人，只要他追踪历史的不可阻挡的进程，看到历史的车轮怎样无情地驰过一个个帝国的废墟、毫不怜惜地把一代代人整个碾为齑粉；简言之，每一个人，只要他不是闭眼不看这样一个事实，即任何蛊惑的号召和谋叛的宣言都不能像平凡而简单的人类史料那样起着革命作用；每一个人，只要他知道如何认识我们时代的异常革命的性质，——在这个时代，蒸汽和风力、电力和印刷机、大炮和金矿的开发合在一起在一年当中引起的变化和革命要多过以往整整一个世纪，——每一个这样的人，都一定不会由于考虑到一个历史性问题的正当解决可能引起一场欧洲战争而不敢正视这个问题。

不，按老办法办事的外交界和各国政府永远也解决不了这个难题。土耳其问题，和其他重大问题一起，都要留待欧洲革命来解决。把这个乍看起来好像是不太相干的问题也归入这个伟大运动的领域决不是一种武断。从 1789 年起，革命的界标就一直在向前移动。革命的前哨最后已经到了华沙、德布勒森、布加勒斯特；下一次革命的前哨必将是彼得堡和君士坦丁堡。俄国反革命的庞然大物必将在这两个最薄弱之点受到攻击。

> 恩格斯：《欧洲土耳其前途如何?》（1853 年 4 月 1 日以后—最迟 7 日），《马克思恩格斯全集》第 12 卷，人民出版社 1998 年第二版，第 40—41 页。

总之，使这个问题得到简单而彻底的解决的途径就在这里。历史和当前的事实都指明，必须在欧洲穆斯林帝国的废墟上建立一个自由的、独立的基督教国家。下一步的革命一定会使这样的事成为不可避免，因为它一定会引发俄国专制和欧洲民主之间久已成熟的冲突。英国势必卷入这个冲

突，不管到那时碰上什么人执政。它永远不会容许俄国占有君士坦丁堡。它势必会站在沙皇的敌人一方，竭力在虚弱衰败的、被推翻的土耳其政府的遗址上促使建立一个独立的斯拉夫人的政府。

> 恩格斯：《欧洲土耳其前途如何?》（1853 年 4 月 1 日以后—最迟 7 日），《马克思恩格斯全集》第 12 卷，人民出版社 1998 年第二版，第 42—43 页。

为对抗革命因素而煽起的斯拉夫主义沙文主义，一天比一天增强，已经成为政府的危险。沙皇前往克里木，俄国报纸报道他将完成一番伟绩；他竭力拉拢苏丹，不断向苏丹表明：他的昔日盟友（奥地利和英国）正在出卖他，掠夺他；而法国已完全受命于俄国，并且盲目地跟着它走。但是苏丹竟充耳不闻，所以大批武装仍放在俄国的西部和南部暂不动用。

沙皇从克里木回来了（在今年 6 月）。但是在这段时期，沙文主义的浪潮高涨，政府对于这种日益蔓延的运动不能制止，反而连自己也越来越被卷了进去；所以不得不让莫斯科市长在他的向沙皇的献辞中大叫占领君士坦丁堡。受将军们影响和庇护的报纸公开说，它们等待着沙皇对他的障碍物奥地利和德国采取有力的行动；而政府却缺少勇气迫使报纸不说话。斯拉夫主义沙文主义比沙皇更强有力，后者由于害怕革命，由于担心斯拉夫主义者与立宪派、虚无主义者，最后，与所有心怀不满的人联合起来，只好让步了。

财政困难使局势复杂化。谁也不愿意借钱给这个从 1870 年至 1875 年在伦敦已经借了 100075 万法郎和正在威胁着欧洲和平的政府。两三年以前，俾斯麦帮助这个政府在德国借到 37500 万法郎，但是这笔借款老早就已经吃光了，而没有俾斯麦的签字，德国人是不会拿出一文钱来的。而这个签字只有以屈辱性的条件为代价才能得到。国家纸币发行量太大了，一个银卢布值四个法郎，一个纸卢布值两个法郎二十生丁。武装耗费了巨款。

总之，得采取行动。或者是在君士坦丁堡问题上获胜，或者是革命。

> 恩格斯：《欧洲政局》（1886 年 10 月 25 日），《马克思恩格斯全集》第 21 卷，人民出版社 1965 年版，第 359—360 页。

俄国从瓜分土耳其中得到的利益

目前最重要的事件就是大臣们被迫公布了他们在上台后最初三个月中同俄皇来往的秘密信件以及关于 1844 年沙皇同阿伯丁勋爵会见的备忘录，

这个备忘录是阿伯丁勋爵为了向《圣彼得堡报》应战而公布的。

现在我就从分析涅谢尔罗德伯爵送交女王陛下政府的、根据俄皇1844年6月访英之后发出的通报写成的《备忘录》开始。备忘录指出,奥斯曼帝国的现状"最符合于保持和平的共同利益"。英国和俄国对于这个原则意见一致,因此共同努力来维持这个现状。"要达到这个目的,最重要的一点就是不要打扰土耳其政府,没有必要就不要用外交上的争论去惊动它,非到万不得已就不要干涉它的内部事务。"究竟怎样才能够有成效地执行这种"宽容制度"呢?第一,大不列颠不应当妨碍俄国可能准备对俄土条约作出的解释,相反地应当促使土耳其根据俄国对条约所作的解释行事;第二,应当容许俄国"经常地"干预苏丹和他的基督教臣民之间的关系。总之,对土耳其政府的宽容制度就等于与俄国同谋的制度。但是这个奇怪的建议表达得很不坦率。

备忘录表面上说的是"一切大国",但是同时分明在暗示,除了俄国和英国之外,不存在其他任何大国。备忘录说,法国将"不得不按照圣彼得堡和伦敦之间取得协议的那种方式行事"。奥地利被描绘成地地道道的俄国附属物,既不是独立存在,也没有明确的政策,有的只是"按照完全一致的原则"同俄国的政策保持"紧密联系"的政策。普鲁士被认为是不值一提的区区小国,因而甚至没有被提到。因此,所谓一切大国无非是对圣彼得堡内阁和伦敦内阁的一种修辞性的说法;而应当由一切大国取得一致的行动路线也就是圣彼得堡制订的并且伦敦必须遵循的行动路线。

俄国正是按照这个公式要求英国支持它迫使土耳其根据旧条约作出新让步的政策。

"根据目前欧洲人们的思想情绪,各国内阁对于土耳其基督教居民所遭受的残酷压迫和宗教迫害不能漠然置之。应当经常使奥斯曼的大臣们认识到这个真理,并使他们确信,只有在他们对土耳其帝国的基督教臣民采取宽容与温和态度的条件下,他们才能指望得到各大国的友谊和支持。

遵循这些原则,外国代表们的职责就是本着彼此完全一致的精神行事,如果他们向土耳其政府提出抗议,他们的抗议必须表现出真正的一致性,尽管不采取绝对命令的形式。"

俄国就是以这样温和的方式教训英国怎样支持它对土耳其基督徒实行宗教保护的要求。

俄国在如此规定了自己的"宽容政策"的前提之后，就不能向自己的亲密朋友隐讳：正是这种宽容要比任何侵略政策更加致命，它会非常可怕地促使奥斯曼帝国现有的各种"分解成分"增加起来，以致有朝一日"难以预料的情况会加速奥斯曼帝国的崩溃，那时各友好内阁将无力阻止这种崩溃"。接着提出了这样的问题：一旦这种难以预料的情况使土耳其遇到不可挽回的灾难，该采取什么措施呢？

这个约定的义务究竟意味着什么呢？第一，俄英两国应当就瓜分土耳其问题事先取得相互谅解；第二，在这种情况下，英国应当同俄国和奥地利即所谓俄国的第二个我结成神圣同盟来反对法国，使法国"不得不"，也就是被迫按照它们的意图行事。这种相互谅解的必然结果就是英国卷入对法的殊死战争，从而使俄国放手在土耳其执行它自己对土耳其的政策。

……

这样，英国将被禁止在君士坦丁堡确立自己的地位。而沙皇却将那样做，即使不是作为占有者，至少也是作为暂时的占领者。

> 马克思：《关于瓜分土耳其的文件》（1854 年 3 月 21 日），《马克思恩格斯全集》第 13 卷，人民出版社 1998 年第二版，第 149—151、155 页。

为了从革命中得救，可怜的沙皇不得不向前迈出新的一步。但是每走这样一步却越来越危险，因为这是在冒着引起俄国外交一向竭力避免的欧洲战争的风险。当然，如果俄国政府直接干涉保加利亚，如果这使局势进一步复杂化，那末俄国和奥地利的利益公开敌对的时刻就会到来。那时就不可能是局部战争，而是全面战争了。如果对统治欧洲的那些骗子手的高尚品质有所了解，就不可能预料双方的阵容。俾斯麦如果不能用其他方法制止俄国的革命，他是能站在俄国方面去反对奥地利的。但是更可能的是，俄国和奥地利之间战争一旦爆发，德国就会援助奥地利，以防它完全覆灭。

在春天来临以前——因为在冬季，在 4 月以前，俄军在多瑙河不能展开大战，——沙皇竭力诱骗土耳其人入其圈套，而奥地利和英国对土耳其的背信，又减轻了他的负担。他的目的是占领达达尼尔，从而把黑海变成俄国的内湖，以此造成一个攻不进的避难港来建立强大的海军，从这里控制拿破仑所谓的"法国的内湖"，即地中海。但是这个目的还没有达到，而他的索菲亚的拥护者已经把他的秘密计划泄露出来了。

局势就是如此。为了避免俄国的革命，沙皇需要君士坦丁堡。

恩格斯：《欧洲政局》（1886 年 10 月 25 日），《马克思恩格斯全集》第 21 卷，人民出版社 1965 年版，第 361—362 页。

俄国唆使土耳其人破坏瓦拉几亚人的权利，以便制造干涉的借口

土耳其政府要求对摩尔多瓦和瓦拉几亚拥有宗主权是根据 1393 年、1460 和 1511 年的三个条约。

……

俄土之间签订的条约当然不能使摩尔多瓦人和瓦拉几亚人自己同土耳其政府签订的条约失效，因为这两国人民从来没有跟俄国人进行过谈判，也没有授权土耳其政府代他们进行谈判。此外，值得指出的是，俄国本身在阿德里安堡条约中已经承认上述那些条约。阿德里安堡条约的第五条规定：

"鉴于瓦拉几亚和摩尔多瓦两公国已通过签订条约承认土耳其政府的宗主权，而俄国既已保障它们的繁荣（！），因此，不言而喻，它们继续享有它们签订的条约所授予它们的一切特权和豁免权。"

上述几个条约没有被后来的任何条约所取代，因而现在依然有效，根据这些条约可以得出结论，多瑙河两公国是两个承认土耳其政府的宗主权的主权国家，它们在土耳其政府保卫它们不受任何外敌侵犯，同时决不干涉其内部管理的条件下向土耳其政府纳贡。土耳其人非但无权将瓦拉几亚交给外国占领，而且他们自己无明显原由也不得进入瓦拉几亚境内。不仅如此，由于土耳其人这样违反了同瓦拉几亚人签订的条约而丧失了宗主权，俄国人在瓦拉几亚人向他们提出请求时，甚至可以援引被土耳其违反的条约来论证自己有权将奥地利人赶出两公国。而这一点并不令人感到意外，因为俄国的政策一贯是鼓励，甚至迫使土耳其人损害瓦拉几亚人的权利，以便在他们之间煽起敌意，从而给自己制造干涉的借口。比如说，1848 年这一年发生了什么事情呢？这年春天，几个贵族向摩尔多瓦国君呈递了请愿书，要求进行某些改革；在俄国领事的影响下，不但这些要求没有得到满足，甚至连写请愿书的人也被投入了监狱。这个做法所引起的骚动就成了俄国人于 6 月 25 日越过边境向雅西推进的借口。同时，瓦拉几亚国君仿效欧洲大陆其他国家政府的做法，答应瓦拉几亚贵族自由派的要求，进行了若干改革。这是 6 月 23 日的事情。不用说，这些改革丝毫没有触动土耳其政府的宗主权。但时，它们完全破坏了俄国依据在 1829 年占领期间颁布

的并为上述改革废除了的根本法而取得的一切影响。代替这个根本法的宪法废除了农奴制并把农民耕种的一部分土地转归农民所有，而地主可以从国家领取赔偿费，以补偿他们放弃的土地和他们所失去的农民的劳动力。后来，在位的国君在俄国人的怂恿下放弃了王位，成立了一个临时政府来主持国事。而我们已经指出无权干涉两公国的内部事务，并且没有抗议俄国人进入摩尔多瓦的土耳其政府竟派遣苏里曼帕沙率领土耳其军队进入瓦拉几亚并发表了威胁性的苏丹告居民书；这些措施自然是国务会议在俄国影响之下采取的。

……

当时，俄国政府在向全欧洲发出的宣言中愤怒谴责瓦拉几亚人民，指责他们建立了共和国并宣布了共产主义。1848 年 8 月 1 日，大批俄国军队渡过普鲁特河，向布加勒斯特进发。……

> 马克思：《马德里的起义。——奥地利——土耳其条约。——摩尔多瓦和瓦拉几亚》（1854 年 7 月 4 日），《马克思恩格斯全集》第 13 卷，人民出版社 1998 年第二版，第 373—376 页。

8. 与俄国有关的战争与革命

最有利的结局将是俄国革命

不管怎样，奥地利和俄国在巴尔干半岛上的矛盾十分尖锐，爆发战争的可能性超过了保持和平的可能性。而战争一旦爆发，那就不可能是局部战争。至于结局如何，即谁将成为胜利者，这是不能预言的。德国军队无疑是最好的，并有最好的指挥，但它只是许多军队中的一支。奥地利人的力量在军事上（军队的数量，特别是指挥）也难以估计；他们拥有最好的士兵，但老是吃败仗。俄国人一贯陶醉于自己庞大的（纸上的）兵力；他们在进攻方面极其软弱，但在保卫本土方面却是强有力的。他们的最大弱点，除了最高指挥部以外，就是缺乏指挥大部队的有能力的军官；这个国家造就不出这样多有教养的人。土耳其人是出色的士兵，但他们的最高指挥部即使不是卖身投靠，也是一贯很糟糕的。至于法国人，由于他们在政治上过分发展，不容许在本国实行一年制志愿兵这样的制度，再加上法国资产者（就个人来说）又根本不爱打仗，所以，他们也感到缺少军官。最后，除了在德国人那里以外，新制度无论在谁那里都还没有经受过考验。

因此，所有这些大国，无论在数量上或者在质量上都是难以估计的。关于意大利人，可以有把握地说，在人数相同的情况下他们将被任何另外一支军队所击败。但是，在世界大战中，这些大国将怎样互相结合或互相对抗，这也是难以预料的。英国（它的舰队以及它的巨大的辅助资源）的威力将随着战争的继续而日益增长，如果它在开始时把自己的兵力留作后备，那末到最后，一个六万人的英国军团就能决定战争的结局。

所有这些估计都是以各国内部一切不变为前提的。不过在法国，战争会使革命分子上台执政；在德国，打败仗或者老头子①死亡会引起整个制度的急剧变化，而这种情况又会导致各交战国的重新组合。总之，将出现一种混乱局面，肯定无疑的结果只有一个：规模空前的大屠杀，整个欧洲空前未有的衰竭，最后是整个旧制度的崩溃。

只有法国爆发革命，才能给我们带来直接的成功，这个革命将使法国人充当欧洲无产阶级的解放者的角色。我不知道，这种结局对欧洲无产阶级来说是否最为有利；那时，理想的法兰西沙文主义将达到难以置信的程度。德国在战败的影响下所发生的急剧变化，只有导致同法国媾和才有好处。最有利的结局将是俄国革命，但是它只有在俄国军队遭到十分惨重的失败之后才能发生。

　　　　恩格斯：《致奥古斯特·倍倍尔》（1886 年 9 月 13—14 日），《马克思恩格
　　　　斯全集》第 36 卷，人民出版社 1974 年版，第 513—514 页。

至于明春能否爆发战争，俄国的三种势力起着重要作用。第一是外交界。关于外交界，我仍然认为它力图不付出战争费用、不冒战争风险而获得成功，正因为这样，它为了有可能最大限度地利用俄国那极有利于防御的地位，正在为战争准备着一切。每次都是如此；在这种情况下，就有可能提出侮辱性的要求，并坚持到最后一刻，然后，既不把事情弄到大动干戈的程度，又利用对方惧怕战争的心理（因为战争对对方来说，意味着更大的冒险）来捞取最大的好处。除了外交界，其次是军队。俄国的军队尽管遭到多次军事失利，但仍然异常自信能赢得胜利，并极能吹嘘，——比任何国家的军队都会吹嘘。这支军队急于求战。第三是年轻的资产阶级，它象四十年代的美国资产阶级一样，把扩大市场看作自己的天职，看作俄

---

　　① 指威廉一世。——编者注

国解放斯拉夫人和希腊人并统治东大陆的历史使命。这三个因素都应加以考虑，但到目前为止，在亚历山大三世统治期间，外交界总是不断获胜。如今又加上饥荒，在东部和东南部，饥荒尤为严重。从敖德萨到下新城和维亚特卡一线以东的所有地区，灾情最重；该线以西，庄稼长势渐有好转；最西部，有些地方小麦收成尚好；黑麦收成各地都不佳。马铃薯不是俄国居民的主要食物。伏尔加河流域极为严重的饥荒表明，俄国的交通还处于何等落后的状态。因此，我认为显而易见的是，假如你轻信了要求拨款的我国军人的话，似乎他们肯定预计明春将发生战争，那你就会毫无必要地把自己置于受攻击的地位。俄国外交界的特点是，越是不打算进行战争，就越是起劲地准备战争，同样，总参谋部人员的职责也正是在帝国国会中说服你们相信，战争无疑会在 1892 年 4 月爆发。你这样密切关注所有这些报道，这很好。你如能提供有关这方面的、经过核实的材料，我将十分感激，但这些人还另有其附带的目的。

这个问题并不象人们所想象的那样玄妙。一旦政府所要求的拨款提交帝国国会，这个问题就具有重大意义。假如我们确信春季将爆发战争，那末，我们在原则上就很难反对此项拨款。而这将使我们陷入颇为尴尬的境地。那时，所有卑躬屈膝的政党就会欣喜若狂地叫嚷，结果是他们对了，而我们现在不得不践踏我们自己二十年来的政策。这样一个毫无准备的转变也会在党内引起剧烈的摩擦，在国际范围内也是这样。

可是，另一方面，战争仍然可能在春天爆发。

> 恩格斯：《致奥古斯特·倍倍尔》（1891 年 10 月 13 日），《马克思恩格斯全集》第 38 卷，人民出版社 1972 年版，第 170—171 页。

1891 年的饥荒使这个以前是慢性的破产过程具有了急性的形式，从而使它在全世界面前暴露出来。所以，从 1891 年起俄国始终未能摆脱饥荒。这个严酷的年头大量地毁掉了农民最后的和最重要的生产资料，即他们的牲畜，并使他们负债累累，以致必然要摧毁他们最后的生命力。

任何国家在这种情况下只有由于绝望才会发动战争。但是，即使要这样做也缺乏资金。在俄国，贵族靠借债度日，现在农民也靠借债度日，但是，首先靠借债维持的是国家本身。俄国在国外借了多少钱是众所周知的：超过 40 亿马克。它的国内债务有多少谁也不知道；第一，因为既不知道发行的公债的数目，也不知道流通中的纸币的数目；第二，因为这些纸币的价值每天都在变化。但是有一点是无庸置疑的：俄国在国外再也借不到钱。40 亿马克的俄国国家债券已把西欧的金融市场塞得过于饱和了。英国早已抛出了自己所持有的大部分"俄国"证券，德国在不久前也这样做了。认购了这些证券的荷兰和法国，也弄得无法消化，最近一次在巴黎发行俄国公债的情况就说明了这一点；总数 5 亿法郎的公债只销掉 3 亿，其余两亿，俄国财政大臣只得从认购和超额认购了债券的银行家那里收回。这证明，在最近时期内，任何新的俄国公债甚至在法国也没有取得成功的任何可能。

这就是这个国家的状况，这个国家似乎用战争直接威胁着我们，但是实际上它甚至在绝望的情况下也无力发动战争，只要我们自己不这么愚蠢，而把为此所需要的钱投到它嘴里去的话。

恩格斯：《欧洲能否裁军?》（1893 年 2 月），《马克思恩格斯全集》第 22 卷，人民出版社 1965 年版，第 457—458 页。

战争揭露了政府的一切弱点

战争揭露了政府的一切弱点，战争揭穿了各种虚伪的招牌，战争暴露了内部的腐朽性，战争使每个人一眼就看清沙皇专制制度的荒谬性，战争向所有的人表明旧的俄国，人民无权和愚昧无知的俄国，依然农奴般地受着警察政府奴役的俄国，已处于垂死的境地。

旧俄国快要死亡了。代替它的将是一个自由的俄国。保护沙皇专制制度的黑暗势力正在衰亡。

列宁：《五一节》（1904 年 4 月 2 日［15 日］），《列宁全集》第 8 卷，人民出版社 1986 年第二版，第 195—196 页。

社会党人对战争的态度

社会党人一向谴责各民族之间的战争，认为这是一种野蛮的和残暴的行为。但是我们对战争的态度，同资产阶级和平主义者（和平的拥护者和鼓吹者）和无政府主义者有原则的区别。我们和资产阶级和平主义者不同的是，我们懂得战争和国内阶级斗争有必然的联系，懂得不消灭阶级，不建立社会主义，就不可能消灭战争，再就是我们完全承认国内战争即被压迫阶级反对压迫阶级——奴隶反对奴隶主、农奴反对地主、雇佣工人反对资产阶级——的战争是合理的、进步的和必要的。我们马克思主义者既不同于和平主义者也不同于无政府主义者的是，我们认为必须历史地（从马克思的辩证唯物主义观点）分别地研究每次战争。历史上多次发生过有这样的战争，它们虽然像任何战争一样不可避免地带来种种惨祸、暴行、灾难和痛苦，但是它们却是进步的战争，也就是说，它们由于帮助破坏了特别有害的和反动的制度（如专制制度或农奴制），破坏了欧洲最野蛮的专制政体（土耳其的和俄国的）而有利于人类的发展。因此，对目前这场战争，必须研究它的历史特点。

> 列宁：《社会主义与战争》（1915 年 7—8 月），《列宁选集》第二卷，人民出版社 1995 年第三版，第 510 页。

"战争是政治通过另一种手段（暴力手段）的继续"

这是论述军事问题最深刻的著作家之一克劳塞维茨的一句名言。马克思主义者一向公正地把这一论点看作考察任何一场战争的意义的理论基础。马克思和恩格斯一向就是从这个观点出发来考察各种战争的。

用这个观点来考察当前这场战争就会看到，英、法、德、意、奥、俄这些国家的政府和统治阶级几十年来、几乎半个世纪以来一直在推行掠夺殖民地、压迫其他民族、镇压工人运动的政治。当前这场战争所继续的，正是这种政治，也只能是这种政治。尤其是在奥地利和俄国，无论平时的政治还是战时的政治都是奴役其他民族，而不是解放其他民族。相反，在中国、波斯、印度和其他一些附属国里，近几十年来我们所看到的是一种唤起千百万人争取民族生存、摆脱反动"大"国压迫的政治。在这种历史基础上进行的战争，即使在今天也可以是具有资产阶级进步性的、民族解放的战争。

只要把目前这场战争看作各"大"国及其国内的主要阶级所推行的政治的继续，就可以立刻看出，那种认为在当前战争中可以为"保卫祖国"的思想辩护的看法是极端反历史的、骗人的和虚伪的。

> 列宁：《社会主义与战争》（1915 年 7—8 月），《列宁选集》第二卷，人民出版社 1995 年第三版，第 515 页。

俄国在为什么而战？

在俄国，最新型的资本帝国主义已经在沙皇政府对波斯、满洲和蒙古的政策中充分显露了身手，但是总的说来，在俄国占优势的还是军事封建帝国主义。世界上没有一个地方像在俄国那样对国内的大多数居民进行这样的压迫：大俄罗斯人只占人口的 43%，即不到一半，而其他一切民族都被当作异族看待，没有任何权利。在俄国的 17 000 万人口中，有近 1 亿的居民遭受压迫，没有权利。沙皇政府进行战争是为了夺取加里西亚并彻底扼杀乌克兰人的自由，是为了夺取亚美尼亚和君士坦丁堡等地。沙皇政府把这场战争看作是转移人们对国内日益增长的不满情绪的注意力和镇压日益高涨的革命运动的手段。现在，俄国平均每两个大俄罗斯人压迫着两三个无权的"异族人"。沙皇政府还力图通过这场战争增加俄国所压迫的民族的数量，巩固对他们的压迫，从而破坏大俄罗斯人本身争取自由的斗争。既然有可能对其他民族进行压迫和掠夺，经济停滞就会持续下去，因为在这种情况下往往是以对"异族人"的半封建的剥削作为收入来源，而不是依靠发展生产力。因此，从俄国方面来说，这场战争就具有特别反动的和反民族解放的性质。

> 列宁：《社会主义与战争》（1915 年 7 月—8 月），《列宁选集》第二卷，人民出版社 1995 年第三版，第 517 页。

9. 俄国军队

俄国的军国主义是整个欧洲军国主义的后台支柱

俄国的军国主义是整个欧洲军国主义的后台支柱。在 1859 年战争期间俄军充当了法国的后备，而在 1866 年和 1870 年则充当了普鲁士的后备，它每一次都使较强的军事大国能够击溃自己的孤立无援的敌人。普鲁士作为欧洲第一个军事强国，是俄国一手造成的，尽管它后来非常讨厌地超过了自己的保护者。

> 恩格斯：《流亡者文献》（1874 年 5 月—1875 年 4 月），《马克思恩格斯全集》第 18 卷，人民出版社 1964 年版，第 572 页。

克里木战争使西欧和奥地利不再受沙皇的鄙视；普鲁士和德国各小邦则更其殷勤地匍匐在沙皇面前；但是，在 1859 年他就因为奥地利人的不顺从而惩罚了他们，并且不让他的德国藩臣出来为他们辩护，而在 1866 年普鲁士则完成了对奥地利的惩罚。上面我们已经看到，俄国军队充当了整个欧洲军国主义的借口和后备。只是因为尼古拉自恃有百万大军——诚然大部分都是有名无实，在 1853 年向西方进行挑战，只是因为这样，路易—拿破仑才能利用克里木战争作为借口来把当时相当弱的法军变成欧洲最强的一支军队。只是因为俄国军队在 1870 年阻碍奥地利站到法国那边，普鲁士才能战胜法国人，并建成普鲁士德意志军事王国。在所有这些重大的国家事件的幕后，我们都看到了俄国军队。虽然毫无疑问，只要俄国内部发展不是很快地转入革命轨道，德国对法国的胜利就必然会引起俄国和德国之间的战争，就像普鲁士在萨多瓦战胜奥地利引起了普法战争一样，——但是，俄国军队将始终帮助普鲁士来反对国内的任何运动。官方的俄国直到现在仍然是欧洲一切反动势力的堡垒和掩体，而俄国军队则仍然是一切镇压欧洲工人阶级的军队的后备军。

这支庞大的专事压迫的后备军的矛头首先针对的正是德国工人，其中既包括所谓德意志帝国的工人也包括奥地利的工人。只要奥地利和德意志的资产阶级和政府还有俄国撑腰，整个德国工人运动的双手就一直会被束缚住。所以，我们比别人更关心摆脱俄国的反动势力和俄国的军队。

　　　　恩格斯：《流亡者文献》（1874 年 5 月—1875 年 4 月），《马克思恩格斯全
　　　　集》第 18 卷，人民出版社 1964 年版，第 576 页。

是什么原因造成俄军巨大的、不相称的损失的呢?

俄国军队的真实景象就突然暴露在我们面前了。这使我们能够对俄军的损失作出一个估计，并且使我们了解到，为什么征召入伍的 66 万多人并没有使军队人数有显著的增加。

但是，这样巨大的、不相称的损失是由于什么原因而造成的呢? 首先是在于新兵要进行长途行军：他们必须从居住地点走到省会，然后走到分配站，最后走到自己的团队，——他们到达团队以后的行军还不算在内。从皮尔姆行军到莫斯科，从莫斯科行军到维尔诺，最后从维尔诺行军到敖德萨或尼古拉也夫，这对于新兵来说，的确不是一件很简单的事情。既然这种迢迢万里的强行军是按照像尼古拉这样一个人的最高旨意来进行的，他准确地规定了到达的时间和出发的时间，并且对任何违背命令的行为都予以惩罚；既然这些旅、师、军都是急如星火地从帝国的一端被赶到另一端，而不顾有多少人由于疾病和疲惫而掉队；既然需要用一般的强行军速度从莫斯科走到皮列柯普，而这种强行军在其他国家的任何地方和任何时候都是从来不持续到两天以上的，——那末，巨大损失的原因就可以找出来了。除了兵士体力过度紧张以外，还要看到一点，就是由于众所周知的俄军主管部门的各个环节、特别是军需部门的管理工作恶劣所必然造成的混乱现象。同时应当注意到兵士在行军期间的给养方法，他们的给养是尽可能依靠沿途各地的居民来解决的。如果组织得好，这种方法在一个纯农

业国里是完全适用的；但是在像俄国这样的国家里，由于军需部门和指挥官都把从农民那里征来的一部分备用品贪污自肥，这种方法就不可能收到应有的效果，而且还会造成极大的困难。最后，还须估计到在下列情况下必然会发生的严重的计算错误，即军队散布在这样广阔的空间里，它们必须按照中央的统一命令运动，并且需要像钟表一样准确地执行这些命令，而这些命令所依据的一切前提却又都是错误的和没有根据的。1853 年的俄军几乎已全部从地面消失，却未能使敌人遭到相当于自己损失的三分之一的损失，造成这一可怕的事实的原因，不在于敌人的刀剑和子弹，不在于南俄罗斯许多地方无法避免的疾病，甚至也不在于使俄军大大减员的长途行军，而在于俄国兵士应征、受训、行军、操练、饮食、衣着、居住、接受指挥以及作战等所处的那些特殊的条件。

……

俄国兵的确最不适于成横队运动，正像不适于成散开队形运动一样。他们的长处是成密集纵队进行战斗，在这种战斗队形中，指挥官的严重错误引起的混乱最小，对会战的总进程的影响也不大，同时，勇敢但却被动的人群的合群本能可以弥补指挥官的过失。俄国兵好像草原上被狼追逐的野马一样，混乱地挤成一团，不易机动，无法控制，但却能坚守自己的阵地；敌人要费极大的力气，才能把他们打垮。

恩格斯：《俄国军队》（1855 年 11 月 2 日左右），《马克思恩格斯全集》第
11 卷，人民出版社 1962 年版，第 638—641 页。

在军事进攻力量方面俄国远不能同德意志帝国相比

对于一方好的东西，对另一方并不见得合适。普遍义务兵役制是以经济和智力发展的一定水平为前提的；在没有这种水平的地方，这种制度是弊多利少。显然俄国的情况正是这样。

第一，要把一个中等才能的俄国新兵变成一个训练有素的士兵，一般需要相当多的时间。俄国士兵无疑非常勇敢。当战术任务是由步兵以密集队形的进攻来解决的时候，俄国士兵是适得其所的。他们的全部生活经验教导他们要同自己的伙伴紧密结合。在乡村还是半共产主义的公社，在城市是劳动组合中的合作劳动，到处都是 krugovaja poruka，即伙伴们彼此互相负责；一句话，社会制度本身清楚地表明，一方面只有团结才能得救，另一方面，单独的只靠自己的主动精神的个人注定是完全

孤立无助的。俄国人的这个特点在军事上也保留下来了；结成为营的俄国人几乎是不可能拆散的；越是危险，他们就越加紧密地结成一个坚固的整体。但是，这种在拿破仑远征时代还是无价之宝并且足以补偿俄国士兵的许多欠缺方面的团结的本能，现在已成为直接的危险。现在密集的人群已从战场上消失；现在的问题在于保持各个分散的散兵线之间的联系，因为这时各种不同部队的队伍都掺混在一起，指挥又常常并且是迅速地转由多数士兵根本不了解的军官来担任；现在每个士兵都要善于独立地采取在当时情况下所要采取的行动，同时不失掉同整个分队的联系。这种联系不能依靠俄国士兵原始的群居本能来建立，而只有在每一个人智力发展的情况下才能建立；只有在西方资本主义民族中存在的那种比较高的"个人主义的"发展阶段，我们才能看到这种智力发展的前提。小口径后装连发枪和无烟火药把至今构成俄国军队的伟大力量的这种长处变成了它的一个最大的弱点。因此，在现在条件下，为了把一个俄国新兵变成一个有战斗力的士兵，就需要比以前花更多的时间，而且他再也不能同西方的士兵相比了。

第二，从哪里去找军官来把所有这些人群组织成战时的新队伍呢？如果连法国都难于找到足够数量的军官，那末俄国又如何能作到呢？在俄国，有文化的居民（中用的军官只能从这部分居民中培养）在居民总数中占的比重非常低，而且在这里，士兵，甚至是受过训练的士兵，比在任何别国的军队中都需要更多的军官。

最后，第三，大家知道，普遍盗用公款和盗窃现象在俄国官吏中间、而且往往在军官中间也非常流行，在这种情况下俄国怎样去进行动员呢？俄国过去所进行的一切战争都立刻暴露出，甚至和平时期的一部分军队和它的一部分装备都只是一纸空文。当号召转入预备役的退伍军人和民团（后备军）拿起武器以及需要保证供给他们服装、武器和弹药的时候，会发生怎样的情况呢？如果在动员时不是一切都进行得很顺利，不是一切都在规定期限和规定地点办好，那就会是一团混乱。而既然一切都要通过惯于盗窃和贪污的俄国官吏之手，一切事情怎么能够顺利地进行呢？在俄国进行动员，这将是一场出色的演出。

换句话说：甚至从纯粹军事角度来考虑，我们可以允许俄国人随便征集多少士兵和让他们随便服多长时间的现役，只要沙皇认为需要的话。但是，他未必能征集到比现役军人更多的军队，而且也未必能及时作到达一点。普遍义务兵役制的实验会使俄国付出昂贵的代价。

　　　恩格斯：《欧洲能否裁军?》（1893 年 2 月），《马克思恩格斯全集》第 22 卷，人民出版社 1965 年版，第 452—454 页。

二 马克思、恩格斯、列宁、斯大林
论沙皇俄国的国内问题

10. 俄国废除农奴制的问题

农奴制问题目前在俄国似乎要发生一个严重的转折

农奴制问题目前在俄国似乎要发生一个严重的转折；这从沙皇亚历山大二世被迫采取这样一个非常措施，即在圣彼得堡召开一次可说是全体贵族代表会议来讨论废除农奴制的问题，可以最清楚地看出来。……在俄国贵族中当然有一派人是主张废除农奴制的，但是他们为数甚少，而且在一些最重大的问题上意见也不一致。口头上反对奴役，但是只答应在使解放有名无实的条件下给予解放，这种态度甚至在俄国自由派贵族中似乎也是很流行的。其实，老农奴主对解放农民采取的这种公开的反抗或缺乏诚意的支持，完全是很自然的。收入减少，地产跌价，他们作为围绕着中央暴君旋转的许多小暴君所惯于享有的政治权利受到严重侵犯——这就是他们会预料到的、也是很难期望他们会乐于承受的直接后果。在一些省份里，现在就已经不能用地产作抵押筹得信用贷款了，因为谁也说不定地产是否不久就会贬值。俄国有很大一部分地产是抵押在国家自己手中，那些地产的所有者提出这样的问题：他们将如何履行对政府的义务呢？许多地主的地产有私债的负担。许多地主是靠定居在城市里当商贩、手工业者和帮工的农奴缴纳租赋过日子的。当然，这些收入会随着农奴制的废除而消失。还有一些小贵族，他们拥有的农奴数目很有限，但是拥有的土地还要少。如果每一个农奴都领到一块土地（一旦解放必定如此），那末这些农奴的主人就会变成乞丐了。对于大地主说来，按照他们的观点，解放农民几乎等于放弃权势地位。如果农奴被解放，这些地主还能凭借什么去抵制皇帝的专横呢？此外，俄国如此需要的并且取决于土地实际价值的赋税将从何而来呢？国有农民又将如何处理呢？所有这些问题都被提了出来，并且构成了农奴制拥护者们借以藏身的许多坚固阵地。这是像各国人民的历史一样古老的故事。的确，要解放被压迫阶级而不损害靠压迫它过活的阶级，而不同时摧毁建立在这种阴暗社会基础上的国家全部上层建筑，是不可能的。

当到了需要进行改革的时候，起初总是表现得热情洋溢；人们兴高采烈地互相祝贺彼此的善良愿望，冠冕堂皇地大谈其对进步的普遍热爱以及诸如此类的东西。但是，一旦到了说话要用行动兑现的时候，有些人就害怕被他们召来的鬼魂而向后退缩，而大多数人则表示决心捍卫自己实际的或想象的利益了。欧洲一些合法政府只是在革命的压力下或由于战争的关系才能废止农奴制。……在俄国，亚历山大一世和尼古拉并不是由于什么人道观念，而纯粹是为了国家的利益，才企图用和平方法改变人民群众的状况。但是他们两人都失败了。必须补充说明一下，其实在 1848—1849 年革命以后，尼古拉背弃了他自己过去提出的解放农奴的计划，而变成了一个最顽固的保守派。至于亚历山大二世，则是否要唤醒那些沉睡的力量，对他来说未必是一个可以选择的问题。他从父亲手中继承下来的战争，使俄国人民群众付出了巨大的牺牲，这种牺牲的规模之大，单凭这一件事实就可以想见了：在 1853—1856 年这段时期，强迫流通的纸币从 33300 万卢布增长到大约 70000 万卢布，而这全部增长的纸币数量实际上只是国家预先征收的赋税。亚历山大二世只是仿效亚历山大一世在与拿破仑作战时的做法，用解放的诺言鼓舞农民。再说，战争以丢脸的失败告终，至少在那些决不可能通晓外交秘密的农奴看来是如此。以这种明显的失败和丢脸来开始他的朝代，并且还公开违背在战时向农民所许的诺言，——这种做法甚至对于沙皇说来也是太冒险了。

　　甚至尼古拉本人，不管是否发生东方战争，能否更久地拖延这个问题，都是令人怀疑的事情。至于亚历山大二世，就无论如何没有这种可能了；但是他曾认为（而这并不是毫无根据的），一向服从惯了的贵族不会违抗他的命令，如果让他们通过各种贵族委员会在这出大戏中扮演一个角色，他们甚至还会引以为荣的。然而这种估计落空了。另一方面，农民对沙皇打算给他们做的事情甚至抱有过分夸大的想法，他们对于自己领主们迟疑不决的做法已感到不能忍受。好几个省份里发生的纵火事件，就是意义很清楚的危险信号。其次，大家知道，在大俄罗斯和过去属于波兰的各省都发生了情景非常可怕的暴乱，结果使贵族们从乡村移居到城市，在那里借着城墙和驻防军的保护，才能不怕愤怒的奴隶。在这种情况下，亚历山大二世认为必须召开一次类似贵族会议的集会。如果这次会议成为俄国历史上一个新的起点，那末结果会怎样呢？如果贵族们一定要坚持以自己的政治解放作为在解放农奴问题上向沙皇让步的先决条件，那末结局又将如何呢？

马克思：《关于废除农奴制的问题》（1858年10月1日），《马克思恩格斯
全集》第12卷，人民出版社1962年版，第627—630页。

俄国政府的步伐快得多，它已经达到了"人权宣言"

俄国革命的伟大"首倡者"（用马志尼的说法）亚历山大二世皇帝又向前跨出了一步。11月13日，掌管废除农奴制事务的御前总委员会终于签署了一封给皇帝的奏折，其中陈述了建议据以实行农奴解放的基本办法。这封奏折的基本原则如下：

第一篇，农民立即停止为农奴进入对地主负有"暂时义务"的状态。这种状态应延续十二年，在此期间，他们享有帝国所有其他纳税臣民所享有的一切人身权和财产权。农奴的依附关系及其一切后果，永远被废除，对过去的主人不付任何赔偿……

……

这个重要文件的内容就是这样，它间接地反映出了亚历山大二世对俄国一个极为重要的社会问题的观点。

……

如果说，俄国贵族认为他们的"8月4日"（1789年）还没有来到，因而他们还没有必要将自己的特权献上祖国的祭坛，那末俄国政府的步伐就要快得多，它已经达到了"人权宣言"。的确，请设想一下，亚历山大二世竟宣布了"农民天赋的、根本不应该予以剥夺的权利"！这真是不平凡的时代啊！1846年，罗马教皇发起了自由主义运动；1858年，俄国的专制君主，道地的 samoderjetz vserossiiski，又宣布了人权！我们还会看到，沙皇的这个宣言将像罗马教皇的自由主义一样得到全世界同样广泛的反应，并且归根到底将比教皇的自由主义产生远为更大的影响。

马克思：《关于俄国的农民解放》（1858年12月29、30日），《马克思恩
格斯全集》第12卷，人民出版社1962年版，第716—719页。

俄国贵族对沙皇解放农民计划的抗拒

俄国贵族对沙皇解放农民计划的抗拒，已经开始以消极的和积极的两种方式表现出来。亚历山大二世在巡游各省时亲自向贵族发表演说，有时用温和口吻呼吁以仁爱为怀，有时用劝说方式多方开导，有时则声色俱厉地威胁命令，但是这些演说的效果如何呢？贵族像奴隶那样俯首帖耳地聆听这些演说，然而他们的内心感觉是：这位特地来向他们大声疾呼、哄骗劝导、说服告诫、威胁命令的皇帝已经不再是过去那位能为所欲为的全能的沙皇了。因此，他们便敢于根本不做任何答复，不附和沙皇的意见，并且在他们的各种委员会中采取最简单的办法，即一再拖延，也就是说，做出在实质上是否定的答复。他们使皇帝无路可走，只好像罗马教会那样：compelle intrare［强迫进门］。但是这种单调沉闷的、执拗的缄默终于被圣彼得堡的贵族委员会大胆地冲破了，该委员会采纳了委员普拉东诺夫先生所起草的一个实际上等于"权利请愿书"的文件。贵族公然要求召开贵族议会，来与政府共同解决不仅是这一个巨大的迫切问题，而且要共同解决所有一切政治问题。

　　　　马克思：《关于俄国的农民解放》（1858 年 12 月 31 日），《马克思恩格斯全集》第 12 卷，人民出版社 1962 年版，第 722 页。

沙皇发现，农奴的真正解放同他的专制制度是不相容的

　　谁都知道，响亮而持久地要求解放农奴的呼声，开始于亚历山大一世时期。沙皇尼古拉毕生忙于解决农奴解放问题；为此，他在 1838 年成立了一个专门的国有土地部，在 1843 年下诏这个部采取准备性步骤，而在 1847 年甚至颁布了一些对农民有利的关于出卖贵族领地的法律，到了 1848 年，只是由于害怕革命，他才又收回成命。因此，如果说农奴解放问题，在"好心的沙皇"——福格特是这样亲切地称呼亚历山大二世的，——时期已有了长足进展，那显然是由于即使沙皇也奈何不得的经济关系的发展造成的。此外，按照俄国政府的精神去解放农奴，就会使俄国的侵略性增强百倍。这种解放的目的只不过是消除障碍，从而完善专制制度；这类障碍就是大专制君主迄今所遇到的俄国贵族中以农奴制为依靠的众多小专制君主和自治的农民公社，这种公社的物质基础，即公社所有制，是要被所谓解放消灭的。

　　不巧，俄国农奴对解放的理解同政府的理解是不同的，而俄国贵族对解放又有另一种理解。因此，"好心的沙皇"发现，农奴的真正解放同他的专制制度是不相容的，正如好心的教皇庇护九世曾经发现，意大利的解放同教廷的存在条件是不相容的一样。因此，"好心的沙皇"把发动侵略战争和执行俄国的传统对外政策（俄国历史编纂学家卡拉姆津说这一政策是

"不变的")看成是推迟国内革命的唯一手段。

马克思：《福格特先生》（1860 年 2—11 月），《马克思恩格斯全集》第 19 卷，人民出版社 2006 年第二版，第 208—209 页。

"俄国解放农奴"后面隐藏着各种极不相同的意义和各种极为矛盾的意向

"俄国解放农奴"这句话听起来非常简单，但在它后面却隐藏着各种极不相同的意义和各种极为矛盾的意向。在运动之初，这些矛盾意向被某种共同的热情掩盖了起来，而一旦采取从空论到行动的步骤，这种掩盖物就一定会被打破。按照沙皇的理解，解放农奴就等于排除那些仍然限制着皇帝专制的最后障碍。一方面，应当取消贵族的以专横统治大多数俄国人民为基础的相对独立性；另一方面，应当用政府的消灭"共产主义"原则的计划，来取消以共同占有被奴役土地为基础的农奴的村社自治。这就是中央政府所理解的农奴解放。至于俄国贵族阶级中有势力的那一部分贵族，他们由于没有希望保持昔日的状况，于是就决定在两个条件下让农奴解放。第一个条件是要补偿金，使农民由农奴变为契约债务人，这样一来，从物质利益这方面来说至少在两三个世代之内，除了农奴依附的形式可能由宗法式的变为新的、文明的形式外，就什么也不会改变。除了应由农奴付出的这种补偿之外，贵族还要求由国家再付给一笔补偿。贵族表示准备放弃自己在地方上对农奴的统治权，但它要求从中央政府手中取得政治权力来代替这种统治权，实质上，就是要取得宪法权利参加帝国的一般治理。

最后，农奴对解放问题则宁愿作最简单的理解。他们所理解的解放，就是去掉他们的旧主人之后的旧制度。在这种相互的斗争中，政府虽然进行了威胁和阿谀，仍然大遭贵族和农民的反对，贵族阶级则大遭政府和他们的牛马即农奴的反对，而农民则大遭他们的最高主人和地方主人的联合的反对。在这种斗争中，一如既往，掌权者总是牺牲被压迫阶级的利益而相互妥协。政府和贵族阶级已经商妥，把解放农民问题暂搁一下，在对外冒险上再碰碰运气。

马克思：《俄国利用奥地利。——华沙会议》（1860 年 9 月 17 日），《马克思恩格斯全集》第 15 卷，人民出版社 1963 年版，第 193—194 页。

俄国农奴的解放。只能说农奴的解放使最高政权摆脱了贵族能够对它的集权行动设置的障碍。农奴的解放为它的军队开辟了广大的兵源，打破了俄国农民的公共所有制，分离了农民，巩固了农民对沙皇神父老爹的信仰。农奴的解放没有清除掉他们的亚细亚野蛮性，因为文明是要经过好些世纪才能建立起来的。任何提高他们道德水平的尝试都被当做罪行加以惩罚。我只要提醒你们关于政府对戒酒协会的追查就够了，那些戒酒协会引为己任的就是让俄国佬戒掉那被费尔巴哈称做俄国佬宗教的物质实体的东西——烧酒。不论农奴的解放在将来会起到什么作用，目前可以看得非常清楚的是它使沙皇手中的兵力增加了。

> 马克思：《1867 年 1 月 22 日在伦敦纪念波兰起义大会上的演说》（1867 年
> 1 月 7—22 日），《马克思恩格斯全集》第 21 卷，人民出版社 2003 年第二
> 版，第 286 页。

11. 俄国公社和俄国农村状况

俄国公社情况非常特殊，在历史上没有先例

现在，我们暂且不谈俄国公社所遭遇的灾难，只来考察一下它的可能的发展。它的情况是独一无二的，在历史上没有先例。在整个欧洲，只有它是一个巨大的帝国内农村生活中占统治地位的组织形式。土地公有制赋予它以集体占有的自然基础，而它的历史环境（资本主义生产和它同时存在）又给予它以实现大规模组织起来的合作劳动的现成物质条件。因此，它可以不通过资本主义制度的卡夫丁峡谷，而吸取资本主义制度所取得的一切积极成果。它可以借使用机器而逐步以联合耕种代替小土地耕种，而俄国土地的天然地势又非常适合于使用机器。如果它在现在的形式下事先被引导到正常状态，那它就能直接变成现代社会所趋向的那种经济体系的出发点，不必自杀就能获得新的生命。

> 马克思：《给维·伊·查苏利奇的复信》（1881 年 2 月 18—3 月 8 日），
> 《马克思恩格斯全集》第 25 卷，人民出版社 2001 年第二版，第 479 页。

……由于农民的困苦状况，地力已经耗尽而变成贫瘠不堪。丰年被荒年抵消。最近 10 年的平均数字表明，农业生产不仅停滞，甚至下降。最后，第一次出现了俄国不仅不能输出粮食，反而必须输入粮食的情况。

> 马克思：《给维·伊·查苏利奇的复信》（1881 年 2 月 18 日—3 月 8 日之
> 间），《马克思恩格斯全集》第 25 卷，人民出版社 2001 年第二版，第
> 464 页。

农业生产破坏到几乎难于置信的程度

此外俄国国内的情况也很难令人满意。财政遭到近乎绝望的破坏；以特殊形式实行的农奴解放和与此有关的其他社会政治改革把农业生产破坏到几乎难于置信的程度。政府时而赐与、时而废除、时而又恢复的各种自由主义性质的不彻底的措施，使得有教养的阶级有充分可能形成某种舆论；而这种舆论和现政府迄今所遵循的外交方针显然完全相反。俄国的舆论实质上有着鲜明的泛斯拉夫主义的性质，就是说，它敌视斯拉夫人的三大"压迫者"：德意志人、匈牙利人、土耳其人。它不能容忍和普鲁士结成同盟，正如它不能容忍和奥地利或土耳其结成同盟一样。此外，它还要求根据泛斯拉夫主义的精神立即采取军事行动。传统俄国外交的平静迟缓但极周密稳妥的秘密行动，对它的耐性是极为严重的考验。不管在会议上获得多大的成功，对俄国的泛斯拉夫主义者说来都无足挂齿。他们听见的只是自己受压迫的同胞的"痛苦呻吟"，他们感到最需要的是用强力手腕、掠夺战争恢复神圣俄罗斯失去的无上威权。此外，他们知道，未来的王位继承人也具有与他们同样的思想。如果考虑到这些情况，以及向南方和西南方修建的大规模战略铁路已能有效地为进攻奥地利或土耳其或同时进攻这两个国家服务，那末这难道不是促使俄国政府和亚历山大皇帝本人采取波拿巴的老办法，趁目前与普鲁士的同盟还似乎可靠的时候，借助对外战争来暂时解除一下国内困难的强大动力吗？

在这种情况下，俄国最近发行 1200 万英镑公债具有完全特殊的意义。

　　　　恩格斯：《俄国状况》（1871 年 3 月 15 日左右），《马克思恩格斯全集》第
　　　　17 卷，人民出版社 1963 年版，第 308 页。

"我们正处于饥荒的前夜"

我们的一位俄国朋友①大约三星期前来信说："我们正处于饥荒的前夜"，这个预言确实很快就应验了。当法国的沙文主义者和俄国的泛斯拉夫主义者举行联欢、互喊"乌拉！"时，这个事实抵销了他们的一切示威。在国内发生饥荒的情况下，沙皇是不能打仗的。他最多只能竭力利用法国资产者目前的情绪来达到自己的目的；他将挥舞武器和进行威胁，但不会发动进攻；如果法国资产者走得太远，他就会让他们自己去寻找摆脱困境

──────────

　　① 尼·弗·丹尼尔逊。——编者注

的出路。俄国政府当前的目的是要在战时对各国舰队关闭达达尼尔海峡。首先，它试图取得法国的同意；然后，如果象人们所预期的那样，这里下次普选的结果是格莱斯顿上台，这位年老的大亲俄派也将被说服这样做。那时，一旦两大海上强国被这种协议束缚住手脚，沙皇就会成为君士坦丁堡的主宰，可以随时对它进行突然袭击，而苏丹将只不过是沙皇在博斯普鲁斯海峡的总督而已。计划就是如此，在实现这个计划的过程中，巴黎的资产阶级共和国将充当沙皇的工具，而当它一旦完成自己的使命，沙皇就会把它一脚踢开。沙皇之所以恭顺地聆听《马赛曲》，并讨好共和国代表，其原因就在这里。

总之，只要某些人不丧失理智，今年和明年的大部分时间里，和平局面是有保证的。这就是俄国饥荒带来的主要结果。

而且还有其他的结果。俄国国内将要发生骚动，这种骚动可能引起变化；甚至很可能会引起某些变化，从而在这潭死水中引起一点波动；但也可能出现这样的情况，即它不仅将意味着结局的开始，而且意味着结局本身。

恩格斯：《致劳拉·拉法格》（1891 年 8 月 17 日），《马克思恩格斯全集》
第 38 卷，人民出版社 1972 年版，第 139—140 页。

俄国的饥荒，是克里木战争以来发生的深刻的社会革命的一个部分

但是，从那时起俄国的战争热大大地冷却下来了。先是人们知道了俄国的歉收，在歉收之后必然会发生饥荒。接着俄国又在巴黎公债上遭到了失败，这次失败意味着俄国国家信用的彻底破产……

当时歉收的确引起了饥荒，而且规模之大，是我们在西欧好久都没有听到过的了，甚至在发生这类灾难的典型国家印度也不常见；就连神圣的罗斯，在过去还没有修筑铁路的时候，恐怕饥荒也没有达到这样的程度。为什么会发生这样的事情？应当作何解释呢？

非常简单。俄国的饥荒，这并不仅仅是歉收的结果，它是克里木战争以来在俄国发生的深刻的社会革命的一个部分；它只是这场社会革命的慢性病由于这次歉收而转变成急性病。

那时资产阶级的萌芽已经存在。这部分地是银行家和进口商，其中主要是德国人和俄罗斯化了的德国人或者是他们的后裔，部分地是那些靠国内贸易发了财的俄国人自己，其中主要是靠损害国家和人民而发了财的酒税承包人和军需供应商；也已经有一些工厂主。后来，开始通过国家的慷慨帮助、津贴、奖励金和逐渐提高到极限的保护关税，来真正地培育这个资产阶级、特别是工业资产阶级。幅员辽阔的俄罗斯帝国必须成为一个靠自己的产品生存的、能完全不要或几乎完全不要外国进口的生产国家。于是，为了不仅使国内市场不断地扩大，而且为了在国内也能生产较热地带的产品，就产生了不断想侵略巴尔干半岛和亚洲的欲望，而侵略巴尔干半岛的最终目的是征服君士坦丁堡，侵略亚洲则是想征服英属印度。这就是俄国资产阶级如此强烈的扩张欲望的秘密所在和经济基础，当这种扩张欲望是指向西南方的时候，人们就称为泛斯拉夫主义。

但是农民的农奴依附关系是同这样的工业计划决不相容的。这种关系在 1861 年垮台了。但是是通过什么方式垮台的啊！被作为榜样的是普鲁士从 1810 年到 1851 年慢慢地废除人身依附关系和徭役制的方法；然而在俄国，一切都要在几年之内完成。因此，为了击败大土地占有者和"魂灵"占有者的反抗，必须向他们做出比普鲁士国家及其贪官污吏当时向地主老爷所做的让步还要更大的让步。至于说到贪污行贿，那普鲁士的官僚比起俄国的官吏来只是天真无邪的幼童。因此，在分土地时贵族得到了大半部分，并且照例是农民世世代代用劳动改造过的肥沃土地；而农民分到的则是最低限度的份地，而且大部分是贫瘠的荒芜土地。公社的森林和公社的牧场归地主所有；如果农民想使用它们，——而农民没有它们就活不了，——他必须付钱给地主。

为了使土地贵族和农民双方都尽快地破产，贵族以国家债券的方式从政府那里一下子领到了全部资本化了的赎金，而农民则必须在许多年内分期偿付这笔赎金。正如预料中的那样，贵族不久就把所得到的钱财大部分挥霍掉了，而农民则由于自己的处境应付不了过分增加了的货币支付，一下子就被从自然经济的条件下抛到了货币经济的条件下。

俄国农民从前除了交纳不多的税以外，几乎用不着进行现金支付，而现在他不仅必须靠划给他的那块比以前更小而且土质更坏的份地生活，必须在废除了自由使用公社森林和牧场以后，在整个冬季里饲养自己的耕畜和改良自己的那块份地，而且他还必须交纳比以前更重的税，以及年度赎金，而所有这一切都要以现金支付。这样他就被置于活不成也死不了的境地。此外，还加上不久前兴起的大工业的竞争，大工业从他那里夺去了他的家庭手工业的市场，而家庭手工业却是人数众多的俄国农民的货币收入的主要来源；另一方面，在情况还没有达到这种地步的地方，这些家庭手工业则完全受商人，即中间人、萨克森式的 Verleger 或英国式的 Sweater 摆布，农民手工业者也就因而变成了资本的直接奴隶。一句话，谁要是想知道最近三十年来俄国农民的遭遇，那他只要读一读马克思的《资本论》第一卷关于"国内市场的形成"那一章（第 24 章，第 5 节）就够了。

布阿吉尔贝尔和沃邦以路易十四统治时期的法国为例，出色地描述了由于从自然经济转变到货币经济这个为工业资本建立国内市场的主要手段而引起的农民的破产。但是，比起今天在俄国所发生的一切来，当时所发生的只不过是一场儿戏。首先，规模本身就要比当时大两三倍，其次，迫使农民从自然经济转变到货币经济的生产条件的变革也要无比深刻。法国农民是逐渐地被引入工场手工业的范围，俄国农民则是一下子就掉进了大工业的激烈旋涡，如果说工场手工业是用燧发枪打农民，那末大工业则是用连发枪打他们。

这就是当 1891 年的歉收把早已悄悄地发生、但还没有被欧洲庸人觉察到的那个变革及其全部后果一下子暴露出来时的局面。这种局面正是如此：第一次歉收就必然要引起全国性的危机。而这次危机是许多年也克服不了的。在这样的饥荒面前任何政府都无能为力，更不用说使自己的官吏特别惯于盗窃的俄国政府了。俄国农民原有的那些旧的共产主义的习惯和制度，一部分在 1861 年后被经济发展的进程破坏了，一部分被政府亲自系统地铲除了。旧的共产主义公社解体了，或者至少正在解体，但是，正当个体农民要立定脚跟的时候，却有人把他脚下的土地挖掉。在这样的情况下，去年秋天只有很少县份种上秋播作物，这有什么奇怪的呢？而在那些种上了秋播作物的地方，大部分作物都被恶劣的天气毁了。农民的主要工具——耕畜，起初是自己感到饲料不够吃，后来则由于同样确定不移的原因而被农民自己吃掉了，这有什么奇怪的呢？农民离乡背井跑到城市，在那里找工作是徒劳，带去斑疹伤寒却是实在的，这又有什么奇怪的呢？

一句话，我们这里所面临的不单是一次饥荒，而是经济革命多年来悄悄准备好了的，只是由于歉收才采取了尖锐形式的深刻的危机。但是这次尖锐的危机又会成为慢性的，并且有拖延若干年的危险。在经济方面，这次危机正在加速旧的共产主义农民公社的解体，促进农村高利贷者（kulaki) 发财致富，使他们迅速变成大土地占有者，使贵族和农民的地产一起加速转到新资产阶级手中。

恩格斯：《德国的社会主义》（1891 年 10 月），《马克思恩格斯全集》第 22 卷，人民出版社 1965 年版，第 299—303 页。

俄国现在的国内状况几乎是绝望的。1861 年的农民解放以及与之有关的——部分是原因，部分是结果——资本主义大工业的发展，把这个一切国家中最停滞不前的国家，这个欧洲的中国推向经济革命和社会革命，这个革命现在正在不可遏止地前进，而这个过程目前主要是破坏的过程。

贵族在农民解放时得到了以国家有价证券提供的补偿，这些有价证券在最短的时间内就被他们挥霍净尽了。这个结束以后，新的铁路为他们自己林地上的林木开辟了销售市场；于是贵族就从事砍伐和出卖林木，在卖得的钱够用的时候，就又过起享乐的生活来。在已经形成的新条件下，由自由雇佣工人的劳动耕种的地主庄园大部分仍然经营得很坏；无怪乎俄国的土地贵族即使还没有完全破产，也是负债累累；他们庄园的收入有减无增。

农民得到的土地比他们以前所有的土地少，而且大部分土地的质量更差，他们被剥夺了利用公社牧场和森林的权利，这使他们失去了饲养牲畜的基地；捐税大大提高，而且农民现在到处都要用货币来交税；此外，他们还要——也是用货币——支付利息和偿还赎买土地时国家所垫付的赎金（wykup）；总而言之，除了农民一般经济状况的恶化外，又突然加上了强制的从自然经济向货币经济的过渡，仅仅这种过渡本身就足以使全国农民破产了。结果，农村财主、富裕农民和小酒馆老板，mirojedy（按字面上的意思是吃公社的人）和 kulaki（高利贷者）对农民的剥削大为加强。而且所有这些好像还不够似的，又出现了使农民的自然经济彻底破产的新的大工业。大工业以自己的竞争不仅破坏了农民为满足自己的需要而进行的家庭手工业生产，而且还要么夺去他们的手工业产品的销售市场，要么在最好的情况下使这种手工业依附于资本家"包买主"，或者更坏，依附于他的中间人。俄国农民及其原始的农业和旧的共产主义公社制度，忽然同不得不用强力为自己开辟国内市场的现代大工业的最发达的形式发生了冲突；在这种情况下，他必然注定要灭亡。但是在俄国，农民差不多占全部居民的十分之九，因而农民的破产也就是（至少暂时是）俄国的破产。

在这种社会变革延续了二十年之后，也出现了它的其他一些结果。无情地砍伐林木毁坏了土壤水分的贮藏所；雨水和雪水没有来得及渗进地里就很快顺着小溪和大河流走，造成了巨大的水灾；到夏天则河里水量很少，土地干旱。在俄国许多最肥沃的地区，地下水位降低了，据说降低了整整一公尺，这样禾谷的根就由于接触不到水分而干枯。这样一来，不仅人们破产了，而且许多地区的土地也变贫瘠了；这种土地贫瘠的状况至少要延续整整一代之久。

……

由于美国廉价小麦的竞争，俄国的小麦输出已经遭到了破坏。现在主要的输出项目只剩下黑麦了，而它差不多完全是输往德国。只要德国一开始吃白面包而不再吃黑面包，现在官方的沙皇和大资产阶级的俄国立刻就会破产。

　　　恩格斯：《欧洲能否裁军?》（1893年2月），《马克思恩格斯全集》第22
　　　卷，人民出版社1965年版，第456—459页。

12. 俄国的社会革命

只要俄国一发生革命，整个欧洲的面貌就要改变

我认为，俄国这个国家，在最近的将来会扮演最重要的角色。由于所谓解放农奴而形成的状况，早在战争以前就到了令人难以忍受的地步。这次大改革进行得如此巧妙，使贵族和农民最后都破产了。随后又实行了另一项改革，这一改革借口让省和县在中央政府不加干涉的相对自由的条件下选举行政机关，结果只是增加了本来就不堪忍受的捐税。

由于各省径直负担自己的管理费用，国家现在的开支就比较少了，但是收的税还是那么多；因此就另设新的捐税来弥补省和地方的开支。后来还实行了普遍义务兵役制，这又等于新设了一项比其他捐税更重的捐税，这也意味着建立一支新的、人数更庞大的军队。

结果，财政崩溃的局面加速到来了。早在战争以前，国家就陷于破产的境地。俄国大金融财团由于广泛参与了1871—1873年时期的骗人的投机勾当，使国家陷于财政危机。这一危机于1874年在维也纳和柏林爆发，并且长期地破坏了俄国的工业和商业。在这种形势下，开始了反对苏丹的圣战。由于到处借不到外债，而内债又不能满足需要，只好动用银行的数百万款子（准备金）和发行纸币；结果纸币日益贬值，它的比价很快——再过一两年——就会跌到最低点。总的说来，我们已经看到了俄国的 1789 年的种种因素，在这以后必然会有 1793 年。不论战争的结局如何，俄国革命已经成熟了，并且很快就会爆发，也可能就在今年爆发。同巴枯宁的预言相反，革命将先从上层，从宫廷，从没落的和 frondeuse〔因不满而反抗的〕贵族中间开始。但是革命一爆发，就会吸引农民参加。那时你就会看到连 1793 年也要为之逊色的场面。只要俄国一发生革命，整个欧洲的面貌就要改变。因为迄今为止，旧俄国一直是欧洲反动势力的庞大后备军；它在 1798 年、1805 年、1815 年、1830 年和 1848 年都起过这样的作用。这支后备军一旦被消灭，且看事情将如何演变！

<blockquote>恩格斯：《德国、法国、美国和俄国的工人运动》（1878 年 1 月 12 日），《马克思恩格斯全集》第 25 卷，人民出版社 2001 年第二版，第 149—151 页。</blockquote>

俄国孕育着不仅对俄国工人而且对整个欧洲工人的未来都有极大意义的事件

剩下要考察的还有一个重要的欧洲国家——俄国。不是因为俄国存在着什么值得一提的工人运动，而是因为俄国的国内外形势非常特殊，并且孕育着不仅对俄国工人的未来而且对整个欧洲工人的未来都有极大意义的事件。

1861 年，亚历山大二世的政府实行了农奴解放，使绝大多数俄国人民由束缚在土地上的、必须为他们的地主进行强制性劳动的农奴，变成了自由的自耕农。这一转变显然早就是必要的，但其实行的方式却使无论是从前的地主还是从前的农奴都没有得到好处。农民村社得到了份地，这些份地今后要归村社所有，而地主则因为把土地让给村社，在一定程度上也是因为放弃在此以前属于他们的占有农民劳动的权利，而得到赎金。由于农民显然找不到钱来付给地主，于是国家就来干预。一部分赎金的抵偿办法是把农民在此以前自己耕种的土地转交一部分给地主；其余部分的赎金则以政府的债券支付，债券先由国家垫付，农民要每年一次地分期连本带利偿还给国家。大多数地主都把这些债券卖掉把钱花光；这样一来，地主现在不仅比过去穷了，而且还找不到雇工来耕种他们的土地，因为农民决不肯去为他们种地而让自己的田地荒芜。至于农民，他们的份地不仅数量比从前少了，而且常常是少到在俄国的条件下不足以养家糊口的地步。这些份地多半是从地主土地上最坏的部分、从沼泽地或其他不毛之地划给的，而过去属于农民并经他们用劳动改良了的好地，却转归了地主。在这种情况下，农民的处境也比以前大大恶化了。不仅如此，他们每年还必须向政府支付国家为他们垫付的赎金的利息和一部分本金，而且，向他们征收的赋税也在年年增加。还有，在解放以前，农民对地主土地还享有某些共同的权利，如放牧自己的牲畜，砍伐木材用于建筑和其他目的等等。新的办法明文规定剥夺他们的这些权利；如果他们想重新行使这些权利，就得再去同他们从前的地主讲价钱。

因此，当改革使得大多数地主比以前更加负债累累的时候，农民也被弄到既不能死又不能活的地步。欧洲自由派的报刊普遍赞扬和歌颂的伟大解放法令，只不过是为将来的革命打下基础，并使这个革命成为绝对不可避免罢了。

政府也是全力以赴地来加速这个革命。贪污腐化渗透于政界的一切领域，破坏着那里或许还会有的任何一点做好事的力量。这个贪污腐化的传统，其恶劣程度一如往昔，当土耳其战争爆发时，政府每个部门都来了一次大暴露。克里木战争结束时就已陷入完全混乱的帝国财政，任其一再恶化。借款一笔又一笔地签订，到后来，除了签订新的借款以外，就没有别的办法来支付旧债的利息。在亚历山大统治的头几年，旧的皇帝专制制度略有缓和；新闻出版得到了较多的自由，建立了陪审制度，由贵族、城市公民和农民各自选出的代表机构，被准许在某种程度上参与地方和省的管理。甚至对波兰人也送一些政治秋波。但是，公众误解了政府这种仁慈宽厚的用意。报刊变得太直率起来。陪审团竟然把政府原指望它不顾证据而加以定罪的政治犯宣布无罪。地方和省的会议一致宣称：政府用它的解放法令把国家毁了，这样继续下去是不行的。甚至有这样的暗示：要摆脱迅速变得无法忍受的困境，唯一办法就是召开国民会议。最后是，波兰人拒绝花言巧语的哄骗，爆发了起义，以致帝国动用了一切力量，俄国将军们使出了全部凶残手段，才把起义平息于血泊之中。于是政府又向后转了。严厉的压制重新提上日程。把报刊的嘴堵住；把政治犯送交由专门召集来的法官组成的特别法庭；对地方和省的会议不予理睬。但是已经晚了。政府由于一度表现出恐惧，已经丧失了威信。人们已经不相信它的稳固性，不相信它有能力彻底摧毁国内的任何反抗。未来舆论的萌芽已经破土而出。现在已经不可能使各方面的力量再像过去那样盲目地听命于政府了。议论国事，虽然只是私下里讨论，但在受过教育的阶级中间已成为习惯。最后，政府尽管一心想恢复尼古拉统治时期肆无忌惮的专制制度，但在欧洲面前，还是要装装样子，在表面上保持着亚历山大推行的自由主义。因此，章法上就表现得动摇和犹豫，今天给予让步，明天又收回，然后反反复复地半给半收；政策上就每时每刻变化无常，结果每个人都看清了政府本质的虚弱，看清了它缺乏远见和意志，而一个政府如果没有意志和实现意志的办法，那它就一文不值了。人们早已知道政府做不出什么好事，只是由于害怕才服从它；现在它又表明，它自己也怀疑自己是否有能力维持自身的生存，它至少也像人民害怕它一样地害怕人民；对于这样一个政府，人们一天天地越来越瞧不起，还有什么比这更自然的呢？对俄国政府来说，只有一条得救的道路，就是那条摆在任何面临着势不可挡的人民反抗的政府面前的道路——对外战争。于是决定发动对外战争。对欧洲宣布说，这次打仗是为了把基督徒从土耳其的长期暴政下拯救出来，而对俄国人民则宣布说，这次打仗是为了使同种的斯拉夫兄弟挣脱土耳其的奴役，回到神圣俄罗斯帝国的怀抱。

　　　　恩格斯：《1877 年的欧洲工人》（1878 年 2 月中—3 月中），《马克思恩格斯全集》第 25 卷，人民出版社 2001 年第二版，第 181—184 页。

这个国家正在接近它的 1789 年

　　……首先，我再对您说一遍，得知在俄国青年中有一派人真诚地、无保留地接受了马克思的伟大的经济理论和历史理论，并坚决地同他们前辈的一切无政府主义的和带点泛斯拉夫主义的传统决裂，我感到自豪。如果马克思能够多活几年，那他本人也同样会以此自豪的。这是一个对俄国革命运动发展将会具有重大意义的进步。在我看来，马克思的历史理论是任何坚定不移和始终一贯的革命策略的基本条件；为了找到这种策略，需要的只是把这一理论应用于本国的经济条件和政治条件。

　　但是，要做到这一点，就必须了解这些条件；至于我，对俄国现状知道得太少，不能冒昧地对那里在某一时期所应采取的策略的细节作出判断。此外，对俄国革命派内部的秘密的事情，特别是近几年的事情，我几乎一无所知。我在民意党人中的朋友从来没有对我谈过这类事情。而这是得出肯定意见的必不可少的条件。

我所知道的或者我自以为知道的俄国情况,使我产生如下的想法:这个国家正在接近它的 1789 年。革命一定会在某一时刻爆发;它每天都可能爆发。在这种情况下,这个国家就像一颗装上炸药的地雷,所差的就是点导火线了。从 3 月 13 日以来更是如此。这是一种例外情况,在这种情况下,一小伙人就能制造出一场革命来,换句话说,只要轻轻一撞就能使处于极不稳定的平衡状态(用普列汉诺夫的比喻来说)的整个制度倒塌,只要采取一个本身是无足轻重的行动,就能释放出一种接着便无法控制的爆炸力。如果说布朗基主义(幻想通过一个小小的密谋团体的活动来推翻整个社会)曾经有某种存在的理由的话,那这肯定是在彼得堡。只要火药一点着,只要力量一释放出来,只要人民的能量由位能变为动能(仍然是普列汉诺夫爱用的、而且用得很妙的比喻),那么,点燃导火线的人们就会被炸得粉身碎骨,因为这种爆炸力将比他们强一千倍,它将以经济力和经济阻力为转移尽可能给自己寻找出路。

假定这些人设想能够抓到政权,那有什么关系呢?如果他们凿穿堤坝引起决堤,那急流本身很快就会把他们的幻想冲得一干二净。但即使这种幻想偶然赋予他们更大的意志力,这有什么值得抱怨的呢?那些自夸制造出革命的人,在革命的第二天总是看到,他们不知道他们做的是什么,制造出的革命根本不像他们原来打算的那个样子。这就是黑格尔所说的历史的讽刺,免遭这种讽刺的历史活动家为数甚少。您不妨看看违心的革命者俾斯麦,看看到头来竟同自己所崇拜的沙皇闹得不可开交的格莱斯顿。

据我看来,最重要的是:在俄国能有一种推动力,能爆发革命。至于是这一派还是那一派发出信号,是在这面旗帜下还是那面旗帜下发生,我认为是无关紧要的。如果这是一场宫廷革命,那它在第二天就会被一扫而光。在这个国家里,形势这样紧张,革命的因素积累到这样的程度,广大人民群众的经济状况日益变得无法忍受,社会发展的各个阶段——从原始公社到现代大工业和金融寡头——都有其代表,所有这一切矛盾都被举世无双的专制制度用强力禁锢在一起,这种专制制度日益使那些体现了民族智慧和民族尊严的青年们忍无可忍了,——在这样的国家里,如果 1789 年一开始,1793 年很快就会跟着到来……

恩格斯:《致维·伊·查苏利奇》(1885 年 4 月 23 日),《马克思恩格斯选集》第四卷，人民出版社 1995 年第二版，第 669—671 页。

正是现在在俄国可能轻而易举地、比西欧要容易得多地实现社会革命

特卡乔夫先生顺便告诉德国工人说，我对于俄国没有"丝毫知识"，相反地，只表现出"愚昧无知"；因此，他感到不得不向他们说明真实情况，特别是说明，为什么正是现在在俄国可能轻而易举地、比西欧要容易得多地实现社会革命。

"我们这里没有城市无产阶级，这是事实，然而我们这里也没有资产阶级…… 我国工人只需要同政治权力作斗争，因为资本的权力在我们这里还处于萌芽状态。而阁下不是不知道，同前者作斗争要比同后者作斗争容易得多。"

现代社会主义力图实现的变革，简言之就是无产阶级战胜资产阶级，以及通过消灭任何阶级差别来建立新的社会组织。为此不但需要有能实现这个变革的无产阶级，而且还需要有使社会生产力发展到能够彻底消灭阶级差别的资产阶级。野蛮人和半野蛮人通常也没有任何阶级差别，每个民族都经历了这种状况。我们决不会想到要重新恢复这种状况，至少因为随着社会生产力的发展，从这种状况中必然要产生阶级差别。只有在社会生产力发展到一定阶段，发展到甚至对我们现代条件来说也是很高的阶段，才有可能把生产提高到这样的水平，以致使得阶级差别的消除成为真正的进步，使得这种消除持久巩固，并且不致在社会的生产方式中引起停滞或甚至衰落。但是生产力只有在资产阶级手中才达到了这样的发展水平。可见，就是从这一方面说来，资产阶级正如无产阶级本身一样，也是社会主义革命的一个必要的先决条件。因此，谁竟然肯定说在一个虽然没有无产阶级然而也没有资产阶级的国家里更容易进行这种革命，他就只不过是证明，他需要再学一学社会主义初步知识。

总之，俄国工人——而这些工人，用特卡乔夫先生自己的话说，乃是"农夫，因此也就不是无产者，而是私有者"——做到这点是较为容易的，因为他们所要与之进行斗争的，不是资本的权力，而"只是政治权力"，即俄罗斯国家。而这个国家

"只有从远处看才像是一种力量…… 它在人民的经济生活里没有任何根基，它自身并不体现任何阶层的利益…… 在你们那里国家完全不是虚幻的力量，它的双脚都站

在资本上面；它本身体现着＜！＞一定的经济利益……我们这里的情况在这方面恰好相反；我国社会形态本身的存在有赖于国家的存在，这个国家可以说是悬在空中的，它和现存的社会制度毫不相干，它的根基是在过去，而不是在现在"。

在俄国欧洲部分，农民占有 10500 万俄亩土地，贵族（为了简便我把大土地所有者称为贵族）占有 1 亿俄亩土地，其中几乎有一半属于 15000 个贵族，所以他们每人平均占有 3300 俄亩。可见，农民的土地只比贵族的土地稍微多一点。你们看，贵族同保证他们占有全国一半土地的俄罗斯国家的存在竟没有丝毫利害关系！其次，农民为自己这一半土地一年缴纳 19500 万卢布的土地税，而贵族则只缴纳 1300 万！贵族的土地平均比农民的肥沃一倍，因为在赎买徭役后接着进行分地时，国家从农民手中夺去交给贵族的，不仅有较多的土地，而且也是最好的土地，同时农民不得不为了自己最坏的土地向贵族按最好的土地付地价。而俄国贵族同俄罗斯国家的存在竟没有丝毫利害关系！

农民——其大多数——在赎买以后，陷入了极其贫困的、完全无法忍受的状况。他们不仅被夺去了他们大部分的和最好的土地，因而甚至在帝国最富饶的地区，农民的份地——按俄国的耕作条件说——都小得不能赖以糊口。农民不仅为这块土地被刮去了极大的一笔钱，这笔钱是先由国家替他们垫出的，现在他们必须连本带利逐步向国家清偿。他们不仅肩负着几乎全部土地税的重担，而贵族却几乎完全免税；单是这一项土地税就抵销了并且甚至超过了农民土地地租的全部价值，所以农民必须缴付的其他一切捐税——关于这些，我们下面要谈到——就要直接由构成农民工资的那一部分收入中来扣除。不仅如此。除了要缴纳土地税，缴付赎金和国家垫付赎金的利息以外，自从成立地方行政机关以来，又加上了省和县的捐税。这次"改革"的最重大的后果就是给农民加上了各种新的捐税负担。国家完全保持了自己的收入，然而把相当大的一部分支出转嫁给各省和县，省和县为了弥补这种支出便征收新的捐税，而俄国的惯例是，上等阶层几乎不纳税，农民几乎缴纳全部捐税。

……简言之，没有一个别的国家像俄国这样，当资产阶级社会还处在原始蒙昧状态的时候，资本主义的寄生性已经发展到了这样的程度，以致整个国家、全体人民群众都被这种寄生性的罗网压抑和缠绕。而这一切吮吸农民血液的吸血鬼，对于用法律和法庭来保护他们进行巧取豪夺的俄罗斯国家的存在，竟没有丝毫利害关系！

彼得堡、莫斯科、敖德萨那里近十年来特别由于铁路建设而获得了空前迅速发展和深受最近这次危机打击的大资产阶级，所有那些把自己的全部生意建筑在农民贫困上面的经营粮食、大麻、亚麻和油脂的出口商，只有依赖国家恩赐的保护关税才能存在的整个俄国大工业，——难道居民中这一切有势力的、迅速成长的因素对俄罗斯国家的存在竟没有利害关系？至于充斥和盗窃俄国并在俄国形成一个真正阶层的人数众多的官僚者群，就更不用说了。既然特卡乔夫先生不顾这一切，硬要我们相信，俄罗斯国家"在人民的经济生活里没有任何根基，它自身并不体现任何阶层的利益"，它是"悬在空中"的，那就不禁使我们开始觉得，悬在空中的与其说是俄罗斯国家，倒不如说是特卡乔夫先生自己。

至于俄国农民在摆脱农奴从属地位以后的处境已经不堪忍受，不可能长久这样继续下去，而仅仅由于这个原因，俄国革命正在日益迫近，——这都是显而易见的事情。问题只在于这个革命的结果可能怎样，将会怎样？特卡乔夫先生说，它将是社会革命。这纯粹是一种赘言。任何一个真正革命都是社会革命，因为它使新阶级占居统治地位并且让它有可能按照自己的面貌来改造社会。其实，特卡乔夫先生是想说，这将是社会主义革命，它将在我们在西方还没有实现以前，就在俄国实现西欧社会主义所追求的那个社会形态——而且是在不论无产阶级或资产阶级还不是到处都碰得见并且都还处在低级发展阶段上的这种社会状态下来实现！这一点所以成为可能，据说是因为俄国人具有劳动组合和公社土地所有制，可以说是天选的社会主义的人民！

俄国农民的公社所有制是普鲁士的政府顾问哈克斯特豪森于 1845 年发现的，他把这种所有制当做一种十分奇妙的东西向全世界大肆吹嘘，虽然哈克斯特豪森在自己威斯特伐里亚故乡还能找到不少的公社所有制残余，而他作为一个政府官员，甚至应该是确切知道这种残余的。身为俄国地主的赫尔岑，从哈克斯特豪森那里第一次得悉，他的农民们是共同占有土地的，于是他便利用这一点来把俄国农民描绘成为真正的社会主义体现者、天生的共产主义者，把他们同衰老腐朽的西欧的那些只得绞尽脑汁想出社会主义的工人对立起来。这种认识由赫尔岑传给了巴枯宁，又由巴枯宁传给了特卡乔夫先生。我们听听持卡乔夫先生是怎么说的：

> "我国人民……绝大多数……都充满着公社占有制原则的精神；他们——如果可以这样说的话——是本能的、传统的共产主义者。集体所有制的思想同俄国人民的整个世界观＜我们往后就会看到，俄国农民的世界是多么广阔＞是如此紧密地联结在一起，以致现在当政府开始领悟到这个思想同'完善'社会的原则不能相容，并且为了这种原则想把私有制思想灌入人民意识和人民生活中去的时候，它就只好依靠刺刀和皮鞭。由此看来，很清楚，我国人民尽管愚昧无知，但是比西欧各国人民更接近于社会主义，虽然他们是较有教养的。"

其实，土地公社所有制这种制度，我们在从印度到爱尔兰的一切印欧族人民的低级发展阶段上，甚至在那些受印度影响而发展的马来人中间，例如在爪哇，都可以看见。早在 1608 年，在刚被征服的爱尔兰北部存在的公认的土地公社所有制的事实，曾被英国人用作借口来宣布说土地无主，从而把这些土地收归皇家所有。在印度，直到今天还存在着许多种公社所有制形式。在德国，它曾经是普遍现象；现在有些地方还可以看到的公有地，就是它的残余，特别是在山区，常常会看到它的明显遗迹：例如公有地的定期重新分配等等。关于古代日耳曼公社土地占有制的更明确的说明及其详细情况，可以在毛勒的许多著作中找到，这些著作都是论述这个问题的经典作品。在西欧，包括波兰和小俄罗斯在内，这种公社所有制在社会发展的一定阶段上，变成了农业生产的桎梏和障碍，因而渐渐被消除了。相反地，在大俄罗斯（即俄国本土），它一直保存到今天，这就证明农业生产以及与之相适应的农村社会关系在这里还处在很不发达的状态，而且事实上也是如此，俄国农民只是在自己的公社里面生活和活动；其余的整个世界只有在干预他的公社事务时，对于他才是存在的。这一点完全正确，因为在俄文里，Мир 一词既有"世界"的意思，又有"农民公社"的意思。Весь Мир，即"全世界"，在农民的语言中就是公社社员大会。因此，特卡乔夫先生说到俄国农民的"世界观"，显然是把俄文 мир 一词译错了。各个公社相互间这种完全隔绝的状态，在全国造成虽然相同但绝非共同的利益，这就是东方专制制度的自然基础。从印度到俄国，凡是这种社会形态占优势的地方，它总是产生这种专制制度，总是在这种专制制度中找到自己的补充。不仅一般的俄罗斯国家，并且连它的特殊形式即沙皇专制制度，都不是悬在空中，而是俄国社会条件的必然和合乎逻辑的产物，而根据特卡乔夫先生的说法，它是同这些条件"毫不相干"的！——俄国向资产阶级方向的继续发展，即使没有俄国政府的"刺刀和皮鞭"的任何干涉，在这里也会把公社所有制逐渐消灭掉的。这特别是因为俄国农民不是像在印度某些省份里现在还有的情形那样，共同耕种公社土地，以便仅仅把产品拿来分配。相反，在俄国，土地是在各个家长之间定期重新分配，并且每个人都为自己耕种自己的一块土地。这就有可能造成公社各社员间在财富上很大的不平等，而这种不平等现象也确实是存在的。几乎在一切地方，公社社员中总有几个富裕农民，有时是百万富翁，他们放高利贷，榨取农民大众的脂膏。这一点谁也没有特卡乔夫先生知道得清楚。他一方面硬要德国工人相信，说只有刺刀和皮鞭才能迫使俄国农民这个本能的、传统的共产主义者放弃"集体所有制的思想"，同时他却在自己的俄文小册子第 15 页上说道：

"一个高利贷者＜kulakov＞阶级，农民土地和地主土地的购买者和租佃者阶级，即农民贵族正在农民中间培植出来。"

这正是我们上面说过的那一类吸血鬼。

给公社所有制以最严重打击的仍然是赎买徭役。地主获得了大部分和最好的土地，留给农民的土地勉强够维持生活，而往往是根本不够维持生活。并且森林也转归地主了；以前农民可以不花钱取用的薪柴、做木器用和建筑用的木料，现在他也必须用钱来购买了。于是，农民除了一所小房子和一块光秃秃的土地以外就一无所有，没有钱来耕种；通常土地也不够使他一家能由一次收获活到下一次收获。在这种条件下，由于各种捐税和高利贷者的压迫，土地公社所有制已不再是一种恩惠，而变成了一种桎梏。农民时常全家或只身逃出公社，抛弃自己的土地，靠做短工谋生。

由此可见，俄国的公社所有制早已度过了它的繁荣时代，看样子正在趋于解体。但是也不可否认有可能使这一社会形式转变为高级形式，只要它能够保留到这样做的条件成熟的时候，只要它能够发展到农民已不再是个别而是集体从事耕作的程度；并且应该使俄国农民不经过资产阶级的小块土地所有制的中间阶段，而实现这种向高级形式的过渡。然而这种过渡只有在下述情况下才会发生，即西欧在这种公社所有制彻底解体以前就胜利地完成无产阶级革命，而这个革命会给俄国农民提供实现这种过渡的必要条件，其中也为他们提供在整个农业制度中实行必然与其相联系的变革所必需的物资。可见，特卡乔夫先生断言俄国农民虽然是"私有者"，但比西欧没有财产的工人"更接近于社会主义"，完全是胡说八道。恰恰相反。如果有什么东西还能挽救俄国的公社所有制，使它有可能变成确实富有生命力的新形式，那末这正是西欧的无产阶级革命。

其实情况完全不是这样。俄国人民，这些"本能的革命者"，固然曾经举行过无数次零星的农民起义去反对贵族和反对个别官吏，但是，除掉冒名沙皇的人充任人民首领并要夺回王位的场合以外，从来没有反对过沙皇。叶卡特林娜二世时代最后一次大规模农民起义之所以可能，只是因为叶梅连·普加乔夫冒充是她的丈夫彼得三世，说什么他未被妻子杀害，而只是被废黜和关进牢狱，但是他逃出来了。相反，沙皇被农民看成人间的上帝：Bog vysok，Car daljok，即上帝高，沙皇远——这就是他们绝望中的叹声。至于农民大众——特别是从赎买徭役以来——所处的地位，日益迫使他们去同政府和沙皇作斗争，这是确实无疑的事实；而关于"本能的革命者"的童话，让特卡乔夫先生去说给别人听吧。

恩格斯：《流亡者文献》（1874 年 5 月—1875 年 4 月），《马克思恩格斯全集》第 18 卷，人民出版社 1964 年版，第 610—622 页。

俄国无疑是处在革命的前夜

俄国无疑是处在革命的前夜。财政已经混乱到了极点。捐税的重压已在失去作用，旧国债的利息用新公债来偿付，而每一次新公债都遇到愈来愈大的困难；只有借口建造铁路还能得到一些钱！行政机构早已腐败透顶，官吏们主要是靠贪污、受贿和敲诈来维持生活，而不是靠薪俸。全部农业生产——这是俄国最主要的生产——都被 1861 年的赎买办法弄得混乱不堪；大地产没有足够的劳动力，农民没有足够的土地，他们遭到捐税压榨，受到高利贷者的洗劫；农产品一年比一年减少。所有这一切只是靠亚洲专制制度在表面上勉强支持着，这种专制制度的专横，我们在西方甚至是无法想像的。这种专制制度不但日益同各个开明阶级的见解，特别是同迅速发展的首都资产阶级的见解发生愈来愈剧烈的矛盾，而且连它现在的体现者也不知所措了：今天向自由主义让步，明天又吓得要命地把这些让步收回，因而自己愈益严重地破坏对自己的一切信任。同时，在集中于首都的那些较开明的国民阶层中间愈来愈意识到，这种情况不可容忍，变革已经迫近了，但同时也产生一种幻想，以为可能把这个变革纳入安静的立宪的轨道。这里，革命的一切条件都结合在一起；这次革命将由首都的上等阶级，甚至可能由政府自己开始进行，但是农民将把它继续扩展开来，很快就会使它超出最初的立宪阶段的范围；这个革命单只由于如下一点就对全欧洲具有极伟大的意义，就是它会一举消灭欧洲整个反动势力的还未触动的最后后备力量。这个革命无疑正在日益临近。只有两个事变可能使它长久迁延下去：或者是反对土耳其或奥地利的战争进行得手，为此需要有金钱和可靠的同盟者，或者是……过早的起义尝试把有产阶级再次赶入政府的怀抱。

> 恩格斯：《流亡者文献》（1874 年 5 月—1875 年 4 月），《马克思恩格斯全集》第 18 卷，人民出版社 1964 年版，第 622—623 页。

沙皇帝国内部具有在大力促使它灭亡的因素

俄国事态的发展，对德国工人阶级有极大的意义。现在的俄罗斯帝国是西欧整个反动势力的最后一根有力支柱。这在 1848 年和 1849 年已经非常清楚地显示出来了。由于德国不肯支持波兰起义并同沙皇作战（像"新莱茵报"一开始就要求的那样），以致这个沙皇能够在 1849 年镇压了已经迫近维也纳大门的匈牙利革命，而在 1850 年又在华沙裁判了奥地利、普鲁士和德意志各小邦并恢复了旧联邦议会。就在不久以前，即 1875 年 5 月初，俄国沙皇正像二十五年前一样，接受了他的柏林藩臣们的效忠宣誓，从而证明了在今天他也还是欧洲的仲裁人。西欧的任何革命，只要在近旁还存在着现代俄罗斯国家，就不能获得彻底胜利。而德国却是同俄国最近的邻国，因此俄国反动派军队的第一个冲击便会落到德国身上。因而，俄罗斯沙皇制度的复灭，俄罗斯帝国的灭亡便成了德国无产阶级取得最终胜利的首要条件之一。

但是，它的复灭绝不能从外部引起，而外部战争只可能大大加速它的复灭。沙皇帝国内部具有在大力促使它灭亡的因素。

第一个因素就是波兰人。他们经过百年来的压迫，已处于这样的境地：或者起来革命，支持西欧的一切真正的革命起义，作为解放波兰的第一步；或者就只有灭亡。现在他们恰好处于这种境况，即只有在无产阶级阵营里他们才能为自己找到西欧盟友。近一百年来，他们经常被西欧的一切资产阶级政党出卖。在德国，资产阶级一般地只是从 1848 年起才算数的，但是从那时以来它始终敌视波兰人。在法国，1812年拿破仑出卖了波兰人，而由于这次背叛，他的远征失败了，皇冠和帝国都丢掉了：资产阶级王国在1830年和1846年，资产阶级共和国在1848年，第二帝国在克里木战争期间和在1863年都效法了他的榜样。它们都同样卑鄙地背叛了波兰人。就是现在，法国的资产阶级激进派、共和派还仍然匍匐于沙皇面前，希望用一次对波兰利益的新出卖来换得一个反普鲁士的复仇的同盟，正好像德意志帝国的资产者把这同一个沙皇当做欧洲和平的保护者，也就是说把他当做德普持久合并的庇护者来崇拜一样。除了革命工人而外，波兰人不论在哪里也找不到公开的和真诚的支持，因为共同敌人的覆灭对他们两者都有同样的利害关系，因为波兰的解放就意味着这个敌人的覆灭。

然而，波兰人的活动受到了地域上的限制。这种活动只限于波兰、立陶宛和乌克兰。俄罗斯帝国的真正核心——大俄罗斯——几乎完全处于这个活动之外。4000万大俄罗斯人是一个非常大的民族，而且经过了非常特殊的发展，所以不能从外面把任何一种运动强加给他们。而这样做也完全没有必要。的确，俄国的人民大众，农民，千百年来世世代代地在脱离历史发展的泥坑中愚昧地过着苟且偷安的生活，而使得这种单调的沮丧状况中断的唯一变动，便是零星的毫无结果的起义，以及贵族和政府的新压迫。这种脱离历史的生存，已由俄国政府自己通过废除再也不能拖延下去的农奴制度以及实行徭役赎买——这个办法实行得非常狡猾，它使大多数农民以及贵族遭到了必不可免的破产，——把它结束了（1861年）。由此可见，俄国农民现在所处的环境本身，正推动他们投身到运动中去，这个运动诚然在目前还刚刚产生，但是，随着农民群众的状况日益恶化，它将不可遏止地不断朝前发展。农民的愤恨不满，现在已经是政府以及一切不满意的人和反对党都不得不予以重视的事实了。

因此，下文中说到的俄国，不是指整个俄罗斯帝国，而是专门指大俄罗斯，这个地区最西的省份是普斯可夫和斯摩棱斯克，而最南的省份是库尔斯克和沃龙涅什。

恩格斯：《〈论俄国的社会问题〉一书导言》（1875年5月），《马克思恩格斯全集》第18卷，人民出版社1964年版，第642—644页。

在俄国，危机的影响，一般比在其他任何国家都大得无比

在俄国，危机的影响，一般比在其他任何国家都大得多。在我们这里，工业停滞的同时，还有农民的饥饿。可以把失业的工人从城市赶到农村，但又把失业的农民赶到哪里去呢？赶走工人，原是想把不安分的人从城市里清除出去，可是，被赶走的人难道不可能使一部分农民从世代相传的那种俯首听命的状态中苏醒过来，并发动他们不仅提出请求，而且提出要求吗？现在工人与农民日益接近起来，这由于他们不仅都面临着失业与饥饿，而且都面临着警察的压迫，这种压迫使工人无法进行联合与自卫，使农民甚至得不到乐善好施者的救济。警察的魔掌，对于千百万丧失一切生活资料的人民，变得百倍可怕。城市的宪兵和警察，农村的地方官和巡官清楚地看到，人民对他们的仇恨日益加深……

列宁：《危机的教训》（1901年8月），《列宁全集》第5卷，人民出版社1986年第二版，第76页。

沙皇专制就是官吏专制

正象过去农民是地主的奴隶一样，俄国人民直到现在还是官吏的奴隶。正象农奴制度下农民没有公民自由一样，俄国人民直到现在还没有政治自由。政治自由就是人民处理自己全民的、国家的事务的自由。政治自由就是人民有权选举自己的议员（代表）进国家杜马（议会）。……

欧洲所有其他国家的人民早就争得了政治自由。只有在土耳其和俄国，人民仍然是苏丹政府和沙皇专制政府的政治奴隶。沙皇专制制度就是沙皇拥有无限的权力。人民根本参加不了国家的机构和国家的管理。沙皇拥有独揽的、无限的、专制的权力，一切法律都由他一个人颁布，一切官吏都由他一个人委派。可是，对于俄国的一切法律和一切官吏，沙皇自然连了解都做不到。对于国内所发生的事情，沙皇连了解都做不到。沙皇只不过是批准几十个最大最显贵的官吏的意旨罢了。一个人，不管他多么愿意，象俄国这样一个大国，他是管理不了的。管理俄国的不是沙皇，——所谓一人专制，只不过是一种说法罢了！——管理俄国的是一小撮最富有最显贵的官吏。沙皇能够知道的，只是这一小撮人愿意告诉他的事情。沙皇根本不可能违背这一小撮名门贵族的意旨：沙皇自己就是地主和贵族；他从小就完全生活在这些显贵中间；他就是受这些人培养和教育的；沙皇对全体俄国人民的了解，仅仅限于这些显赫贵族、富裕地主和少数可以出入沙皇宫廷的最富有的商人所了解的情况。

……

沙皇专制就是官吏专制。沙皇专制就是人民对官吏尤其是对警察的农奴制依附。沙皇专制就是警察专制。

列宁：《告贫苦农民》（1903 年 3 月 1—28 日 [3 月 14—4 月 10 日]），《列宁全集》第 7 卷，人民出版社 1986 年第二版，第 114—117 页。

在沙皇制度压迫下呻吟叫苦的不仅仅是工人阶级

在沙皇制度压迫下呻吟叫苦的不仅仅是工人阶级。专制制度沉重的魔掌也窒息着其他的社会阶级。呻吟叫苦的有因经常挨饿而浮肿了的俄国农民，他们被苛捐杂税的重担弄得贫困不堪，他们受唯利是图的资产者和"高贵的"地主任意宰割。呻吟叫苦的有小市民、国家机关和私人机关的小职员，小官吏，总之，就是人数众多的城市平民，他们的生活也和工人阶级的生活一样地没有保障，他们有理由不满意自己的社会地位。呻吟叫苦的有不能容忍沙皇鞭笞政策的一部分小资产阶级乃至中产阶级，特别是资产阶级中一部分有学识的人，即所谓自由职业者（教员、医生、律师、大学生和一般学生）。呻吟叫苦的有俄国境内被压迫的各民族和异教徒，其中包括那些被逐出乡土而其神圣情感蒙受伤害的波兰人和芬兰人，历史赋予他们的权利和自由都被专制制度蛮横地践踏了。呻吟叫苦的有经常受迫害受侮辱的犹太人，他们甚至被剥夺了其他俄国庶民所享有的微不足道的权利，即随处居住的权利、就学的权利、供职的权利等等。呻吟叫苦的有格鲁吉亚人、阿尔明尼亚人以及其他民族，他们被剥夺了开办本族学校的权利、在国家机关中工作的权利，他们不得不服从专制政权所疯狂推行的、可耻的、压迫少数民族的俄罗斯化政策。呻吟叫苦的有俄国境内各种教派的千百万信徒，他们不愿依照正教神父的意旨而想本着自己的良心来信奉宗教。呻吟叫苦的还有……但一切受俄国专制制度压迫摧残的人是举不胜举的。他们的人数是如此之多，要是他们都懂得这一点并明白谁是他们的共同敌人，那末俄国的暴政是一天也不能存在的。可惜俄国农民还处于数百年来由奴役、贫穷和无知所造成的闭塞状态，他们现在还刚刚在觉醒，还不明白谁是他们的敌人。俄国各被压迫民族，在不仅有俄国政府反对它们，甚至还有俄罗斯人民由于尚未认识专制制度是全国人民的公敌而同样也反对它们的时候，它们简直不敢想像可以用自己的力量解放自己。剩下的就是工人阶级、城市平民和资产阶级中一部分有学识的人。

斯大林：《俄国社会民主党及其当前任务》（1901 年 11、12 月），《斯大林全集》第 1 卷，人民出版社 1953 年版，第 17—18 页。

俄国当时是帝国主义所有这一切矛盾的集合点

因为俄国当时是帝国主义所有这一切矛盾的集合点。

因为俄国当时孕育着革命的程度比其他任何国家都大，所以只有俄国才能用革命方法来解决这些矛盾。

首先，沙皇俄国是以最残忍最野蛮的形式表现出来的各种压迫——资本主义压迫、殖民地压迫和军事压迫的策源地。谁不知道，在俄国，资本的万能和沙皇制度的暴虐是融合起来了呢？谁不知道，俄罗斯民族主义的侵略性和沙皇制度对非俄罗斯民族的屠杀政策是融合起来了呢？谁不知道，对土耳其、波斯、中国广大地区的剥削和沙皇制度对这些地区的侵占，和侵占领土的战争是融合起来了呢？列宁说得对：沙皇制度是"军事封建帝国主义"。沙皇制度把帝国主义各种最坏的因素集中起来，并使之变本加厉了。

其次，沙皇俄国是西方帝国主义最大的后备军，这不仅是说它任凭外国资本自由进口活动，让外国资本操纵俄国国民经济中像燃料和冶金业这样一些有决定意义的部门，而且是说它能拿出千百万士兵去供西方帝国主义者使用。请回想一下一千四百万俄国军队为了保证英法资本家极高的利润而在帝国主义战线上流血牺牲的事实吧。

再其次，沙皇制度不仅是帝国主义在东欧的看门狗，而且是西方帝国主义的代理人，它从巴黎和伦敦、柏林和布鲁塞尔得到借款，而从人民身上榨取几亿卢布来缴付利息。

最后，沙皇制度是西方帝国主义在瓜分土耳其、波斯和中国等等勾当中的最忠实的同盟者。谁不知道，帝国主义大战是沙皇政府和协约国帝国主义者联合进行的呢？谁不知道，俄国是这次战争的重要角色呢？

正因为如此，沙皇制度的利益就和西方帝国主义的利益交织在一起，终于融合为统一的帝国主义的利益。

西方帝国主义会不会不竭尽全力拼命反对俄国革命以维持和保存沙皇制度，而甘心丧失像旧时沙皇资产阶级俄国这样一个东方强大的支柱，这样一个富有人力物力的来源呢？当然不会！

由此应该得出结论：谁想打击沙皇制度，谁也就必然要动手打击帝国主义；谁起义反对沙皇制度，谁也就必须起义反对帝国主义。因为谁要是真想不仅打破沙皇制度,而且彻底铲除沙皇制度,那末他推翻沙皇制度也就必须推翻帝国主义。这样,反对沙皇制度的革命就和反对帝国主义的革命和无产阶级革命接近起来,并且一定要转变为反对帝国主义的革命,转变为无产阶级革命。

而且当时在俄国又掀起了最伟大的人民革命,领导这个革命的是世界上最革命的无产阶级,这个无产阶级又拥有俄国的革命农民这样一个重要的同盟者。这样的革命决不会半途而废,它一胜利就一定要举起反帝国主义的起义旗帜,继续前进,这难道还要证明吗?

正因为如此,俄国当时一定要成为帝国主义的各种矛盾的集合点,这不仅因为这些矛盾正是在俄国带有特别丑恶和特别不堪的性质而最容易暴露出来,也不仅因为俄国当时是把西方财政资本和东方殖民地联结起来的、西方帝国主义的最重要的支柱,而且因为当时仅仅在俄国才有能够用革命方法来解决帝国主义矛盾的现实力量。

由此应该得出结论:俄国革命不能不成为无产阶级革命,它不能不在一开始发展时就具有国际性质,因而也就不能不震撼世界帝国主义的基础。

斯大林:《论列宁主义基础》(1924年4—5月),《斯大林全集》第6卷,人民出版社1956年版,第67—69页。

马克思和恩格斯以同情的态度注视俄国的革命运动

马克思和恩格斯两人都懂俄文,都读俄文书籍,非常关心俄国的情况,以同情的态度注视俄国的革命运动,并一直同俄国的革命者保持联系。他们两人都是由民主主义者变成社会主义者的,所以他们仇恨政治专横的民主情感非常强烈。由于马克思和恩格斯具有这种直接的政治情感、对政治专横与经济压迫之间的联系的深刻的理论认识以及丰富的生活经验,所以他们在政治方面异常敏感。因此,俄国少数革命者所进行的反对强大的沙皇政府的英勇斗争,总是得到这两位久经锻炼的革命家最表同情的反响。相反,那种为了虚幻的经济利益而离开争取政治自由这一俄国社会党人最直接最重要的任务的图谋,在他们看来自然是可疑的,他们甚至直截了当地认为这是背叛伟大的社会革命事业。"无产阶级的解放应当是无产阶级自己的事情"——这就是马克思和恩格斯经常教导的。而无产阶级要争取经济上的解放,就必须争得一定的政治权利。此外,马克思和恩格斯都清楚地看到,俄国政治革命对于西欧的工人运动也会有巨大的意义。专制的俄国向来是欧洲一切反动势力的堡垒。1870 年的战争造成了德法之间的长期的纷争，使俄国处于一种非常有利的国际地位，这当然只是增加了专制俄国这一反动力量的作用。只有自由的俄国，即既不需要压迫波兰人、芬兰人、德意志人、亚美尼亚人及其他弱小民族，也不需要经常挑拨德法两国关系的俄国，才能使现代欧洲摆脱战争负担而松一口气，才能削弱欧洲的一切反动势力，加强欧洲工人阶级的力量。因此，恩格斯为了西欧工人运动的胜利，也渴望俄国实现政治自由。俄国的革命者因恩格斯的逝世而失去了最好的朋友。

列宁：《弗里德里希·恩格斯》（1895 年 9 月 7 日［19 日］以后），《列宁选集》第一卷，人民出版社 1995 年第三版，第 96—97 页。

13. 1905 年革命

1905 年革命的教训

从 1905 年 10 月俄国工人阶级给沙皇专制制度第一次强大打击到现在，已经有五年了。无产阶级在那些伟大的日子里，发动了千百万劳动者起来进行反对压迫者的斗争。无产阶级在 1905 年的几个月之内就争得了工人等了数十年、"上司"还是没有赐给的那些改善。无产阶级为全俄人民争得了（虽然只是暂时地争得了）俄国从来没有过的出版、集会和结社的自由。它从自己的前进道路上扫除了冒牌的布里根杜马，迫使沙皇颁布了立宪宣言，并且一举造成了非由代表机关管理俄国不可的定局。

无产阶级所争得的伟大胜利并不是彻底的胜利，因为沙皇政权尚未被推翻。十二月起义以失败告终，于是沙皇专制政府就在工人阶级的进攻逐步减弱，群众斗争逐步减弱的时候把工人阶级的胜利果实相继夺走了。1906 年工人的罢工、农民和士兵的骚动，虽然比 1905 年减弱了许多，但终究还是很强大的。在第一届杜马时期，人民的斗争又发展了起来，于是沙皇解散了第一届杜马，但不敢马上修改选举法。1907 年工人的斗争更加减弱了，这时沙皇解散了第二届杜马，举行了政变（1907 年 6 月 3 日）；沙皇违背了他所许下的非经杜马同意决不颁布法律的冠冕堂皇的诺言，修改了选举法，使地主和资本家、黑帮政党及其走狗在杜马中能够稳占多数。

革命的胜利也好，失败也好，都给了俄国人民以伟大的历史教训。在纪念 1905 年五周年之际，我们要力求弄清楚这些教训的主要内容。

第一个而且是主要的教训是：只有群众的革命斗争，才能使工人生活和国家管理真正有所改善。无论有教养的人们怎样"同情"工人，无论单枪匹马的恐怖分子怎样英勇斗争，都不能摧毁沙皇专制制度和资本家的无限权力。只有工人自己起来斗争，只有千百万群众共同斗争才能做到这一点，而只要这个斗争一减弱，工人所争得的成果立刻就要被夺走。……

第二个教训是：仅仅摧毁或限制沙皇政权是不够的，必须把它消灭。沙皇政权不消灭，沙皇作出的让步总是不可靠的。沙皇在革命进攻加强的时候就作些让步，进攻减弱的时候他就把这些让步统统收回。只有争得民主共和国，推翻沙皇政权，政权归于人民，才能使俄国摆脱官僚的暴力和专横，摆脱黑帮—十月党人杜马，摆脱农村中地主及其走狗的无限权力。如果说现在，也就是在革命后，农民和工人的灾难比以往更加深重的话，那么这就是当时革命力量薄弱，沙皇政权没有被推翻种下的苦果。1905年，在此之后的头两届杜马的召开及其被解散，都给人民许多教益，首先教会了他们要用共同斗争来实现政治要求。人民觉醒起来参与政治生活，开始是要求专制政府让步：要沙皇召集杜马，要沙皇撤换大臣，要沙皇"赐予"普选权。但是专制政府没有作出这种让步，也不可能作出这种让步。专制政府用刺刀回答了请求让步的行动。于是人民开始认识到必须进行斗争反对专制政权。

列宁：《革命的教训》（1910年10月30日［11月12日］），《列宁全集》第19卷，人民出版社1989年第二版，第406—410页。

斯托雷平的政策维护一小撮大地主和朝臣显贵的利益

俄国社会民主工党的国家杜马代表向人民发表并建议杜马向人民发表声明如下：

政府通过它的首席大臣斯托雷平先生向人民代表宣称，政府打算继续执行解散第一届杜马以后所实行的政策。政府不想考虑人民代表的意愿。它要求人民代表接受它的政策，帮助政府发展、完善它的政策，更准确、更全面地推行这个政策。

政府的政策意味着什么呢？

这个政策意味着维护一小撮大地主和朝臣显贵的利益，维护他们剥削和压迫人民的权利。既不给土地，也不给自由！——这就是政府通过斯托雷平向人民作的宣告。

农民从政府那里什么也盼不到，政府只会保护地主而残酷无情地压制农民，不容许农民追求光明，追求自由，追求生活的改善，追求土地转归农民，追求摆脱沉重的盘剥、苦役式的生活和慢慢饿死的命运。农民所能盼到的是政府继续使用暴力，这种暴力已经夺去农民成千上万个优秀儿女，使他们遭到囚禁、流放和杀害，因为他们对官吏的专横和地主的压迫进行了英勇的斗争。用小恩小惠收买极少数的农村吸血鬼和富农，帮助他们洗劫已彻底破产的农村，以奖赏他们为专制政府效劳，这就是斯托雷平和他的内阁想要实行的政策。

列宁：《关于斯托雷平的宣言》（1907年2月20—28日［3月5—13日］），《列宁全集》第15卷，人民出版社1988年第二版，第26—27页。

14. 泛斯拉夫主义

斯拉夫国家的自然疆界

对拥有波希米亚的俄国泛斯拉夫主义者福格特来说，无疑是知道斯拉夫帝国的自然疆界在哪里的。这条疆界从梅泽里茨直通利伯罗瑟和日本，然后到达易北河同波希米亚边境山脉的交叉点以南，再往前通至波希米亚和摩拉维亚的西南部边境。这条线以东全是斯拉夫地区；混杂在斯拉夫地区里的几块德国飞地和其他外族的土地，不可能长久地阻碍大斯拉夫整体的发展；况且，它们对于它们所在的地方并没有权利。既然出现了这种"泛斯拉夫主义的现状"，那么不言而喻，在南部也必须对边界进行类似的修改。在南部，也有一个不受欢迎的德国楔子插在北部和南部的斯拉夫人中间，占据了多瑙河谷和施泰尔阿尔卑斯山脉。福格特不能容忍这个楔子，于是就坚定不移地把奥地利、萨尔茨堡、施泰尔马克和克恩滕山的德国部分并入俄国。在用久经考验的"民族原则"的方法来建立斯拉夫—俄罗斯帝国的过程中，一些马扎尔人和罗马尼亚人连同各种土耳其人也落到俄国手里（要知道，"好心的沙皇"在征服切尔克西亚和消灭克里木的鞑靼人时，也是为了给"民族原则"增光!），作为对他们插入北方斯拉夫人和南方斯拉夫人之间的惩罚——福格特不管奥地利意下如何就是这样解释的。

在这种行动下，我们德国人失去的只不过是东西普鲁士、西里西亚、勃兰登堡和萨克森的一部分、整个波希米亚、莫拉维亚以及奥地利（不包括蒂罗尔，因为它的一部分按"民族原则"应划给意大利），——失去的只不过是这一切加上我国的民族生存！

　　但是，我们不妨停留在最直接的一点：加利西亚、波希米亚和摩拉维亚变成俄国的！

　　在这种情况下，德意志的奥地利，德意志的西南部和德意志的北部便永远也不可能采取一致行动，除非——必然会有这一天——在俄国的领导下。

> 马克思：《福格特先生》（1860 年 2—11 月），《马克思恩格斯全集》第 19卷，人民出版社 2006 年第二版，第 222—223 页。

泛斯拉夫主义的宣传意味着什么

　　泛斯拉夫主义的宣传与奥地利和土耳其的衰落同步。而泛斯拉夫主义的宣传意味着什么，你们从 1848—1849 年的经验中可以看出，那时在耶拉契奇、文迪施格雷茨和拉德茨基麾下作战的斯拉夫人，蹂躏了匈牙利，洗劫了维也纳，镇压了意大利。

> 马克思：《1867 年 1 月 22 日在伦敦纪念波兰起义大会上的演说》（1867 年1 月 7—22 日），《马克思恩格斯全集》第 21 卷，人民出版社 2003 年第二版，第 285 页。

泛斯拉夫主义的起源与实质

　　泛斯拉夫主义的最初形式是纯粹文艺的形式。它的创始人是多勃罗夫斯基（捷克人，斯拉夫方言的科学语文学的奠基人）和科勒（匈牙利外喀尔巴阡山的斯洛伐克诗人）。多勃罗夫斯基富有学者和研究家的热情，而科勒的政治思想很快占了优势。泛斯拉夫主义起初只满足于一些哀诗，它的诗歌的主题是过去的伟大，现在的耻辱、不幸和异族的压迫。……关于建立一个迫使欧洲遵守它的法律的泛斯拉夫帝国的想法，那时还只是模模糊糊地有所表露。但是，哀诗时期很快就结束了，单纯"为了斯拉夫人的正义"的呼吁也随之过去了。

　　有关斯拉夫人的政治、文学和语言学发展的历史研究活动，在奥地利取得了巨大的成就。

　　把斯拉夫人的原有土地归还给斯拉夫人，把奥地利（提罗耳和伦巴第除外）变成一个斯拉夫帝国，这就是泛斯拉夫主义者的目的，这就意味着宣布近千年来的历史发展全部无效，砍掉德国的三分之一和整个匈牙利，把维也纳和布达佩斯变成斯拉夫的城市——目前占有这些地区的德意志人和匈牙利人是不能同情这种行动的。而且，各种斯拉夫方言的差别很大，除极少数外，讲斯拉夫方言的人彼此都听不懂。

因此，我们看到，奥地利的泛斯拉夫主义缺乏取得成就的最重要的因素：群众和统一。所以缺乏群众，是因为泛斯拉夫主义派只掌握一部分受过教育的阶级，在人民中没有什么威信，因此要同时反抗它所敌对的奥地利政府以及德意志民族和匈牙利民族，力量就不够了。所以没有统一，是因为泛斯拉夫主义派的统一原则是纯粹理想的原则，在第一次企图实现这种统一原则时，就因语言上的差别而遭到了失败。只要泛斯拉夫主义一直是纯粹奥地利的运动，那末它不会有很大的危险性，但它会很快地找到它所需要的那种统一和群众的中心。

本世纪初土耳其的塞尔维亚人的民族运动很快就使俄国政府注意到这样一个事实：在土耳其的居民中大约有 700 万斯拉夫人，他们的语言是所有斯拉夫方言中同俄语最近似的一种语言，而宗教和教会语言（古斯拉夫语或教会斯拉夫语）则同俄国人的完全一样。俄国依靠自己的希腊正教教会领袖和庇护者的地位，正是在这些塞尔维亚人和保加利亚人当中第一次开始进行了泛斯拉夫主义的鼓动。当泛斯拉夫主义运动刚刚在奥地利生根的时候，俄国就立刻把它的谍报机关的分支伸展到自己盟国的地区。在它碰到信仰罗马天主教的斯拉夫人的地方，就根本不提宗教方面的问题，俄国仅仅表现为一个吸引一切斯拉夫人的中心，即团结各个复兴的斯拉夫民族的核心，它要使各个斯拉夫民族形成为一个强大而统一的民族，这个民族的使命是建立一个从易北河到中国、从亚得利亚海到北冰洋的伟大的斯拉夫帝国。总之，这里已经找到了所缺乏的群众和统一！泛斯拉夫主义一下子就落入了圈套。于是，它宣布了自己的判决。为了重新建立想像中的民族，泛斯拉夫主义者表示愿意为维护俄罗斯—蒙古人的野蛮统治而牺牲八百年来实际参加过的文明生活。难道这不是一开始就坚决反动地反对欧洲文明发展进程和力图使世界历史开倒车的运动的自然结果吗？

如果说泛斯拉夫主义运动同俄国的结合是它的一种自我斥责的话，那末奥地利同样明显地承认了它自己的没有生命力，因为它决定接受、甚至呼请这种斯拉夫人的援助以反对它境内的三个刚刚具有历史生命力而且正在表现这种生命力的民族，即反对德意志人、意大利人和匈牙利人。从 1848 年起，对泛斯拉夫主义所欠的这笔债一直威胁着奥地利，意识到这笔债，是奥地利政策的主因。

但有一点是很清楚的：现在已经不仅是俄国，而是整个泛斯拉夫主义的阴谋有在欧洲废墟上建立自己统治的危险。所有斯拉夫人的联合具有显著的力量，而且这种力量会日益增强，因此这种联合很快要迫使与它敌对的力量采取与过去完全不同的形式行动起来。这里我们没有谈到波兰人，他们可尊敬的大部分是敌视泛斯拉夫主义的；也没有谈到假民主和假社会主义形式的泛斯拉夫主义，这种泛斯拉夫主义本质上同普通的露骨的俄国泛斯拉夫主义不同的地方只是在于它的漂亮言词和假仁假义。我们同样很少谈到德国思辨哲学的代表，这些代表们因离奇的愚昧无知而堕落为俄国阴谋的工具。

> 恩格斯：《德国和泛斯拉夫主义》（1855 年 4 月 17 日左右），《马克思恩格斯全集》第 11 卷，人民出版社 1965 年版，第 221—225 页。

泛斯拉夫主义是争夺世界霸权的骗人计划

然而，反对波兰人的民族意向的是那些人呢？第一，是欧洲的资产者，波兰人从 1846 年起义以来，并且由于自己的社会主义颁向，对他们失去了任何信任；第二，是俄国的泛斯拉夫主义者和受他们影响的人，例如以赫尔岑的眼光来观察事物的蒲鲁东。要知道，在俄国人中间，甚至在他们的优秀人物中间，现在已摆脱了泛斯拉夫主义的倾向和回忆的人寥寥无几；俄国的泛斯拉夫主义的使命，在他们看来是毫无疑问的，正象法国的天生的革命倡导权在法国人看来是毫无疑问的一样。其实，泛斯拉夫主义是在并不存在的斯拉夫民族这一假面具之下争夺世界霸权的骗人计划，它是我们和俄国人的最凶恶的敌人。这种骗局总有一天会烟消云散的，但目前还能给我们造成不少不愉快的事情。现在正在准备着一场泛斯拉夫主义的战争，作为拯救俄国沙皇制度和俄国反动势力的最后一线希望；战争会不会发生，是一个很大的问题，但是如果发生，只有一点是无疑的：在德国、奥地利和俄国本身出色地进行着的向革命方向的发展，将完全被破坏，并且被推到现在还很难预言的其他道路上去。在最好的情况下，我们也会因此失去三年到十年，那时情况很可能是：在德国，可能也在俄国，宪制的"新纪元"的到来将有一个短时间的延期；在德国领导下实现小波兰；对法国进行报复战争；各民族互相进行新的挑拨离间；最后，产生新的神圣同盟。所以，泛斯拉夫主义虽然已经快进坟墓了，或者正是因为这样，现在比任何时候都更甚地成为我们的死敌。卡特柯夫们、阿克萨柯夫们、伊格纳切夫们及其同伙都知道，只要沙皇制度一被推翻，俄国人民一登上舞台，他们的统治就永远结束了。因此，在国库空虚而又没有一个银行家肯借给俄国政府一文钱的时候，就产生了进行战争的这种热望。

一切泛斯拉夫主义者都恨死了波兰人，因为他们是唯一的反对泛斯拉夫主义的斯拉夫人，即神圣的斯拉夫事业的叛徒，而这些人是必须用暴力包括在大斯拉夫沙皇帝国之内的，帝国未来的首都将是沙皇格勒，即君士坦丁堡。

恩格斯：《致卡尔·考茨基》（1882 年 2 月 7 日），《马克思恩格斯全集》第 35 卷，人民出版社 1971 年版，第 263—264 页。

泛斯拉夫主义只不过是"有教养的阶层"人为的产物

一旦俄国爆发了革命，也就是说，一旦那里召集了某种代表会议，"对付俄国的堤防"就会变成多余的东西。从那一天起，俄国就会忙于内部事务，泛斯拉夫主义就会彻底垮台，帝国的崩溃就会开始。泛斯拉夫主义只不过是"有教养的阶层"、城市和大学、军队和官吏的人为的产物；农村对它毫无所知，甚至领地贵族也如此窘困，以致于诅咒一切战争。从 1815 到 1859 年，奥地利尽管实行胆小而愚蠢的政策，的确曾经是一道对付俄国的堤防。可是现在，在俄国革命的前夜，重新让它充当"堤防"角色，那就意味着延续奥地利的存在，重新为它的存在提供历史的根据，推迟它无法避免的崩溃。这真正是历史的讽刺：奥地利容许斯拉夫人进行统治，就是自己承认，至今它存在的唯一理由已经不存在了。而且，对俄国的战争，在二十四小时之内就可以结束斯拉夫人在奥地利的统治。

您说，将来一旦各斯拉夫民族（又把波兰人除外！）再也没有根据把俄国看作是他们的唯一的解放者的时候，泛斯拉夫主义就完蛋了。这说起来容易，听起来也似乎有道理。但是，第一，泛斯拉夫主义的危险——既然存在这种危险——不在边远地区，而在中心地区，不在巴尔干，而在给沙皇制度提供兵员和金钱的八千万奴隶当中。由此可见，就是应该把杠杆摆到这里，要知道它已经摆好了。难道要用战争再把它搬开吗？

第二，各小斯拉夫民族把沙皇看作是他们唯一的解放者，这种情况怎么会产生，我不打算作深入的研究。他们的看法是这样，这就够了；我们无法改变这种看法，而且只要沙皇制度没有推翻，这种看法会一直保持下去；一旦发生战争，这些令人感兴趣的小民族就会站在沙皇制度一边，即站在资本主义发达的整个西方的敌人一边。只要情况是这样，我就不可能对它们的直接的、迅速的解放感兴趣，它们同它们的盟友和庇护者沙皇一样，仍将是我们的直接的敌人。

我们应当为争取西欧无产阶级的解放而共同奋斗，应当使其他的一切都服从这个目的。不管巴尔干的斯拉夫人等等多么令人感兴趣，只要他们的解放愿望同无产阶级的利益相抵触，那我就同他们毫不相干。亚尔萨斯人也受压迫，将来我们再次丢开他们的时候，我会感到高兴。如果在迫在眉睫的革命的前夜，他们想要挑起法国和德国之间的战争，再次煽动这两国人民去互相残杀，从而把革命推迟下去的话，那我就要说："且慢！欧洲无产阶级可以忍耐多久，你们也可以忍耐多久。当他们得到解放的时候，你们自然也会得到自由，而到那个时候以前，我们不许你们阻挡正在进行斗争的无产阶级的去路。"对斯拉夫人来说也是这样。无产阶级的胜利必然会给他们带来真正的解放，而不是象沙皇能够给他们的那种虚假的和暂时的解放。因此，到现在为止不仅没有为欧洲和它的发展作任何事情、反而是这种发展的障碍的斯拉夫人，应该具有哪怕是同我们的无产者同样的耐性。为了几个黑塞哥维那人而发动一场世界大战，夺去比黑塞哥维那的全部人口还要多千倍的生命，依我看，无产阶级的政策不应当是这样的政策。

沙皇怎样去"解放"呢？请去问问乌克兰的农民，叶卡特林娜起先也曾把他们从"波兰的压迫下"解放出来过（借口是宗教），其目的仅仅是为了后来吞并他们。俄国泛斯拉夫主义的全部欺骗实质上是什么呢？就是要侵占君士坦丁堡——仅此而已。只有实行这种侵占才能有力地影响俄国农民的宗教传统，鼓动他们去保卫神圣的沙皇格勒，延长沙皇制度的寿命。只要俄国人一占领君士坦丁堡，保加利亚和塞尔维亚的独立和自由就完了：这些兄弟们（bratanki）很快会感觉到，过去甚至在土耳其人统治下他们还要好过很多。这些兄弟们完全是因为幼稚透顶，才相信沙皇关心的是他们的利益，而不是他本身的利益。

恩格斯：《致爱德华·伯恩施坦（摘录）》（1882 年 2 月 22、25 日），《马克思恩格斯全集》第 35 卷，人民出版社 1971 年版，第 271—273 页。

下 编

列宁、斯大林论苏联东欧中亚

三 列宁、斯大林论布尔什维克党

15. 论无产阶级政党的创建

俄国工人运动都直接与俄国社会民主党人有关

社会民主党是在没有工人运动的条件下存在的，它作为一个政党当时还处在胚胎发育的过程中。

> 列宁：《怎么办?》（1901 年秋—1902 年 2 月），《列宁全集》第 6 卷，人民出版社 1986 年第二版，第 171 页。

俄国社会民主党建立（1893 年）以后，每次广泛的俄国工人运动都是直接与俄国社会民主党人有关的，并且力求同他们结合起来。"俄国社会民主工党"的建立（1898 年春），是大踏步向这种结合迈进的标志。现在，俄国一切社会党人和一切觉悟工人的主要任务，就是加强这种结合，巩固和整顿"社会民主工党"。谁不愿意了解这种结合，谁企图在俄国把工人运动和社会民主党人为地分割开来，谁就会给俄国工人社会主义和工人运动的事业带来害处，而不是带来好处。

> 列宁：《俄国社会民主党中的倒退倾向》（首次发表于 1924 年），《列宁全集》第 4 卷，人民出版社 1984 年第二版，第 214 页。

可见一方面，唯物主义者贯彻自己的客观主义，比客观主义者更彻底、更深刻、更全面。他不仅指出过程的必然性，并且阐明究竟是什么样的社会经济形态提供这一过程的内容，究竟是什么样的阶级决定这种必然性。……另一方面，唯物主义本身包含有所谓党性，要求在对事变做任何评价时都必须直率而公开地站到一定社会集团的立场上。

> 列宁：《民粹主义的经济内容及其在司徒卢威先生的书中受到的批评》（首次发表于 1895 年），《列宁全集》第 1 卷，人民出版社 1984 年第二版，第 363 页。

当工人阶级的先进代表领会了科学社会主义思想，领会了关于俄国工人的历史使命的思想时，当这些思想得到广泛的传播并在工人中间成立坚固的组织，把他们现时分散的经济战变成自觉的阶级斗争时，俄国工人就会起来率领一切民主分子去推翻专制制度，并引导俄国无产阶级（和全世界无产阶级并肩地）循着公开政治斗争的大道走向胜利的共产主义革命。

　　　　列宁：《什么是"人民之友"以及他们如何攻击社会民主党人?》（1894

　　　　年），《列宁全集》第 1 卷，人民出版社 1984 年第二版，第 264 页。

　　大家知道，在西方，只有雇佣工人阶级这样一个阶级才能够创建社会
主义政党。大家知道，西方的农民作为一个阶级，它所创建的不是社会主
义政党，而是资产阶级政党。大家知道，在西方，支持小资产者的经济的，
不是社会主义者，而是机会主义者。

　　　　列宁：《民粹主义和雇佣工人阶级》（1914 年 2 月 18 日），《列宁全集》第

　　　　24 卷，人民出版社 1990 年第二版，第 348 页。

　　俄国无产阶级政党是在特殊条件下形成的，和西方工人政党组成时的
条件不同。在西方，例如在法国和德国，工人政党是在工会和政党合法存
在的条件下，在资产阶级革命以后的环境中，在有资产阶级议会的情况下，
在窃取了政权的资产阶级面对面地和无产阶级对垒着的时候，从工会中产
生出来的。在俄国却相反，无产阶级政党是在极残酷的专制制度下，在资
产阶级民主革命尚待发生的时候形成的。当时，一方面，党的组织中充斥
着资产阶级的"合法马克思主义"分子，他们渴望利用工人阶级来进行资
产阶级革命；另一方面，党的优秀工作者不断被沙皇宪兵抓出党的队伍，
而自发的革命运动的发展又要求有一个坚固的、团结的、十分秘密的、能
够引导运动去推翻专制制度的革命家的战斗核心。

　　　　斯大林：《列宁是俄国共产党的组织者和领袖》（最初载于《弗拉基米

　　　　尔·伊里奇·乌里扬诺夫—列宁五十寿辰纪念文集》1920 年莫斯科版），

　　　　《斯大林选集》（上），人民出版社 1979 年版，第 130 页。

我们分散的力量应当团结成一个统一的强大的党

　　"多数派"和"少数派"是在党的第二次代表大会（1903 年）上开始
产生的。在这次代表大会上，我们分散的力量应当团结成一个统一的强大
的党。我们这些党的工作者对这次代表大会曾抱着很大的希望。我们当时
欢呼：我们终于等到了这一天，我们就要团结成一个统一的党了，我们就
有可能按照统一的计划活动了！……固然，在此以前我们也活动过，但我
们过去的活动是分散的无组织的。固然，在此以前我们也曾企图统一起来，
正是为了这个目的，我们召开了党的第一次代表大会（1898 年），甚至似
乎是"统一起来了"，可是这种统一只在口头上存在着：党仍然分散为一

些单个的集团，力量仍然是分散而需要统一的。所以，党的第二次代表大会应当是把分散的力量集合起来，并把它们团结成一个整体。我们应当建立一个统一的党。

但事实证明，我们当时的希望在某种程度上是过早了。这次代表大会并没有能够使我们团结成一个统一而不可分的党，它只是为这样一个党奠定了基础。然而代表大会却向我们清楚地表明：党内存在着两条路线，一条是《火星报》（指旧《火星报》）的路线，一条是《火星报》反对者的路线。因此代表大会就分成两部分，即"多数派"和"少数派"。前者拥护《火星报》路线，并团结在《火星报》周围；后者则反对《火星报》而采取相反的立场。

……

当时必须大声疾呼地说明一个思想：没有社会主义的自发工人运动就是在黑暗中摸索，即使有一天能摸索到目的地，但谁知道要到什么时候并且要受多少痛苦，所以社会主义意识对于工人运动是有极大意义的。

同时还必须说明，这种意识的体现者社会民主党应该把社会主义意识灌输到工人运动中去，应该始终走在运动的前头，而不要冷眼旁观，做自发工人运动的尾巴。

同时还必须说明一个思想：俄国社会民主党的直接责任是把无产阶级各个先进队伍集合起来，把它们团结成一个统一的党，从而永远结束党内的分散状态。

> 斯大林：《略论党内意见分歧》（1905 年 5 月由俄国社会民主工党高加索联合会委员会印成小册子出版），《斯大林选集》（上），人民出版社 1979 年版，第 25—28 页。

俄国社会民主党把自己的努力和注意力全部集中到俄国工人运动上

俄国社会民主党随即把自己的努力和注意力全部集中到当时俄国工人中间所发生的运动上面。觉悟还不高的和对斗争还没有准备的俄国工人，力求逐渐摆脱自己的绝望境地，总想设法改善自己的命运。自然，当时在这个运动中有条理的组织工作是没有的，运动是自发的。

社会民主党就在这样的情况下着手领导这个不自觉的、自发的和无组织的运动。它竭力提高工人的觉悟，竭力把成批的工人各自反对其业主的互不配合的分散的斗争统一起来，融合成总的阶级斗争，使这个斗争成为俄国工人阶级反对俄国压迫者阶级的斗争，并竭力使这个斗争具有组织性。

最初一个时期，社会民主党不能在工人群众中广泛开展自己的活动，因而只安于宣传鼓动小组的工作。当时社会民主党的唯一工作方式就是小组活动。这些小组的目的是要从工人中间造就出一批将来能领导运动的人才。因此这些小组是由先进工人组成的，也只有优秀的工人才有机会在这些小组里学习。

但是，小组活动时期很快就过去了。社会民主党不久便觉得必须走出狭隘的小组圈子，把自己的影响扩大到广大工人群众中去。外部的条件也促进了这一点。这时工人中间的自发运动特别高涨。你们谁不记得几乎整个梯弗利斯都被这种自发运动所席卷的那一年呢？……社会民主党清清楚楚地知道，工人运动的发展不能局限于这些琐碎的要求，这些要求并不是运动的目的，而只是达到目的的手段。尽管这些要求是琐碎的，尽管各个城市和地区的工人今天还是各自分散地进行斗争，但这个斗争本身将教会工人，使他们认识到只有整个工人阶级结成统一的、强大的、有组织的力量去冲击他们的敌人时，才能得到完全的胜利。这个斗争也将向工人表明，他们除了自己的直接敌人资本家而外，还有另一个更警觉的敌人，这就是整个资产阶级有组织的力量，即拥有军队、法庭、警察、监狱和宪兵的现代资本主义国家。既然西欧的工人要改善自己生活状况的任何最小尝试都会碰到资产阶级政权的压制，既然在已经争得人权的西欧，工人也得与政府当局进行直接的斗争，那么俄国工人在自己的运动中就一定更会和专制政权发生冲突，这个政权之所以是任何工人运动的警觉的敌人，不仅因为它保卫资本家，而且因它既是专制政权，就不能容忍各个社会阶级的独立自主活动，特别是不能容忍比其他阶级更受压迫更受践踏的工人阶级的独立自主活动。俄国社会民主党就是这样理解运动的进程，并尽全力在工人中间传播这些思想的。它的力量就在于此，它一开始便有伟大的和胜利的发展，其原因就在于此。

斯大林：《俄国社会民主党及其当前任务》（1901 年 11—12 月《斗争报》
第 2—3 号），《斯大林选集》（上），人民出版社 1979 年版，第 3—4 页。

在专制制度的国家里，社会主义工人政党只能由小组发展而来

在一个专制制度的国家里，特别是在俄国革命运动的整个历史所造成的那种条件下，社会主义工人政党只能由小组发展而来。小组这种狭窄的、封闭的、几乎总是建立在个人友谊基础上的极少数人的结合，是俄国社会主义运动和工人运动发展中必经的阶段。随着这一运动的发展，才出现了把这些小组联合起来、建立小组之间的牢固联系和保持继承性的任务。

> 列宁：《〈十二年来〉文集序言》（1907 年 9 月），《列宁全集》第 16 卷，人民出版社 1988 年第二版，第 97 页。

无产阶级在争取政权的斗争中，除了组织，没有别的武器。无产阶级被资产阶级世界中居于统治地位的无政府竞争所分散，被那种为资本的强迫劳动所压抑，总是被抛到赤贫、粗野和退化的"底层"，它所以能够成为而且必然会成为不可战胜的力量，就是因为它根据马克思主义原则形成的思想一致是用组织的物质统一来巩固的，这个组织把千百万劳动者团结成一支工人阶级的大军。在这支大军面前，无论是已经衰败的俄国专制政权还是正在衰败的国际资本政权，都是支持不住的。

> 列宁：《进一步，退两步》（1904 年），《列宁全集》第 8 卷，人民出版社 1986 年第二版，第 415 页。

必须使每个党员或每个党组织在党的工作的某一方面专业化：有的翻印书报，有的从国外转运书报，有的把书报分送俄国各地，有的在各城市分送，有的安排秘密活动的处所，有的筹募经费，有的传送有关运动的通讯和一切消息，有的负责联络，如此等等。

> 列宁：《为〈工人报〉写的文章》、《迫切的问题》（1925 年首次发表），《列宁全集》第 4 卷，人民出版社 1984 年第二版，第 171 页。

俄国社会民主党人还有很多事情要做

总之，同志们，干起来吧！不要浪费宝贵的时间！俄国社会民主党人还有很多事情要做：要满足正在觉醒的无产阶级的要求，要组织工人运动，要巩固革命团体及其相互联系，要供给工人们宣传鼓动的书刊，要把散布在俄国各个地方的工人小组与社会民主主义团体统一成为一个社会民主工党！

> 列宁：《俄国社会民主党人的任务》（1898 年首次发表），《列宁全集》第 2 卷，人民出版社 1984 年第二版，第 446 页。

在一切资本主义国家里，无产阶级必然通过许多过渡环节同它的右邻——小资产阶级联系在一起。在一切工人政党中，必然要形成明显程度不同的右翼，这个右翼在观点、策略和组织"路线"上表现出小资产阶级机会主义倾向。在俄国这样的小资产阶级国家里，在资产阶级革命时期，在年轻的社会民主工党成立的初期，这些倾向不能不比欧洲的任何地方表现得突出得多、明确得多和鲜明得多。

> 列宁：《〈十二年来〉文集序言》（1907 年 9 月），《列宁全集》第 16 卷，人民出版社 1988 年第二版，第 105 页。

西欧社会主义运动和民主运动的历史、俄国革命运动的历史、我国工人运动的经验，——这些就是我们制定我们党的适当的组织形式和策略所必须掌握的材料。但是对这些材料应该进行独立的"整理"，现成的范例是无处可寻的。

> 列宁：《为〈工人报〉写的文章》、《我们的当前任务》（不早于 1899 年 10 月），《列宁全集》第 4 卷，人民出版社 1984 年第二版，第 167 页。

革命会不会发生——这不仅仅取决于我们。但是我们一定要做好自己的工作，我们的工作是决不会落空的。通过我们的工作，民主主义和无产阶级独立性的种子将被深深地埋在群众之中，这些种子一定会在明天的民主革命中或者在后天的社会主义革命中发芽成长。

> 列宁：《改良派的纲领和革命的社会民主党的纲领》（1912 年 11 月 5 日），《列宁全集》第 22 卷，人民出版社 1990 年第二版，第 190 页。

党是阶级的先进部队，是阶级的领导者和组织者

……他们不了解党的任务，不了解党是阶级的先进部队，是阶级的领导者和组织者，是整个运动及其根本和主要目的的代表。这些目的可能被每天的日常工作暂时遮盖起来，但是，任何时候都不应失掉作为斗争着的无产阶级的指路明灯的意义。

> 列宁：《社会民主党和临时革命政府》（1905 年 3 月 23 日和 30 日），《列宁全集》第 10 卷，人民出版社 1987 年第二版，第 1 页。

我们走自己的路，我们始终是先进阶级的政党，这个阶级决不会向群众提出任何一个暧昧不明的口号，它决不会直接或间接地卷入资产阶级的任何一件肮脏勾当，它在任何情况下，不管斗争的结局如何，都能捍卫革命的利益。

> 列宁：《上面的动摇和下面的坚定》（1906 年 6 月 8 日 ［21 日］），《列宁全集》第 13 卷，人民出版社 1987 年第二版，第 210 页。

马克思主义教育工人的党，也就是教育无产阶级的先锋队，使它能够夺取政权并引导全体人民走向社会主义，指导并组织新制度，成为所有被剥削劳动者在不要资产阶级并反对资产阶级而建设自己社会生活的事业中的导师、领导者和领袖。反之，现在占统治地位的机会主义却把工人的党教育成为一群脱离群众而代表工资优厚的工人的人物，只图在资本主义制度下"苟且偷安"，为了一碗红豆汤而出卖自己的长子权，也就是放弃那领导人民反对资产阶级的革命领袖作用。

　　　　列宁：《国家与革命》（1917 年 8—9 月），《列宁全集》第 31 卷，人民出
　　　　版社 1985 年第二版，第 24 页。

　　马克思主义教导说——这一教导不仅已经由整个共产国际在共产国际第二次代表大会（1920 年）关于无产阶级政党的作用的决议中正式加以肯定，而且也已经为我国革命的实践所证实——只有工人阶级的政党，即共产党，才能团结、教育和组织无产阶级和全体劳动群众的先锋队，而只有这个先锋队才能抵制这些群众中不可避免的小资产阶级动摇性，抵制无产阶级中不可避免的种种行业狭隘性或行业偏见的传统和恶习的复发，并领导全体无产阶级的一切联合行动，也就是说在政治上领导无产阶级，并且通过无产阶级领导全体劳动群众。不这样，便不能实现无产阶级专政。

　　不正确地理解共产党对非党无产阶级的作用以及共产党和非党无产阶级对全体劳动群众的作用，就是在理论上根本违背共产主义，就是工团主义和无政府主义的倾向，而这种倾向贯穿在"工人反对派"的全部观点之中。

　　　　列宁：《俄共第十次代表大会关于我们党内的工团主义和无政府主义倾向
　　　　的决议草案初稿》（1921 年 3 月 13 日或 14 日），《列宁全集》第 41 卷，
　　　　人民出版社 1986 年第二版，第 85 页。

　　我们完全以马克思的理论为依据……它教导我们透过那些积习、政治手腕、奥妙的法律和诡辩的学说看出阶级斗争，看出形形色色的有产阶级同广大的贫苦人民、同领导一切贫苦人民的无产阶级的斗争。它说明了革命的社会党的真正任务不是臆造种种改造社会的计划，不是劝导资本家及其走狗改善工人的处境，不是策划密谋，而是组织无产阶级的阶级斗争，领导这一斗争，而斗争的最终目的是由无产阶级夺取政权并组织社会主义社会。

　　　　列宁：《为〈工人报〉写的文章》、《我们的纲领》（1928 年首次发表），
　　　　《列宁全集》第 4 卷，人民出版社 1984 年第二版，第 160 页。

　　社会民主党领导工人阶级进行斗争不仅是要争取出卖劳动力的有利条

件，而且是要消灭那种迫使穷人卖身给富人的社会制度。社会民主党代表工人阶级，不是就工人阶级同仅仅某一部分企业主的关系而言，而是就工人阶级同现代社会的各个阶级，同国家这个有组织的政治力量的关系而言。由此可见，社会民主党人不但不能局限于经济斗争，而且不能容许把组织经济方面的揭露当作他们的主要活动。

列宁：《怎么办?》（1902 年），《列宁全集》第 6 卷，人民出版社 1986 年第二版，第 54 页。

布尔什维主义在 1903 年诞生时，便继承了同小资产阶级的、半无政府主义的（或者是迎合无政府主义的）革命性作无情斗争的传统；革命的社会民主党向来就有这种传统，而在 1900—1903 年俄国革命无产阶级的群众性的政党奠基期间，这种传统在我们这里已特别巩固。

列宁：《共产主义运动中的"左派"幼稚病》（1920 年 4—5 月），《列宁全集》第 39 卷，人民出版社 1986 年第二版，第 13 页。

我们认为，社会民主党的任务是组织无产阶级的阶级斗争，促进这一斗争，指出斗争的必然的最终目的，分析决定斗争方法的条件。"工人的解放只能是工人自己的事情。"但是，我们不应该把社会民主党和工人运动分离开来，我们不应该忘记，社会民主党的任务就是要代表所有国家整个工人运动的利益，社会民主党决不应当盲目崇拜某一个时期某一个地方工人运动的某一个阶段。我们认为，社会民主党有责任支持反对现存国家制度和社会制度的一切革命运动，社会民主党的目的是使工人阶级夺取政权，剥夺剥夺者和建立社会主义社会。我们坚决反对削弱或抹杀社会民主党的革命性的一切企图，社会民主党是实行社会革命的政党，它无情地敌视维护现代社会制度的一切阶级。我们认为，推翻专制制度是俄国社会民主党的一个历史任务；俄国社会民主党应当成为俄国民主运动的先进战士，应当实现俄国整个社会发展进程向它提出的、俄国革命运动的光荣的活动家给它留下的任务。只有把经济斗争和政治斗争密切联系起来，只有日益深入到工人阶级的队伍中去扩大政治宣传和鼓动，社会民主党才能完成自己的使命。

列宁：《〈火星报〉和〈曙光〉编辑部声明草案》（1900 年 3 月底—4 月初），《列宁全集》第 4 卷，人民出版社 1984 年第二版，第 288—289 页。

政治家的艺术（以及共产党人对自己任务的正确理解）就在于正确判

断在什么条件下、在什么时机无产阶级先锋队可以成功地取得政权，可以在取得政权过程中和取得政权以后得到工人阶级和非无产阶级劳动群众十分广大阶层的充分支持，以及在取得政权以后，能够通过教育、训练和争取愈来愈多的劳动群众来支持、巩固和扩大自己的统治。

> 列宁：《共产主义运动中的"左派"幼稚病》（1920 年 4—5 月），《列宁全集》第 39 卷，人民出版社 1986 年第二版，第 31 页。

社会民主党人的理想是人民的代言人

因此，我们应当始终坚持说：这还不是社会民主主义；社会民主党人的理想不应当是工联书记，而应当是人民的代言人，他们要善于对所有一切专横和压迫的现象作出反应，不管这种现象发生在什么地方，涉及哪一个阶层或哪一个阶级；他们要善于把所有这些现象综合成为一幅警察暴行和资本主义剥削的图画；他们要善于利用一切小事来向大家说明自己的社会主义信念和自己的民主主义要求，向大家解释无产阶级解放斗争的世界历史意义。

> 列宁：《怎么办？》（1902 年），《列宁全集》第 6 卷，人民出版社 1986 年第二版，第 77 页。

俄国无产阶级政党应当在自己的纲领中毫不含糊地控诉俄国的资本主义，向俄国的资本主义宣战。

> 列宁：《关于俄国社会民主工党纲领的文献》（1902 年 1—3 月），《列宁全集》第 6 卷，人民出版社 1986 年第二版，第 222 页。

我们党是单个人的偶然凑合呢，还是团结一致的领导者的组织

我们要问：那么我们党究竟是什么呢？是单个人的偶然凑合呢，还是团结一致的领导者的组织？如果说它是领导者的组织，那么能不能把不参加这个组织、因而不认为自己必须服从其纪律的人算作这个组织的一员呢？马尔托夫回答说：党并不是一个组织，或者确切些说，党是一个无组织的组织（请看，这是什么"集中制"呀！）！

可见照马尔托夫看来，我们党不是一个集中的组织，而是由一些接受我们的党纲等等的地方组织和单个的"社会民主主义"分子凑合起来的。但是，如果我们党不是一个集中的组织，它也就不会是一座只对经过考验的人敞开大门的堡垒。的确，在马尔托夫看来，也正如他的条文所表明的那样，党并不是一座堡垒，而是一切同情者都可以自由参加的宴会。

一个人只要有一点知识，只要表示一点同情，只要给一点物质上的帮助，那就成了，他就有充分权利算作一个党员了。马尔托夫给那些吓慌了的"党员"打气说：有些人认为党员必须参加党的一个组织，因而必须使个人愿望服从党的愿望，别听他们的话！第一，同意这些条件是很难的，因为使个人愿望服从党的愿望并不是好玩的呀！第二，我已经在自己的说明中指出过，这些人的意见是错误的。好吧，先生们，请光临……宴会吧！

马尔托夫好象是怜悯某些没有决心使个人愿望服从党的愿望的教授和中学生，于是他在我们党的堡垒上凿了一个洞，让这些可敬的先生有机会偷偷地钻进我们党内来。他向机会主义大开方便之门，而且是在成千上万的敌人压制无产阶级的阶级觉悟时大开方便之门呢！

然而，还不止于此。问题在于马尔托夫那个成问题的条文使机会主义有可能在我们党内从另一方面产生出来。

我们知道，马尔托夫的条文只说到接受纲领，关于策略和组织却只字未提，其实为了保证党内的一致，不仅要有纲领观点的一致，同样还要有组织观点和策略观点的一致。有人会对我们说，列宁同志的条文也没有讲到这一点。不错！但是要知道，列宁同志的条文是没有必要讲到这一点的！一个人既在党的一个组织中工作，就必然和党在一起进行斗争，服从党的纪律，所以他除了遵循党的策略和党的组织原则而外，不能遵循其他的策略和其他的组织原则，难道这还不明白吗？然而对于一个只接受党纲而不参加党的任何组织的"党员"，你有什么可说呢？怎能担保这个"党员"所持的策略和组织观点就是党的策略和组织观点，而不是别的策略和组织观呢！这就是马尔托夫的条文无法向我们说明的问题！接受了马尔托夫的条文，我们就不免会有一个奇怪的"党"，它的"党员"有同一的纲领（这还成问题！），而策略观点和组织观点却各不相同！真是妙不可言的多样性！我们的党又怎能不象一个宴会呢？

现在把以上所说的再略述一遍。无产者大军已经走上了斗争舞台。如果说任何一支大军都要有自己的先头部队，那么无产者大军也应该有这样一个部队。因此，就出现了无产阶级领导者集团，即俄国社会民主工党。这个党既然是一定的大军的先头部队，第一，它就应当用自己的纲领、策略和组织原则武装起来；第二，它就应当是一个团结一致的组织。如果要问究竟应当把什么人称为俄国社会民主工党党员，那么这个党只能给一个回答：只有接受党纲、在物质上帮助党并在党的一个组织中工作的人，才能称为本党党员。

> 斯大林：《无产阶级和无产者政党（论党章第一条）》（1905 年 1 月 1 日《无产阶级斗争报》第 8 号），《斯大林选集》（上），人民出版社 1979 年版，第 21—23 页。

要建设党还要有一个政治纲领

纲领应该表述我们的基本观点，明确规定我们当前的政治任务，提出一些最迫切的要求，以便确定鼓动工作的范围，使它步调一致，向深度和广度发展，从争取实现零星小要求的局部性片断性鼓动提高到争取实现社会民主党的全部要求的鼓动。现在社会民主党的活动已经带动了相当多的知识分子社会党人和觉悟工人，因此迫切需要用纲领来巩固他们之间的联系，从而为他们今后更广泛的活动打下牢固的基础。

> 列宁：《我们党的纲领草案》（1899 年底），《列宁全集》第 4 卷，人民出版社 1984 年第二版，第 187 页。

由于无产阶级在资本主义制度下处境的最基本特点，无产阶级运动的必然趋势，是要为争取一切，为彻底战胜一切黑暗、剥削、奴役而进行殊死的斗争。相反，由于同样的原因（即由于资产阶级地位的基本特点），自由派资产阶级运动的趋势，是以妥协代替斗争，以机会主义代替激进主义，斤斤计较最有可能得到的眼前利益，放弃"不讲分寸地"、坚决果断地争取彻底胜利的雄心。凡是在真正进行斗争的人，自然都会为争取一切而斗争；凡是宁肯妥协不愿斗争的人，自然都会预先指出他在最好的情况下感到满足的"一星半点的东西"（在最坏的情况下，他甚至满足于没有斗争，就是说，长期和旧世界的统治者们和解）。

因此很自然，革命无产阶级的政党社会民主党，十分关切自己的纲领，早就十分周密地确定了自己的最终目的（使劳动人民得到彻底解放的目的），决不容忍一切企图切削这个最终目的的行为。出于同样的原因，社会民主党总是把眼前微小的政治目的和经济目的同最终目的断然严格分开。凡是为争取一切、为争取彻底胜利而斗争的人，都不能不提防：不要让小利益束缚手脚，引入歧途，使人忘记道路还很漫长，不这样考虑，一切小胜利都会是一场空。相反，对资产阶级政党来说，即使是对最热爱自由和最热爱人民的资产阶级政党来说，这种对纲领的关注，对逐步的小改善所持的一贯批判态度，是不可理解和格格不入的。

列宁：《政治诡辩》（1905 年 5 月 5 日），《列宁全集》第 10 卷，人民出版社 1987 年第二版，第 192—193 页。

一个政党如果没有纲领，就不可能成为政治上比较完整的、能够在事态发生任何转折时始终坚持自己路线的有机体。一个理论家小组可以没有以对当前政治形势的估计为基础的、能够确切回答当前的"该死的问题"的策略路线，但是一个正在行动的政治团体就不能没有这样的策略路线。如果不对那些"积极的"轰动一时的或者"时髦的"政治思想流派作出估计，纲领和策略就会变成死的"条文"，就不可能根据对问题本质的了解、对问题的"来龙去脉"的了解去贯彻和运用这些"条文"以解决成千上万细致而具体的、非常具体的实践问题。

列宁：《关于选举运动和选举纲领》（1911 年 10 月 18 日），《列宁全集》第 20 卷，人民出版社 1989 年第二版，第 357 页。

要建设党，光会叫喊"统一"是不够的，还要有一个政治纲领，政治行动的纲领。取消派、托洛茨基、前进派、波兰人、布尔什维克（？）护党派、巴黎的孟什维克等等等等的联盟是早已注定要遭到可耻的失败的，因为这个联盟是建立在无原则、虚伪、说空话上面的。最后，那些唉声叹气的人倒不妨给自己解答一个最复杂最困难的问题：他们希望同谁统一？如果是同取消派，那为什么不直率地讲出来；如果他们反对同取消派联合，那么叹息的又是什么样的统一呢？

列宁：《反党的取消派》（1912 年 4 月 25 日 ［5 月 8 日］），《列宁全集》第 21 卷，人民出版社 1990 年第二版，第 260 页。

没有革命理论，就不会有坚强的社会党，就不会有革命的运动

我们完全以马克思的理论为依据，因为它第一次把社会主义从空想变成科学，给这个科学奠定了巩固的基础，指出了继续发展和详细研究这个科学所应遵循的道路。

……

没有革命理论，就不会有坚强的社会党，因为革命理论能使一切社会党人团结起来，他们从革命理论中能取得一切信念，他们能运用革命理论来确定斗争方法和活动方式；维护这个具有起码理解力的人都认为是正确的理论，反对毫无根据的攻击，反对败坏这个理论的企图，这决不等于敌视任何批评。我们决不把马克思的理论看作某种一成不变的和神圣不可侵犯的东西，恰恰相反，我们深信：它只是给一种科学奠定了基础，社会党人如果不愿落后于实际生活，就应当在各方面把这门科学推向前进。

> 列宁：《为〈工人报〉写的文章》、《我们的纲领》（不早于 1889 年 10
> 月），《列宁全集》第 4 卷，人民出版社 1984 年第二版，第 160—161 页。

没有革命的理论，就不会有革命的运动。在醉心于最狭隘的实际活动的偏向同时髦的机会主义说教结合在一起的情况下，必须始终坚持这种思想。而对俄国社会民主党来说，由于存在三种时常被人忘记的情况，理论的意义就显得更为重要了。这三种情况就是：第一，我们的党还刚刚在形成，刚刚在确定自己的面貌，同革命思想中有使运动离开正确道路危险的其他派别进行的清算还远没有结束。相反，正是在最近时期，非社会民主党的革命派别显得活跃起来了（这是阿克雪里罗得早就对"经济派"说过的）。在这种条件下，初看起来似乎"并不重要的"错误也可能引起极其可悲的后果；只有目光短浅的人，才会以为进行派别争论和严格区别各派色彩，是一种不适时的或者多余的事情。这种或那种"色彩"的加强，可能决定俄国社会民主党许多许多年的前途。

第二，社会民主主义运动就其本质来说是国际性的运动。这不仅意味着我们应当反对民族沙文主义。这还意味着在年轻的国家里开始的运动，只有在运用别国的经验的条件下才能顺利发展。但是，要运用别国的经验，简单了解这种经验或简单抄袭别国最近的决议是不够的。为此必须善于用批判的态度来看待这种经验，并且独立地加以检验。只要想一想现代工人运动已经有了多么巨大的成长和扩展，就会懂得，为了完成这个任务，需要有多么雄厚的理论力量和多么丰富的政治经验（以及革命经验）。

第三，俄国社会民主党担负的民族任务是世界上任何一个社会党都不曾有过的。我们在下面还要谈到把全体人民从专制制度压迫下解放出来的这个任务所赋予我们的种种政治责任和组织责任。现在我们只想指出一点，就是只有以先进理论为指南的党，才能实现先进战士的作用。

> 列宁：《怎么办？》（1902 年），《列宁全集》第 6 卷，人民出版社 1986 年
> 第二版，第 23—24 页。

我们的党纲完全是建立在科学的而且是唯物主义的世界观上的。因此，要说明我们的党纲，就必须同时说明产生宗教迷雾的真正的历史根源和经

济根源。

> 列宁:《社会主义和宗教》(1905 年 12 月 3 日〔16 日〕),《列宁全集》第
> 12 卷,人民出版社 1987 年第二版,第 134 页。

在"议会"极端反动的条件下,合法的议会活动使布尔什维克这一革命无产阶级的政党获得了极大的益处。布尔什维克代表被流放到西伯利亚。社会帝国主义、社会沙文主义、社会爱国主义、不彻底的和彻底的国际主义、和平主义以及反对和平主义幻想的革命主张——所有这些形形色色的观点,都在我们的侨民报刊上充分反映出来了。第二国际中的书呆子和老懦夫,看到俄国社会主义运动内部"派别"繁多,斗争剧烈,都高傲地嗤之以鼻,可是战争把一切先进国家中夸耀一时的"合法性"夺去以后,他们甚至连近似俄国革命家在瑞士和其他一些国家里组织自由(秘密)交换意见和自由(秘密)探索正确观点这样的事情,都没有做到。正因为如此,各国公开的社会爱国主义者也好,"考茨基主义者"也好,都成了最恶劣的无产阶级叛徒。布尔什维主义所以能在 1917—1920 年获得胜利,其基本原因之一,就是它从 1914 年底就开始无情地揭露社会沙文主义和"考茨基主义"(法国的龙格主义以及英国的独立工党首领、费边派和意大利的屠拉梯之流的见解,也同"考茨基主义"一样)的卑鄙龌龊和下流无耻,而群众后来根据自身的经验,也日益相信布尔什维克的观点是正确的。

> 列宁:《共产主义运动中的"左派"幼稚病》(1920 年 4—5 月),《列宁
> 全集》第 39 卷,人民出版社 1986 年第二版,第 9 页。

16. 社会民主党的斗争策略

利用其他阵营的冲突

正在进行斗争的和将要进行斗争的是三个主要的阵营:政府阵营、自由派阵营和作为整个民主派中心的工人民主派。分成两个阵营是自由派政策的诡计,遗憾的是,这个诡计有时还会把工人阶级的某些拥护者弄得糊里糊涂。工人阶级只有懂得分成三个主要阵营的必然性,才能真正实行自己的而不是自由派的工人政策,利用第一个阵营和第二个阵营的冲突,但是一分钟也不受自由派的所谓民主主义的漂亮话的蒙蔽。不仅自己不受蒙蔽,还要使资产阶级民主派的主要支柱农民也不受蒙蔽,这就是工人的任务。这也是从第三届杜马各政党的历史中得出的结论。

列宁：《第三届杜马五年来的各政党》（1912 年 3 月 4 日〔17 日〕），《列宁全集》第 21 卷，人民出版社 1990 年第二版，第 183 页。

可以与革命共和派资产阶级并肩前进，但不和它打成一片

我们给我们的论敌的回答是：在资产阶级社会中行动的社会民主党，如果不时而在这种场合，时而在那种场合和资产阶级民主派并肩行进，就不能参加政治。在这方面，我们和你们的差别就是：我们和革命共和派资产阶级并肩前进，但不和它打成一片；而你们和自由主义君主派资产阶级并肩行进，也不和它打成一片。

列宁：《社会民主党在民主革命中的两种策略》（1905 年 6—7 月），《列宁全集》第 11 卷，人民出版社 1987 年第二版，第 28 页。

只是我们不要忘记，为了推动别人，就要始终把手放在他的肩上。无产阶级政党应当善于在任何一个自由派打算移动一寸的时候及时抓住他，强迫他移动一尺。如果他固执不动，我们就抛开他，越过他而继续前进。

列宁：《政治鼓动和"阶级观点"》（1902 年 2 月 1 日〔14 日〕），《列宁全集》第 6 卷，人民出版社 1986 年第二版，第 252 页。

在进行公开行动、公开活动、扩大运动基础、吸引愈来愈多的无产阶级阶层参加这一运动、利用资本家阵地的一切弱点来向这个阵地进攻以及争取改善生活的时候，不要放过任何一个最小的机会；同时要将革命斗争精神贯彻到这一切活动中去，要在运动的每一步和每一个转折关头阐明我们在 1905 年已经面临而我们当时没有完成的全部任务，——这就是俄国社会民主工党应该采取的政策和策略。

列宁：《为什么而斗争？》（1910 年 3 月 23 日〔4 月 5 日〕），《列宁全集》第 19 卷，人民出版社 1989 年第二版，第 215 页。

旗帜已经树起，聚集力量的时期已经到来

尽管警察进行了难以置信的迫害，尽管呼声派、前进派、调和派、波兰人和其他一切人进行了闻所未闻的"捣乱"，在四年的瓦解和涣散以后，第一次成立了社会民主党的国内中心。第一次在俄国由这个中心印发了给全党的传单。第一次系统地全面地在两个首都、伏尔加河流域、乌拉尔、高加索、基辅、叶卡捷琳诺斯拉夫、罗斯托夫、尼古拉耶夫展开了（仅仅在 1911 年 7 月—10 月三个月的时间里）恢复各地秘密组织的工作——因为俄国组织委员会的会议是在视察了所有这些地方以后召开的。

当然，如果一味盲目乐观，那是不可宽恕的幼稚；今后的困难还会非常之大；自社会民主党中心在俄国发出第一份传单以后，警察的迫害加紧了十倍；可以预见，前面还有漫长的艰苦的岁月，还有新的挫折，工作会再度中断。但是，主要的已经做到了。旗帜已经树立起来了；全国各地的工人小组都已经倾向它了，现在不管反革命怎样进攻，这面旗帜也是倒不了的！

> 列宁：《党内危机的结局》（1911 年 12 月 8 日〔21 日〕），《列宁全集》第 21 卷，人民出版社 1990 年第二版，第 6—7 页。

聚集力量的时期已经到来。让我们在俄国社会民主工党的秘密组织中团结起来。任何一个社会民主党人，只要他愿意在秘密组织中工作，愿意帮助无产阶级的组织，支援他们反对资本的斗争和已经开始的对沙皇君主制的革命冲击，这些秘密组织是不会拒绝他的。

> 列宁：《有党的工作者参加的克拉科夫会议的通报和决议》（1912 年底—1913 年初），《列宁全集》第 22 卷，人民出版社 1990 年第二版，第 275 页。

革命政党应当补课。它们学习过进攻。现在必须懂得，除了进攻以外，还必须学会正确地退却。必须懂得——而革命阶级也正在从本身的痛苦经验中领会到——不学会正确的进攻和正确的退却，就不能取得胜利。在所有被击败的反对党和革命党中，布尔什维克退却得最有秩序，他们的"军队"损失得最小，骨干保存得最多，发生的分裂最小（就其深度和难于挽救的程度来说），颓丧情绪最轻，他们最广泛、最正确和最积极地去恢复工作的能力也最强。布尔什维克所以能够如此，只是因为他们无情地揭露了并且驱逐了口头革命家，这些人不愿意懂得必须退却，必须善于退却，必须学会在最反动的议会、最反动的工会、合作社、保险会等组织中进行合法工作。

> 列宁：《共产主义运动中的"左派"幼稚病》（1920 年 4—5 月），《列宁全集》第 39 卷，人民出版社 1986 年第二版，第 8 页。

通过签订布列斯特和约而同德帝国主义者实行妥协的党，从 1914 年底起就以行动履行自己的国际主义。它敢于提出使沙皇君主政府失败的主张，敢于痛斥在两伙帝国主义强盗的战争中"保卫祖国"。这个党的议会代表，宁愿流放到西伯利亚，也不愿走可以登上资产阶级政府大臣宝座的道路。革命在推翻了沙皇政府和建立了民主共和国以后，又使这个党受到了新的、极大的考验：它不同"本国的"帝国主义者实行任何妥协，而是作了推翻他们的准备，并且果真把他们推翻了。这个党取得政权以后，便彻底摧毁了地主和资本家的所有制。这个党一面公布和废除了帝国主义者缔结的秘密条约，一面向各国人民建议媾和，只是在英、法帝国主义者破坏了媾和而布尔什维克为加快德国和其他国家的革命已经做了力所能及的一切以后，它才屈服于布列斯特强盗的暴力。大家都愈来愈清楚地看到，这样的党在这样的情况下实行这样的妥协是完完全全正确的。

列宁：《共产主义运动中的"左派"幼稚病》（1920 年 4—5 月），《列宁全集》第 39 卷，人民出版社 1986 年第二版，第 18—19 页。

17. 无产阶级政党的党性

严格的党性是阶级斗争发展的伴随现象和产物

严格的党性是阶级斗争高度发展的伴随现象和产物。反过来说，为了进行公开而广泛的阶级斗争，必须发展严格的党性。因此，觉悟的无产阶级的政党——社会民主党，完全应该随时同非党性作斗争，坚持不懈地为建立一个原则坚定的、紧密团结的社会主义工人政党而努力。资本主义的发展愈是使全体人民日益深刻地划分成各个阶级，使各个阶级之间的矛盾尖锐化，这项工作在群众中的成效也就愈大。

俄国目前的革命产生了而且正在产生许多非党组织，这是完全可以理解的。这个革命就其社会经济内容来说是民主革命，即资产阶级革命。这个革命是要推翻专制农奴制度，把资产阶级制度从这种制度下解放出来，从而实现资产阶级社会中的一切阶级的要求，从这个意义上来说，这个革命是全民革命。当然，这并不是说，我国革命不是阶级的革命；当然不是这么说。但是，这个革命的矛头是指向从资产阶级社会的观点来看已经过时和就要过时的那些阶级和等级的，因为它们同资产阶级社会格格不入，阻碍这个社会的发展。既然国家的全部经济生活在它的一切基本特征上已是资产阶级式的，既然绝大多数居民实际上都已经在资产阶级的条件下生活，那么反革命分子自然是区区少数，同"人民"比较起来确实是"一小撮"。因此，资产阶级革命的阶级性质必然表现为资产阶级社会中一切阶级同专制制度和农奴制度作斗争的"全民的"、初看起来是非阶级的性质。

列宁：《社会主义政党和非党的革命性》（1905 年 11 月 26 日和 12 月 2 日

〔12月9日和15日〕），《列宁全集》第12卷，人民出版社1987年第二版，第123—124页。

非党性是资产阶级思想

正象我们已经指出的，非党性是我国革命的资产阶级性质的产物（或者也可以说是：表现）。资产阶级不能不倾向于非党性，因为在为资产阶级社会的自由而进行斗争的人们当中，没有政党就意味着没有反对这个资产阶级社会本身的新的斗争。谁进行"非党性的"争取自由的斗争，谁就或者是不了解自由的资产阶级性质，或者是把这个资产阶级制度神圣化，或者是把反对资产阶级制度的斗争，把"改善"这个制度的工作推迟到希腊的卡连德日。反过来说，谁自觉地或不自觉地站在资产阶级制度方面，谁就不能不倾向于非党性的思想。

非党性是资产阶级思想。党性是社会主义思想。这个原理总的来说适用于整个资产阶级社会。当然，必须善于把这个普遍真理运用于个别的具体问题和具体场合。但是，在整个资产阶级社会都起来反对农奴制和专制制度的时候，忘记这个真理就等于实际上根本拒绝对资产阶级社会进行社会主义的批判。

俄国革命虽然还处在发展的开始阶段，但是已经提供了不少的材料证明上述的一般看法的正确性。只有社会民主党，觉悟的无产阶级的政党，才是一贯坚持严格的党性的。

> 列宁：《社会主义政党和非党的革命性》（1905年11月26日和12月2日〔12月9日和15日〕），《列宁全集》第12卷，人民出版社1987年第二版，第126—128页。

非党性就是对各政党的斗争漠不关心

在以阶级划分为基础的社会中，敌对阶级之间的斗争在一定的发展阶段上势必变成政治斗争。各阶级政治斗争的最严整、最完全和最明显的表现就是各政党的斗争。非党性就是对各政党的斗争漠不关心。但是，这种漠不关心并不等于保持中立，也不等于拒绝斗争，因为在阶级斗争中不可能有中立者，在资本主义社会中不可能"拒绝"参加产品或劳动力的交换。而交换必然产生经济斗争，随之而来的就是政治斗争。因此，对斗争漠不关心，实际上决不是回避斗争，拒绝斗争或者保持中立。漠不关心是默默地支持强者，支持统治者。在十月革命时期，在俄国的专制政府垮台以前，谁对专制政府漠不关心，谁就是默默地支持专制政府。在现代的欧洲，谁对资产阶级的统治漠不关心，谁就是默默地支持资产阶级。谁对争取自由的斗争具有资产阶级性质这一观点漠不关心，谁就是默默地支持资产阶级在这个斗争中的统治地位，支持资产阶级在正在诞生的自由俄国中的统治地位。政治上的冷淡态度就是政治上的满足。饱食者对一小块面包是"冷淡"和"漠不关心"的，饥饿者在一小块面包问题上永远是"有党性的"。对一小块面包"冷淡和漠不关心"，并不是说这个人不需要面包，而是说这个人从来不愁面包，从未缺少面包，是说他牢牢地依附于饱食者的"政党"。在资产阶级社会中，非党性无非是对饱食者政党、统治者政党、剥削者政党采取的态度的一种虚伪、隐蔽和消极的表现。

> 列宁：《社会主义政党和非党的革命性》（1905 年 11 月 26 日和 12 月 2 日〔12 月 9 日和 15 日〕），《列宁全集》第 12 卷，人民出版社 1987 年第二版，第 127—128 页。

社会民主党是觉悟的、进行斗争的无产阶级的政党。它不相信资产阶级的任何诺言，它不是用巩固小经济的办法，而是用全体劳动者争取社会主义的团结斗争，来寻求摆脱饥饿和贫困的道路。

> 列宁：《告选民书草案》（1906 年 11 月 23 日〔12 月 6 日〕），《列宁全集》第 14 卷，人民出版社 1988 年第二版，第 105—106 页。

无产者政党应该是一个战斗的领导集团

无产者政党作为一个战斗的领导集团，第一，按成员数量来说，它应当比无产者阶级小得多；第二，按觉悟程度和经验来说，它应当比无产者阶级更高些；第三，它应当是一个团结一致的组织。

同样很明显，一个以领导战斗的无产阶级为目的的政党，就不应当是单个人的偶然凑合，而应当是团结一致的集中的组织，因为只有这样才能按照统一的计划指导党的工作。

> 斯大林：《无产者阶级和无产者政党（论党章第一条）》，《斯大林选集》（上），人民出版社 1979 年版，第 17 页。

我们党是社会民主主义的党。这就是说，我们党有自己的纲领（运动的最近目的和最终目的），有自己的策略（斗争方式）和自己的组织原则（结合形式）。纲领观点、策略观点和组织观点的一致是我们党赖以建立的基础。只有这些观点的一致才能把党员结成一个集中的党。如果观点的一致被破坏了，党也就要瓦解的。所以只有完全接受党的纲领、策略和组织原则的人才能称为党员，只有足够理解和完全接受我们党的纲领、策略和组织观点的人才能参加我们党的队伍，同时也就是参加无产者大军的领导者队伍。

可是，就一个党员说来，是不是只接受党的纲领、策略和组织观点就够了呢？能不能把这样的人称为无产者大军的真正领导者呢？当然不能！第一，大家知道，世界上有不少的空谈家很乐意"接受"党的纲领、策略和组织观点，可是除了讲空话以外，什么也不能做。如果把这种空谈家称为党员（即称为无产者大军的领导者），那就会亵渎党的神圣尊严！况且我们党又不是一个哲学学派或宗教教派。难道我们党不是一个斗争的党吗？既然我们党是一个斗争的党，它就不能满足于抽象地接受它的纲领、策略和组织观点，它就一定要求自己的党员实现他所接受的观点，这难道不明白吗？这就是说，谁要想成为我们党的党员，谁就不能满足于接受我们党的纲领、策略和组织观点，而应该实行这些观点，实现这些观点。

但是，就一个党员说来，实现党的观点是什么意思呢？他什么时候才能实现这种观点呢？只有当他进行斗争的时候，当他和全党一起走在无产阶级大军前头的时候。能不能单独地、分散地进行斗争呢？当然不能！相反地，人们首先要联合起来，组织起来，然后再投入战斗。否则任何斗争都是不会有结果的。很明显，只有当党员结成一个团结一致的组织时，他们才能进行斗争，因而才能实现党的观点。同样很明显，党员愈能紧密地结成一个团结一致的组织，就愈能更好地进行斗争，因而也就愈能更完满地实现党的纲领、策略和组织观点。有些人说得对，我们党是领导者的组织，而不是单个人的凑合。既然我们党是领导者的组织，那么很明显，只有在这个组织中工作、认为自己的义务是把个人愿望同党的愿望融为一体并和党一起行动的人，才能算作这个党的一员，算作这个组织的一员。

这就是说，要做一个党员，就必须实现党的纲领、策略和组织观点；要实现党的观点，就必须为这种观点而斗争；要为这种观点而斗争，就必须在党的组织中工作并和党一起工作。显然，要做一个党员就必须参加党的一个组织。只有当我们参加了党的一个组织、因而把我们个人的利益和党的利益融为一体的时候，我们才能成为党员，成为无产者大军的真正领导者。

以前我们党很象一个好客的父权制的家庭，愿意把一切同情者都接纳进来。可是我们党在成了一个集中的组织以后，也就抛掉了那副父权制的面貌，完全变为一座只对够资格的人敞开大门的堡垒了。这对于我们是有重大意义的。正当专制政府竭力用"工联主义"、民族主义和教权主义等等来腐蚀无产阶级的阶级觉悟的时候，同时自由主义知识分子又在竭力摧残无产阶级的政治独立性、竭力想控制无产阶级的时候，我们应当非常警惕，决不应忘记我们党是一座只对经过考验的人敞开大门的堡垒。

我们已经阐明了做党员的两个必要条件（接受党纲和在党组织中工作）。如果再加上一个条件，即党员必须给党以物质上的帮助，那么有权取得党员称号的一切条件就完全具备了。

这就是说，只有接受俄国社会民主工党党纲、给党以物质上的帮助并参加党的一个组织的人，才能称为俄国社会民主工党党员。

斯大林：《无产者阶级和无产者政党（论党章第一条）》，《斯大林选集》

（上），人民出版社 1979 年版，第 17—20 页。

人们说我们坚如磐石，这不是没有原因的

我们善于在革命以前长期进行工作。人们说我们坚如磐石，这不是没有原因的。社会民主党人已建立起无产阶级的党，这个党决不会因第一次军事进攻遭到失败而心灰意懒，决不会张皇失措，决不会热衷于冒险行动。这个党在走向社会主义，而没有把自己和自己的命运同资产阶级革命某个阶段的结局联结在一起。正因为如此，它就不会有资产阶级革命的种种弱点。这个无产阶级的党正在走向胜利。

列宁：《政治短评》（1908 年 2 月 13 日〔26 日〕），《列宁全集》第 16 卷，

人民出版社 1988 年第二版，第 403—404 页。

我们坚决斥责这种临阵脱逃的行为

在我们这样一个大党里，虽然我们的政策方针是无产阶级的革命的，但也难免有个别同志在反对人民公敌的斗争中表现得不够坚定，不够果敢。现在摆在我党面前的任务的确是非常巨大的，困难也是很大的，于是有几个以前担任重要职务的我党党员在资产阶级进攻的面前动摇了，从我们的队伍中逃跑了。整个资产阶级及其所有帮手都因此而欢天喜地，幸灾乐祸，高喊布尔什维克政府已经瓦解，预言布尔什维克政府必将覆灭。

同志们，不要相信这些谎话。这些退出的同志不仅抛弃了托付给他们

的岗位，而且还违反了我党中央要求他们至少等到彼得格勒和莫斯科的党组织作出决定后再退出的明确决定，他们的行为和逃兵一样。我们坚决斥责这种临阵脱逃的行为。我们深信，一切身为我党党员或同情我党的觉悟的工人、士兵和农民也都会坚决斥责这种逃兵行为。

可是，我们声明，我党几个上层分子的逃兵行为一分钟也不会，丝毫也不会动摇拥护我们党的群众的团结，因而也不会动摇我们的党。

> 列宁：《俄国社会民主工党（布尔什维克）中央委员会宣言》（1917 年 11 月 5—6 日［18 日—19 日］)，《列宁全集》第 33 卷，人民出版社 1985 年第二版，第 68—69 页。

列宁主义的党的特点

因此，必须有新的党，战斗的党，革命的党。这个党要有充分的勇气，能够引导无产者去夺取政权；这个党要有充分的经验，能够认清革命环境的复杂条件；这个党要有充分的随机应变的本领，能够绕过横在前进道路上的一切暗礁。

没有这样的党，就休想推翻帝国主义，就休想争得无产阶级专政。

这个新的党就是列宁主义的党。

这个新的党有什么特点呢？

（1）党是工人阶级的先进部队。党首先应当是工人阶级的先进部队。党应当把工人阶级的一切优秀分子，把他们的经验、他们的革命性、他们对无产阶级事业无限忠诚的精神都吸收进来。但是要成为真正的先进部队，党应当用革命理论，用运动规律的知识，用革命规律的知识把自己武装起来。否则它就不能领导无产阶级的斗争，就不能引导无产阶级。如果党只限于记录工人阶级群众的感觉和思想，如果它做了自发运动的尾巴，如果它不善于克服自发运动的因循习惯和政治上的漠不关心，如果它不善于超出无产阶级的一时的利益，如果它不善于把群众的水平提高到认识无产阶级的阶级利益，那么它就不能成为真正的党。党应当站在工人阶级的前面，应当比工人阶级看得远些，应当引导无产阶级，而不应当做自发运动的尾巴。

党是工人阶级的政治领袖。

我在上面已经说到工人阶级斗争的困难，说到斗争环境的复杂，说到战略和策略，说到后备军和机动性，说到进攻和退却。这些条件的复杂程度，和战争条件比较起来，是有过之而无不及的。谁能认清这些条件呢？谁能给千百万无产者群众以正确的方针呢？无论哪一个作战部队如果不愿意遭到失败，就非有经验丰富的司令部不可。无产阶级如果不愿意让自己受死敌的宰割，就更加非有这样的司令部不可，这难道还不明显吗？可是这个司令部在什么地方呢？只有无产阶级的革命的党才能成为这样的司令部。工人阶级没有革命的党，就等于军队没有司令部。

党是无产阶级的战斗司令部。

可是，党不能仅仅是先进部队。党同时还应当是本阶级的部队，即本阶级的一部分，党应当和本阶级有根深蒂固的联系。只要阶级还没有消灭，只要无产阶级还由其他阶级出身的人来补充，只要工人阶级还不可能全部提高到先进部队的水平，工人阶级的先进部队和其余群众之间的区别，党员和非党员之间的区别是不会消灭的。可是，如果这个区别变成了隔离，如果党把自己关在小圈子里而和非党群众脱离，那么党就不成其为党了。如果党不和非党群众联系，如果党不和非党群众结合，如果非党群众不接受党的领导，如果党在群众中没有道义上和政治上的信用，那么党就不能领导阶级。

不久以前，我们党从工人中接收了二十万新党员。这里最值得注意的情况，就是这些人与其说是自己走进党内来的，不如说是被其余的一切非党群众送进党内来的，这些非党群众积极参加了接收新党员的工作，而且接收新党员都是经过他们赞同的。这件事实说明：广大的非党工人群众把我们党看做他们自己的党，看做亲近的亲切的党，他们深切关心党的发展和巩固，他们自愿把自己的命运托付给党的领导。几乎用不着证明，如果没有这种看不见摸不到的精神上的线索把党和非党群众联系起来，党是不能成为本阶级的决定力量的。

党是工人阶级的不可分离的部分。

（2）党是工人阶级的有组织的部队。党不仅是工人阶级的先进部队。如果党想真正领导本阶级的斗争，那么它同时还应当是本阶级的有组织的部队。在资本主义的条件下，党的任务是非常巨大而繁杂的。党应当在国内外发展非常困难的条件下领导无产阶级的斗争；党应当在环境要求进攻时引导无产阶级去进攻；党应当在环境要求退却时带领无产阶级避开强大的敌人的打击；党应当向千百万无组织的非党工人群众灌注斗争的纪律性和计划性、组织性和坚定性。可是，党只有当它自己是纪律性和组织性的体现者的时候，只有当它自己是无产阶级的有组织的部队的时候，才能完成这些任务。没有这些条件，就谈不到党对千百万无产阶级群众的真正领导。

党是工人阶级的有组织的部队。

党不仅是党的各个组织的总和。党同时还是这些组织的统一的体系，是这些组织正式结成的统一的整体，有上级的和下级的领导机关，有少数服从多数的原则，有全体党员所必须执行的实际决议。没有这些条件，党就不能成为能够有计划有组织地领导工人阶级斗争的统一的有组织的整体。

少数服从多数的原则，党的工作由中央来领导的原则，往往引起那些不坚定的分子的攻击，他们斥责这种原则是"官僚主义"、"形式主义"等等。几乎用不着证明，如果不实行这些原则，那么作为一个整体的党的有计划的工作和对工人阶级斗争的领导就会是不可能的。列宁主义在组织问题上是始终一贯地实行这些原则的。

（3）党是无产阶级阶级组织的最高形式。党是工人阶级的有组织的部队。可是，党并不是工人阶级的唯一组织。无产阶级还有其他许多为顺利地进行反对资本的斗争所绝对必需的组织，如工会、合作社、工厂组织、议会党团，非党妇女团体、出版机关、文化教育组织、青年团、革命战斗组织（在公开的革命发运时期）以及作为国家组织形式的代表苏维埃（当无产阶级执掌政权时）等等。这些组织极大多数都是非党的，其中只有某一部分直接接近党或者是党的支脉。所有这些组织，在某种条件下都是工人阶级所绝对必需的，因为如果没有这些组织，就不能巩固无产阶级在各种斗争中的阶级阵地；因为如果没有这些组织，就不能锻炼无产阶级这个负有以社会主义制度代替资产阶级制度的使命的力量。可是，既然有这样多的组织，怎样实现统一的领导呢？怎样才能保证在领导工作中不致因为有很多组织而发生各自为政的现象呢？有人会说，这些组织各在自己的特别范围内进行工作，因此不会互相妨碍。这当然是对的。可是还有一点也是对的，即所有这些组织都应当按照一个方向进行工作，因为它们都是为一个阶级，即为无产者阶级服务的。试问：谁来决定这一切组织在进行工作时所必须遵循的路线，即总方向呢？哪里有这样一个中央组织，它不仅因为有必要的经验而能制定这条总路线，并且因为有充分的威信而能推动这一切组织去实现这条路线，以达到领导上的统一，排除发生不协调现象的可能呢？

这样的组织就是无产阶级的党。

党具备为此所必需的一切条件，第一，因为党是工人阶级优秀分子的集合点，这些分子和无产阶级的非党组织有直接联系，并经常领导它们；第二，因为党既是工人阶级优秀分子的集合点，所以它是培养能够领导本阶级各种组织的工人阶级领导者的最好的学校；第三，因为党既是培养工人阶级领导者的最好的学校，所以按其经验和威信来说，它是能把无产阶级斗争的领导集中起来的唯一组织，因而也就是能把工人阶级所有一切非党组织都变成使党同本阶级联结起来的服务机关和引带的唯一组织。

党是无产阶级阶级组织的最高形式。

这当然不是说，非党组织，如工会、合作社等等，应该正式服从党的领导。这只是说，参加这些组织的党员，这些无疑是有威信的人，应该采取一切说服办法，使这些非党组织在自己的工作中跟无产阶级政党接近，并自愿接受这个党的政治领导。

（4）党是无产阶级专政的工具。党是无产阶级组织的最高形式。党是无产者阶级内部和无产者阶级各个组织中的主要的领导基础。可是由此决不能得出结论说，可以把党看做目的本身，看做独立自在的力量。党不仅是无产者的阶级联合的最高形式，而且又是无产阶级手中用来争得专政（当无产阶级还没有争得专政时）、用来巩固并扩大专政（当无产阶级已经争得专政时）的工具。如果政权问题没有摆在无产阶级的面前，如果帝国主义的条件、战争的不可避免以及危机的存在没有要求把无产阶级的一切力量集中到一点，把革命运动的一切线索集中在一个地方，以便推翻资产阶级而争得无产阶级专政，那么党的作用就不能提得这样高，党就不能超过无产阶级的其他一切组织。无产阶级所以需要党，首先因为党是无产阶级顺利夺取政权所必需的战斗司令部。几乎用不着证明，如果没有一个能够把无产阶级的群众组织集合在自己的周围、在斗争进程中把整个运动的领导都集中起来的党，那么俄国无产阶级就不能实现自己的革命专政。

可是，无产阶级所以需要党，不仅是为了争得专政，而且更是为了保持专政，为了巩固专政并扩大专政，以求取得社会主义的完全胜利。

可是，"保持"和"扩大"专政是什么意思呢？这就是说，要向千百万无产者群众灌注纪律性和组织性；这就是说，要在无产者群众中间造成能够防御小资产阶级自发势力和小资产阶级习惯势力的腐蚀影响的屏障和堡垒；这就是说，要加强无产者在重新教育和改造小资产阶层方面的组织工作；这就是说，要帮助无产者群众把自己教育成为能够消灭阶级并准备条件来组织社会主义生产的力量。可是，如果没有一个因为本身具有团结性和纪律性而强有力的党，要做到这一切是不可能的。

无产阶级所以需要党，就是为了争得和保持专政。党是无产阶级专政的工具。

由此应该得出的结论：随着阶级的消灭，随着无产阶级专政的消亡，党也一定会消亡。

（5）党是意志的统一，是和派别组织的存在不相容的。如果没有一个因为本身具有团结性和铁的纪律而强有力的党，要争得和保持无产阶级专政是不可能的。可是，如果没有意志的统一，如果没有全体党员行动上的完全的和绝对的统一，党内铁的纪律是不可思议的。这当然不是说，因此就排斥了党内争论的可能。恰恰相反，铁的纪律不是排斥党内的批评和争论，而是以此为前提的。这更不是说，纪律应当是"盲目的"。恰恰相反，铁的纪律不是排斥自觉自愿的服从，而是以此为前提的，因为只有自觉的纪律才能成为真正的铁的纪律。可是，在争论已经结束，批评已经完结，决议已经通过以后，全体党员意志的统一和行动的统一就是一个必要条件，没有这个条件，无论是统一的党还是党内铁的纪律，都是不可设想的。

在争得专政以前的斗争条件下党内纪律的问题就是这样。

关于争得专政以后的党内纪律也应该这样说，而且更应该这样说。

由此应该得出的结论：派别组织的存在，无论和党内统一或党内铁的纪律都不能相容。几乎用不着证明，有派别组织就会产生几个中央；有几个中央就是表明党内没有共同的中央，就是分散统一的意志，就是削弱和破坏纪律，就是削弱和破坏专政。

（6）党是靠清洗自己队伍中的机会主义分子而巩固起来的。党内的机会主义分子是党内派别活动的来源。无产阶级并不是一个和外界隔绝的阶级。农民、小市民、知识分子出身的那些因资本主义的发展而资产阶级化的人不断地流入无产阶级的队伍。同时，无产阶级上层分子又正在腐化，他们多半是资产阶级利用从殖民地得来的超额利润所豢养的工会活动家和议员。

所有这些小资产阶级集团用种种方法钻进党内，把动摇和机会主义的情绪，把腐化和犹疑的情绪带到党内来。他们是派别活动和瓦解现象的主要来源，是涣散党和从内部破坏党的现象的主要来源。后方有这样的"同盟者"而去和帝国主义作战，就会受到两面夹攻，陷于腹背受敌的境地。因此，对这种分子进行无情的斗争，把他们驱逐出党，是顺利进行反帝国主义斗争的先决条件。

> 斯大林：《论列宁主义基础》，《斯大林选集》（上），人民出版社1979年版，第260—271页。

马克思和恩格斯提供了关于党的基本要点，认为党是无产阶级的先进部队，无产阶级没有党就不能获得自己的解放，就是说，既不能夺取政权，也不能改造资本主义社会。

列宁在这方面的新贡献，就在于他适应帝国主义时期无产阶级斗争的新条件，向前发展了这些要点。他指出：

（一）党是无产阶级阶级组织的最高形式，高于无产阶级的其他各种组织形式（工会、合作社、国家组织），它的使命是综合和指导这些组织的工作；

（二）无产阶级专政只有通过作为无产阶级专政的指导力量的党才能实现；

（三）无产阶级专政只有由一个党，由共产党来领导，才能成为完全的专政，共产党不和而且不应当和其他政党分掌领导；

（四）如果党内没有铁的纪律，无产阶级专政所担负的镇压剥削者以及把阶级社会改造为社会主义社会的任务就不能实现。

> 斯大林：《和第一个美国工人代表团的谈话》，《斯大林选集》（上），人民出版社1979年版，第615页。

在共产党人这里，中派主义的存在是没有根据的

不能把中派主义看作一个空间的概念：比如说，一个地方坐的是右派，另一个地方坐的是"左派"，而中间坐的是中派。中派主义是一个政治概念。它的思想体系是迁就的思想体系，是在一个共同的党内使无产阶级利益服从小资产阶级利益的思想体系。这种思想体系是和列宁主义相违背的、相对立的。

中派主义对于战前时期的第二国际来说是自然的现象。第二国际中有右派（占多数），有左派（不带引号的），也有中派，中派的全部政策就是以左的词句来粉饰右派的机会主义，并使左派服从右派。

那时以布尔什维克为核心的左派的政策是什么呢？是同中派作坚决的斗争，争取同右派分裂（特别是在帝国主义战争爆发以后），建立由真正的左派，由真正的无产阶级分子组成的革命的新国际。

为什么那时会产生第二国际内部的这种力量配置和布尔什维克在第二国际中的这种政策呢？因为那时第二国际是迎合小资产阶级社会和平主义者和社会沙文主义者的一个无产阶级利益和小资产阶级利益联盟的党。因为那时布尔什维克不能不集中火力反对企图使无产阶级成分服从小资产阶级利益的中派。因为那时布尔什维克必须宣传分裂思想，不这样无产者就不能建立自己的一个阶级的马克思主义革命政党。

能不能断定说，在我们共产党内也有同样的力量配置，在我们党内也应当实行布尔什维克在战前时期第二国际各党内实行过的那个政策呢？显然不能。所以不能，是因为这就是不了解社会民主党这个无产阶级成分和小资产阶级成分联盟的党和革命无产阶级一个阶级的共产党之间的原则差别。在社会民主党人那里党的阶级基础是一种，在共产党人这里党的阶级基础完全是另外一种。在社会民主党人那里，中派主义是自然的现象，因为不同利益联盟的党不会没有中派，而布尔什维克也必须采取分裂路线。在共产党人这里，中派主义的存在是没有根据的，是和列宁的党性不相容的，因为共产党是无产阶级一个阶级的党，而不是不同阶级成分联盟的党。

> 斯大林：《论国家工业化和联共（布）党内的右倾》，《斯大林选集》（下），人民出版社 1979 年版，第 102—103 页。

18. 布尔什维克党的执政

现在已不存在而且也根本不可能存在分掌政权问题

现在政权已经由一个政党，由无产阶级政党夺取到手，保持下来，巩固下来，甚至没有"不可靠的同路人"参加。现在已不存在而且也根本不可能存在分掌政权和放弃无产者对资产阶级的专政问题，这时候再来说什么妥协，那就等于是鹦鹉学舌，只是简单重复一些背得烂熟但毫不了解其意义的词句。现在，当我们能够而且应该管理国家的时候，我们不吝惜金钱，竭力把那些受过资本主义训练的最文明的人吸引过来，利用他们来对付小私有者的瓦解作用。如果把这说成是"妥协"，那就是根本不理解社会主义建设的经济任务。

> 列宁：《论"左派"幼稚性和小资产阶级性》（1918 年 5 月 5 日），《列宁全集》第 34 卷，人民出版社 1985 年第二版，第 286 页。

当有人责备我们是一党专政、提出——象你们所听到的那样——建立社会主义统一战线时，我们就说："是的，是一党专政！我们就是坚持一党专政，而且我们决不能离开这个基地，因为这是一个在几十年内争得了整个工厂无产阶级即工业无产阶级的先锋队地位的党。这个党还在 1905 年革命以前就取得了这种地位。这个党在 1905 年领导了工人群众，从那时起，在 1905 年以后的反动时期内，即当工人运动在斯托雷平杜马的条件下历尽艰辛恢复起来的时候，它一直和工人阶级打成一片，因而只有这个党才能领导工人阶级去深刻地根本地改变旧社会。"有人向我们提议建立社会主义统一战线，我们说，这是孟什维克党和社会革命党提出的，他们在革命过程中表现动摇，倒向资产阶级。我们已经有过两次经验，一次是在克伦斯基执政时期，社会革命党人组成了联合政府，这个政府得到了协约国的帮助，就是说，得到了全世界资产阶级的帮助，得到了法、美、英帝国主义者的帮助。结果怎样呢？我们有没有看到他们所许诺的那种向社会主义的逐步过渡呢？没有，我们看到的是破产，是帝国主义者的完全统治，是资产阶级的统治，是一切妥协主义幻想的彻底破灭。

> 列宁：《在全俄教育工作者和社会主义文化文化者第一次代表大会上的讲话》（1919 年 7 月 31 日），《列宁全集》第 37 卷，人民出版社 1986 年第二版，第 125—126 页。

"是党专政还是阶级专政？是领袖专政还是群众专政？"

"是党专政还是阶级专政？是领袖专政（领袖的党）还是群众专政（群众的党）？"——单是问题的这种提法就已经证明思想混乱到了不可思议的无可救药的地步。这些人竭力要标新立异，结果却弄巧成拙。谁都知道，群众是划分为阶级的；只有把不按照生产的社会结构中的地位区分的大多数同在生产的社会结构中占有特殊地位的集团对立时，才可以把群众和阶级对立起来；在通常情况下，在多数场合，至少在现代的文明国家内，阶级是由政党来领导的；政党通常是由最有威信、最有影响、最有经验、被选出担任最重要职务而称为领袖的人们所组成的比较稳定的集团来主持的。

列宁：《共产主义运动中的"左派"幼稚病》（1920 年 4—5 月），《列宁全集》第 39 卷，人民出版社 1986 年第二版，第 21 页。

共产党吸引新党员并不是使他们利用执政党的地位来谋利

星期六义务劳动已经不是个别的现象，非党工人确实看到执政的共产党的党员担负起这种义务，看到共产党吸引新党员并不是使他们利用执政党的地位来谋利，而是要他们作出真正的共产主义劳动即无报酬劳动的榜样，正是这样的星期六义务劳动最能提高共产党在城市中的威信，最能使非党工人敬佩共产党员。共产主义是社会主义发展的高级阶段，那时人们从事劳动都是由于觉悟到必须为共同利益而工作。我们知道现在我们还不能实行社会主义制度，希望我们的儿辈或者孙辈能把这种制度建成就好了。但是，我们说，执政的共产党的党员要挺身担当起同资本主义斗争中的大部分困难，动员优秀的共产党员上前线，对于那些不能上前线的党员，就要求他们参加星期六义务劳动。

这种星期六义务劳动已经在每个大工业城市中推行起来，现在党要求每个党员都参加这个工作，对于不执行这种要求的党员甚至给予开除党籍的处分。如果你们也在公社中、劳动组合中和共耕社中实行星期六义务劳动，那你们在最坏的条件下也能够而且一定会使农民认识到每个公社、每个劳动组合、每个共耕社的特点不在于它领取公家的补助金，而在于这些组织中都有工人阶级的优秀分子参加，这些人不仅向别人宣传社会主义，而且善于身体力行，能够在恶劣的条件下用共产主义方法经营农业，并且尽量帮助附近农民。

列宁：《在农业公社和农业劳动组合第一次代表大会上的讲话》（1919 年 12 月 4 日），《列宁全集》第 37 卷，人民出版社 1986 年第二版，第 366—367 页。

我们在剥夺了地主和资本家以后，只获得了建立社会主义那些最初级形式的可能

的确，我们经常使用"共产主义"这个词，甚至把它用于我们党的名称。但是仔细考虑一下这个问题，你就会想到，这里除产生了好的一面外，可能还给我们造成了某种危险。我们不得不更改党的名称的主要原因，是希望尽可能明确地同占统治地位的第二国际的社会主义划清界限。自从社会主义运动中绝大多数正式的党在帝国主义战争期间通过自己的领袖倒向本国资产阶级方面或本国政府方面以后，我们已经很清楚，旧的社会主义已遭到极其严重的危机和破产。为了最明确表示我们不能把那些在帝国主义战争期间跟着本国政府走的人看作社会主义者，为了指明旧的社会主义已经腐朽、已经死亡，为了这一点，主要是为了这一点，当时才产生了更改我们党的名称的想法。况且，从纯粹理论的观点来看，"社会民主党"这个名称早已不正确了。早在40年代，当这个名称在法国刚开始在政治上广泛使用的时候，它就是小资产阶级社会改良主义政党的名称，而不是革命无产阶级政党的名称。由此可见，更改我们党的名称（它已成了新国际的名称）的主要动机和原因，是要同旧的社会主义坚决划清界限。

如果我们问一下自己，共产主义同社会主义的区别是什么，那么我们应当说，社会主义是直接从资本主义生长出来的社会，是新社会的初级形式。共产主义则是更高的社会形式，只有在社会主义完全巩固的时候才能得到发展。社会主义的前提是在没有资本家帮助的情况下进行工作，是在劳动者的有组织的先锋队即先进部分施行最严格的计算、监督和监察下进行社会劳动；同时还应该规定劳动量和劳动报酬。这种规定所以必要，是因为资本主义社会给我们留下了诸如分散的劳动、对公共经济的不信任、小业主的各种旧习惯这样一些遗迹和习惯，这些在所有农民国家中都是最常见的。这一切都是同真正共产主义经济背道而驰的。所谓共产主义，是指这样一种制度，在这种制度下，人们习惯于履行社会义务而不需要特殊的强制机构，不拿报酬地为公共利益工作成为普遍现象。自然，在那些为彻底战胜资本主义正在采取最初步骤的人看来，"共产主义"的概念是很遥远的。因此，尽管我们改变党的名称的做法非常正确，尽管这样做好处很大，尽管我们已经完成的事业规模巨大，十分宏伟（现在共产党遍于全世界，共产国际成立虽然还不到一年，但从工人运动的角度来看，它比垂死的老朽的第二国际要强大得多），但如果把"共产党"这个名称解释为似乎现在就实现共产主义制度，那就是极大的歪曲，那就是胡乱吹嘘，会带来实际的害处。

正因为这样，对待"共产主义"这个词要十分谨慎。也正因为这样，共产主义星期六义务劳动见之于实践后就有了特殊的价值，因为就在这种极小的事情中开始出现了某种共产主义的东西。我们在剥夺了地主和资本家以后，只获得了建立社会主义那些最初级形式的可能，但是这里还丝毫没有共产主义的东西。拿我国目前的经济来看，我们就能看出，这里社会主义的幼芽还很嫩弱，旧的经济形式还占很大的支配地位，这表现在小规模经营占优势，还表现在最厉害最猖獗的投机倒把活动上。可是，当我们的敌人小资产阶级民主派，即孟什维克和社会革命党人反驳我们时说：你们粉碎了大资本主义，而从你们所有的毛孔中冒出来的却是最恶劣的投机性的高利贷性的资本主义，那我们就回答他们：如果你们以为我们能从大资本主义直接过渡到共产主义，那你们就不是革命者，而是改良主义者或空想主义者。

大资本主义在各个地方，甚至在那些还没有采取任何走向社会主义的步骤的国家中，都遭到了根本的破坏。从这个角度来看，我们的敌人对我们提出的所有这些批评和反驳都是无足轻重的。大资本主义被粉碎以后，当然会开始出现新的、投机性的小资本主义的萌芽来取代它。我们现在正同大资本主义的残余作激烈的斗争，它转入了各种小投机倒把活动，那就更难抓住它，并且它采取的是最恶劣的最没有组织的商业形式。

在战争环境中变得激烈得多的斗争，引起了最疯狂的投机倒把活动，在资本主义规模较大的地方尤其如此。所以把革命过渡设想成另一个样子是完全不正确的。从现时的经济来看，情况就是这样。如果要问苏维埃俄国现时的经济制度是什么，那就应当说，它是在大生产中为社会主义奠定基础，是在资本主义以千百万种形式进行最顽强的反抗的情况下改造资本主义旧经济。和我们遭到同样战争灾害的西欧国家，例如奥地利，与我们的唯一区别就是那里资本主义瓦解得更厉害，投机倒把活动更猖獗，却没有社会主义建设的萌芽，没有反击资本主义的东西。但是，在我们经济制度中暂时还没有什么共产主义的东西。"共产主义的东西"只是在出现星期六义务劳动时，即出现个人为社会进行的大规模的、无报酬的、没有任何权力机关和任何国家规定定额的劳动时，才开始产生。这不是农村中历来就有的邻舍间的帮忙，而是为了全国需要进行的、大规模组织起来的、无报酬的劳动。因此，把"共产主义"这个词不仅用于党的名称，而且用来专指我们生活中真正实现着共产主义的那些经济现象，这样做就更正确。如果说在俄国现在的制度中也有某种共产主义的东西，那就是星期六义务劳动，其他都不过是为巩固社会主义而对资本主义进行的斗争。在社会主义完全取得胜利以后，从社会主义中必然会生长出共产主义来，生长出我们从星期六义务劳动中看到的那种不是书本上的而是活生生的现实当中的共产主义来。

> 列宁：《在俄共（布）莫斯科市代表会议上关于星期六义务劳动的报告》（1919 年 12 月 20 日），《列宁全集》第 38 卷，人民出版社 1986 年第二版，第 35—38 页。

任何组织问题都有政治意义

中央在报告年度中的工作，就日常工作来讲，是由中央全会选出的两个集体领导机构中央组织局和中央政治局担负的；同时为了使这两个机构的决议协调一致，中央书记兼任两个局的工作。于是形成了这样的局面：组织局真正首要的任务是分配党的干部，而政治局的任务是解决政治问题。自然，这种划分在一定程度上是人为的；显然，如果没有人员的任命和调动，任何政治也就无法体现。因此，任何组织问题都有政治意义，所以我们在实践中形成了这样的惯例，只要有一个中央委员提出要求，就可根据某种理由把任何一个问题看成政治问题。企图用别种办法来划分中央委员会的工作恐怕是不适当的，而在实践中也未必能达到目的。

上述工作方式收到了非常好的效果：在我们两个局之间从来没有发生过难以解决的事。这两个机关的工作一般说是协调的，这种方式易于实行，这是由于中央书记参加两个局的会议，并且中央书记执行的完全是党中央的意志。为避免发生某种误会起见，从一开始就必须着重指出，党中央书记只执行中央委员会集体作出的决议，即由组织局或政治局或中央全会作出的决议。否则，中央委员会的工作是不能正确进行的。

> 列宁：《俄共（布）第九次代表大会文献》（1920 年 3—4 月），《列宁全集》第 38 卷，人民出版社 1986 年第二版，第 266—267 页。

调整党的成分，使领导机关接近基层的具体工作，这并不是而且也不能是进一步巩固党及其领导的唯一办法。在报告所涉及的时期内所实行的另一种巩固党的办法，就是根本改善干部工作，改善挑选干部、提拔干部、配备干部以及在工作过程中审查干部的工作。

党的干部是党的指挥人员，而由于我们的党是执政的党，所以他们也就是国家领导机关的指挥人员。在制定了经过实践检验的正确的政治路线以后，党的干部就成为党的领导和国家领导的决定力量。有正确的政治路线，这当然是首要的和最重要的事情。但是这毕竟还不够。我们所以需要正确的政治路线并不是为了装饰门面，而是为了贯彻实行。但是要贯彻正确的政治路线，就要有干部，就要有懂得党的政治路线、把党的政治路线当作自己的路线来接受、决心实现它、善于在实践中实现它、能够对它负责、能够捍卫它，能够为它而奋斗的人。否则，正确的政治路线就有成为一纸空文的危险。

> 斯大林：《在党的第十八次代表大会上关于联共（布）中央工作的总结报
> 告》（1939 年 3 月 10 日），《斯大林选集》（下），人民出版社 1979 年版，
> 第 458—459 页。

领袖、政党、阶级、群众、工会间的相互关系

领袖、政党、阶级、群众间的相互关系，以及无产阶级专政和无产阶级政党同工会的关系，现时在我国具体表现如下：专政是由组织在苏维埃中的无产阶级实现的，而无产阶级是由布尔什维克共产党领导的。根据最近一次党的代表大会（1920 年 4 月）的统计，我们党有党员 611000 人。无论十月革命前还是十月革命后，党员人数的起伏都很大；以前，甚至在 1918 年和 1919 年，党员人数比现在少得多。我们担心党过分扩大，因为那些只配枪毙的野心家、骗子手一定会想方设法钻进执政党里来。最近一次我们敞开党的大门（仅仅是对工农），是在 1919 年冬尤登尼奇离彼得格勒只有几俄里、而邓尼金攻占了奥廖尔（距莫斯科 350 俄里）的时候，也就是苏维埃共和国危在旦夕的时候，这时候冒险家、野心家和骗子手以及一切不坚定的人，决不可能指望靠加入共产党飞黄腾达（倒可能预料到会因此上绞架或受拷打）。我们党每年召开一次代表大会（最近一次代表大会，每 1000 个党员选代表 1 人参加），由大会选出 19 人组成中央委员会领导全党，而且在莫斯科主持日常工作的则是更小的集体，即由中央全会选出的所谓"组织局"和"政治局"，各由 5 名中央委员组成。这样一来，就成为最地道的"寡头政治"了。我们共和国的任何一个国家机关没有党中央的指示，都不得决定任何一个重大的政治问题或组织问题。

党直接依靠工会来进行自己的工作。根据最近一次工会代表大会（1920 年 4 月召开）的统计，现有会员已经超过 400 万。工会形式上是一种非党的组织，而实际上大多数工会的领导机构，首先当然是全俄总工会

的中央机构或常务机构（全俄工会中央理事会），都由共产党员组成，执行党的一切指示。总之，这是一个形式上非共产党的、灵活而较为广泛的、极为强大的无产阶级机构。党就是通过这个机构同本阶级和群众保持密切联系的；阶级专政就是通过这个机构在党的领导下实现的。如果没有同工会的极密切的联系，没有工会的热烈支持，没有工会不仅在经济建设方面，而且在军事建设方面奋不顾身的工作，那么别说我们能管理国家和实行专政两年半，就是两个半月也不成。自然，要建立这种极密切的联系，实际上就要进行很复杂的各种各样的工作：进行宣传和鼓动，及时地和经常地与工会领导者以至一切有影响的工会工作者举行会议，还要跟孟什维克作坚决的斗争，因为孟什维克直到现在还有一些信徒（虽然人数不多），直至现在还在教唆他们进行各种反革命勾当，从在思想上维护（资产阶级）民主，鼓吹工会"独立"（不受无产阶级国家政权约束而独立！），直到暗中破坏无产阶级纪律，如此等等。

我们认为通过工会来联系"群众"还是不够的。在我们的革命进程中，实践创造了一种机构，这就是非党工农代表会议，我们正在全力支持、发展和推广这种机构，以便考察群众的情绪，接近群众，答复群众的要求，从群众当中提拔优秀的人才来担任公职等等。最近颁布的关于把国家监察人民委员部改组为"工农检查院"的法令中，有一项法令就授权这种非党的代表会议选出国家监察委员来担任各种检查工作等等。

其次，党的全部工作当然都是通过不分职业而把劳动群众团结在一起的苏维埃来进行的。县苏维埃代表大会这种民主机构，就是在资产阶级世界最好的民主共和国里也是前所未见的；通过这种代表大会（党对这种代表大会极为关注），以及通过经常把觉悟工人派往乡村担任各项职务的办法，来实现无产阶级对农民的领导作用，实现城市无产阶级的专政，即对富有的、资产阶级的、进行剥削和投机的农民展开经常的斗争等等。

　　　　列宁：《共产主义运动中的"左派"幼稚病》（1920年4—5月），《列宁
　　　全集》第39卷，人民出版社1986年第二版，第27—29页。

在资本主义发展初期，建立工会是工人阶级的一大进步，使工人由散漫无助的状态过渡到了初步的阶级联合。当无产者的阶级联合的最高形式，即无产阶级的革命政党（要是这个党不学会把领袖和阶级、领袖和群众结成一个整体，结成一个不可分离的整体，它便不配拥有这种称号）开始成

长的时候，工会就不可避免地暴露出某些反动色彩，如某种行会的狭隘性，某种不问政治的倾向以及某些因循守旧的积习等等。但是除了通过工会，通过工会同工人阶级政党的协同动作，无产阶级在世界上任何地方从来没有而且也不能有别的发展道路。无产阶级夺取政权是无产阶级这个阶级向前迈出的一大步，这时候党更需要用新的方法而不单纯靠旧有的方法去对工会进行教育和领导，同时不应当忘记，工会现在仍然是、将来在一个长时期内也还会是一所必要的"共产主义学校"和无产者实现其专政的预备学校，是促使国家整个经济的管理职能逐渐转到工人阶级（而不是某个行业的工人）手中，进而转到全体劳动者手中所必要的工人联合组织。

列宁：《共产主义运动中的"左派"幼稚病》（1920 年 4—5 月），《列宁全集》第 39 卷，人民出版社 1986 年第二版，第 30 页。

在竞选时，共产党并不是单独活动。它是和非党人士结成联盟进行选举的。从前，共产党员对非党人士和无党无派是有点不信任的。这是因为当时各种资产阶级团体在选民面前假若不戴起假面具，便很不利，所以它们往往用无党无派的旗子来掩饰。从前就是如此。现在我们的时代不同了。现在有一个叫作苏维埃社会制度的壁垒把非党人士和资产阶级隔开了。这个壁垒同时又把非党人士和共产党员联合成为一个由苏维埃人所组成的共同的集体。他们生活在共同集体里，一起为加强我国实力而奋斗，一起为我们祖国的自由和尊严而流血战斗，一起锻造并锻造出了我国对敌人的胜利。他们之间的区别，不过是一些人入了党，而另一些人没有入党罢了。但这是形式上的区别。重要的是两者都在创造一个共同的事业。因此共产党员和非党人士的联盟是一件自然而富有生气的事情。

斯大林：《在莫斯科市斯大林选区选举前的选民大会上的演说》（1946 年2 月 9 日），《斯大林选集》（下），人民出版社 1979 年版，第 500 页。

同机会主义以及"左倾"学理主义斗争是一个主要的基本任务

现在全部问题就是要使每个国家的共产党人十分自觉地既考虑到同机会主义以及"左倾"学理主义进行斗争这个主要的基本任务，又考虑到这种斗争由于各国经济、政治、文化、民族构成情况（例如爱尔兰等）、所属殖民地以及不同宗教信仰等方面的特征而具有的并且必然具有的具体特点。现在到处都可以感到对第二国际的不满，这种不满正在蔓延和增长，这既是由于它推行机会主义，又是由于它不善于或没有能力建立一个真正集中的、真正能进行指导的中心，一个能在革命无产阶级为建立世界苏维埃共和国而进行的斗争中指导无产阶级的国际策略的中心。必须清楚地认识到，这样的领导中心无论如何不能建立在斗争策略准则的千篇一律、死板划一、彼此雷同之上。只要各个民族之间、各个国家之间的民族差别和国家差别还存在（这些差别就是无产阶级专政在全世界范围内实现以后，也还要保持很久很久），各国共产主义工人运动国际策略的统一，就不是要求消除多样性，消灭民族差别（这在目前是荒唐的幻想），而是要求运用共产党人的基本原则（苏维埃政权和无产阶级专政）时，把这些原则在某些细节上正确地加以改变，使之正确地适应于民族的和民族国家的差别，针对这些差别正确地加以运用。在每个国家通过具体的途径来完成统一的国际任务，战胜工人运动内部的机会主义和左倾学理主义，推翻资产阶级，建立苏维埃共和国和无产阶级专政的时候，都必须查明、弄清、找到、揣摩出和把握住民族的特点和特征，这就是一切先进国家（而且不仅是先进国家）在目前历史时期的主要任务。争取工人阶级的先锋队，使它转向苏维埃政权而反对议会制度，转向无产阶级专政而反对资产阶级民主，在这方面主要的（当然这还远远不是一切，然而是主要的）事情已经做到了。现在要把一切力量、一切注意力集中在下一个步骤上，也就是说，要找到转向或走向无产阶级革命的形式；这个步骤看来似乎比较次要，并且从某种观点上说，也的确比较次要，但是在实践上却更接近于实际完成任务。

国际工人运动中觉悟的先锋队，即各个共产主义政党、小组和派别的当前任务就是要善于引导广大的（现在大半还是沉睡、消沉、因循守旧、尚未觉醒的）群众采取这种新的立场，确切一点说，就是不仅要善于领导自己的党，而且要善于在这些群众走向和转向新立场的过程中领导他们。如果说从前不在思想上和政治上彻底战胜机会主义和社会沙文主义，就不能完成第一个历史任务（把觉悟的无产阶级先锋队争取到苏维埃政权和工人阶级专政方面来），那么，现在不肃清左倾学理主义，不彻底克服和摆脱左倾学理主义的错误，也就不能完成已经提到日程上来的第二个任务，即善于引导群众采取能够保证先锋队取得革命胜利的新立场。

> 列宁：《共产主义运动中的"左派"幼稚病》（1920 年 4—5 月），《列宁
> 全集》第 39 卷，人民出版社 1986 年第二版，第 71—73 页。

应该设法使共产党人不再犯"左派"共产党人所犯的同样的、不过是

从另一方面犯的错误，确切一点说，要较早地纠正，较快地、使机体较少受损害地消除这一同样的、不过是从另一方面犯的错误。不仅右倾学理主义是一种错误，左倾学理主义也是一种错误。当然，目前共产主义运动中左倾学理主义错误同右倾学理主义（即社会沙文主义和考茨基主义）错误比较起来，其危害性和严重性不及后者的千分之一，然而这只不过是由于左倾共产主义是一种刚刚产生的还很年轻的思潮。只是因为这个缘故，这种病症在一定条件下容易治好，但是必须用最大的努力去医治。

共产党人要竭尽全力来指导工人运动以及整个社会发展沿着最直最快的道路走向苏维埃政权在全世界的胜利，走向无产阶级专政。这是无可争辩的真理。然而，只要再多走一小步，看来象是朝同一方向多走了一小步，真理就会变成错误。只要象德国和英国的左派共产主义者那样，说我们只承认一条道路，一条笔直的道路，说我们不容许机动、通融和妥协，这就犯了错误，这种错误会使共产主义运动受到最严重的危害，而且共产主义运动部分地已经受到或正在受到这种危害。右倾学理主义固执地只承认旧形式，而不顾新内容，结果彻底破产了。左倾学理主义则固执地绝对否定某些旧形式，看不见新内容正在通过各种各样的形式为自己开辟道路，不知道我们共产党人的责任，就是要掌握一切形式，学会以最快的速度用一种形式去补充另一种形式，用一种形式去代替另一种形式，使我们的策略适应并非由我们的阶级或我们的努力所引起的任何一种形式的更替。

> 列宁：《共产主义运动中的"左派"幼稚病》（1920 年 4—5 月），《列宁全集》第 39 卷，人民出版社 1986 年第二版，第 81—83 页。

要提高工人阶级积极性，首先必须使党本身积极起来

我已经讲过提高工人阶级积极性的问题，讲过吸引千百万工人阶级群众来参加我国经济建设事业、参加工业建设事业的问题。可是提高工人阶级积极性是一件严肃而重大的事情。要提高工人阶级积极性，首先必须使党本身积极起来，必须使党本身毅然决然走上党内民主的道路，必须使我们的各级组织吸引那些决定我们党的命运的广大党员群众来参加我国建设问题的讨论。否则就谈不到工人阶级的积极化。

> 斯大林：《关于苏联经济状况和党的政策》，《斯大林选集》（上），人民出版社 1979 年版，第 478 页。

地方上在实践中用官僚主义的态度歪曲了党的路线

我认为我们党内生活的主要缺点是：虽然体现在我们历次代表大会决

议中的党的路线是正确的，但地方（当然不是任何地方，而是某些地区）上的实践是不正确的。虽然我们党的无产阶级民主路线是正确的，但地方上在实践中用官僚主义的态度歪曲了这一路线。

这就是主要的缺点。历次代表大会（第十次、第十一次、第十二次）所确定的党的基本路线和我们的地方组织在执行这一路线时的实践之间存在着矛盾，——这就是党内生活一切缺点的根源。

党的路线说，我们党的实践中的最重要问题（当然，那些急待解决的或者有关军事秘密和外交秘密的问题除外）一定要在党的会议上进行讨论。党的路线就是这样说的。但是党的地方（当然不是任何地方）上的实践却认为：党内实践中的一些问题实在没有多大必要在党的会议上进行讨论，因为中央和其他领导组织自己会解决这些问题。

党的路线说，如果没有象党龄等等不可克服的障碍存在，我们党的负责人就一定要由选举产生。你们知道，按党章规定，省委书记必须是十月革命前入党的，县委书记必须有三年党龄，支部书记必须有一年党龄。但是党的实践却往往认为，既然需要党龄，那就是说不需要真正的选举了。

党的路线认为，必须使党员群众了解经济机关、企业和托拉斯的工作，因为我们的党支部对企业中的缺点对非党群众负有道义上的责任。然而党的实践却认为，既然有中央委员会向经济机关发布指示，既然经济机关受这些指示的约束，即使没有党员群众自下而上的监督，这些指示也是会被执行的。

党的路线认为，各部门的负责工作人员，不论是党的工作人员、经济工作人员、工会工作人员或军事工作人员，尽管他们在自己的工作中各有专业，但是他们相互之间还是要有联系，他们都是一个整体的不可分割的部分，因为他们都是为无产阶级的共同事业工作，而这个事业是不能分裂成几部分的。党的实践却认为，既然有工作上的专业化，有党本身的工作、经济工作、军事工作等等的分工，党的工作人员就可以不对经济工作人员负责，经济工作人员就可以不对党的工作人员负责，他们之间的联系就必然削弱甚至失掉。

斯大林：《关于党的任务》，《斯大林选集》（上），人民出版社1979年版，第146—147页。

造成党的工作中缺点的原因

第一个原因是我们的党组织还没有铲除或者至今还没有铲除战争时期

的某些残余，这个时期虽然已经过去，但是在我们工作人员的头脑中留下了党内军事作风的残余。我认为这些残余表现在下面这种对党的看法上：党不是一个有主动性的机体，不是无产阶级的有主动性的战斗组织，而是类似某种机关系统，类似某种拥有高低级职级的一系列机关的综合体的东西。同志们，这是一种极端错误的看法，它和马克思主义毫无共同之处。这种看法是战争时期给我们遗留下来的残余，那时我们使党军事化，不得不把党员群众的主动性问题挪到次要地位，那时战斗命令具有决定性的意义。我不记得这种看法曾经以完备的形式表现出来，但是这种看法或者这种看法的因素仍然对我们的工作有重大影响。同志们，我们必须竭尽全力同这种看法作斗争，因为它是最现实的危险之一，这些危险为在实践中歪曲我党实质上正确的路线造成有利条件。

第二个原因是我们在很大程度上是官僚主义的国家机关对党和党的工作人员有某种压力。1917年，当我们向上走的时候，向十月革命走的时候，我们是这样想的：我们将要有公社，这种公社将是劳动者的联合；我们将消灭机关中的官僚主义；如果不在最近时期内，那末经过两三个短短的时期，国家就能变成劳动者的联合。可是实践证明，这对我们说来还是一种遥远的理想，要使国家摆脱官僚主义分子，要把苏维埃社会变成劳动者的联合，人民必须有高度的文化水平，周围必须有完全有保障的和平环境，有了这种环境就没有必要保存大量的常备军，保存常备军是需要大量的开支和庞大的机构的，因此它的存在就会影响其他一切国家机关。我们的国家机关在很大程度上是官僚主义的机关，而且在长时期内还会是这样的机关。在这个机关里工作的有我们的党员同志；而这个官僚主义机关的环境——据我看来是气氛——是这样的：它促使我们的党的工作人员、我们的党组织官僚化。

同志们，造成缺点的第三个原因是我们的一些支部缺乏积极性，落后，有的甚至全部是文盲，边疆地区尤其是如此。这些地区的支部很不积极，政治上和文化上都落后。毫无疑问，这种情况也给歪曲党的路线造成了有利条件。

第四个原因是地方上缺乏足够数量的受过训练的党员同志。不久以前，我在中央委员会听过一个乌克兰组织的代表的报告。作报告的同志极有才能，前途远大。他说，一百三十个支部中有八十个支部的书记是由省委会委派的。有一种意见认为这个组织这样做是不对的，对此，这位同志摆出如下事实：支部里没有识字的人、没有够党龄的人，是支部自己请求派书记给它们等等。我可以说，这位同志有百分之五十是说得过火的，事实上，这里的问题不但在于支部里没有受过训练的人，而且在于省委会过于热心和沿袭旧传统。但是，如果省委会有百分之五十正确，那么，既然在乌克兰有这样的支部，在组织很年轻、党员干部和识字的人都比乌克兰少的边疆地区就更应该有这样的支部，这难道还不明显吗？这也是为在实践中歪曲我党实质上正确的路线造成有利条件的一个原因。

最后，第五个原因是通报工作做得很差。我们的通报工作，首先是中央的通报工作做得不好，这可能是因为它的工作过于繁忙。地方上也很少向我们汇报。应该结束这种情况了。这也是我们党内的缺点积累起来的一个重要原因。

> 斯大林：《关于党的任务》，《斯大林选集》（上），人民出版社1979年版，
> 第148—150页。

克服党的工作中缺点的办法

第一，必须用一切办法不倦地反对我们党内的战争时期的残余和习惯，反对下面这种错误的看法：我们党似乎是一个机关系统，而不是积极思考、有主动性、充满活力、破坏旧事物和创造新事物的无产阶级的战斗组织。

第二，必须提高党员群众的积极性，党员群众所关心的一切问题，只要可以公开讨论，都让他们进行讨论，对于各级党机关所提出的一切建议，保证能够自由地进行批评。因为只有这样，才能使党的纪律成为真正自觉的真正铁的纪律。因为只有这样，才能使党员群众在政治、经济和文化方面的经验丰富起来。因为只有这样，才能为党员群众准备必要的条件，逐步地从下层选拔出新的积极的工作人员和新的领导者。

第三，如果没有象党龄不够等等不可克服的条件存在，那么一切党组织和负责人必须真正由选举产生。在提拔某些同志担任党的负责工作时，必须从实践中铲除忽视组织内大多数人的意志的现象，必须真正贯彻选举原则。

第四，在中央委员会、省委员会和州委员会下面必须有常设的各部门负责工作人员（经济工作人员、党的工作人员、工会工作人员、军事工作人员）会议；必须定期召开会议，在会上提出会议认为必须提出的问题；

必须使各种工作人员之间的联系不致中断，使所有这些工作人员感到自己是一个党的大家庭里的一员，是在为一个共同的、不可分割的事业即无产阶级的事业工作；必须在中央和地方组织周围造成一种环境，使党能够取得和检验我们各部门负责工作人员的工作经验。

第五，必须把我们生产部门的党支部吸引到与企业和托拉斯的工作进程有关的问题方面来。必须使支部了解我们企业和联合企业的管理机关的工作，使它们能够影响这一工作。你们是支部的代表，你们一定知道我们生产部门的支部在企业的工作进程方面向非党群众所负的道义上的责任多么大。支部要能够在工厂里领导并带领非党群众，能够对企业的工作进程负责（对于企业中的缺点，支部无条件地要向非党群众负道义上的责任），就应该了解这些工作，就应该有可能这样或那样地去影响这些工作。因此，必须吸引支部讨论与企业有关的经济问题，必须经常举行有托拉斯内部各企业的支部代表参加的经济会议来讨论与托拉斯各项工作有关的问题。这是为丰富党员群众在经济方面的经验以及组织自下而上的监督所必需的可靠方法之一。

第六，必须提高我们党支部的质量……

第七，必须加强非党工人工作。这也是一种能够改善党内状况、提高党员群众积极性的办法。我必须指出，我们的组织对吸引非党工人参加我们苏维埃机关至今还很少注意。……

第八，必须加强农民工作。我们有些地方的农村支部枯萎了，它们的成员有时跑掉了，它们没有得到农民很大的信任（这一点必须承认）。我不知道为什么不能向这些支部提出一些实际任务，例如提出下面两项任务：第一，解释和宣传同农民生活有关的苏维埃法令；第二，宣传和普及农艺基本知识，如必须适时耕地，必须选种等等。……只有这样做，农民才能了解共产党员已经停止空谈，已经行动起来；只有这样做，我们的农村支部才能得到农民极大的信任。

> 斯大林：《关于党的任务》，《斯大林选集》（上），人民出版社 1979 年版，第 150—153 页。

19. 布尔什维克党的纪律

没有纪律，没有集中，我们决不能完成这个任务

只是因为党随时戒备，因为党纪律严明，还因为党的威信统一了各机关、各部门，使几十、几百、几千以至几百万人都遵照中央提出的口号一致行动，只是因为我们忍受了空前未有的牺牲，才出现了今天这样的奇迹。只是因为这样，尽管协约国帝国主义者和全世界帝国主义者两次、三次以至四次发动进攻，我们仍然能够获得胜利。当然，我们不仅要着重指出这一方面，而且要注意到从这一方面所得到的经验教训：没有纪律，没有集中，我们决不能完成这个任务。我们为了消灭反革命势力、拯救祖国，为了使俄国革命战胜邓尼金、尤登尼奇和高尔察克而忍受空前牺牲，是世界社会革命的保障。为了实现这一点，就必须有党的纪律，有极严格的集中，绝对相信成千成万人的空前未有的重大牺牲定能有助于这些任务的实现，绝对相信这确实是可能做到的和有把握做到的。为了这一点，就必须使我们党和实现专政的阶级即工人阶级，成为联合俄国以至全世界千百万劳动者的因素。

列宁：《俄共（布）第九次代表大会文献》（1920 年 3—4 月），《列宁全集》第 38 卷，人民出版社 1986 年第二版，第 269 页。

没有极严格的真正铁的纪律，布尔什维克政权就保持不住

大概，现在差不多每个人都能看出，如果我们党没有极严格的真正铁的纪律，如果我们党没有得到整个工人阶级全心全意的拥护，就是说，没有得到工人阶级中所有一切善于思考、正直、有自我牺牲精神、有威信并且能带领或吸引落后阶层的人的全心全意的拥护，那么布尔什维克别说把政权保持两年半，就是两个半月也保持不住。

无产阶级专政是新阶级对更强大的敌人，对资产阶级进行的最奋勇和最无情的战争。资产阶级的反抗，由于资产阶级被推翻（哪怕是在一个国家内）而凶猛十倍；资产阶级的强大不仅在于国际资本的力量，在于它的各种国际联系牢固有力，而且还在于习惯的力量，小生产的力量。这是因为世界上可惜还有很多很多小生产，而小生产是经常地、每日每时地、自发地和大批地产生着资本主义和资产阶级的。由于这一切原因，无产阶级专政是必要的，不进行长期的、顽强的、拼命的、殊死的战争，不进行需要坚持不懈、纪律严明、坚定不移、百折不挠和意志统一的战争，便不能战胜资产阶级。

列宁：《共产主义运动中的"左派"幼稚病》（1920 年 4—5 月），《列宁全集》第 39 卷，人民出版社 1986 年第二版，第 3—4 页。

布尔什维主义存在的历史说明无产阶级胜利需要铁的纪律

再说一遍，俄国无产阶级专政取得胜利的经验向那些不善于思索或不曾思索过这一问题的人清楚地表明，无产阶级实现无条件的集中和极严格的纪律，是战胜资产阶级的基本条件之一。

人们时常议论这个问题。但是这到底是什么意思呢？这在什么情况下才是可能的呢？关于这些，他们却考虑得远远不够。在对苏维埃政权和布尔什维克欢呼的同时，是不是应该对布尔什维克为什么能够建立革命无产阶级所必需的纪律的原因多作些极其认真的分析呢？

布尔什维克主义作为一种政治思潮，作为一个政党而存在，是从1903年开始的。只有布尔什维主义存在的整个时期的历史，才能令人满意地说明，为什么它能够建立为无产阶级胜利所必需的铁的纪律并能在最困难的条件下坚持这种纪律。

这里首先发生这样一个问题：无产阶级革命政党的纪律是靠什么来维持的？是靠什么来检验的？是靠什么来加强的？第一，是靠无产阶级先锋队的觉悟和它对革命的忠诚，是靠它的坚忍不拔、自我牺牲和英雄气概；第二，是靠它善于同最广大的劳动群众，首先是同无产阶级劳动群众，但同样也同非无产阶级劳动群众联系、接近，甚至可说在某种程度上同他们打成一片；第三，是靠这个先锋队所实行的政治领导正确，靠它的政治战略和策略正确，而最广大的群众根据切身经验也确信其正确。一个革命政党，要真正能够成为必将推翻资产阶级并改造整个社会的先进阶级的政党，没有上述条件，就不可能建立起纪律。没有这些条件，建立纪律的企图，就必然会成为空谈，成为漂亮话，成为装模作样。可是另一方面，这些条件又不能一下子就产生。只有经过长期的努力和艰苦的实践才能造成这些条件；正确的革命理论——而理论并不是教条——会使这些条件容易造成，但只有同真正群众性的和真正革命的运动的实践密切地联系起来，这些条件才能最终形成。

布尔什维主义所以能够建立并且在1917—1920年异常艰难的条件下顺利地实现极严格的集中和铁的纪律，其原因仅仅在于俄国有若干历史特点。

一方面，布尔什维主义是1903年在最坚固的马克思主义理论基础上产生的。而这个——也只有这个——革命理论的正确性，不仅为整个19世纪全世界的经验所证实，尤其为俄国革命思想界的徘徊和动摇、错误和失望的经验所证实。在将近半个世纪里，大约从上一世纪40年代至90年代，俄国进步的思想界在空前野蛮和反动的沙皇制度的压迫之下，曾如饥如渴地寻求正确的革命理论，专心致志地、密切地注视着欧美在这方面的每一种"最新成就"。俄国在半个世纪里，经受了闻所未闻的痛苦和牺牲，表现了空前未有的革命英雄气概，以难以置信的毅力和舍身忘我的精神去探索、学习和实验，经受了失望，进行了验证，参照了欧洲的经验，真是饱经苦难才找到了马克思主义这个唯一正确的革命理论。由于人们在沙皇政府的迫害下侨居国外，俄国的革命者在19世纪下半叶同国际的联系相当广泛，对世界各国革命运动的形式和理论十分熟悉，这是世界上任何一国所不及的。

另一方面，在这个坚如磐石的理论基础上产生的布尔什维主义，有了15年（1903—1917年）实践的历史，这段历史的经验之丰富是举世无比的。这是因为任何一个国家在这15年内，在革命经验方面，在各种运动形式——合法的和不合法的、和平的和激烈的、地下的和公开的、小组的和群众的、议会的和恐怖主义的形式——更替的迅速和多样性方面，都没有哪怕类似这样丰富的经历。任何一个国家都没有在这样一个短短的时期内，集中了现代社会一切阶级进行斗争的如此丰富的形式、特色和方法，而且由于俄国的落后和沙皇制度的残酷压迫，这个斗争成熟得特别迅速，它如饥似渴又卓有成效地吸取了欧美政治经验方面相宜的"最新成就"。

> 列宁：《共产主义运动中的"左派"幼稚病》（1920年4—5月），《列宁全集》第39卷，人民出版社1986年第二版，第4—6页。

否定政党和党的纪律就等于完全解除无产阶级的武装而有利于资产阶级

否定政党和党的纪律，——这就是反对派得到的结果。而这就等于完全解除无产阶级的武装而有利于资产阶级。这也恰恰就是小资产阶级的散漫、动摇、不能坚持、不能团结、不能步调一致，而这些一旦得到纵容，就必然断送无产阶级的任何革命运动。从共产主义的观点来看，否定政党就意味着从资本主义崩溃的前夜（在德国）跳到共产主义的最高阶段而不是进到它的低级阶段和中级阶段。我们在俄国（推翻资产阶级后第三年）还刚处在从资本主义向社会主义即向共产主义低级阶段过渡的最初阶段。阶级还存在，而且在任何地方，在无产阶级夺取政权之后都还要存在好多年。也许，在没有农民（但仍然有小业主！）的英国，这个时期可能会短一些。消灭阶级不仅意味着要驱逐地主和资本家，——这个我们已经比较容易地做到了——而且意味着要消灭小商品生产者，可是这种人不能驱逐，不能镇压，必须同他们和睦相处；可以（而且必须）改造他们，重新教育他们，这只有通过很长期、很缓慢、很谨慎的组织工作才能做到。他们用小资产阶级的自发势力从各方面来包围无产阶级，浸染无产阶级，腐蚀无产阶级，经常使小资产阶级的懦弱性、涣散性、个人主义以及由狂热转为灰心等旧病在无产阶级内部复发起来。要抵制这一切，要使无产阶级能够正确地、有效地、胜利地发挥自己的组织作用（而这正是它的主要作用），无产阶级政党的内部就必须实行极严格的集中和极严格的纪律。无产阶级专政是对旧社会的势力和传统进行的顽强斗争，流血的和不流血的，暴力的和和平的，军事的和经济的，教育的和行政的斗争。千百万人的习惯势力是最可怕的势力。没有铁一般的在斗争中锻炼出来的党，没有为本阶级一切正直的人们所信赖的党，没有善于考察群众情绪和影响群众情绪的党，要顺利地进行这种斗争是不可能的。战胜集中的大资产阶级，要比"战胜"千百万小业主容易千百倍；而这些小业主用他们日常的、琐碎的、看不见摸不着的腐蚀活动制造着资产阶级所需要的，使资产阶级得以复辟的那种恶。谁哪怕是把无产阶级政党的铁的纪律稍微削弱一点（特别是在无产阶级专政时期），那他事实上就是帮助资产阶级来反对无产阶级。

> 列宁：《共产主义运动中的"左派"幼稚病》（1920 年 4—5 月），《列宁全集》第 39 卷，人民出版社 1986 年第二版，第 23—25 页。

20. 党内民主、矛盾与争论

党内民主和派别集团的自由之间没有而且不能有丝毫共同之处

有些同志认为党内民主就是各派别集团的自由。在这一点上，同志们，那可要请原谅了！我们不是这样理解党内民主的。党内民主和派别集团的自由之间没有而且不能有丝毫共同之处。

党内民主是什么呢？党内民主就是提高党员群众的积极性并加强党的统一，加强党内自觉的无产阶级纪律。

派别集团的自由是什么呢？派别集团的自由就是瓦解党的队伍，把党分裂为各个中心，削弱党，削弱无产阶级专政。

在这里，它们之间能有什么共同之处呢？

我们党内有一些人，他们在睡眠中也梦见全党展开了争论。我们这里有一些人，他们不能想象党会没有争论，他们满想得到职业争论家的头衔。让这些职业争论家离开我们远些吧！我们现在需要的不是臆造出来的争论，不是把我们党变成争论的俱乐部，而是加紧我们的整个建设工作，特别是加紧工业建设，把坚定而满怀信心地领导我国建设工作的党，战斗的团结的统一而不可分割的党巩固起来。谁力图进行永无止境的争论，谁力图争取派别集团的自由，谁就是破坏党的统一，谁就是损害我们党的实力。

我们过去的强大是靠什么，我们现在的强大又是靠什么呢？就是靠正确的政策和我们队伍的统一。正确的政策已由我们党的第十四次代表大会给我们制定出来了。现在任务就在于保证我们队伍的统一，保证我们党的统一。我们党决心不顾一切来实行党代表大会的决议。

斯大林：《关于苏联经济状况和党的政策》，《斯大林选集》（上），人民出版社 1979 年版，第 479—480 页。

党内矛盾和根源

第一个问题就是我们党内斗争的问题，这个斗争不是昨天才开始的，而且它一直没有停止。

如果考察我们党自 1903 年作为布尔什维克派形成以来的历史，并探讨我们党从那时起直到今天的各个阶段，那么，可以毫不夸大地说，我们党的历史就是党内各种矛盾斗争的历史，就是克服这些矛盾并在克服这些矛盾的基础上逐渐巩固我们党的历史。也许有人以为俄国人太好吵架，喜欢争辩，爱闹意见，所以他们的党是通过克服党内矛盾而发展的。同志们，这是不对的。

我们党过去的一切都证实了这个原理：我们党的历史就是克服党内矛盾并在克服这些矛盾的基础上不断巩固我们党的队伍的历史。

……

结论就是：联共（布）是通过克服党内矛盾而成长和巩固起来的。

结论就是：以斗争的方法来克服党内意见分歧是我们党的发展规律。

……

我想，无产阶级政党内部的矛盾的根源在于两种情况。

这两种情况是什么呢？

　　第一，就是在阶级斗争的环境中资产阶级和资产阶级思想对无产阶级及其政党的压力，无产阶级中最不坚定的阶层和无产阶级政党中最不坚定的分子往往受到这种压力的影响。不能认为无产阶级是完全与社会隔绝的，是站在社会之外的。无产阶级是社会的一部分，它和社会各种不同的阶层有千丝万缕的联系。而党是无产阶级的一部分。因此，党也就不能和资产阶级社会中各种不同的阶层断绝联系并摆脱它们的影响。资产阶级及其思想对无产阶级及其政党的压力表现于：资产阶级的观念、风俗、习惯和情绪往往通过某些和资产阶级社会有一定联系的无产阶级阶层而渗透到无产阶级及其政党中来。

　　第二，就是工人阶级的庞杂性，工人阶级内部存在着各种阶层。

　　自然，每当阶级斗争发展到转折点的时候，每当斗争尖锐化和困难加重的时候，无产阶级各个阶层间在观点、作风和情绪上的差别，必不可免地表现为党内的某些意见分歧，而资产阶级及其思想的压力必然使这些分歧尖锐化，使这些分歧通过无产阶级政党内部的斗争来解决。

　　这就是党内矛盾和意见分歧的根源。

　　能不能避开这些矛盾和意见分歧呢？不，不能。以为能避开这些矛盾，就是欺骗自己。恩格斯说得对：长期掩饰党内矛盾是不可能的，这些矛盾总是以斗争来解决的。

　　这并不是说，党应当变成一个争论的俱乐部。相反地，无产阶级政党是而且应当始终是无产阶级的战争组织。我仅仅想说，对党内的意见分歧，如果这些分歧是原则性的，不能把眼一闭，置之不理。我仅仅想说，只有为马克思主义的原则路线而斗争，才能使无产阶级政党摆脱资产阶级的压力和影响。我仅仅想说，只有克服党内矛盾才能使党健全和巩固起来。

　　　　斯大林：《再论我们党内的社会民主主义倾向》，《斯大林选集》（上），人

　　　　民出版社1979年版，第496—503页。

开展自我批评首先必须克服摆在党面前的许多障碍

　　但是要开展自我批评，首先必须克服摆在党面前的许多障碍。这些障碍就是群众文化的落后、无产阶级先锋队文化力量的不足、我们的因循守旧、我们"共产党员的骄傲自大"等等。然而最大的障碍之一，甚至是最大的障碍，就是我们机关里的官僚主义。这里指的是我们党组织、国家组织、工会组织、合作社组织以及其他各种组织里都有官僚主义分子。这里

指的是靠我们的弱点和错误过日子的官僚主义分子，他们害怕群众的批评和群众的监督象害怕火一样，他们妨碍我们开展自我批评，妨碍我们克服我们的弱点和错误。决不能把我们组织里的官僚主义看作仅仅是拖拉作风和文牍主义。官僚主义是资产阶级对我们组织的影响的表现。……

但是也有另外一种"自我批评"，它会破坏党性，破坏苏维埃政权的威信，削弱我们的建设工作，腐蚀经济工作干部，解除工人阶级的武装，产生关于蜕化的空谈。托洛茨基反对派昨天叫我们进行的正是这种"自我批评"。不用说，党和这种"自我批评"是毫无共同之处的。不用说，党将用一切力量、一切办法来反对这种"自我批评"。

必须把这种与我们背道而驰的、具有破坏性的反布尔什维克的"自我批评"和我们的、布尔什维克的自我批评严格地区别开来；我们的自我批评的目的是增强党性，巩固苏维埃政权，改进我们的建设工作，加强我们的经济工作干部，武装工人阶级。

斯大林：《反对把自我批评口号庸俗化》，《斯大林选集》（下），人民出版
社 1979 年版，第 57—59 页。

有一些不健康的东西渗入党内，这不足为奇

党的敌人，形形色色的机会主义者和各种各样的民族主义倾向分子都被击溃了。但是，他们的思想体系的残余还留在个别党员的头脑中，并且时常流露出来。决不能把党看做一种和周围的人们隔绝的组织。党是在它周围的人们中间生存和活动的。有一些不健康的情绪往往从外界渗入党内，这是不足为奇的。

很明显，这些残余不能不是已被击溃的反列宁主义集团的思想体系在我们个别党员的头脑中复活起来的良好土壤。此外，如果注意到我们大多数党员的理论水平不很高，党机关的思想工作薄弱，我们党的工作人员担负的纯粹实际工作过重而使他们不可能充实自己的理论知识，你就会了解，个别党员头脑中对列宁主义的一些问题的糊涂观念是从什么地方来的，这种糊涂观念往往传播到我们的报刊上，并有助于已被击溃的反列宁主义集团的思想体系残余复活起来。

斯大林：《在党的第十七次代表大会上关于联共（布）中央工作的总结报
告》，《斯大林选集》（下），人民出版社 1979 年版，第 330—331 页。

加入党的队伍的还有不合格分子

党知道，加入它的队伍的不仅有忠诚老实的人，而且还有不合格的分子，还有企图利用党的旗帜达到个人目的的野心家。党不能不知道，它的强大不仅在于党员的数量，而且首先在于党员的质量。于是就提出了调整党的成分的问题。当时决定把 1933 年就开始的清洗党员和预备党员的工作继续下去，这个工作确实一直继续到 1935 年 5 月。其次，当时决定停止接收新党员，到 1936 年 9 月止，确实一直没有接收新党员，直到 1936 年 11 月 1 日，才恢复了接收新党员的工作。其次，基洛夫同志惨遭凶杀的事件证明党内有不少可疑分子，于是当时决定审查和换发党证，这两项工作直到 1936 年 8 月底才结束。只是在此以后，党才开始接收新党员和预备党员。由于采取了这一切措施，党才肃清了自己队伍中的不合格的、消极的、有野心的和公开敌对的分子，而留下了最坚定最忠实的人。决不能说，在进行清洗时没有犯过严重的错误。遗憾的是，所犯的错误竟比原来预料的还多。毫无疑问，我们今后已不再需要采用大批清洗的方法了。但是，1933—1936 年的清洗终究是不可避免的，而且这次清洗基本上产生了良好的结果。这一届第十八次代表大会共代表将近一百六十万个党员，就是说，比第十七次代表大会少了二十七万个党员。但这一点坏处也没有。相反，这是在好转，因为党是靠清除本身的坏东西而巩固的。现在我们的党在党员数量上虽然少了一些，但是在质量上却更好了。

这是很大的成绩。

斯大林：《在党的第十八次代表大会上关于联共（布）中央工作的总结报告》，《斯大林选集》（下），人民出版社 1979 年版，第 456—457 页。

争论是党坚强有力的标志

我想在这里提出的第一个问题，就是报刊上和支部里正在进行的争论的意义问题。这次争论说明什么呢？它标志着什么呢？这是不是一场闯入党内平静生活的暴风雨？这次争论是不是象有些人说的那样，是党瓦解和崩溃的标志，或者象另一些人说的那样，是党蜕化的标志？

同志们，我认为都不是：既不是蜕化，也不是瓦解。实际情况是，党在最近时期壮大了，它清除了大量的废物，它更加无产阶级化了。你们知道，两年前我们至少有七十万党员，你们知道，当时有好多万党员退出了党或者被驱逐出党。其次，在这段时间内，由于工业的发展使工人阶级的物质生活状况有所改善，由于熟练的老工人从农村归来，由于在产业工人中掀起了文化高涨的新浪潮，党的成分改善了，党的质量提高了。

一句话，由于这一切条件，党壮大了，质量更高了，它的要求提高了，它的要求更加严格了，它想比以前更多地知道一些东西了，它希望比以前更多地解决一些问题了。

已经展开的争论不是党软弱的标志，更不是党瓦解或蜕化的标志，而是党有力的标志，党坚强的标志，党的成员质量改善的标志，党的积极性提高的标志。

> 斯大林：《关于党的任务》，《斯大林选集》（上），人民出版社 1979 年版，
> 第 144—145 页。

自我批评是我们党坚强的标志，而不是我们党软弱的标志。只有深入生活的和走向胜利的强有力的政党才敢当着全体人民的面对自身的缺点进行无情的批评，过去这样，将来也永远是这样。对人民掩盖真相的政党，害怕阳光和批评的政党，并不是政党，而是一个注定要灭亡的骗子集团。资产者老爷们用自己的尺度来衡量我们。他们害怕阳光并且竭力对人民隐瞒真相，用粉饰太平的办法来掩盖自己的缺点。因此，他们以为我们共产党人也一定会对人民隐瞒真相。他们所以害怕阳光，是因为只要他们进行比较认真的自我批评，只要他们对自身的缺点进行比较自由的批评，资本主义制度就会彻底崩溃。因此，他们以为只要我们共产党人进行自我批评，那就是我们被围困和无立足之地的标志。他们这些可敬的资产者和社会民主党人正是用自己的尺度来衡量我们的。只有正在完蛋的和注定灭亡的政党才会害怕阳光和批评。我们既不害怕这个，也不害怕那个，我们所以不害怕，是因为我们是上升的政党，是走向胜利的政党。正因为如此，已经进行了几个月的自我批评是我们党极度坚强的标志，而不是我们党软弱的标志；它是巩固我们党的手段，而不是瓦解我们党的手段。

> 斯大林：《俄共（布）第十四次代表会议中工作总结》，《斯大林选集》
> （上），人民出版社 1979 年版，第 345—346 页。

党的力量在于它从无产阶级一切群众组织中把无产阶级所有优秀分子都吸收到自己队伍中来。党的使命是把无产阶级一切群众组织的工作毫无例外地统一起来，并把它们的行动引向一个目标，引向无产阶级解放的目标。把它们统一起来并引向一个目标是绝对必要的，因为不这样就无法统一无产阶级的斗争，因为不这样就无法领导无产阶级群众去为政权而斗争，去为社会主义建设而斗争。可是能够统一并指导无产阶级群众组织的工作

的，只有无产阶级的先锋队，无产阶级的党。只有无产阶级的党，只有共产党，才能在无产阶级专政体系中起这种主要领导者的作用。

斯大林：《论列宁主义的几个问题》，《斯大林选集》（上），人民出版社1979 年版，第 413 页。

四 列宁、斯大林论苏联社会主义
经济政策和经济建设

21. 从资本主义到社会主义的过渡

从资本主义到社会主义的过渡时期，必须有国家和国家政权

与无政府主义不同，马克思主义承认在任何革命时期，特别是在从资本主义到社会主义的过渡时期，必须有国家和国家政权。

> 列宁：《无产阶级在我国革命中的任务》（1917 年 4 月 10 日 ［23 日］），
> 《列宁全集》第 29 卷，人民出版社 1985 年第二版，第 162 页。

无论在科学上或在实际的日常用语中，都无可争辩地确认，所谓无政府主义，就是否认从资本主义到社会主义的过渡时期必须有国家。

> 列宁：《说谎同盟》（1917 年 4 月 13 日 ［26 日］），《列宁全集》第 29 卷，
> 人民出版社 1985 年第二版，第 219 页。

苏维埃联邦共和国是适合于过渡时期的唯一的国家类型

我们现在的情况也是这样。我们甚至远没有结束从资本主义到社会主义的过渡时期。我们从来没有幻想过，不靠国际无产阶级的帮助就能结束这个过渡时期。我们从来没有在这方面产生过错觉，我们知道，从资本主义到社会主义的这条道路，是多么艰难，但是我们必须说，我们的苏维埃共和国是社会主义的共和国，因为我们已经走上了这条道路，而这些话决不是空话。

> 列宁：《全俄工兵农代表苏维埃第三次代表大会文献》（1918 年 1 月 ［中旬］），《列宁全集》第 33 卷，人民出版社 1985 年第二版，第 272 页。

进一步巩固和发展苏维埃联邦共和国，这种共和国是比资产阶级议会制高得多和进步得多的民主形式，而根据 1871 年巴黎公社的经验以及 1905 年和 1917—1918 年俄国革命的经验，又是唯一适合于从资本主义到社会主义的过渡时期即无产阶级专政时期的国家类型；

> 列宁：《俄共（布）纲领草案》（1919 年 2 月），《列宁全集》第 36 卷，
> 人民出版社 1985 年第二版，第 81—82 页。

在着手提高劳动生产率的同时，还要考虑到过渡时期的特点

在着手提高劳动生产率的同时，还要考虑到从资本主义到社会主义的

过渡时期的特点。这些特点一方面要求为按社会主义方式组织竞赛奠定基础，另一方面要求采取强制手段，使无产阶级专政这个口号不致为无产阶级政权在实践中的软弱无力所玷污。

> 列宁：《苏维埃政权的当前任务》（1918 年 4 月），《列宁全集》第 34 卷，
> 人民出版社 1985 年第二版，第 171 页。

社会主义革命胜利的主要条件之一，就是工人阶级要懂得必须实行本阶级的统治并在从资本主义到社会主义的过渡时期实行这种统治。全体被剥削劳动者的先锋队无产阶级必须在这个过渡时期实行统治，以便彻底消灭阶级，镇压剥削者的反抗，把被资本主义压制、摧残和搞成一盘散沙的全体被剥削劳动群众团结在城市工人的周围，同他们结成最紧密的联盟。

我们所以获得各种成就，是由于工人们懂得了这个道理，并开始通过自己的苏维埃来管理国家。

> 列宁：《给无产阶级文化教育组织代表会议主席团的信》（1918 年 9 月 17
> 日），《列宁全集》第 35 卷，人民出版社 1985 年第二版，第 89 页。

要正确地提出这些有关现代工会运动及其与苏维埃政权的关系的原则问题，首先必须正确地估计从资本主义到社会主义的过渡时期中目前这段时间的特点。

……

在这方面，目前这段时间的一个主要特点是：

作为无产阶级专政的苏维埃政权，无论在城市无产阶级群众还是在农村贫苦农民中间，都已取得胜利，但它还远没有向所有的行业和所有的半无产阶级群众进行共产主义的宣传，并把他们牢固地组织起来。

> 列宁：《论工会的任务》（1918 年 12 月—1919 年 1 月），《列宁全集》第
> 35 卷，人民出版社 1985 年第二版，第 397—398 页。

无产阶级专政的整个时期是从资本主义到社会主义的过渡时期

但是无产阶级专政的实质不仅在于暴力，而且主要不在于暴力。它的主要实质在于劳动者的先进部队、先锋队、唯一领导者即无产阶级的组织性和纪律性。无产阶级的目的是建成社会主义，消灭社会的阶级划分，使社会全体成员成为劳动者，消灭一切人剥削人现象的基础。这个目的不是一下子可以实现的，这需要一个相当长的从资本主义到社会主义的过渡时期，因为改组生产是一件困难的事情，因为根本改变生活的一切方面是需

要时间的，因为按小资产阶级和资产阶级方式经营的巨大的习惯势力只有经过长期的坚忍的斗争才能克服。所以马克思说，无产阶级专政的整个时期是从资本主义到社会主义的过渡时期。

　　列宁：《向匈牙利工人致敬》（1919 年 5 月 27 日），《列宁全集》第 36 卷，人民出版社 1985 年第二版，第 375 页。

只要阶级存在，阶级斗争就不可避免。在从资本主义到社会主义的过渡时期，必然存在着阶级。俄共纲领十分明确地指出：我们现在还只是在采取最初步骤从资本主义向社会主义过渡。因此共产党也好，苏维埃政权也好，工会也好，都应当公开承认：只要工业农业的电气化还没有完成（哪怕是基本完成），只要小经济和市场统治的一切根子还没有因此而被铲除，阶级斗争就会存在，而且不可避免。

　　列宁：《关于工会在新经济政策条件下的作用和任务的提纲草案》（1921年 12 月 30 日—1922 年 1 月 4 日），《列宁全集》第 42 卷，人民出版社 1987 年第二版，第 367 页。

问题的全部关键在于俄国现有各种社会经济结构成分是怎样的

应当弄清楚，这个使我们有权利和有根据自称为苏维埃社会主义共和国的、从资本主义到社会主义的过渡，究竟是怎样的。

应当揭露那些看不到小资产阶级经济条件和小资产阶级自发势力是我国社会主义的主要敌人的人的错误。

应当很好地了解苏维埃国家在经济上与资产阶级国家迥然不同的意义。

我们来研究一下这三点。

看来，还没有一个专心研究俄国经济问题的人否认过这种经济的过渡性质。看来，也没有一个共产主义者否认过"社会主义苏维埃共和国"这个名称是表明苏维埃政权有决心实现向社会主义的过渡，而决不是表明现在的经济制度就是社会主义制度。

那么过渡这个词到底是什么意思呢？它用在经济上是不是说，在这个制度内有资本主义的和社会主义的成分、部分和因素呢？谁都承认是这样的。但并不是所有承认这点的人都考虑到：俄国现有各种社会经济结构成分究竟是怎样的。问题的全部关键就在这里。

　　列宁：《论粮食税》（1921 年 4 月 21 日），《列宁全集》第 41 卷，人民出版社 1986 年第二版，第 195—196 页。

22. 社会主义经济制度

苏维埃经济制度的要点

苏维埃经济制度就是：

（一）资产阶级和地主阶级的政权已经被推翻而代之以工人阶级和劳动农民的政权；

（二）生产工具和生产资料即土地和工厂等已经从资本家那里夺取过来并转为工人阶级和劳动农民群众所有；

（三）生产的发展所服从的不是竞争和保证资本主义利润的原则，而是计划领导和不断提高劳动者物质和文化生活水平的原则；

（四）国民收入的分配不是为了保证剥削阶级及其为数众多的寄生仆役发财致富，而是为了不断提高工农的物质生活和扩大城乡社会主义生产；

（五）劳动者的物质生活状况的不断改善和劳动者的需求（购买力）的不断增长既然是扩大生产的日益增长的泉源，因而也就保证劳动者免遭生产过剩的危机，免受失业增长和贫困的痛苦；

（六）工人阶级和劳动农民是国家的主人，他们不是为资本家而是为自己劳动人民做工的。

> 斯大林：《联共（布）中央委员会向第十六次代表大会的政治报告》，《斯大林全集》第 12 卷，人民出版社 1955 年版，第 280—281 页。

我们要使全体工人成为过富裕的和十分文明的生活的人

又如拿"使全体集体农庄庄员成为生活富裕的人"这一口号来说吧。这个口号不仅和庄员有关。它更和工人有关，因为我们要使全体工人成为生活富裕的人，成为过富裕的和十分文明的生活的人。

看来问题是很明白的。如果我们不是要使我国人民过美满生活，那就用不着在 1917 年 10 月推翻资本主义，进行多年的社会主义建设了。社会主义不是要大家贫困，而是要消灭贫困，为社会全体成员建立富裕的和文明的生活。

> 斯大林：《在党的第十七次代表大会上关于联共（布）中央工作的总结报告》，《斯大林选集》（下），人民出版社 1979 年版，第 337 页。

列宁主义者的任务是消灭贫穷现象并把穷人提高到过富裕生活的水平

当有资本主义分子并且有受资本家剥削的穷人的时候，列宁主义者是依靠穷人的。但是当资本主义分子已被击溃，穷人已摆脱了剥削的时候，列宁主义者的任务就不是要巩固和保存已经被消灭了存在前提的贫穷现象和穷人，而是要消灭贫穷现象并把穷人提高到过富裕生活的水平。如果以为社会主义能够在贫困的基础上，在缩减个人需要和把人们的生活水平降低到穷人生活水平的基础上建成，那就愚蠢了。何况穷人自己也不愿意再做穷人，而是力求往高处走，过富裕生活的。谁需要这种所谓的社会主义呢？这并不是什么社会主义，而是对社会主义的讽刺。社会主义只有在社会生产力蓬勃发展的基础上，在产品和商品十分丰富的基础上，在劳动者生活富裕的基础上，在文化水平急速提高的基础上才能建成。因为社会主义，马克思主义的社会主义，不是要缩减个人需要，而是要竭力扩大和发展个人需要，不是要限制或拒绝满足这些需要，而是要全面地充分地满足有高度文化的劳动人民的一切需要。

> 斯大林：《在党的第十七次代表大会上关于联共（布）中央工作的总结报告》，《斯大林选集》（下），人民出版社 1979 年版，第 338—339 页。

社会主义生产的目的不是利润，而是人及其需要

雅罗申科同志忘记了，人们不是为生产而生产，而是为满足自己的需要而生产。他忘记了，跟满足社会需要脱节的生产是会衰退和灭亡的。

……

因此，资本主义生产的目的是取得利润，至于消费，只有在保证取得利润这一任务的限度内，才是资本主义所需要的。在这以外，消费问题对于资本主义就失去意义，人及其需要就从视野中消失了。

社会主义生产的目的是什么呢？社会主义制度下社会生产应当服从的主要任务又是什么呢？

社会主义生产的目的不是利润，而是人及其需要，即满足人的物质和文化的需要。社会主义生产的目的，像斯大林同志的《意见》中所说的那样，是"保证最大限度地满足整个社会经常增长的物质和文化的需要"。

> 斯大林：《苏联社会主义经济问题》，《斯大林选集》（下），人民出版社1979 年版，第 597—598 页。

我们这里工业的收入，不是用来使个人发财致富，而是用来进一步扩大工业，用来改善工人阶级的物质生活状况和文化生活状况，用来减低工农所必需的工业品价格也就是用来改善劳动群众的物质生活状况的。

> 斯大林：《和第一个美国工人代表团的谈话》，《斯大林全集》第 10 卷，
> 人民出版社 1954 年版，第 107 页。

为什么社会主义能够、应当而且一定会战胜资本主义经济制度呢？因为它能比资本主义经济制度创造出更高的劳动典范，更高的劳动生产率。因为它能比资本主义经济制度给予社会更多产品，使社会更加富足起来。

有些人认为，社会主义可以在贫困生活的基础上用稍许拉平各人物质生活状况的方法巩固起来。这是不对的。这是小资产阶级的社会主义观念。其实，社会主义只有在高度的劳动生产率基础上，只有在比资本主义制度更高的劳动生产率基础上，只有在产品和各种消费品丰裕的基础上，只有在社会全体成员都过着富裕而有文化的生活的基础上，才能获得胜利。但是，为了使社会主义达到这个目的，并把我们苏联社会变成最富裕的社会，就必须使我国有超过各先进资本主义国家的劳动生产率。否则，就绝对不会有丰裕的产品和各种消费品。

> 斯大林：《在全苏斯达汉诺夫工作者第一次会议上的讲话》，《斯大林选
> 集》（下），人民出版社 1979 年版，第 375—376 页。

因此，保证最大限度地满足整个社会经常增长的物质和文化的需要，就是社会主义生产的目的；在高度技术基础上使社会主义生产不断增长和不断完善，就是达到这一目的的手段。

社会主义的基本经济规律就是这样。

> 斯大林：《苏联社会主义经济问题》，《斯大林选集》（下），人民出版社
> 1979 年版，第 598 页。

苏维埃政权没有"制定了"什么新的经济规律

苏维埃政权的特殊作用，是由下列两种情况造成的：第一，苏维埃政权不能象以往的革命那样，以另一种剥削形式去代替一种剥削形式，而必须消灭任何剥削；第二，由于国内没有任何现成的社会主义经济的萌芽，苏维埃政权必须在所谓"空地上"创造新的社会主义的经济形式。

这个任务无疑是困难而复杂的，是没有先例的。然而苏维埃政权光荣地完成了这个任务。但是，它之所以完成了这个任务，并不是因为它消灭了什么现存的经济规律，"制定了"什么新的经济规律，而仅仅是因为它依靠了生产关系一定要适合生产力性质这个经济规律。当时我国的生产力，特别是工业中的生产力，是具有社会性的，但所有制的形式却是私人的，

资本主义的。苏维埃政权依据生产关系一定要适合生产力性质这个经济规律，把生产资料公有化，使它成为全体人民的财产，因而消灭了剥削制度，创造了社会主义的经济形式。如果没有这个规律，不依靠这个规律，苏维埃政权是不能完成自己的任务的。

斯大林：《苏联社会主义经济问题》，《斯大林选集》（下），人民出版社1979 年版，第 542—543 页。

社会主义基本经济规律的主要特点和要求

社会主义的基本经济规律是不是存在呢？是的，是存在的。这个规律的主要特点和要求何在呢？社会主义基本经济规律的主要特点和要求，可以大致表达如下：用在高度技术基础上使社会主义生产不断增长和不断完善的办法，来保证最大限度地满足整个社会经常增长的物质和文化的需要。

因而，不是保证最大限度的利润，而是保证最大限度地满足社会的物质和文化的需要；不是带有从高涨到危机以及从危机到高涨的间歇状态的生产发展，而是生产的不断增长；不是伴随着社会生产力的破坏而来的技术发展中的周期性的间歇状态，而是生产在高度技术基础上不断完善。

有人说，社会主义的基本经济规律是国民经济有计划、按比例发展的规律。这是不对的。如果不知道国民经济有计划的发展是为着什么任务而进行，或者任务不明确，那么国民经济有计划的发展，以及或多或少真实地反映这一规律的国民经济计划化，是不能自行产生任何效果的。国民经济有计划发展的规律，只是在具有国民经济的计划发展所要实现的任务时，才能产生应有的效果。国民经济有计划发展的规律本身并不能提供这个任务。国民经济计划化尤其不能提供这个任务。这个任务是包含在社会主义的基本经济规律中，即表现于这一规律的上述要求内。因此，国民经济有计划发展的规律的作用，只是在它以社会主义基本经济规律为依据时，才能充分发展起来。

至于说到国民经济的计划化，那么，它只有遵守下列两个条件，才能得到良好的结果，这两个条件是：（一）它正确地反映国民经济有计划发展的规律的要求；（二）它在各方面适应社会主义基本经济规律的要求。

斯大林：《苏联社会主义经济问题》，《斯大林选集》（下），人民出版社1979 年版，第 569—570 页。

生产关系一定要适合生产力性质的规律在我国获得了充分发生作用的广阔场所

生产关系一定要适合生产力性质这一经济规律，早已在资本主义国家中为自己开辟道路。它之所以还没有为自己开辟出道路来，还没有获得发生作用的广阔场所，是因为它遇到了社会上衰朽力量的极强烈的反抗。在这里，我们碰到了经济规律的另一个特点。在自然科学中，发现和应用新的规律或多或少是顺利的；与此不同，在经济学领域中，发现和应用那些触犯社会衰朽力量的利益的新规律，却要遇到这些力量的极强烈的反抗。因此，就需要有能够克服这种反抗的力量，社会力量。当时我国有了这种力量，这就是占社会绝大多数的工人阶级和农民的联盟。而在其他国家即资本主义国家中还没有这种力量。苏维埃政权之所以能够粉碎旧的社会力量，而生产关系一定要适合生产力性质这个经济规律之所以在我国获得了充分发生作用的广阔场所，秘密就在于此。

斯大林：《苏联社会主义经济问题》，《斯大林选集》（下），人民出版社1979年版，第543页。

苏联社会的基础就是公有制

社会主义是根据生产资料和生产工具公有化的原则把工业和农业结合起来的经济组织。不把这两个经济部门结合起来，就不可能有社会主义。

斯大林：《联共（布）第十四次代表大会》，《斯大林全集》第7卷，人民出版社1958年版，第269页。

我们所建立起来的社会，无论如何，都不能称为"国家社会主义"。我们苏联社会，是社会主义社会，因为工厂、土地、银行、运输工具的私有制已被取消，而代之以公有制。我们所创立起来的社会组织，可称为苏维埃的、社会主义的组织，这种组织虽然还没有完全建成，可是根本上是一种社会主义的社会组织。这个社会的基础就是公有制：国家的即全民的所有制以及合作社集体农庄的所有制。

斯大林：《和美国罗易·霍华德先生的谈话》，《斯大林文选》，人民出版社1962年版，第76—77页。

苏维埃制度不能长久地建立在两种不同的基础上

目前苏维埃制度是建立在两种不同的基础上：联合的社会主义化的工业和以生产资料私有制为基础的个体小农经济。苏维埃制度能不能长久地建立在这两种不同的基础上呢？不，不能。

列宁说，只要产生资本家和资本主义的个体农民经济在国内还占优势，资本主义复辟的危险就会存在。显然，只要这种危险还存在，就不能真正地来谈我国社会主义建设的胜利。

所以，要巩固苏维埃制度并使我国社会主义建设获得胜利，单是工业社会主义化是完全不够的。为此还必须从工业社会主义化进到整个农业社会主义化。

> 斯大林：《论粮食收购和农业发展的前途》，《斯大林全集》第 11 卷，人民出版社 1955 年版，第 7 页。

……一句话，必须逐步地把个体小农经济转到集体大生产的基础上，因为只有公共的大生产才能充分利用科学成就和新技术，才能一日千里地推进我国农业的发展。

> 斯大林：《论联共（布）党内的右倾》，《斯大林选集》（下），人民出版社 1979 年版，第 156 页。

我们共产党员更加应当宣布公共财产神圣不可侵犯

再拿另一种类型的企业即国营企业来看。这种企业是不是国家资本主义的企业呢？不，不是的。为什么呢？因为这种企业中不存在两个阶级，只有一个阶级，即工人阶级，它通过自己的国家来掌握生产工具和生产资料，它不受剥削，因为企业中生产出来的一切除了支付工资以外，最大部分是用来继续扩大工业，即用来改善整个工人阶级的状况。

有人会说，如果估计到我国企业管理机关中还存在官僚主义残余，那末这终究还不是完全的社会主义。这种说法是正确的。但是这同国营工业按类型来说是社会主义的生产这一点并不矛盾。有两种类型的生产：一种是资本主义类型的生产，其中包括国家资本主义类型的生产，那里存在着两个阶级，那里在为资本家的利润进行生产；另一种是社会主义类型的生产，那里没有剥削，那里生产资料属于工人阶级，那里企业不是为异己阶级的利润进行生产，而是为全体工人扩大工业进行生产。列宁正是这样说的：我们的国营企业按类型来说是彻底的社会主义企业。

> 斯大林：《联共（布）第十四次代表大会》，《斯大林全集》第 7 卷，人民出版社 1958 年版，第 252 页。

如果说资本家宣布私有制财产神圣不可侵犯而在当时达到了巩固资本

主义制度的目的，那末我们共产党员就更加应当宣布公共财产神圣不可侵犯，来巩固一切生产部门和商业部门中的新的社会主义经济形式。

斯大林：《第一个五年计划的总结》，《斯大林全集》第 13 卷，人民出版社 1956 年版，第 188 页。

现今在我国存在着社会主义生产的两种基本形式

现今在我国，存在着社会主义生产的两种基本形式：一种是国家的即全民的形式，一种是不能叫作全民形式的集体农庄形式。在国家企业中，生产资料和产品是全民的财产。在集体农庄这种企业中，虽然生产资料（土地、机器）也属于国家，可是产品却是各个集体农庄的财产；因为集体农庄中的劳动以及种子是它们自己所有的，而国家交给集体农庄永久使用的土地，事实上是由集体农庄当作自己的财产来支配的，尽管它们不能出卖、购买、出租或抵押这些土地。

斯大林：《苏联社会主义经济问题》，《斯大林选集》（下），人民出版社 1979 年版，第 550 页。

第一，生产资料并不"出售"给任何买主，甚至不"出售"给集体农庄，而只是由国家分配给自己的企业。第二，生产资料所有者——国家，把生产资料交给某一个企业，丝毫不失去对它们的所有权，相反地，是完全保持着所有权的。第三，企业的经理从国家手中取得了生产资料，不但不会成为这些生产资料的所有者，相反地，是被确认受苏维埃国家的委托，依照国家所交下的计划，来使用这些生产资料的。

斯大林：《苏联社会主义经济问题》，《斯大林选集》（下），人民出版社 1979 年版，第 578 页。

23. 经济政策和纲领

经济政策的若干问题

1. 坚持不懈地把已经开始并已在主要方面基本上完成的对资产阶级的剥夺，把变生产资料和流通手段为苏维埃共和国的财产即全体劳动者的公共财产的工作继续下去并进行到底。

2. 要以大力提高全国生产力作为决定苏维埃政权全部经济政策的主要点和基本点。由于国家遭到极严重的破坏，应当使一切都服从于一个实际目的——立即尽一切力量增加居民最必需的产品的数量。每一个与国民经济有关的苏维埃机关的工作成绩，都应当以这方面所获的实际结果来衡量。

同时必须首先注意下列几点：

3. 帝国主义经济的解体为苏维埃建设初期所留下的遗产是，生产组织和生产管理方面的某种混乱状态。这就更加迫切地提出一个根本的任务——按照一个全国性的计划把全国所有经济活动最大限度地联合起来；使生产最大限度地集中起来，即把一个部门或若干有关部门的生产联合起来，把它集中在一些最好的生产单位，并迅速地完成经济任务；使全部生产机构保持最大的协调一致，合理地和节省地使用国内一切物质资源。

这里必须注意扩大与其他各民族的经济合作和政治联系，同时力求同它们当中那些已经实行苏维埃制度的民族制定统一的经济计划。

4. 对于小工业和手工业，必须用国家向手工业者订货的方法广泛地加以利用；把手工业和小工业列入供应原料和燃料的总计划，同时在单个的手工业者、手工业劳动组合、生产合作社和小企业联合成较大的生产单位和工业单位的条件下，给他们以财政上的支持；用给予经济优惠的办法来鼓励这类联合，给予这种优惠的目的是，结合其他办法使手工业者不致向往变成小工业家，并促进这些落后的生产形式无痛苦地过渡到较高的、机械化的大工业。

5. 社会化工业的组织机构应当首先依靠工会。工会必须逐渐摆脱行会的狭隘性，变成包括本生产部门的大多数劳动者并且逐渐地包括全体劳动者的大规模的产业联合组织。

根据苏维埃共和国的法律和已有的实践，工会已经成为一切地方的和中央的工业管理机关的参加者，工会应当做到把作为统一经济整体的全部国民经济的全部管理切实地集中在自己手中。工会在用这样的方法保证中央国家管理机关、国民经济和广大劳动群众之间的密切联系的同时，应当广泛地吸引后者直接参加经济管理。工会参加经济管理并吸收广大群众参加这一工作，同时也就是防止苏维埃政权经济机关官僚化的主要方法，并且为对生产的结果实行真正的人民监督提供了可能性。

6. 为了有计划地发展国民经济，必须最大限度地利用国家现有的全部劳动力，在各个不同的地区以及各个国民经济部门中对劳动力实行正确的分配和重新分配，这应当是苏维埃政权的经济政策方面的最近时期的任务。苏维埃政权只有与工会紧密结合起来才能实现这个任务。苏维埃政权应当在工会的参加下，比以前更广泛更有步骤地动员所有一切有劳动能力的居民都来担任一定的社会工作。

7. 在资本主义的劳动组织解体的情况下，只有依靠劳动者的同志纪律、他们最高限度的主动性、责任心和对劳动生产率的互相严格监督，全国的生产力才能恢复和发展，社会主义生产方式才能巩固。

要达到这一目的，就需要坚持不懈地有系统地重新教育群众，进行这项工作现在比较容易了，因为群众看到资本家、地主和商人的确被消灭，并从切身的实际经验中确信他们的物质生活水平完全取决于他们本身劳动的纪律性。

在建立新的社会主义纪律这项工作中，工会应当起最主要的作用。它在打破陈规旧套时，应当为实现这一目的采取并在实践中试验各种各样的办法，例如：建立报告工作的制度，规定生产定额，实行特设的工人同志审判会，等等。

8. 发展生产力这一任务还要求立即广泛地和全面地利用资本主义遗留给我们的科学技术专家，尽管他们大多必然浸透了资产阶级的世界观和习惯。党认为，由这一阶层有组织的怠工而引起的对他们进行尖锐斗争的时期已经结束了，因为这种怠工行为大体上已经被克服了。党应当与工会组织紧密结合，执行自己原有的路线：一方面，对这个资产阶级阶层不作丝毫政治让步，无情地镇压他们的各种反革命阴谋，另一方面，也要无情地反对那种貌似激进实则是不学无术的自负，好像劳动者不向资产阶级专家学习，不利用他们，不经过同他们共事的长期锻炼，也能战胜资本主义和资产阶级制度。

苏维埃政权力求使任何劳动的报酬一律平等，力求实现完全的共产主义，但在目前只是采取最初步骤从资本主义向共产主义过渡的时候，不能给自己提出立刻实现这种平等的任务。因此，在一定的时间内仍要给专家们较高的报酬，使他们工作得比以前不是坏些而是好些，为了同一目的，也不能取消鼓励成绩优良的工作特别是组织工作的奖励制度。

同样，必须造成一种环境，使资产阶级专家同觉悟的共产党员所领导的普通工人群众手携手地同志般地共同劳动，从而促使被资本主义分开的体力劳动者和脑力劳动者互相了解和接近。

9. 苏维埃政权已经采取一系列的发展科学和使科学接近生产的办法：

建立一整套新的实用科学研究所、试验室、实验站，并进行试验性生产，以检验新的技术方法、新的改进和发明，计算和组织所有科学方面的人力和物力，等等。俄共支持这些办法，尽力使这些办法进一步向前发展，并为科学工作与提高全国生产力相联系创造最良好的条件。

> 列宁：《俄国共产党（布尔什维克）纲领》（1919 年 3 月 18—23 日通过），《列宁全集》第 36 卷，人民出版社 1985 年第二版，第 414—417 页。

苏维埃政权当前的任务如下：

（1）坚持不懈地把已经开始并已在主要方面基本上完成的对资产阶级的剥夺，把变生产资料和流通手段为苏维埃共和国的财产即全体劳动者的公共财产的工作继续下去并进行到底。

（2）特别注意加强和巩固劳动者的同志纪律并从各方面提高他们的主动性和责任心。这是彻底战胜资本主义、战胜生产资料私有制的统治所造成的习惯的最主要的办法，甚至是唯一的办法。要达到这一目的，就需要坚持不懈地耐心地重新教育群众。现在，当群众看到地主、资本家和商人的确被消灭的时候，这种教育不仅是可能的，实际上也在用千百种办法通过工人和农民切身的实际经验而进行着。在这方面具有非常重要意义的是发展劳动者的工会组织，这种组织在任何时候、在世界上任何地方都没有像在苏维埃政权之下得到这样迅速的发展，但它应当做到把所有劳动者无例外地都联合到严整的、集中的、有纪律的产业工会中来。

> 列宁：《俄共（布）纲领草案》（1919 年 2 月），《列宁全集》第 36 卷，人民出版社 1985 年第二版，第 109 页。

提高劳动生产率问题。如果不在工业和农业方面不断提高劳动生产率，我们就不能解决改造的任务，就不仅不能赶上并超过各先进资本主义国家，而且连自己的独立生存也不能保住。因此，提高劳动生产率问题对于我们具有头等重要的意义。

> 斯大林：《联共（布）中央委员会向第十六次代表大会的政治报告》，《斯大林全集》第 12 卷，人民出版社 1955 年版，第 287 页。

发展生产力要求立即广泛地和全面地利用科学技术专家

发展生产力这一任务还要求立即广泛地和全面地利用资本主义遗留给我们的科学技术专家，尽管他们大多必然浸透了资产阶级的世界观和习惯。党应当与工会组织紧密结合，执行自己原有的路线：一方面，对这个资产阶级阶层不作丝毫的政治让步，无情地镇压他们的各种反革命阴谋；另一方面，也要无情地反对那种貌似激进实则是不学无术的自负，好像劳动者不向资产阶级专家学习，不利用他们，不经过同他们共事的长期锻炼，也能战胜资本主义和资产阶级制度。

苏维埃政权力求使任何劳动的报酬一律平等，力求实现完全的共产主义，但在目前只是采取最初步骤从资本主义向共产主义过渡的时候，不能给自己提出立刻实现这种平等的任务。因此，在一定的时间内仍要给专家们较高的报酬，使他们工作得比以前不是坏些而是好些，为了同一目的，也不能取消鼓励成绩优良的工作特别是组织工作的奖励制度。

同样，必须造成一种环境，使资产阶级专家同觉悟的共产党员所领导的普通工人群众手携手地同志般地共同劳动，从而促使被资本主义分开的体力劳动者和脑力劳动者互相了解和接近。

列宁：《俄共（布）纲领草案》（1919年2月），《列宁全集》第36卷，人民出版社1985年第二版，第109—110页。

我国无论在农业方面或工业方面愿意参加建设和领导建设的人有的是，而会建设和会领导的人却少得不象话。相反地，我们在这方面是非常无知的。不但如此，我们还有些人决心歌颂我们的没有文化。如果你不认识字或者常写错字，并以自己的落后自夸，那你就是"产业"工人，你就得到荣誉和尊敬。如果你摆脱了没有文化的状况，认识了字，掌握了科学，那你就不是自己人，就"脱离了"群众，就不再是工人了。

我认为不消除这种野蛮和不文明的现象，不消除这种对待科学和有文化的人的野蛮态度，我们就一步也不能前进。如果工人阶级不能摆脱没有文化的状况，如果它不能造就自己的知识分子，如果它不掌握科学和不善于根据科学的原则来管理经济，那它就不能真正成为国家的主人。

……

要建设，就必须有知识，必须掌握科学。而要有知识，就必须学习。顽强地、耐心地学习。向所有的人学习，不论向敌人或朋友都要学习，特别是向敌人学习。咬紧牙学习，不怕敌人讥笑我们，笑我们无知，笑我们落后。

……

现在我们不能只限于培养各方面都会吹一点的一般共产党员干部，一般布尔什维克干部。一知半解和自诩万事通现在对我们来说是桎梏。现在我们需要金属、纺织、燃料、化学、农业、运输、商业、会计等等方面的布尔什维克专家。现在我们需要大批大批的、成千上万的能够在各种知识部门中成为行家的新的布尔什维克干部。否则就谈不到我国社会主义建设的高速度。否则就谈不到我们能赶上并超过先进的资本主义国家。

掌握科学，培养各种知识部门的新的布尔什维克专家干部，学习，学习，最顽强地学习，——这就是现在的任务。

> 斯大林：《在苏联列宁共产主义青年团第八次代表大会上的演说》，《斯大林选集》（下），人民出版社 1979 年版，第 40—41 页。

但是，价值规律的作用，并不限于商品流通范围内，同时也扩展到生产方面。诚然，价值规律在我国社会主义生产中，并没有调节的意义，可是它总还影响生产，这在领导生产时是不能不考虑到的。问题在于，抵偿生产过程中劳动力的耗费所需要的消费品，在我国是作为商品来生产和销售的，而商品是受价值规律作用的。也正是在这里可以看出价值规律对生产的影响。因此，在我们的企业中，这样一些问题，如经济核算和赢利问题、成本问题、价格问题等等，就具有现实的意义。所以，我们的企业是不能不，而且不应该不考虑到价值规律的。

这好不好呢？这并不坏。在我国现今条件下，这的确不坏，因为这种情况教育我们的经济工作人员来合理地进行生产，并使他们遵守纪律。其所以不坏，是因为这种情况教导我们的经济工作人员计算各种生产数值，精确地计算这些数值，并且同样精确地估量生产中的实有的东西，而不去侈谈凭空想出来的"大概数字"。其所以不坏，是因为这种情况教导我们的经济工作人员寻求、发现和利用生产内部潜在的后备力量，而不去糟蹋它们。其所以不坏，是因为这种情况教导我们的经济工作人员不断地改进生产方法，降低生产成本，实行经济核算，并使企业能够赢利。这是很好的实践的学校，它促使我们的经济工作干部迅速地成长，迅速变成现今发展阶段上社会主义生产的真正领导者。

> 斯大林：《苏联社会主义经济问题》，《斯大林选集》（下），人民出版社 1979 年版，第 552—553 页。

还有一种说法也是完全不正确的，这种说法就是：在我们现今的经济制度下，即在共产主义社会发展的第一阶段上，价值规律仿佛调节着各个生产部门间劳动分配的"比例"。

假如这是正确的，那就不能理解，为什么在我国，没有用全力优先发展最能赢利的轻工业，而去发展往往赢利较少、有时简直不能盈利的重工业。

假如这是正确的，那就不能理解，为什么在我国，不关闭那些暂时还不能盈利、而且工人的劳动在其中不能产生"应有效果"的重工业企业，也不开设确实能盈利、而且工人的劳动在其中能产生"巨大效果"的轻工业的新企业。

假如这是正确的，那就不能理解，为什么在我国，不依据仿佛调节着各个生产部门间劳动分配的"比例"的价值规律，把工人从那些对国民经济很需要但盈利很少的企业，调到更能盈利的企业中去。

显而易见，如果循着这些同志的脚步走去，那我们就不得不把生产资料生产的首要地位让给消费资料的生产。然而，放弃生产资料生产的首要地位，又是什么意思呢？这就是消灭我国国民经济不断增长的可能性，因为不把生产资料的生产放在首要地位，就不能使国民经济不断增长。

这些同志忘记了，价值规律只是在资本主义制度下，在存在着生产资料私有制的情况下，在存在着竞争、生产无政府状态、生产过剩危机的情况下，才能是生产的调节者。他们忘记了，在我国，价值规律发生作用的范围是被生产资料公有制的存在、被国民经济有计划发展这一规律的作用限制着的，因而，也是被大致反映了这个规律的要求的我们的年度计划和五年计划限制着的。

某些同志由此做出结论说，国民经济有计划发展的规律和国民经济的计划化，消灭着生产盈利的原则。这是完全不对的。情形正好相反。如果不从个别企业或个别生产部门的角度，不从一年的时间来考察盈利，而是从整个国民经济的角度，从比方十至十五年的时间来考察盈利（这是唯一正确的处理问题的方法），那么，个别企业或个别生产部门暂时的不牢固的盈利，就决不能与牢固的经久的高级盈利形式相比拟，这种高级盈利形式是国民经济有计划发展这一规律的作用及国民经济的计划化所提供给我们的，因为它们使我们避免那种破坏国民经济并给社会带来巨大物质损害的周期性的经济危机，而保证我国国民经济高速度地不断地增长。

简略地说：不容置疑，在我国现今的社会主义生产条件下，价值规律不能是各个生产部门间劳动分配方面的"比例的调节者"。

斯大林：《苏联社会主义经济问题》，《斯大林选集》（下），人民出版社
1979年版，第555—557页。

24. 苏维埃农业

提高农业劳动生产率的唯一方法

苏维埃政权在完全废除了土地私有制以后，已着手实现一系列旨在组织社会主义大农业的办法。其中最重要的办法是：（1）建立国营农场（即社会主义大农场）；（2）支持共耕社和协作社；（3）无论谁的土地，凡未播种的，一律由国家组织播种；（4）由国家动员一切农艺人才来大力提高农业经营水平；（5）支持农业公社——农民经营公共大经济的完全自愿的联合。

俄共认为，这些措施是使绝对必须提高的农业劳动生产率得以提高的唯一方法，因此俄共力求尽可能完满地实现这些措施，把它们推广到国内较落后的地区，并在这方面采取进一步的办法。

俄共特别主张：

（1）由国家大力支持从事农产品加工的农业合作社；

（2）广泛实行土壤改良制；

（3）通过农具租赁站广泛地、有计划地供给贫苦农民和中农以农具。

俄共考虑到小农经济还将长时存在，因此力求实现旨在提高农民经济生产率的一系列办法。这些办法是：（1）调整农民使用的土地（消除土地零散插花、狭长等等现象）；（2）供给农民改良种子和人造肥料；（3）改进农民的牲畜品种；（4）推广农艺知识；（5）给农民以农艺指导；（6）由国营修理厂给农民修理农具；（7）建立农具租赁站、实验站、示范田等等；（8）改良农民田地的土壤。

列宁：《俄国共产党（布尔什维克）纲领》（1919年3月18—23日通过），
《列宁全集》第36卷，人民出版社1985年第二版，第417—418页。

消灭城乡对立是共产主义建设的根本任务之一

鉴于城乡对立是农村经济和文化落后的最深刻的原因之一，而在目前危机如此深重的时代，这种对立已使城市和乡村面临衰退和灭亡的直接危险，俄共认为消灭这种对立是共产主义建设的根本任务之一，同时认为除

一般措施以外，必须广泛地有计划地吸引产业工人参加农业方面的共产主义建设，扩大苏维埃政权为此而成立的全国性的"工人协助委员会"的活动等等。

列宁：《俄国共产党（布尔什维克）纲领》（1919年3月18—23日通过），
《列宁全集》第36卷，人民出版社1985年第二版，第418页。

俄共在农村工作中的阶级政策

俄共在全部农村工作中仍然是依靠农村无产者阶层和半无产者阶层，首先把他们组织成为独立的力量，建立农村党支部、贫苦农民组织、农村无产者和半无产者的特种工会等等，尽量使他们接近城市无产阶级，使他们摆脱农村资产阶级和小私有者利益的影响。

俄共对富农即对农村资产阶级的政策是坚决反对他们的剥削意图，镇压他们对苏维埃政策的反抗。

俄共对中农的政策是逐步地有计划地吸引他们参加社会主义建设工作。党的任务是把他们同富农分开，关心他们的需要，把他们吸引到工人阶级方面来，用思想影响的办法而决不用镇压的办法来克服他们的落后性，在一切触及他们切身利益的问题上力求同他们妥协，在确定社会主义改造的方式方面向他们让步。

列宁：《俄国共产党（布尔什维克）纲领》（1919年3月18—23日通过），
《列宁全集》第36卷，人民出版社1985年第二版，第418—419页。

我回答说：在实行了工人监督和银行国有化等等措施、社会主义事业有了保障的情况下，无产阶级政党为了工人同被剥削劳动农民的联盟，必须投票赞成农民，反对资产阶级。我认为，布尔什维克在投票的时候，可以提出自己的特别声明，保留自己的不同意见等等，但如果在这种情况下弃权，那就是由于局部的意见分歧而出卖自己在争取社会主义的斗争中的同盟者。布尔什维克在这种情况下决不会出卖农民。只要政权掌握在工农政府手里，只要实行了工人监督，实行了银行国有化，建立了指导（调节）整个国民经济的工农最高经济机构等等，土地平均使用等办法是决不会危害社会主义的。

这就是我的答复。

列宁：《工人同被剥削劳动农民的联盟》（1917年11月18日［12月1日]），《列宁全集》第33卷，人民出版社1985年第二版，第99—100页。

怎样把农民经济纳入经济建设呢？

因此，我们在农村中有两项基本任务。

第一，必须把农民经济纳入苏维埃经济发展的总体系。……

（2）第二项任务是：逐步地而又不断地实现消灭农村中旧的行政管理方法和领导方法的路线，实现活跃苏维埃的路线、使苏维埃成为真正的经选举产生的机关的路线以及在农村中确立苏维埃民主制的原则的路线。

> 斯大林：《俄共（布）第十四次代表会议的工作总结》，《斯大林选集》（上），人民出版社 1979 年版，第 347—348 页。

但是，怎样把农民经济纳入经济建设呢？通过合作社。通过信用合作社、农业合作社、消费合作社和工艺合作社。

> 斯大林：《俄共（布）第十四次代表会议的工作总结》，《斯大林选集》（上），人民出版社 1979 年版，第 347 页。

合作社首先把劳动者作为消费者联合起来，然后把他们作为生产者联合起来（农业合作社）。在无产阶级专政巩固以后，在广泛的建设时期，合作社具有特别的意义。合作社使无产阶级先锋队便于同农民群众联系，并为把农民群众引上社会主义建设轨道创造条件。

> 斯大林：《论列宁主义的几个问题》，《斯大林选集》（上），人民出版社 1979 年版，第 412 页。

农民应当走上而且一定会走上社会主义的发展道路

农民按其地位来说是非社会主义性的。但是，他们应当走上而且一定会走上社会主义的发展道路，因为除了和无产阶级结合，除了和社会主义工业结合，除了通过农民普遍合作化把农民经济引上社会主义发展的总轨道以外，没有而且不可能有其他足以使农民免于贫困和破产的道路。

> 斯大林：《论列宁主义的几个问题》，《斯大林选集》（上），人民出版社 1979 年版，第 450 页。

……列宁远在写《论粮食税》时，即在我国还没有发达的社会主义工业时，就已经认为合作社在成功时能变为反对"社会主义以前的"关系因而也反对资本主义关系的强有力的斗争工具。

> 斯大林：《论列宁主义的几个问题》，《斯大林选集》（上），人民出版社 1979 年版，第 456 页。

集体农庄是社会主义的经济形式之一

集体农庄作为一种经济类型，是社会主义的经济形式之一。这是丝毫不容怀疑的。

　　……

　　经济类型是由什么决定的呢？很明显，是由人们在生产过程中的关系决定的。否则还有什么可以决定经济类型呢？但是，难道在集体农庄里有生产资料占有者阶级和生产资料被剥夺的阶级吗？难道在集体农庄里有剥削者阶级和被剥削者阶级吗？难道集体农庄不是在属于国家的土地上实行基本生产工具公有化吗？有什么根据断言集体农庄作为一种经济类型不是社会主义的经济形式之一呢？

　　当然，在集体农庄里是有矛盾的。当然，在集体农庄里是有个人主义残余甚至富农思想残余的，这些残余还没有消失，但是过一个时候，随着集体农庄的巩固，随着集体农庄的机械化，这些残余必定会消失。但是整个说来，把矛盾和缺点都包括在内，集体农庄作为一种经济因素基本上是农村的新的发展道路，是和富农的资本主义发展道路相反的农村的社会主义发展道路，这难道可以否认吗？在我国条件下，集体农庄（我说的是集体农庄，而不是冒牌的集体农庄）是在同资本主义分子进行殊死搏斗中发展起来的农村社会主义建设的基地和策源地，这难道可以否认吗？

　　　　　斯大林：《论苏联土地政策的几个问题》，《斯大林选集》（下），人民出版社 1979 年版，第 224—225 页。

　　其次，拿农业劳动组合和农业公社的问题来说吧。现在大家都承认，劳动组合在目前条件下是集体农庄运动唯一正确的形式。这是完全可以理解的，因为：（一）劳动组合正确地把庄员的个人生活利益和他们的公共利益结合起来；（二）劳动组合成功地使个人生活利益适应公共利益，从而有助于以集体主义精神教育昨天的个体农民。

　　公社和劳动组合不同，劳动组合只把生产资料公有化，而公社直到不久以前为止不仅把生产资料公有化，而且把每个社员的生活也公有化了，就是说，公社社员和劳动组合成员不同，他们没有私有的家禽、小家畜、奶牛、谷物和宅旁园地。这就是说，在公社中，与其说是照顾到社员的个人生活利益，把它和公共利益结合起来，不如说是为了达到小资产阶级的平均主义而用公共利益把社员的个人利益压抑下去了。很明显，这是公社的最大弱点。正是由于这个缘故，公社没有得到广泛发展，而只有几个或几十个。也是由于这个原因，公社为了维持自己的生存而避免垮台，就不得不放弃生活公共化的办法，开始按劳动日计工，把谷物分给各户，允许社员私养家禽、小家畜、奶牛等等，但是由此产生的结果是公社实际上改为劳动组合了。这并没有什么不好，因为群众性集体农庄运动正常发展的利益要求这样做。

这当然不是说公社根本不需要了，它不再是集体农庄运动的高级形式了。不，公社是需要的，它当然是集体农庄运动的高级形式，但不是目前的在技术不发达和产品不足的基础上产生并且自然改为劳动组合的公社，而是将来的在技术更发达和产品十分丰富的基础上产生的公社。目前的农业公社是在技术不很发达和产品不足的基础上产生的。正是由于这个缘故，它实行了平均主义，很少照顾到社员的个人生活利益，因此现在不得不改为把庄员的个人利益和公共利益合理地结合起来的劳动组合。将来的公社是从发达的富裕的劳动组合中成长起来的。

> 斯大林：《在党的第十七次代表大会上关于联共（布）中央工作的总结报告》，《斯大林选集》（下），人民出版社 1979 年版，第 332—333 页。

集体农庄的财产是社会主义的财产，所以我们无论如何不能象处理资本主义财产那样来处理它。无论如何不能因为集体农庄的财产不是全民的财产，就说集体农庄的财产不是社会主义的财产。

> 斯大林：《苏联社会主义经济问题》（1952 年 2—9 月），《斯大林选集》（下），人民出版社 1979 年版，第 605 页。

必须根据自愿原则用公共的集体经济比个体经济的优越性引导农民

列宁主义教导说，必须根据自愿原则，用说服农民，使他们相信公共的集体经济比个体经济优越的方法把他们引上集体经济的轨道。列宁主义教导说，只有向农民指明并用事实、用经验证明集体农庄比个体经济好，集体农庄比个体经济有利，集体农庄能使农民，使贫农和中农摆脱贫穷和困苦的时候，才能说服农民，使他们相信集体农庄的优越性。列宁主义教导说，没有这些条件，集体农庄就不能巩固。列宁主义教导说，任何想用暴力迫使农民接受集体农庄经济的企图，任何想用强迫手段建立集体农庄的企图，都只能产生不良后果，只能使农民离开集体农庄运动。

> 斯大林：《答集体农庄庄员同志们》，《斯大林选集》（下），人民出版社 1979 年版，第 247 页。

这就是说，现在我们应当采取的方针不是建立公社，而是建立作为集体农庄建设的主要形式的农业劳动组合；绝不能容许跳过农业劳动组合而径直成立公社；决不能用"命令"集体农庄和"把集体农庄当作儿戏"来代替农民参加集体农庄的群众运动。

斯大林：《答集体农庄庄员同志们》，《斯大林选集》（下），人民出版社
1979 年版，第 251—252 页。

要巩固无产阶级专政和建成社会主义社会，除了工业化以外，还必须由个体小农经济过渡到拥有拖拉机和现代农业机器的大规模的集体农业，作为苏维埃政权在农村中唯一的巩固基础。

党的出发点是：不实行集体化，就不能把我国引向建成社会主义经济基础的康庄大道，就不能使千百万劳动农民摆脱贫困和愚昧。

斯大林：《第一个五年计划的总结》，《斯大林全集》第 13 卷，人民出版
社 1956 年版，第 171—172 页。

25. 社会主义的分配

用有计划有组织的产品分配来代替贸易

在分配方面，苏维埃政权现时的任务是坚定不移地继续在全国范围内用有计划有组织的产品分配来代替贸易。目的是把全体居民组织到统一的消费公社网中，这种公社能把整个分配机构严格地集中起来，最迅速、最有计划、最节省、用最少的劳动来分配一切必需品。合作社就是达到这一目的的过渡手段。利用合作社和利用资产阶级专家是同类的任务，因为领导资本主义留给我们的合作社机构的是一些具有资产阶级头脑和经营作风的人。俄共应当有步骤地继续贯彻自己的政策：责成全体党员在合作社内工作，同时在工会的帮助下，以共产主义的精神指导合作社，发挥参加合作社的劳动居民的主动性和纪律性，力争使全体居民都加入合作社，并使这些合作社合并为一个自上而下全国统一的合作社；最后，也是最主要的，是要始终保证无产阶级对其他劳动阶层的影响占有优势，并在各地试行种种办法，以促进和实现从旧的资本主义类型的小资产阶级合作社向无产者和半无产者所领导的消费公社的过渡。

列宁：《俄共（布）纲领草案》（1919 年 2 月），《列宁全集》第 36 卷，
人民出版社 1985 年第二版，第 90 页。

按劳分配是社会主义分配个人消费品的基本原则

所有的人都领取同样的工资、同等数量的肉、同等数量的面包，穿同等的衣服，领取同样的和同等数量的产品，——这种社会主义是马克思主义所不知道的。

马克思主义只是说：在阶级还没有彻底消灭的时候，在劳动还没有从生存手段变成人们的第一需要，变成为社会谋福利的自愿劳动的时候，人们将按自己的劳动来领取工作报酬。"各尽所能，按劳分配"，——这就是马克思主义的社会主义公式，也就是共产主义的第一阶段即共产主义社会的第一阶段的公式。

只有在共产主义的高级阶段，每个人一方面尽自己的能力来劳动，另一方面将按自己的需要来领取劳动报酬。"各尽所能，按需分配"。

斯大林：《和德国作家埃米尔·路德维希的谈话》，《斯大林选集》（下），
人民出版社 1979 年版，第 308 页。

我们的伟大导师列宁说过："不劳动者不得食。"这是什么意思呢？列宁的话是反对什么人的呢？是反对剥削者，反对那些自己不劳动而强迫别人劳动，靠剥削别人发财致富的人的，还反对什么人呢？还反对那些好逸恶劳，想靠别人养活的人。社会主义需要的不是好逸恶劳，而是所有的人都诚实地劳动，不是为别人劳动，不是为富豪和剥削者劳动，而是为自己、为社会劳动。如果我们诚实地劳动，为自己、为自己的集体农庄诚实地劳动，那么我们就能做到在短短两三年内把全体集体农庄庄员，不论是从前的贫农或从前的中农，提高到富裕农民的水平，提高到享有丰富产品并过着完全文明生活的人的水平。

这就是我们当前的任务。这是我们能够做到的，而且是我们无论如何必须做到的。

斯大林：《在全苏集体农庄突击队员第一次代表大会上的演说》，《斯大林选集》（下），人民出版社 1979 年版，第 323 页。

马克思主义是平均主义的敌人

现在应当了解，马克思主义是平均主义的敌人。马克思和恩格斯还在《共产党宣言》中就痛斥了原始的空想社会主义，因为它鼓吹"普遍的禁欲主义和粗陋的平均主义"而称它为反动的社会主义。恩格斯在他的《反杜林论》一书中，用了整整一章来严厉批判杜林提出来和马克思主义的社会主义相对立的那种"激进派的平均社会主义"。

恩格斯说:"无产阶级平等要求的实际内容都是消灭阶级的要求。任何超出这个范围的平等要求,都必然要流于荒谬。"

列宁也这样说:

"恩格斯说得万分正确:平等的概念如果与消灭阶级无关,那就是一种极端愚蠢而荒谬的偏见。资产阶级的教授们企图用平等这个概念来证明我们想使一个人同其他的人平等。他们企图用他们捏造的这种无稽之谈来责备社会主义者。但是他们由于自己无知,竟不知道:社会主义者,即现代科学社会主义的创始人马克思和恩格斯曾经说过,如果不把平等理解为消灭阶级,平等就是一句空话。我们要消灭阶级,从这方面说,我们是主张平等的。但是硬说我们想使所有的人彼此平等,那就是无谓的空谈和知识分子的愚蠢的捏造。"……

看来是很明白的了。

资产阶级作家们喜欢把马克思主义的社会主义描绘成过去沙皇时代的兵营,那里一切都服从平均主义"原则"。但是,马克思主义者是不能对资产阶级作家们的无知和愚昧负责的。

毫无疑问,个别党员对马克思主义的社会主义的这种糊涂观点和对农业公社的平均主义趋向的迷恋是同我们"左派"糊涂虫的小资产阶级观点一模一样的。"左派"糊涂虫有一个时候把农业公社理想化到这种地步,甚至企图在工厂里建立公社,在公社里,熟练工人和非熟练工人各干各的工种,但是必须把工资交出来合在一起,然后再平均分配。大家知道,"左派"糊涂虫的这些平均主义的儿戏使我们的工业受到了多大的伤害。

斯大林:《在党的第十七次代表大会上关于联共(布)中央工作的总结报告》,《斯大林选集》(下),人民出版社1979年版,第335—337页。

斯达汉诺夫运动的意义还在于它为向共产主义过渡准备了条件

但是,斯达汉诺夫运动的意义还不止这一点。它的意义还在于它为社会主义向共产主义过渡准备条件。

社会主义的原则是:在社会主义社会里,每个人按他的能力进行工作,但不是按他的需要、而是按他为社会所做的工作取得消费品。这就是说,工人阶级的文化技术水平还不很高,脑力劳动和体力劳动的对立依然存在,劳动生产率还没有达到能保证消费品丰裕的高度,所以社会只得不按社会各个成员的需要，而按他们为社会所做的工作来分配消费品。

共产主义是更高的发展阶段。共产主义的原则是：在共产主义社会里，每个人按他的能力进行工作，但不是按他所做的工作、而是按一个有高度文化的人的需要取得消费品。这就是说，工人阶级的文化技术水平已经达到了足以打破脑力劳动和体力劳动对立的基础的高度，脑力劳动和体力劳动的对立已经消失，而劳动生产率达到了可以保证消费品十分丰裕的高度，所以社会就有可能按各个成员的需要来分配这些消费品了。

斯大林：《在全苏斯达汉诺夫工作者第一次会议上的讲话》，《斯大林选集》（下），人民出版社 1979 年版，第 376 页。

平均主义的"原则"下的工资等级，离开了马克思列宁主义

我们很多企业制定的工资率几乎把熟练劳动和非熟练劳动之间，重劳动和轻劳动之间的差别抹杀了。平均主义使非熟练工人不想成为熟练工人，因而丧失了上进的前途……

……

要消除这种祸害，就必须取消平均主义，打破旧的工资等级制。要消除这种祸害，就必须在规定工资等级制时注意到熟练劳动和非熟练劳动之间，重劳动和轻劳动之间的差别。钢铁备料工和扫地工人得到同样多的工资的情形是不能容忍的。火车司机和抄写员得到同样多的工资的情形是不能容忍的。马克思和列宁说过：熟练劳动和非熟练劳动之间的差别，即使在社会主义制度下，即使在阶级消灭以后，也还会存在；这种差别只有在共产主义制度下才会消失；因此，即使在社会主义制度下，"工资"也应该按劳动来发给，而不应该按需要来发给。但是，我们经济工作人员和工会工作人员中的平均主义者不同意这一点，他们认为在我们苏维埃制度下这种差别已经消失了。究竟是谁对呢？是马克思和列宁对呢？还是平均主义者对？应当认为马克思和列宁在这里是对的。由此应当得出结论说：谁现在不顾熟练劳动和非熟练劳动之间的差别而根据平均主义的"原则"来规定工资等级，谁就是离开了马克思主义，离开了列宁主义。

斯大林：《新的环境和新的经济建设任务》，《斯大林选集》（下），人民出版社 1979 年版，第 280 页。

合作社是实行计划分配的唯一群众性的机构

为了达到这一目的，在存在着把不同的原则结合起来的多种过渡形态的现时期中，特别重要的是苏维埃粮食机关要利用合作社这种由资本主义遗留下来的、实行计划分配的唯一群众性的机构。

俄共认为，这样按共产主义原则进一步发展这种机构而不把它抛弃，在原则上是唯一正确的，因此应当有步骤地继续贯彻自己的政策：责成全体党员在合作社内工作，同时在工会的帮助下，以共产主义的精神指导合作社，发挥参加合作社的劳动居民的主动性和纪律性，力争使全体居民都加入合作社，并使这些合作社合并为一个自上而下全国统一的合作社；最后，也是最主要的，是要始终保证无产阶级对其他劳动阶层的影响占有优势，并在各地试行种种办法，以促进和实现从旧的资本主义类型的小资产阶级合作社向无产者和半无产者所领导的消费公社的过渡。

　　　　　列宁：《俄共（布）纲领草案》（1919 年 2 月），《列宁全集》第 36 卷，人民出版社 1985 年第二版，第 111 页。

26. 苏维埃金融、银行和财政

苏维埃政权避免了巴黎公社所犯的错误，立即掌握了国家银行

俄国苏维埃政权避免了巴黎公社所犯的错误，立即掌握了国家银行，然后把私营商业银行收归国有，并着手把收归国有的银行、储金局、国库同国家银行合并，从而建立起苏维埃共和国统一的人民银行的骨架，使银行由金融资本的经济统治中心和剥削者的政治统治工具变成工人政权的工具和经济变革的杠杆。俄国共产党的目的是把苏维埃政权所开始的工作继续贯彻到底，因此它把下列原则提到首位：

（1）整个银行业由苏维埃国家实行垄断；

（2）通过把银行机构变成苏维埃共和国的统一核算和公共簿记机关的办法，根本修改和简化银行业务手续。随着把有计划的公有经济组织起来，这将导致银行的消灭，使银行变为共产主义社会的一个会计中心。

　　　　　《俄国共产党（布尔什维克）纲领》（1919 年 3 月 18—23 日党的第八次代表大会通过），《列宁全集》第 36 卷，人民出版社 1985 年第二版，第 420 页。

……我们把社会主义的任务从"剥夺剥夺者"这个一般的抽象的公式转到银行国有化和土地国有化这样一些具体的公式，而这些将是纲领的主要部分。

　　　　　列宁：《俄共（布）第七次（紧急）代表大会文献》之《关于修改党纲

和更改党的名称的报告》（1918 年 3 月），《列宁全集》第 34 卷，人民出版社 1985 年第二版，第 52 页。

银行国有化的意义究竟何在呢?

至于实行银行国有、对银行实行监督的问题，只要政权由工人掌握，这在经济上是可能的，在经济上不会有任何障碍。不言而喻，既然这样看无产阶级的任务，就根本谈不上同"护国派"联合。

> 列宁:《俄国社会民主工党（布）彼得格勒市代表会议文献》（1917 年 4 月），《列宁全集》第 29 卷，人民出版社 1985 年第二版，第 241 页。

大家都知道，银行是现代经济生活的中心，是整个资本主义国民经济体系的神经中枢。谈"调节经济生活"而避开银行国有化问题，就等于暴露自己的极端无知，或者是用华丽的词句和事先就拿定主意不准备履行的漂亮诺言来欺骗"老百姓"。

要监督和调节粮食的运送以至食品的生产和分配，而不监督和调节银行的业务，那是荒谬可笑的。这就象只抓偶然碰到的"几个戈比"，而闭眼不看成百万的卢布。现代银行同商业（粮食及其他一切商业）和工业如此密不可分地长合在一起，以致不"插手"银行，就绝对不能做出任何重大的、任何"革命民主的"事情来。

然而，国家"插手"银行也许是一种非常困难复杂的事情吧？有人常常就是竭力拿这一点来吓唬庸人，而这样做的当然是资本家及其辩护人，因为这样对他们有利。

其实，银行国有化决不剥夺任何一个"产权人"的一个戈比，也绝对没有任何技术上和文化上的困难，障碍完全来自一小撮富人谋求卑鄙的私利。人们常常把银行国有化同没收私有财产混为一谈，这应当归咎于散布这种混乱概念的资产阶级报刊，因为它们一心想欺骗公众。

银行所支配和银行所汇集的那些资本的所有权，是有印制和书写的凭据为证的，这些凭据就叫做股票、债券、期票、收据等等。在实行银行国有化，即把所有银行合并为一个国家银行时，这些凭据一个也不会作废，一个也不会改变。谁的存折上有 15 个卢布，在银行国有化以后，他仍旧是 15 卢布的所有者，谁有 1500 万卢布，在银行国有化以后，他仍然握有 1500 万卢布的股票、债券、期票、货单等等。

那么，银行国有化的意义究竟何在呢?

在于对各单个银行及其业务不可能实行任何真正的监督（即使取消了商业秘密等等），因为无法查出它们在编制资产负债表、虚设企业、成立分行、冒名顶替等等时所采取的种种极复杂、极纷繁、极狡猾的手段。只有把所有银行合并成一个银行（这种合并本身丝毫也不改变财产关系，再说一遍，不剥夺任何一个产权人的一个戈比），才有可能实行真正的监督，当然，同时还要采取上述其他各种措施。只有实行银行国有化，才能使国家知道几百万以至几十亿卢布流动的来去方向、流动的方式和时间。只有监督银行，监督这个资本主义周转过程的中枢、轴心和基本机构，才能在行动上而不是口头上做好对全部经济生活的监督，做好对最重要产品的生产和分配的监督，才能做到"调节经济生活"，否则这必将仍然是欺骗老百姓的一句部长式的空话。只有把各个银行合并为一个国家银行，对它的业务进行监督，再采取一系列简单易行的措施，才能真正征收到所得税，才不致发生隐瞒财产和收入的事情，而现在的所得税在极大程度上都落空了。

列宁：《大难临头，出路何在?》（1917 年 9 月 10—14 日 [23—27 日]），《列宁全集》第 32 卷，人民出版社 1985 年第二版，第 189—191 页。

这里也许会有人反驳说：象德国和美国这样的先进国家在"调节经济生活"方面做得非常好，为什么却没有想要实行银行国有化呢?

我们回答说：因为，这两个国家虽然一个是君主国，一个是共和国，可是二者都不仅是资本主义国家，而且是帝国主义国家。它们既然是这样的国家，在实行它们所必需的改革时就要采用反动官僚的手段，而我们在这里说的则是革命民主的手段。

这个"小小的差别"有极重大的意义。关于这个差别，人们在大多数情况下是"照例不"想的。"革命民主"一语在我国（特别在社会革命党人和孟什维克那里）几乎成了一句口头禅，就象"感谢上帝"这句话一样，即使不是愚昧到相信上帝的人也常常会说的，或者象"可敬的公民"这个称呼，有时甚至也用来称呼那些《日报》或《统一报》的撰稿人，虽然几乎人人都看得出来，这些报纸是资本家为了自身利益而创办和出钱维持的，因而所谓的社会党人参加这些报纸本身是很少有"可敬"之处的。

如果不是把"革命民主"当作公式化的装饰门面的词句，当作口头禅来用，而考虑到它的意义，那么要做一个民主主义者，就要真正重视大多数人民的利益，而不是只顾少数人的利益，要做一个革命者，就要最坚决最无情地打破一切有害的过时的东西。

列宁:《大难临头,出路何在?》(1917 年 9 月 10—14 日 [23—27 日]),

《列宁全集》第 32 卷,人民出版社 1985 年第二版,第 192—193 页。

实行了银行国有化的国家军事实力超过银行留在私人手里的国家

银行国有化将会大大有助于保险事业的一并国有化,也就是把一切保险公司合并成一个,把它们的活动集中起来,受国家的监督。只要革命民主国家颁布一项有关法令,责令各保险公司的董事长和大股东各自认真负责地毫不迟延地实行这种合并,那么,通过保险公司职员代表大会就可以毫不费力地立刻实现这种合并。保险事业方面的几亿资金是资本家投入的,全部工作是由职员进行的。把这一事业统一起来,就可以减低保险金,使所有投保者能够获得许多便利,并大大减轻他们的负担,在原有人力和资金的条件下可以增加投保者的数目。除占据肥缺的一小撮人的因循守旧和自私自利以外,决没有任何其他东西阻碍这种改革,而这种改革又能提高国家的"防御能力",节省国民劳动,为真正的而不是口头上的"调节经济生活"又开辟一些极为重要的途径。

列宁:《大难临头,出路何在?》(1917 年 9 月 10—14 日 [23—27 日]),

《列宁全集》第 32 卷,人民出版社 1985 年第二版,第 194 页。

假如社会革命党人和孟什维克不同那些阻挠一切监督办法、暗中破坏生产的资产阶级搞"联合",而在 4 月间就使政权转归苏维埃,并且不把自己的力量用在玩弄"更换阁员的把戏",用在争取同立宪民主党人一起分享部长、副部长等等官位,而是把力量用来领导工农实行他们对资本家的监督,领导工农进行反对资本家的战争,那么俄国现在就会成为一个进行彻底的经济改造的国家,成为一个土地归农民、银行国有化的国家,也就是说,在这些方面(而这是现代生活极其重要的经济基础)会超过所有其他的资本主义国家。

实现了银行国有化的国家,它的防御能力即军事实力超过银行留在私人手里的国家。土地由农民委员会掌握的农民国家,它的军事实力超过保留地主土地占有制的国家。

列宁:《大难临头,出路何在?》(1917 年 9 月 10—14 日 [23—27 日]),

《列宁全集》第 32 卷,人民出版社 1985 年第二版,第 220—221 页。

银行国有化只需颁布一项法令

银行国有化只需颁布一项法令,银行经理和职员自己就会付诸实施。

不需要国家设立任何特别机构和采取任何特别的准备步骤，这项措施只要下一道命令，就可以"一举"实现。因为资本主义既然发展到了通用期票、股票、债券等等的程度，那它也就恰好在经济上造成了实行这种措施的可能性。这里剩下的事情只是合并帐务。如果革命民主国家作出决定：立刻用电报通知在每个城市中召开银行经理职员会议，在各州和全国范围内召开银行经理职员代表大会，以便立刻把所有银行合并为一个国家银行，那么这一改革在几星期内就可以完成。当然，那些经理和高级职员会进行抗拒，竭力欺骗国家，故意拖延等等，因为这班老爷将会失去他们收入特别多的职位，再不能施展他们获利特别大的欺诈手段，全部实质就在于此。可是，合并银行并不会有丝毫技术上的困难，如果国家政权不只在口头上是革命的（即不怕破除一切因循守旧的积习），不只在口头上是民主的（即维护大多数人民的利益，而不是维护一小撮富人的利益），那么，只要颁布一项法令，用没收财产和监禁的办法来惩治那些对事情稍有拖延和企图隐瞒文据报表的银行经理、董事和大股东；只要——比如说——把那些穷职员单独组织起来，并给他们中揭发富人的欺骗和拖延行为的人发奖金，银行国有化就可以极顺利极迅速地实行。

银行国有化对于全体人民，特别是对于农民和小手工业者大众，而不是对于工人（因为工人很少同银行有来往），好处是非常大的。劳动将大大节省，假定国家仍保持银行原有职员的数量，那就是说，在使银行得到普遍利用方面，即在增加分行数目，银行业务便利公众等等方面会有极大的进步。正是对小业主，对农民来说，信贷将变得非常方便和容易。国家也就第一次有可能首先是考察一切主要的金融业务，不准加以隐瞒，接着监督这种业务，然后调节经济生活，最后是获得几百万以至几十亿的巨款，用于国家经办的大规模的业务，而不必再向资本家老爷们支付巨额"佣金"，作为他们的"酬劳"。正因为这样，而且只因为这样，一切资本家、一切资产阶级教授、整个资产阶级以及所有为它效劳的普列汉诺夫之流和波特列索夫之流，都怒火万丈地叫嚣反对银行国有化，臆造出几千个借口来反对这个极简单而又极必要的办法，这个办法即使从国家"防御"的观点，即从军事的观点来看，也有极大的好处，它可以大大地加强国家的"军事实力"。

列宁：《大难临头，出路何在？》（1917 年 9 月 10—14 日［23—27 日］），
《列宁全集》第 32 卷，人民出版社 1985 年第二版，第 191—192 页。

在过渡初期消灭货币是不可能的

在从资本主义向共产主义过渡的初期，共产主义的产品生产和分配还未完全组织起来，因此消灭货币是不可能的。在这种情况下，居民中的资产阶级分子能够继续利用仍是私人财产的纸币来投机、发财和掠夺劳动者。俄共将依靠银行国有化，竭力实行一系列扩大非现金结算范围、为消灭货币作准备的办法，如必须把货币存入人民银行，实行使用收支手册，以支票及短期领物证代替货币，等等。

> 列宁：《俄国共产党（布尔什维克）纲领》（1919 年 3 月 18—23 日党的第八次代表大会通过），《列宁全集》第 36 卷，人民出版社 1985 年第二版，第 420 页。

在从资本主义向共产主义过渡的初期，立即消灭货币是不可能的。因此，居民中的资产阶级分子能够继续利用仍是私有财产的纸币，利用这些使剥削者有权得到社会财富的凭证，来投机、发财和掠夺劳动者。单靠银行国有化这一项措施来同资产阶级掠夺的这种残余作斗争是不够的。俄共将力求尽量迅速地实行最激进的措施，为消灭货币作好准备，首先是以存折、支票和短期领物证等等来代替货币，规定货币必须存入银行等等。准备和实行这些和诸如此类的措施所取得的实际经验将表明哪些措施是最适当的。

> 列宁：《俄共（布）纲领草案)》（1919 年 2 月），《列宁全集》第 36 卷，人民出版社 1985 年第二版，第 90—91 页。

现在正在大力鼓励用支票流通的办法来防止滥发纸币。这种办法对穷人没有意义，因为穷人反正是过一天算一天，一星期就完成一次"经济周转"，把挣来的很少几个钱又还给资本家。对于富人，支票流通则有巨大的意义，特别是在实行银行国有化和取消商业秘密之后，支票流通就能够使国家真正监督资本家的收入，真正抽他们的税，真正把财政体系"民主化"（同时加以整顿）。

但是这里的障碍正是那种害怕侵犯资产阶级特权、害怕破坏同它的"联合"的心理。因为不采取真正革命的办法，不使用极严厉的强制手段，资本家就不会服从任何监督，不会公开自己的收支情况，不会向民主国家"申报"储藏的纸币。

联合在各种团体中的工人和农民，只要把银行收归国有，实行一切富人都必须依法执行的支票流通的办法，取消商业秘密，规定没收隐瞒收入者的财产，等等，就能非常容易地使监督成为真正的和普遍的监督，正是这种对富人的监督，能使国库发行的纸币从那些拥有和隐藏纸币的人手中回交国库。

> 列宁：《大难临头，出路何在?》中的《财政破产和拯救的办法》（1917年9月10—14日［23—27日]），《列宁全集》第32卷，人民出版社1985年第二版，第214页。

在已经开始的把资本家被剥夺的生产资料公有化的时期内，国家政权不再是凌驾于生产过程之上的寄生机关；它开始变为直接履行国家经济管理职能的组织，因而国家的预算便成为整个国民经济的预算。

在这些条件下，只有正确进行国家有计划的产品生产和分配，才能实现收支平衡。至于在过渡时期如何抵偿国家的直接开支，俄共将坚决主张把曾是历史上所必需的和在社会主义革命初期也是合法的向资本家派款的办法，改为征收累进所得税和财产税的办法。由于对有产阶级广泛实行剥夺，这种税收将自行失去作用，所以，国家的开支应当依靠把各种国家垄断组织的一部分收入直接变为国家收入的办法来抵偿。

> 列宁：《俄国共产党（布尔什维克）纲领》（1919年3月18—23日党的第八次代表大会通过），《列宁全集》第36卷，人民出版社1985年第二版，第420—421页。

在从资本主义向共产主义过渡的初期，立即消灭货币是不可能的。因此，居民中的资产阶级分子就会继续利用仍为私人所有的纸币，利用这些使剥削者有权得到社会财富的凭证，来投机、发财和掠夺劳动者。单靠银行国有化这一项措施来同资产阶级掠夺的这种残余作斗争是不够的。俄共将力求尽量迅速地实行最激进的措施，为消灭货币作好准备，首先是以存折、支票和短期领物证等等来代替货币，规定货币必须存放到银行等等。准备和实行这些和诸如此类的措施所取得的实际经验将表明哪些措施是最适当的。

在财政方面，俄共将在一切可能的情况下实行累进所得税和财产税。但在废除了土地私有制以及大多数工厂和其他企业的私有制以后，这种情况不会很多。在无产阶级专政和最重要的生产资料归国家所有的时代，国家的财政应当依靠把各种国家垄断组织一定部分的收入直接用于国家需要。

只有正确进行商品交换，收支平衡才能实现，为此就要组织消费公社和恢复运输业，后者是苏维埃政权当前的主要目的之一。

> 列宁：《俄共（布）纲领草案》（1919 年 2 月），《列宁全集》第 36 卷，人民出版社 1985 年第二版，第 111—112 页。

很快就要取消货币是"左派"的清谈

……我们曾经不得不克服另一种偏见。这里指的是在我们一部分工作人员中间流行的"左派"清谈，说什么苏维埃商业似乎已经成为过时的阶段，说我们必须实行直接的产品交换，说货币很快就要取消，因为货币似乎已经变成简单的计算符号，说既然很快就要实行直接的产品交换，那就用不着发展商业了。……这些和马克思主义相去万里的人显然不懂得，货币在我们这里还会长期存在，一直到共产主义的第一阶段即社会主义发展阶段完成的时候为止。他们不懂得，虽然货币是资产阶级经济的工具，但是，苏维埃政权已经把这种工具掌握在自己手中，并使之适应社会主义的利益，以便全力扩展苏维埃商业，从而为实行直接的产品交换准备条件。

> 斯大林：《在党的第十七次代表大会上关于联共（布）中央工作的总结报告》，《斯大林全集》第 13 卷，人民出版社 1956 年第一版，第 303—304 页。

现在我们需要重新装备我国的工业，并在新的技术基础上建立新工厂。

我们需要提高农业发展水平，最大限度地供给农民以农业机器，使大多数劳动农民合作化，把个体农户组织到广大的农业集体合作社网中。

我们需要组织一种能够像每个人估计自己的收支预算一样来估计并满足全国城乡需求的沟通城乡的分配机构。

一旦我们把这一切都做到了，我们就可以认为不需要货币的时候到来了。

但是距离这个时候还很远。

> 斯大林：《和外国工人代表团的谈话》，《斯大林全集》第 10 卷，人民出版社 1954 年第一版，第 194—195 页。

实行银行国有化及有关必要的措施

1. 宣布一切股份企业为国家财产。

2. 各股份公司的董事和经理以及一切属于富有阶级（即全部财产在 5000 卢布以上或每月收入在 500 卢布以上者）的股东，都必须继续有条不綦地经营企业的业务，执行工人监督的法令，向国家银行交出一切股票，并且每周向当地工兵农代表苏维埃报告本人的活动情况。

3. 国家的内债外债一律废除（勾销）。

4. 债券和各种股票的小额持有者，即属于各劳动阶级的小额持有者的利益，完全予以保护。

5. 实行普遍劳动义务制。凡 16 岁至 55 岁的男女公民，都必须执行当地工兵农代表苏维埃或其他苏维埃政权机关所指定的工作。

6. 规定下列办法作为实行普遍劳动义务制的第一个步骤：凡属于富有阶级的人（见第 2 条）都必须备有劳动消费手册或劳动收支手册并如实登记，必须把上述手册送交相应的工人组织，或当地苏维埃及其机关，以便每周登记各人完成工作的情况。

7. 为了正确地计算和分配粮食和其他必需品，全国公民都必须加入某个消费合作社。粮食局、供给委员会和其他类似机关，以及铁路工会和运输工会，都必须在工兵农代表苏维埃领导下监督本法令的执行。特别是属于富有阶级的人，在组织和管理消费合作社的业务方面，必须执行苏维埃所指定的工作。

8. 各铁路职工工会必须火速制定并立刻实行各种非常措施，以便更合理地安排运输工作，特别是粮食、燃料以及其他最必需的生活用品的输送工作，首先要听从工兵农代表苏维埃的嘱咐和指令，其次要听从苏维埃授予全权的机关以及最高国民经济委员会的嘱咐和指令。责成各地铁路工会协同当地苏维埃采取最积极的办法直至革命手段来坚决制止私贩粮食，并无情打击一切投机倒把分子。

9. 各工人组织、职员联合会和地方苏维埃，必须立即促使即将关闭和即将复员的企业以及停产的企业转到进行有益的工作和生产必需品方面来，必须立即寻找订货、原材料和燃料。在没有接到上级特别指令以前，各地工会和苏维埃无论如何不得拖延这项工作以及开展城乡产品交换的工作，必须严格遵守最高国民经济委员会的指示和命令。

10. 凡属于富有阶级的人必须将其全部现金存入国家银行及其分行或储蓄所，每周取作消费用的数目不得超过 100—125 卢布（按照当地苏维埃的规定），而取作生产和商业用的数目，必须具有工人监督机关发给的书面证明。为了监督本法令的切实执行，将颁布用现行纸币兑换其他纸币的条例，犯有欺骗国家和人民的罪行者，没收其全部财产。

11. 凡不服从本法令者、怠工者、罢工的官吏以及投机倒把分子都应给予上述处分，并加以监禁或押送前线、强迫劳动。各地苏维埃及其所属机关，必须火速制定最革命的办法来对付这些真正的人民公敌。

12. 工会及其他劳动者组织应协同地方苏维埃，组织若干流动检查小组，其中须有党和其他组织所推荐的最可靠的人参加，监督本法令的执行，检查工作的数量和质量，并把违反或规避本法令的犯罪分子交付革命法庭审判。收归国有的企业中的职工应当竭尽全力，采取非常措施来组织好工作，巩固纪律，提高劳动生产率。工人监督机关必须每周向最高国民经济委员会报告在这方面所取得的成绩。凡贻误工作和玩忽职守的犯罪分子，交由革命法庭制裁。

> 列宁：《关于实行银行国有化及有关必要措施的法令草案》（不早于 1917
> 年 12 月 14 日 ［27 日]），《列宁全集》第 33 卷，人民出版社 1985 年第二
> 版，第 176—179 页。

为了在俄国土地上不仅消灭地主，而且要根本铲除资产阶级的统治，铲除资本压迫千百万劳动群众的可能性，苏维埃政府采取的第一批措施之一，便是过渡到银行国有化。银行，这是现代资本主义经济的大中心。它们汇集空前的财富，又在幅员辽阔的整个国家内进行分配，它们是全部资本主义生活的神经。这是一些精巧而复杂的机构，是经过几个世纪才形成的。苏维埃政权的第一批打击，就是针对这些机构的，它起初在国家银行中遇到了拼命的反抗。但是这种反抗没有能阻止苏维埃政权的活动。在组织国家银行方面，我们已经完成了主要的事情；这方面的基本成果已经掌握在工农手里。我们在实行这些基本措施以后（这些措施还需要长期加以完善），就腾出手去搞私人银行了。

> 列宁：《全俄工兵农代表苏维埃第三次代表大会文献》（1918 年 1 月中
> 旬），《列宁全集》第 33 卷，人民出版社 1985 年第二版，第 273 页。

经济政策特别是银行政策的要点

（1918 年 4 月 10 日和 15 日之间）

一、彻底完成工业和交换的国有化。

二、实行银行国有化，并且逐步向社会主义过渡。

三、强迫居民参加消费合作社。

｛＋商品交换｝

四、计算和监督产品的生产和分配。

五、劳动纪律。

｛＋税收政策｝

从上面开始实行劳动义务制。

采取最严厉的措施来制止混乱、无秩序和游手好闲的现象，采取最坚决最严厉的措施来加强工农的纪律和自觉纪律，这样做是绝对必要的和刻不容缓的。

国家监察部要进行名副其实的监察，要在经济生活的各个部门建立流动检查小组。

规定切实的条件，吸收那些表示愿意为苏维埃政权工作的资产阶级知识分子和怠工者参加工作。

设立工业法庭来计算产品的生产、储备和劳动生产率。

集中化。

（必须立即做的）

1. 彻底完成工业国有化。

2. 逐步做到人人参加消费合作社和实行产品交换。

3. 银行政策。

4. 劳动纪律及其他。

5. 税收政策（财政）。

彻底完成一切工厂、铁路、生产资料和交换手段的国有化。坚决地严厉地制止对国有化企业采取工团主义的和混乱的做法。坚决实行全国范围的经济生活的集中化。坚定不移地要求编制初步计划和初步预算，编制周报表，实际提高劳动生产率。建立并在实际中检验管理国有化工业部门的机构。

采取措施强制建立往来帐户或强制把货币存入银行。

强迫居民参加消费合作社并采取措施向这方面过渡。

同合作社工作者商定条件，以便把他们的机构逐步变为全体居民参加的消费合作社。

列宁：《经济政策特别是银行政策的要点》（1918 年 4 月 10—15 日），《列宁全集》第 34 卷，人民出版社 1985 年第二版，第 201—202 页。

立即在十天内召开银行职员（两个工会的银行职员）代表大会，并成立两个人数均等的委员会来筹备这次大会。

成立两个同样的人数均等的委员会来检查、发现和揭露怠工行为。

立即把银行国有化工作方面的任务认真交代给全俄信贷事业工作者工会的几摊子领导人，任务要明确、具体、实际，并规定较短的完成期限。

> 列宁：《对俄共（布）中央关于召开全俄银行职员代表大会的决定草案的意见》（不晚于 1918 年 12 月 6 日），《列宁全集》第 35 卷，人民出版社 1985 年第二版，第 337 页。

使人民的财产一个钱也不白费

但是问题不只限于并且不能只限于积累，还要善于合理地、节省地支出积累起来的后备，使人民的财产一个钱也不白费，使积累主要用在满足我国工业化最迫切需要的方面。没有这些条件，我们所积累的资金就有被贪污的危险，就有被分散地使用在和发展工业、推进整个国民经济毫无关系的各种大大小小的开支上去的危险。善于合理地、节省地支出资金，——这是极其重要的艺术，并不是一下子就能掌握的。

> 斯大林：《关于苏联经济状况和党的政策》，《斯大林选集》（上），人民出版社 1979 年版，第 468 页。

从这一切应当得出结论：已经不能单靠轻工业，单靠预算上的积累，单靠农业方面的收入了。轻工业是一个极丰富的积累来源，而且它现在也有继续发展的一切可能，但这个来源不是无穷的。农业也是一个丰富的积累来源，但是在目前农业改造时期，它本身还需要国家的资助。至于预算上的积累，你们自己知道，这种积累不可能而且不应该是无穷的。

> 斯大林：《新的环境和新的经济建设任务》，《斯大林选集》（下），人民出版社 1979 年版，第 293 页。

27. 社会主义的商品生产

认为党在当时就应当消除商品生产，是大错特错的

某些同志断定说，党在我国取得了政权并把生产资料收归国有以后，还保存商品生产，是做得不对的。他们认为，党在当时就应当消除商品生产。而且，他们还引证了恩格斯如下的话：

"一旦社会占有了生产资料，商品生产就将被消除，而产品对生产者的

统治也将随之消除。"（见《反杜林论》）

这些同志是大错特错了。

我们来分析一下恩格斯的这个公式吧。恩格斯的这个公式不能认为是十分明确的，因为其中没有指出，究竟是社会占有一切生产资料，还是只占有一部分生产资料，即一切生产资料转归全民所有，还是仅仅一部分生产资料转归全民所有。这就是说，恩格斯的这个公式可以这样了解，也可以那样了解。

在《反杜林论》的另一个地方，恩格斯讲到占有"一切生产资料"，讲到占有"全部生产资料"。这就是说，恩格斯在他的公式中所指的，不是把一部分生产资料收归国有，而是把一切生产资料收归国有，即不仅把工业中的生产资料，而且也把农业中的生产资料都转归全民所有。

由此可见，恩格斯所指的是这样的国家，在那里，不仅在工业中，而且也在农业中，资本主义和生产集中都充分发达，以致可以剥夺全国的一切生产资料，并把它们转归全民所有。因而，恩格斯认为，在这样的国家中，在把一切生产资料公有化的同时，还应当消除商品生产。这当然是正确的。

在十九世纪末，在《反杜林论》出版的时候，这样的国家只有一个，这就是英国，在那里，工业和农业中的资本主义发展和生产集中都已达到这样的高度，以致有可能在无产阶级取得政权时，把国内的一切生产资料转归全民所有，并且消除商品生产。

在这里，我撇开了对外贸易对于英国的意义这个问题，而对外贸易在英国国民经济中所占的比重是极为巨大的。我认为，只有研究了这个问题之后，才能最终解决英国的商品生产在无产阶级取得政权并把一切生产资料收归国有以后的命运问题。

斯大林：《苏联社会主义经济问题》，《斯大林选集》（下），人民出版社1979年版，第545—546页。

于是就要问，如果可以公有化的不是一切生产资料，而仅仅是一部分生产资料，而无产阶级夺取政权的有利条件又已经具备，那该怎么办呢，——无产阶级是否应当夺取政权，在夺取政权以后是否必须立即消灭商品生产呢？

……

也不能把另一种可怜的马克思主义者的意见当作答案，他们认为，也许应当夺取政权，并且剥夺农村的中小生产者，把他们的生产资料公有化。马克思主义者也不能走这条荒谬和犯罪的道路，因为这样的道路会断送无产阶级革命胜利的任何可能性，会把农民长久地抛到无产阶级的敌人的阵营里去。

对于这个问题，列宁在关于"粮食税"的几篇著作以及有名的"合作社计划"中，给了回答。

列宁的回答可以概括如下：

（一）不要放过夺取政权的有利条件，无产阶级应该夺取政权，不要等到资本主义使千百万中小个体生产者居民破产的时候；

（二）剥夺工业中的生产资料，并把它们转归全民所有；

（三）至于中小个体生产者，那就应该逐步地把他们联合到生产合作社中，即联合到大规模的农业企业中，集体农庄中；

（四）用一切办法发展工业，为集体农庄建立大规模生产的现代技术基础，并且不要剥夺集体农庄，相反地，要加紧供给它们头等的拖拉机和其他的机器；

（五）为了保证城市和乡村、工业和农业的经济结合，要在一定时期内保持商品生产（通过买卖的交换）这个为农民唯一可以接受的与城市进行经济联系的形式，并且要全力发展苏维埃商业，即国营商业和合作社—集体农庄商业，把所有一切资本家从商品流转中排挤出去。

斯大林：《苏联社会主义经济问题》，《斯大林选集》（下），人民出版社1979年版，第547—548页。

不能把商品生产和资本主义生产混为一谈

有人说，商品生产不论在什么条件下都要引导到而且一定会引导到资本主义。这是不对的。并不是在任何时候，也不是在任何条件下都是如此！不能把商品生产和资本主义生产混为一谈。这是两种不同的东西。资本主义生产是商品生产的最高形式。只有存在着生产资料的私有制，只有劳动力作为商品出现于市场而资本家能够购买并在生产过程中加以剥削，就是说，只有国内存在着资本家剥削雇佣工人的制度，商品生产才会引导到资本主义。资本主义是在这样的场合开始的，即生产资料是集中在私人手中，而被剥夺了生产资料的工人不得不把自己的劳动力作为商品出卖。否则，就没有资本主义生产。

但是，如果这些使商品生产转化为资本主义生产的条件已不存在，如果生产资料已经不是私有财产而是社会主义财产，如果雇佣劳动制度已经不存在，而劳动力已经不再是商品，如果剥削制度早已消灭，那又怎么样呢？可不可以认为商品生产总还会引导资本主义呢？不，不可以这样认为。要知道，我国社会正是生产资料私有制度、雇佣劳动制度、剥削制度早已不存在了的社会。

决不能把商品生产看作是某种不依赖周围经济条件而独立自在的东西。商品生产比资本主义生产更老。它在奴隶制度下存在过，并且替奴隶制度服务过，然而并没有引导到资本主义。它在封建制度下存在过，并且替封建制度服务过，可是，虽然它为资本主义生产准备了若干条件，却没有引导到资本主义。如果注意到，在我国，商品生产没有象在资本主义条件下那样漫无限制和包罗一切地扩展着，它由于生产资料公有制的建立、雇佣劳动制度的消灭和剥削制度的消灭这样一些决定性的经济条件而受到严格的限制，试问，为什么商品生产就不能在一定时期内同样地为我国社会主义社会服务而并不引导到资本主义呢？

有人说，在我国生产资料公有制的统治地位已经确立，而雇佣劳动制度和剥削制度已被消灭以后，商品生产的存在就失去了意义，因此就应该消除商品生产。

这也是不对的。现今在我国，存在着社会主义生产的两种基本形式：一种是国家的即全民的形式，一种是不能叫作全民形式的集体农庄形式。在国家企业中，生产资料和产品是全民的财产。在集体农庄这种企业中，虽然生产资料（土地、机器）也属于国家，可是产品却是各个集体农庄的财产；因为集体农庄中的劳动以及种子是它们自己所有的，而国家交给集体农庄永久使用的土地，事实上由集体农庄当作自己的财产来支配的，尽管它们不能出卖、购买、出租或抵押这些土地。

这种情况就使得国家所能支配的只是国家企业的产品，至于集体农庄的产品，只有集体农庄才能把它当作自己的财产来支配。然而，集体农庄只愿把自己的产品当作商品让出去，愿意以这种商品换得它们所需要的商品。现时，除了经过商品的联系，除了通过买卖的交换以外，与城市的其他经济联系，都是集体农庄所不接受的。因此，商品生产和商品流转，目前在我国，也象大约三十来年以前当列宁宣布必须以全力扩展商品流转时一样，仍是必要的东西。

斯大林：《苏联社会主义经济问题》，《斯大林选集》（下），人民出版社

1979 年版，第 548—550 页。

我国的商品生产是特种的商品生产

可见，我国的商品生产并不是通常的商品生产，而是特种的商品生产，是没有资本家参加的商品生产，它所涉及的基本上都是联合起来的社会主义生产者（国家、集体农庄、合作社）所生产的商品。它的活动范围只限于个人消费品。显然，它决不能发展为资本主义生产，而是它注定了要和它的"货币经济"一起共同为发展和巩固社会主义生产的事业服务。

所以，有一些同志的意见是完全不对的，他们宣称，既然社会主义社会不消灭商品生产形式，那么在我国似乎就应当恢复资本主义所特有的一切经济范畴：作为商品的劳动力、剩余价值、资本、资本利润、平均利润率等等。这些同志把商品生产和资本主义生产混为一谈，认为既然有商品生产，就应该有资本主义生产。他们不了解，我国的商品生产是和资本主义制度下的商品生产根本不同的。

斯大林：《苏联社会主义经济问题》，《斯大林选集》（下），人民出版社

1979 年版，第 551 页。

在国内经济流通领域内，生产资料却失去商品的属性

这样看来，在对外贸易流通领域内，我国企业所生产的生产资料，无论在实质上或形式上都保持着商品的属性，可是在国内经济流通领域内，生产资料却失去商品的属性，不再是商品，并且脱出了价值规律发生作用的范围，仅仅保持着商品的外壳（计划等等）。

为什么会有这种独特现象呢？

原来，在我国社会主义条件下，经济发展并不是以变革的方式，而是以逐渐变化的方式进行的，旧的东西并不是干脆被废除干净，而是把自己的本性改变得与新的东西相适应，仅仅保持着自己的形式；至于新的东西，也不是干脆消灭旧的东西，而是渗透到旧的东西里面去，改变旧东西的本性和职能，并不破坏它的形式，而是利用它的形式来发展新的东西。不仅商品是这样，而且我国经济流通中的货币也是这样，连银行也是这样，它们失去自己旧的职能并取得了新的职能，同时保持着旧的形式而为社会主

义制度所利用。

斯大林：《苏联社会主义经济问题》，《斯大林选集》（下），人民出版社 1979 年版，第 578—579 页。

必须用商品方面的结合来补充生产结合

工业和农业产量的巨大增长，工业和农业方面作为商品的剩余产品量的增长，以及工农需要的增长，——这一切不能不使而且确实已使城乡间的商品流转活跃和扩大起来。

城乡间的生产结合是结合的基本形式。可是单靠生产结合还不够。必须用商品方面的结合来补充生产结合，使城乡联系成为巩固而不可分离的联系。只有通过苏维埃商业的扩展才能做到这一点。如果以为单单通过某一条孔道，例如通过合作社，就可以扩展苏维埃商业，那是不正确的。要扩展苏维埃商业，就必须利用所有的孔道：合作社网、国营商业网、集体农庄商业。

斯大林：《第一个五年计划的总结》，《斯大林全集》第 13 卷，人民出版社 1956 年版，第 183 页。

如果估计到在我国商品流转中具有决定意义的是有组织的市场而不是只有从属作用的无组织的市场，那末苏联通货的稳定性是由什么来保证的呢？当然不仅仅是由黄金储备来保证的。苏联通货的稳定性首先是由国家所掌握的、按照固定价格投入商品流转中的大量商品来保证的。

斯大林：《第一个五年计划的总结》，《斯大林全集》第 13 卷，人民出版社 1956 年版，第 185 页。

现在，在我国制度下，说劳动力是商品，说工人"被雇佣"，这真是十分荒谬的：仿佛占有生产资料的工人阶级自己被自己雇佣，把自己的劳动力出卖给自己。

斯大林：《苏联社会主义经济问题》，《斯大林选集》（下），人民出版社 1979 年版，第 551 页。

如果从形式上，从现象表面的过程来看问题，就会得出不正确的结论，仿佛资本主义的范畴在我国经济中也保持着效力。如果用马克思主义的分析方法来看问题，即把经济过程的内容和它的形式、把深处的发展过程和表面现象严格区别开来，那就可以得出一个唯一正确的结论，即资本主义的就范畴在我国保留下来的主要是形式，是外表，实质上这些范畴在我国已经适应社会主义国民经济发展的需要而根本改变了。

斯大林：《苏联社会主义经济问题》，《斯大林选集》（下），人民出版社
1979 年版，第 579 页。

要学会经商

无产阶级国家必须成为一个谨慎、勤勉、能干的"业主"，成为一个
精明的批发商，否则，就不能使这个小农国家在经济上站稳脚跟。现在，
我们和资本主义的（暂时还是资本主义的）西方并存的条件下，没有其他
道路可以过渡到共产主义。批发商这类经济界人物同共产主义似乎有天壤
之别。但正是这类矛盾在实际生活中能把人们从小农经济经过国家资本主
义引导到社会主义。同个人利益结合，能够提高生产；我们首先需要和绝
对需要的是增加生产。批发商在经济上把千百万小农联合起来，引起他们
经营的兴趣，把他们联系起来，把他们引导到更高的阶段：实现生产中各
种形式的联系和联合。

列宁：《十月革命四周年》（1921 年 10 月 14 日），《列宁选集》第 4 卷，
人民出版社 1995 年版，第 570 页。

我们决不会受本能地轻视商业的"感情社会主义"或旧俄半贵族半农
民的宗法情绪的支配。各种过渡经济形式都可以利用，而且既然有利用的
必要，就应该善于利用它们来巩固农民同无产阶级的联系，立即活跃我们
这个满目疮痍、受尽苦难的国家的国民经济，振兴工业，为今后采取各种
更广泛更深入的措施如电气化等创造条件。

列宁：《论黄金在目前和在社会主义完全胜利后的作用》（1921 年 11 月 5
日），《列宁选集》第 4 卷，人民出版社 1995 年版，第 616 页。

做生意吧，发财吧！我们允许你这样做，但是我们将加倍严格地要求
你做老实人，呈送真实准确的表报，不仅要认真对待我们共产主义法律的
条文，而且要认真对待它的精神，不得有一丝一毫违背我们的法律，——
这些就应当是司法人民委员部在新经济政策方面的基本准则。

列宁：《关于司法人民委员部在新经济政策条件下的任务（给德·伊·库
尔斯基的信）》（1922 年 2 月 20 日），《列宁全集》第 42 卷，人民出版社
1987 年第二版，第 428 页。

现在全部问题在于，要善于把我们已经充分表现出来而且取得完全成
功的革命气势、革命热情，同（这里我几乎要说）做一个有见识的和能写
会算的商人的本领（有了这种本领就足以成为一个优秀的合作社工作者）
结合起来。所谓做商人的本领，我指的是做文明商人的本领。这一点俄国

人，或者直截了当说是农民应该牢牢记住的，他们以为一个人既然做买卖，那就是说有本领做商人。这种想法是根本不对的。他虽然在做买卖，但这离有本领做个文明商人还远得很。他现在是按亚洲方式做买卖，但是要能成为一个商人，就得按欧洲方式做买卖。他要做到这一点，还需要整整一个时代。

列宁：《论合作社》（1923 年 1 月 4 日和 6 日），《列宁全集》第 43 卷，人民出版社 1987 年第二版，第 364 页。

28.　战时共产主义

应当说我们实行"战时共产主义"是一种功劳

特殊的"战时共产主义"就是：我们实际上从农民手里拿来了全部余粮，甚至有时不仅是余粮，而是农民的一部分必需的粮食，我们拿来这些粮食，为的是供给军队和养活工人。其中大部分，我们是借来的，付的都是纸币。我们当时不这样做就不能在一个经济遭到破坏的小农国家里战胜地主和资本家。我们取得了胜利（尽管世界上一些最强大的国家都支持我国的剥削者）这一事实不仅表明，工人和农民在谋求自身解放的斗争中能创造出什么样的英勇奇迹。这一事实也表明，当孟什维克、社会革命党人考茨基之流说我们实行这种"战时共产主义"是一种过错时，他们实际上起了资产阶级走狗的作用。应当说我们实行"战时共产主义"是一种功劳。

但同样必须知道这个功劳的真正限度。"战时共产主义"是战争和经济破坏迫使我们实行的。

列宁：《论粮食税》（1921 年 4 月 21 日），《列宁全集》第 41 卷，人民出版社 1986 年第二版，第 208 页。

那时我们四面被封锁，被包围，与全世界隔绝，以后又与南方产粮区、与西伯利亚、与产煤区隔绝，我们无法恢复工业。那时我们不得不果断地实行"战时共产主义"，不畏最大的艰险：我们宁可忍受半饥饿、甚至比半饥饿更坏的生活，也无论如何要捍卫住工农政权；尽管经济破坏空前严重，流转停顿，我们也要把它捍卫住。

列宁：《论粮食税》（1921 年 4 月 21 日），《列宁全集》第 41 卷，人民出版社 1986 年第二版，第 218 页。

战时共产主义不是而且也不可能是一项适应无产阶级经济任务的政策

但同样必须知道这个功劳的真正限度。"战时共产主义"是战争和经济破坏迫使我们实行的。它不是而且也不能是一项适应无产阶级经济任务的政策。它是一种临时的办法。在小农国家内实现本阶级专政的无产阶级，其正确政策是要用农民所必需的工业品去换取粮食。只有这样的粮食政策才能适应无产阶级的任务，只有这样的粮食政策才能巩固社会主义的基础，才能使社会主义取得完全的胜利。

> 列宁：《论粮食税》（1921 年 4 月 21 日），《列宁全集》第 41 卷，人民出版社 1986 年第二版，第 208—209 页。

当时在某种程度上由于军事任务的突然压来，由于共和国在帝国主义战争结束时似乎已经陷于绝境，由于这一些和其他一些情况，我们犯了错误：决定直接过渡到共产主义的生产和分配。当时我们认定，农民将遵照余粮收集制交出我们所需数量的粮食，我们则把这些粮食分配给各个工厂，这样，我们就是实行共产主义的生产和分配了。

> 列宁：《新经济政策和政治教育委员会的任务》（1921 年 10 月 17 日），《列宁选集》第 4 卷，人民出版社 1995 年第三版，第 574 页。

现实生活说明我们错了

我们计划（说我们计划欠周地设想也许较确切）用无产阶级国家直接下命令的办法在一个小农国家里按共产主义原则来调整国家的产品生产和分配。现实生活说明我们错了。

> 列宁：《十月革命四周年》（1921 年 10 月 14 日），《列宁选集》第 4 卷，人民出版社 1995 年第三版，第 570 页。

在经济战线上，由于我们企图过渡到共产主义，到 1921 年春天我们遭到了严重的失败，这次失败比高尔察克、邓尼金或皮尔苏茨基使我们遭到的任何一次失败都要严重得多，重大得多，危险得多。这次失败表现在：我们上层制定的经济政策同下层脱节，它没有促成生产力的提高。

> 列宁：《新经济政策和政治教育委员会的任务》（1921 年 10 月 17 日），《列宁全集》第 42 卷，人民出版社 1987 年第二版，第 184 页。

正确政策是要用农民所必需的工业品去换取粮食

第三个问题：在战时共产主义时期，曾经打算废除货币，当时有哪些主要困难？

答：当时无论在国内发展方面还是在对外关系方面都有很多困难。如果就国内经济方面来说，可以指出三个主要困难。

第一，困难在于我们的工业遭到破坏并陷于瘫痪状态（如果武装干涉期间供给我们内战前线以弹药的军事工业不算在内）。我们的工厂有三分之二停工，运输瘫痪，货物没有或几乎没有。

第二，农业凋敝，农户的劳动力被征调到前线。原料缺乏，城市居民首先是工人的面包供应不足。当时我们每天每个工人发给半磅面包，有时只发给八分之一磅。

第三，没有或几乎没有正常的沟通城乡的苏维埃贸易机构可以把城市产品供应农村，把农产品供应城市。合作社和国营商业机关还处在萌芽状态。

可是在国内战争结束和"新经济政策"实施以后，国家的经济状况根本改变了。

工业发展和强大起来了，在整个国民经济中占了支配地位。这一方面最值得注意的事实是最近两年来，我们没有外援、没有借任何外债而从自己的积累中拿出了二十多亿卢布投入工业。现在已经不能说农民根本得不到商品了。

农业提高了，产量达到了战前水平。现在已经不能说工人根本得不到粮食和其他农产品了。

合作社和国营商业机关已经发展到在全国商品流转中占领导地位。现在已经不能说我国没有沟通城乡、沟通工农业的分配机构了。

当然，要马上建成社会主义经济，这一切还是不够的。但是要沿着顺利的社会主义建设的道路前进，这却是完全够的。

斯大林：《和外国工人代表团的谈话》，《斯大林全集》第 10 卷，人民出版社 1954 年版，第 193—194 页。

29. 粮食税

为什么必须用粮食税代替余粮收集制

余粮收集制已为粮食税所代替。全俄中央执行委员会为此颁布了一项法令。为了执行这项法令，人民委员会已经公布了粮食税法。所有苏维埃机关现在应该尽可能广泛地使农民了解粮食税法，并且阐明它的意义。

为什么必须用粮食税代替余粮收集制呢？因为余粮收集制使农民负担

过重，给农民造成了困难，而1920年的歉收又进一步加剧了农民的贫困和破产。此外，由于饲料缺乏，牲畜死亡的情况更趋严重，从森林中运出木柴的工作受到了影响，为交换农民的粮食提供产品的工厂的生产也受到了影响。这就要求工农政权采取措施来立刻帮助处于困境的农民。

> 列宁：《留声机片录音讲话》（1921年4月25日），《列宁全集》第41卷，人民出版社1986年第二版，第236页。

同志们，你们知道，这次代表会议的召开比党章所规定的时间提前了。因此，它不是或者至少不完全是例行会议。其次，你们知道，促使我们提前召开这次会议的一项主要议程，即主要的问题，就是关于经济政策、关于粮食税的问题。这是目前主要的问题。

> 列宁：《俄共（布）第十次全国代表会议文献》（1921年5月下旬），《列宁全集》第41卷，人民出版社1986年第二版，第294页。

粮食税是向正常的社会主义的产品交换过渡的一种形式

粮食税，是从极度贫困、经济破坏和战争迫使我们所实行的特殊的"战时共产主义"向正常的社会主义的产品交换过渡的一种形式。而正常的社会主义的产品交换，又是从带有小农占人口多数所造成的种种特点的社会主义向共产主义过渡的一种形式。

> 列宁：《论粮食税》（1921年4月21日），《列宁全集》第41卷，人民出版社1986年第二版，第208页。

从上面我说的话中可以清楚地看出，我们想要达到而且应当达到的目的，就是使农民的产品不是以征收余粮的形式，也不是以税收的形式交给工人国家，而是通过与农民所需要的一切必需品相交换（用运输工具运送给农民）的形式交给工人国家。在这样的基础上才可以建立起向社会主义过渡的国家的经济。如果农民经济能够继续发展，那么还应当为进一步的转变提供可靠的保证，而进一步转变就必然是使效益最差的、最落后的、细小的、单干的农民经济逐渐联合起来，组织成公有的大规模的农业经济。对于这一切，社会主义者一向都是这样设想的。我们共产党也正是这样看的。我再说一遍，产生错误和误解的最主要的根源，是人们在评价粮食税时没有考虑到，为了达到我们能够而且应当达到的目的所必需采取的过渡办法的特点是什么。

> 列宁：《在俄共（布）莫斯科市和莫斯科省支部书记及支部负责代表会议上关于粮食税的报告》（1921年4月9日），《列宁全集》第41卷，人民

出版社 1986 年第二版，第 140 页。

粮食税就是向这种粮食政策的过渡。我国的经济破坏至今还十分严重，战争（昨天已经进行过，由于资本家的贪婪和恶毒，明天还可能爆发）所造成的负担还把我们压得喘不过气来，以致我们还拿不出工业品向农民换取我们所必需的全部粮食。我们了解到这一点，所以才实行粮食税，即把最必需（对军队和工人来说）的粮食作为税收征来，其余的粮食我们将用工业品去交换。

> 列宁：《论粮食税》（1921 年 4 月 21 日），《列宁全集》第 41 卷，人民出
> 版社 1986 年第二版，第 209 页。

粮食税是一种既包含过去因素，又包含未来因素的措施

粮食税是什么呢？粮食税是一种既包含过去因素，又包含未来因素的措施。所谓税收，就是国家向居民无偿地索取。如果我们把这种税额大致确定为去年的征粮数的一半，那么工人国家单靠税收就不能维持红军，就不能维持全部工业和全部非农业人口，就不能发展生产和发展对外关系（我们在机器和装备方面需要外国的帮助）。一方面，工人国家要依靠税收（大致确定为以前的征粮数的一半）；另一方面，它要依靠用工业品同某些剩余农产品相交换。这就是说，粮食税有过去的余粮收集制的成分，也有新办法的成分，这种新办法是唯一正确的办法，就是通过属于工人阶级的国家政权的粮食机关、通过工人和农民的合作组织使社会主义大工厂的产品与农民经济的产品进行交换。

> 列宁：《在俄共（布）莫斯科市和莫斯科省支部书记及支部负责代表会议
> 上关于粮食税的报告》（1921 年 4 月 9 日），《列宁全集》第 41 卷，人民
> 出版社 1986 年第二版，第 140—141 页。

农村已经更加中农化了，要提高生产力，就必须考虑到这种情况

既然农村已中农化了，那就必须帮助中农发展经济。此外，还必须向他们提出我们向工人所提出的那些要求。最近这次党代表大会的主要议题，就是有关粮食的宣传，说明必须把全部力量投到经济战线上去，提高劳动生产率，增加产量。不完成这些任务，我们就不可能前进一步。我们对工人是这样说的，对农民也应当这样说。国家向农民征收一定的粮食税，但同时也要求农民在交税之后扩大自己的经济，要使他们知道，国家不再向他们征收任何东西，他们所留下的全部余粮都可用来发展经济。这就是说，

对农民的政策的改变是因为农民本身的状况发生了变化。农村已经更加中农化了，要提高生产力，我们就必须考虑到这种情况。

> 列宁：《在俄共（布）莫斯科市和莫斯科省支部书记及支部负责代表会议
> 上关于粮食税的报告》（1921 年 4 月 9 日），《列宁全集》第 41 卷，人民
> 出版社 1986 年第二版，第 148 页。

30. 新经济政策

新经济政策的新与旧

因为现在革命的成就不可能和从前一样了。由于从军事战线转到经济战线，由于改行新经济政策，由于现在的情况要求首先提高劳动生产率和加强劳动纪律，革命的成就也必然改变自己的性质。在这样的时候，革命的主要成就表现为不辉煌、不显眼、不是一眼就能看出的内部改善，即劳动情况、劳动组织和劳动结果的改善；所谓改善，就是要抵制既腐蚀无产阶级又腐蚀党的小资产阶级自发势力和小资产阶级无政府主义自发势力的影响。

> 列宁：《关于清党》（1921 年 9 月 20 日），《列宁全集》第 42 卷，人民出
> 版社 1987 年第二版，第 145 页。

……我们苏维埃政权和共产党实行了多么急剧的转变，采取了一种被叫作"新的"经济政策，所谓新，是对我们先前的经济政策而言的。

可是实质上，它比我们先前的经济政策包含着更多的旧东西。

为什么会这样呢？因为我们先前的经济政策，如果不能说计划过（在当时的情况下，我们一般很少进行计划），那么在一定程度上也曾设想过（可以说是缺乏计划地设想），旧的俄国经济将直接过渡到国家按共产主义原则进行生产和分配。

> 列宁：《新经济政策和政治教育委员会的任务》（1921 年 10 月 17 日），
> 《列宁全集》第 42 卷，人民出版社 1987 年第二版，第 181 页。

转向新经济政策，这是上次代表大会完全一致通过的，而且比我们党决定其他问题时更加一致（应当承认，一般说来我们党是非常一致的）。这种一致表明，通过新的途径来建设社会主义经济已经绝对必要了。在许多问题上有分歧、以不同观点来估计形势的人们，都一致地、非常迅速地、毫不犹豫地得出结论说，我们还没有找到建设社会主义经济、建立社会主

义经济基础的真正途径，但我们有找到这种途径的唯一办法，这就是实行新经济政策。

> 列宁：《俄共（布）第十一次代表大会文献》（1922 年 3 月 27 日），《列宁全集》第 43 卷，人民出版社 1987 年第二版，第 73 页。

新经济政策就是在很大程度上转而恢复资本主义

新经济政策就是以实物税代替余粮收集制，就是在很大程度上转而恢复资本主义。究竟到什么程度，我们不知道。同外国资本家签订租让合同（诚然，已经签订的合同还很少，特别是同我们提出的建议相比），把企业租给私人资本家，这些都是直接恢复资本主义，是从新经济政策的根上萌发出来的。因为废除余粮收集制就意味着农民可以自由买卖完税后的剩余农产品，而实物税征收的只是他们产品中的一小部分。农民在全国人口和整个经济中占极大的比重，因此在这种自由贸易的土壤上不可能不滋长资本主义。

> 列宁：《新经济政策和政治教育委员会的任务》（1921 年 10 月 17 日），《列宁选集》第 4 卷，人民出版社 1995 年第三版，第 576—577 页。

新经济政策所造成的情况，如小型商业企业的发展、国营企业的出租等，都意味着资本主义关系的发展，看不到这一点，那就是完全丧失了清醒的头脑。不言而喻，资本主义关系的加强，其本身就是危险性的增强。你们能给我指出什么没有危险的革命道路、没有危险的革命阶段和革命方法吗？危险的消失就意味着战争的结束，无产阶级专政的终止。当然，此时此刻我们谁也不作这样的梦想。这个新经济政策所采取的每一个步骤都包含着许许多多的危险。我们在今年春天说，我们要用粮食税代替余粮收集制，要颁布法令，规定交纳粮食税以后剩下的粮食可以自由买卖。当时我们这样做，也就是使资本主义得到发展的自由。不明白这一点，就等于根本不懂得基本的经济关系，根本不可能认清形势和正确行动。当然，斗争方法改变后，发生危险的条件也改变了。

> 列宁：《在莫斯科省第七次党代表会议上关于新经济政策的报告》（1921年 10 月 29 日），《列宁全集》第 42 卷，人民出版社 1987 年第二版，第231 页。

我们的国家资本主义同资产阶级国家的在本质上大不相同

作为新经济政策要素之一的国家资本主义，是在苏维埃政权的条件下，工人阶级有意识准许而又加以限制的一种资本主义。我们的国家资本主义同拥有资产阶级政府的那些国家的国家资本主义在本质上大不相同，即在我们这里代表国家的不是资产阶级，而是能够取得农民完全信任的无产阶级。

> 列宁：《致北美俄国侨民》（1922 年 11 月 14 日），《列宁全集》第 43 卷，人民出版社 1987 年第二版，第 290 页。

在什么意义上可以说过去的经济政策是错误的

我感兴趣的首先是这样一个问题：在评价我们的新经济政策时，在什么意义上可以说过去的经济政策是错误的；说它错误是否正确；最后，如果正确，那么在什么意义上可以认为这种评价是有益的和必要的？

我认为，这个问题对于估计今天我们党内在目前经济政策的一些最根本问题上意见一致的程度是有意义的。

党现在是否应该把注意力只放在这个经济政策的一些具体问题上，还是至少有时也应该把注意力放在如何估计实行这个政策的一般条件上，放在如何使党内的觉悟、兴趣和注意力适应于这些一般条件上？我认为目前的情况是：我们党内有很多人对新经济政策还不那么清楚；我们如果对过去的经济政策的错误没有明确的认识，就不能顺利完成自己的任务，即给新经济政策打基础并最终确定新经济政策的方向。

> 列宁：《在莫斯科省第七次党代表会议上关于新经济政策的报告》（1921年 10 月 29 日），《列宁全集》第 42 卷，人民出版社 1987 年第二版，第 217 页。

所以提出改行新经济政策的任务，是因为经过了在空前困难的条件下，在国内战争的条件下，在资产阶级强迫我们采用残酷斗争的形式的条件下直接进行社会主义建设的试验之后，到 1921 年春天情况已经很清楚：不是直接进行社会主义建设，而是要在许多经济领域退向国家资本主义；不是实行强攻，而是进行极其艰苦、困难和不愉快的长期围攻，伴以一连串的退却。要动手解决经济问题，也就是说，保证经济转到社会主义的基础之上，就必须这样做。

> 列宁：《在莫斯科省第七次党代表会议上关于新经济政策的报告》（1921年 10 月 29 日），《列宁全集》第 42 卷，人民出版社 1987 年第二版，第 226—227 页。

最后，我想强调一下我的报告中的三个主题。第一个是一般性问题：

我们应当在什么意义上承认在新经济政策以前的一个时期内我们党所实行的经济政策是错误的？我举了某次战争中的一个例子，力求用它来说明由强攻转为围攻的必要性，说明开头实行强攻的必然性以及认识到强攻失败后采取新的战法的意义的必要性。

其次，到1921年春天才明确起来的第一个教训和第一个阶段，就是在新的道路上发展国家资本主义。在这方面现在取得了一些成绩，但也产生了从未有过的矛盾。我们还没有掌握这个领域。

第三个是，自从1921年春天我们不得不从社会主义建设退到国家资本主义之后，我们看到，调节商业和货币流通的问题已提上日程。不管我们怎样觉得商业领域距离共产主义很遥远，但正是在这个领域我们面临着一项特殊任务。只有完成了这一任务，我们才能着手解决极其迫切的经济需要问题。也只有这样，通过一条比较漫长然而比较可靠的、也是目前我们唯一走得通的道路，我们才能保证大工业有恢复的可能。

这就是我们在新经济政策问题上应该看清的主要之点。我们在解决这一政策的种种问题时，应当认清基本的发展路线，以便对现时我们在经济关系中所看到的表面上的混乱现象有清楚的认识。

> 列宁：《在莫斯科省第七次党代表会议上关于新经济政策的报告》（1921年10月29日），《列宁全集》第42卷，人民出版社1987年第二版，第232—233页。

向纯社会主义形式和纯社会主义分配直接过渡，是我们力所不及的

……现在我来谈谈我们实行新经济政策的结果。我再说一遍，当时这还是一个很模糊的思想，但是到了1921年，当我们度过了，而且是胜利地度过了国内战争的最重要阶段以后，我们就遇到了苏维埃俄国内部很大的——我认为是最大的——政治危机。这个内部危机不仅暴露了相当大的一部分农民的不满，而且也暴露了工人的不满。当时广大农民群众不是自觉地而是本能地在情绪上反对我们，这在苏维埃俄国的历史上是第一次，我希望也是最后一次。这种特殊的、对于我们自然也是极不愉快的情况是由什么引起的呢？是因为我们在经济进攻中前进得太远了，我们没有给自己留下足够的基地；群众已经感到的，我们当时还不能自觉地表述出来，但是过了几个星期，我们很快就认识到了，这就是：向纯社会主义形式和纯社会主义分配直接过渡，是我们力所不及的，如果我们不能实行退却，即把任务限制在较容易完成的范围内，那我们就有灭亡的危险。我觉得危机是从 1921 年 2 月开始的。就在当年春天，我们一致决定实行新经济政策，关于这一点，我没有看见我们中间有什么重大的意见分歧。到现在，即过了一年半以后，在 1922 年底，我们已经能够作一些比较了。究竟发生了些什么事情呢？这一年半多的时间，我们是怎样度过的呢？结果如何呢？这次退却对我们是不是有利，是不是真正拯救了我们，或者结果还不清楚呢？这就是我给自己提出的主要问题，而且我认为这个主要问题对于各国共产党也有头等重要的意义，因为回答如果是否定的，那我们大家就注定要灭亡了。我认为，我们可以问心无愧地对这个问题作肯定的回答，就是说，过去的一年半，绝对肯定地证明我们经受住了这一考验。

> 列宁：《共产国际第四次代表大会文献》（1922 年 11—12 月），《列宁全集》第 43 卷，人民出版社 1987 年第二版，第 277—278 页。

我们的新经济政策的实质在于开始作战略退却

……而我们的新经济政策的实质正在于，我们在这一点上遭到了严重的失败，开始作战略退却："趁我们还没有被彻底打垮，让我们实行退却，一切都重新安排，不过要安排得更稳妥。"共产党人既然自觉地提出了新经济政策问题，他们对于在经济战线上遭到了惨败这一点就不可能有丝毫怀疑。当然，一部分人不免会在这个问题上陷于灰溜溜的、近乎惊慌失措的状态，而一旦实行退却，甚至会手足无所措。这是不可避免的事情。

> 列宁：《新经济政策和政治教育委员会的任务》（1921 年 10 月 17 日），《列宁全集》第 42 卷，人民出版社 1987 年第二版，第 183 页。

……虽然大工业转到国家手里，靠它供给农民产品的尝试还是没有成功。既然这一点办不到，那么在农民和工人之间，即在农业和工业之间，除了交换，除了商业，就不可能有别的经济联系。问题的实质就在这里。用粮食税代替余粮收集制，这就是我们经济政策的实质。这是非常简单的道理。既然没有一个能够组织得立刻用产品满足农民需要的发达的大工业，那么，为了逐渐发展强大的工农联盟，只能在工人国家的领导和监督下利用商业并逐步发展农业和工业，使其超过现有水平，此外没有任何别的出路。现实迫使我们非走这条路不可。我们新经济政策的基础和实质全在于此。

> 列宁：《全俄苏维埃第九次代表大会文献》（1921 年 12 月），《列宁全集》

第 42 卷，人民出版社 1987 年第二版，第 334—335 页。

这就是我们退却的原因，这就是我们必须退到国家资本主义、退到租让制、退到商业上去的原因。在我们现在这种经济遭到破坏的情况下，不作这样的退却，我们就不能恢复同农民应有的联系；不作这样的退却，我们就有革命的先头部队向前跑得太远而脱离农民群众的危险。革命的先头部队就不会同农民群众结合，那样就会葬送革命。我们应当特别清醒地看到这一点，因为我们所说的新经济政策首先是而且主要是出于这种考虑才实行的。这也就是为什么我们都一致地说，我们要认真地和长期地（当然，正如我们已经正确指出的，并不是永远）执行这个政策。我们采取新经济政策是由于我国贫困，经济遭到破坏，我们的大工业伤了元气。

列宁：《全俄苏维埃第九次代表大会文献》（1921 年 12 月），《列宁全集》第 42 卷，人民出版社 1987 年第二版，第 337 页。

我们开始设立的合营公司，既有俄国和外国的私人资本家参加，也有共产党员参加，这种公司是一种可以正常展开竞赛的形式，通过这种形式可以表明并且学会，我们能够不比资本家逊色地建立起同农民经济的结合，能够满足农民的需要，就在农民目前这种十分愚昧的情况下（因为要在短期内使农民改观是不可能的），也能帮助他们前进。

摆在我们面前的就是这样的竞赛，这是一项刻不容缓的任务。这就是新经济政策的关键，并且我认为也是党的政策的全部实质。

列宁：《俄共（布）第十一次代表大会文献》（1922 年 3 月 27 日），《列宁全集》第 43 卷，人民出版社 1987 年第二版，第 80 页。

我们向作为商人的农民作了让步，向私人买卖的原则作了让步

在新经济政策中，我们向作为商人的农民作了让步，即向私人买卖的原则作了让步；正是从这一点（这与人们所想的恰恰相反）产生了合作社的巨大意义。从实质上讲，在实行新经济政策的条件下，使俄国居民充分广泛而深入地合作化，这就是我们所需要的一切，因为现在我们发现了私人利益即私人买卖的利益与国家对这种利益的检查监督相结合的合适程度，发现了私人利益服从共同利益的合适程度，而这是过去许许多多社会主义者碰到的绊脚石。情况确实如此，国家支配着一切大的生产资料，无产阶级掌握着国家政权，这种无产阶级和千百万小农及极小农结成了联盟，这种无产阶级对农民的领导得到了保证，如此等等——难道这不是我们所需要的一切，难道这不是我们通过合作社，而且仅仅通过合作社，通过曾被我们鄙视为做买卖的合作社的——现时在新经济政策下我们从某一方面也有理由加以鄙视的——那种合作社来建成完全的社会主义社会所必需的一切吗？这还不是建成社会主义社会，但这已是建成社会主义社会所必需而且足够的一切。

> 列宁：《论合作社》（1923 年 1 月 4 日和 6 日），《列宁全集》第 43 卷，人民出版社 1987 年第二版，第 362 页。

……我们要做的事情"仅有"一件，就是要使我国居民"文明"到能够懂得人人参加合作社的一切好处，并参加进去。"仅有"这一件事情而已。为了过渡到社会主义，目前我们并不需要任何其他特别聪明的办法。可是为要完成这一"仅有"的事情，就需要一场变革，需要有全体人民群众在文化上提高的一整个阶段。因此，我们的准则应该是尽量少卖弄聪明，尽量少要花样。在这一方面，新经济政策是一种进步，因为它适合最普通的农民的水平，它没有向他们提出什么更高的要求。但是，为了通过新经济政策使全体居民人人参加合作社，这就需要整整一个历史时代。

> 列宁：《论合作社》（1923 年 1 月 4 日和 6 日），《列宁全集》第 43 卷，人民出版社 1987 年第二版，第 364 页。

它能够检验我们是否真正做到了同农民经济的结合

……新经济政策对我们之所以重要，首先是因为它能够检验我们是否真正做到了同农民经济的结合。在我国革命发展的前一时期，全部注意力和全部力量主要放在或者说几乎都放在抵抗入侵的任务上，我们不可能很好地考虑这种结合，还顾不上这一点。那时我们刻不容缓的万分紧急的任务，是如何防止立刻被世界帝国主义的强大势力扼杀的危险，因此，在某种程度上忽略这种结合是可以的，也是应该的。

> 列宁：《俄共（布）第十一次代表大会文献》（1922 年 3—4 月），《列宁全集》第 43 卷，人民出版社 1987 年第二版，第 73 页。

……其实新经济政策的全部意义就在于而且仅仅在于：找到了我们花很大力量所建立的新经济同农民经济的结合。我们的功绩就在这里。不然，我们就不成其为共产党人革命家了。

> 列宁：《俄共（布）第十一次代表大会文献》（1922 年 3—4 月），《列宁全集》第 43 卷，人民出版社 1987 年第二版，第 74—75 页。

在新经济政策问题上，现在主要是要正确地吸取过去一年的经验。应该这样做，我们也愿意这样做。如果我们想务必做到这一点（我们是想做到这一点，而且一定会做到!），那就应该知道，新济政策的基本的、有决定意义的、压倒一切的任务，就是使我们开始建设的新经济（建设得很不好，很不熟练，但毕竟已在完全新的社会主义经济，即新的生产和新的分配的基础上开始建设）同千百万农民赖以为生的农民经济结合起来。

以前没有这种结合，所以现在我们首先要建立这种结合。一切都应当服从于这种打算。我们还应该弄清楚，新经济政策在多大程度上能做到既建立这种结合，又不破坏我们在不熟练的情况下开始建设的东西。

列宁：《俄共（布）第十一次代表大会文献》（1922年3—4月），《列宁全集》第43卷，人民出版社1987年第二版，第75页。

我们在同农民一道建设自己的经济。我们要一次次地改造这种经济，并把它组织得能使我们在大工业和农业中的社会主义工作同每个农民从事的工作结合起来，农民是能怎么干就怎么干，只求摆脱贫困，而且是会怎么干就怎么干，决不卖弄聪明（因为他们要摆脱惨遭饿死的直接威胁，哪里还顾得上卖弄聪明呢?）。

要让人看到这种结合，让我们清楚地看到它，让全体人民看到它，让全体农民群众都看到，他们现在空前破产、空前贫穷的艰难困苦的生活同人们为了远大的社会主义理想而进行的工作之间是有联系的。要做到让每一个普通劳动者都了解，他的境况得到了某种改善，而且这种改善与地主当政时代、资本主义时代少数农民境况的改善不同，那时每一点改善（改善无疑是有的，甚至很大）都是同对庄稼人的讥笑、侮辱和嘲弄分不开的，是同对群众的暴行分不开的，这一点俄国哪个农民也没有忘记，再过几十年也不会忘记。我们的目的是恢复这种结合，用行动向农民证明，我们是从农民所理解、所熟悉、目前在他们极其贫困的境况下办得到的事情做起，而不是从在农民看来是遥远的、空想的事情做起；证明我们能够帮助农民，共产党人在眼下小农破产、贫困、挨饿的困难时刻，正在实际帮助他们。要么我们能证明这一点，要么就被农民撵走。这是完全不可避免的。

这就是新经济政策的意义，这就是我们全部政策的基础。这是我们过去一年来实施新经济政策的主要教训，也可以说是我们下一年度的主要政治准则。

列宁：《俄共（布）第十一次代表大会文献》（1922年3—4月），《列宁全集》第 43 卷，人民出版社 1987 年第二版，第 75—76 页。

当时的饥荒确实是一场严重的大灾难，这场灾难有葬送我们整个组织工作和革命工作的危险。

这样，现在我要问一下：在这场空前的意外灾难之后，在我们实行新经济政策之后，在给农民以贸易自由之后，现在情况怎样呢？答复是很清楚的，是有目共睹的，就是：一年来农民不仅战胜了饥荒，而且交纳了大量的粮食税，现在我们已经得到几亿普特的粮食，而且几乎没有使用任何强制手段。在 1921 年以前，农民暴动可以说是俄国的普遍现象，而今天差不多完全没有了。农民对他们目前的境况是满意的。我们可以放心地下这个论断。

> 列宁：《俄国革命的五年和世界革命的前途——在共产国际第四次代表大会上的报告》（1922 年 11 月 13 日），《列宁全集》第 43 卷，人民出版社 1987 年第二版，第 280 页。

新经济政策的真正实质

新经济政策的真正实质在于：第一，无产阶级国家准许小生产者有贸易自由；第二，对于大资本的生产资料，无产阶级国家采用资本主义经济学中叫作"国家资本主义"的一系列原则。

> 列宁：《第二种回答（未完）》（1922 年 10 月 27 日和 11 月 5 日之间），《列宁全集》第 43 卷，人民出版社 1987 年第二版，第 263 页。

我们宣布新经济政策之后，提到日程上来的竞赛和比赛，是一场严重的竞赛。看起来这种竞赛是在所有国家机关中进行的，而实际上这是两个不共戴天的敌对阶级的又一斗争形式。这是资产阶级同无产阶级斗争的又一形式，这种斗争还没有结束……

> 列宁：《俄共（布）第十一次代表大会文献》（1922 年 3—4 月），《列宁全集》第 43 卷，人民出版社 1987 年第二版，第 94—95 页。

新经济政策目的在于利用市场

关于新经济政策和战时共产主义的问题。新经济政策是无产阶级专政的政策，其目的在于利用市场，通过市场，而不是以直接的产品交换，不要市场，在市场以外来战胜资本主义成分并建立社会主义经济。资本主义国家，甚至其中最发达的国家，在从资本主义向社会主义过渡的时候能不能不实行新经济政策呢？我认为不能不实行。新经济政策及其市场关系和对这种市场关系的利用，在这种或那种程度上对每一个资本主义国家在无产阶级专政时期都是绝对必要的。

我们有些同志否认这个原理。但是否认这个原理是什么意思呢?

第一、这就是认为无产阶级一取得政权,在我国城乡之间、工业和小生产之间就立刻有了百分之百现成的分配和供应机构。这些机构提供了不要市场、不要商品流转、不要货币经济而立即建立直接的产品交换的可能。只要把这个问题提出来,就能了解这种想法是多么荒谬。

第二、这就是认为无产阶级革命在无产阶级夺取政权后就应当走上剥夺中小资产阶级的道路,肩负起替千百万人工造成的新的失业者安排工作和保证生活资料的非常沉重的担子。只要把这个问题提出来,就能了解无产阶级专政采取这种政策是多么不明智和愚蠢。新经济政策的好处之一也就在于它使无产阶级专政避免诸如此类的困难。

由此应当得出结论说,新经济政策是一切国家社会主义革命必经的阶段。

关于战时共产主义能不能也这样说呢?能不能说战时共产主义是无产阶级革命必经的阶段呢?不,不能这样说。战时共产主义是战争环境和武装干涉迫使无产阶级专政采取的一种政策,这种政策主要是采用经济以外的、带有某种军事性的手段,不是通过市场,而是在市场以外来建立城乡之间直接的产品交换,这种政策的目的是组织产品分配以保证对前线革命军队和后方工人的供应。显然,假如没有战争环境和武装干涉,也就不会有战时共产主义。因此不能断定说,战时共产主义是无产阶级革命在经济上必经的发展阶段。

> 斯大林:《论共产国际纲领》,《斯大林全集》第 11 卷,人民出版社 1955 年第一版,第 128—129 页。

布哈林的第四个错误是在新经济政策问题上发生的。布哈林在这方面的错误在于他看不见新经济政策的两个方面,只看见新经济政策的一个方面。我们在 1921 年施行新经济政策的时候,是把它的锋芒指向战时共产主义,指向排斥任何私人贸易的制度和秩序的。我们过去和现在都认为新经济政策就是容许私人贸易的一定自由。这一方面布哈林记住了。这是很好的。

但是,布哈林认为新经济政策只有这一方面,那就错了。布哈林忘记了新经济政策还有另一方面。问题在于新经济政策决不是容许私人贸易完全自由，决不是容许在市场上自由玩弄价格。新经济政策是在保证国家对市场起调节作用的条件下容许私人贸易在一定限度、在一定范围内的自由。这就是新经济政策的第二个方面。而且新经济政策的这一个方面比它的第一个方面对我们更为重要。在我国市场上没有象在资本主义国家所常见的那种自由玩弄价格的现象。粮食价格基本上是由我们规定的。工业品价格是由我们规定的。我们努力实行降低产品成本和降低工业品价格的政策，同时我们力求保持农产品价格的稳定。这种独特的市场秩序在资本主义国家里是没有的，这难道还不明显吗？

由此应当得出结论：只要新经济政策存在，就应当保存它的两个方面：第一个方面是反对战时共产主义制度，其目的是保证私人贸易的一定自由；第二个方面是反对私人贸易完全自由，其目的是保证国家对市场起调节作用。取消这两个方面中的一方面就不会有新经济政策。

> 斯大林：《论联共（布）党内的右倾》，《斯大林选集》（下），人民出版社 1979 年版，第 144—145 页。

新经济政策还有另一个方面，就是提供了学习机会

在我国经济政策方面，我现在还想强调一下事情的另一面。在评价我国的新经济政策时，人们对一件可能特别重要的事情注意得不够。当然，新经济政策的实质是无产阶级同农民的联盟，是先锋队无产阶级同广大农民群众的结合。由于实行了新经济政策，生产力已经开始提高了，而这正是现在无论如何都必须马上做的事。但是，新经济政策还有另一个方面，就是提供了学习机会。新经济政策是我们开始真正学习经济管理的一种形式，但是在这方面直到现在我们还做得非常糟糕。当然，一个领导劳动群众的共产党人或工会工作者很难设想，目前商业竟是我国经济生活的试金石，是无产阶级先头部队同农民结合的唯一可能的环节，是促使经济开始全面高涨的唯一可能的纽带。

> 列宁：《全俄苏维埃第九次代表大会文献》（1921 年 12 月），《列宁全集》第 42 卷，人民出版社 1987 年第二版，第 347—348 页。

新经济政策使无产阶级的状况、因而也使工会的状况发生了一些重大的变化。发生这些变化，是由于目前共产党和苏维埃政权在从资本主义向社会主义过渡的整个政策上实行特殊的过渡办法，在许多方面采取和以前不同的方式，用所谓"新的迂回方法"来夺取一些阵地，实行退却，以便更有准备地再转入对资本主义的进攻。比如说，现在不但容许而且还发展由国家调节的自由贸易和资本主义，而另一方面，国营企业也在改行所谓经济核算，实际上就是在相当程度上实行商业的和资本主义的原则。

<blockquote>

列宁：《关于工会在新经济政策条件下的作用和任务的提纲草案》（1921年12月30日—1922年1月4日），《列宁全集》第42卷，人民出版社1987年第二版，第365—366页。

</blockquote>

国营企业改行所谓经济核算，同新经济政策有着必然的和密切的联系，而且在最近的将来，这种企业即使不会成为唯一的一种，也必定会是主要的一种。在容许和发展贸易自由的情况下，这实际上等于让国营企业在相当程度上改行商业的即资本主义的原则。由于迫切需要提高劳动生产率，使每个国营企业扭亏为盈，由于必然会产生本位利益和过于热中本位利益的现象，这样做难免造成工人群众同国营企业的经理即管理人员或同企业主管部门在利益上的某种对立。因此，即使在国营企业中，工会也义不容辞应维护无产阶级和劳动群众的阶级利益，使之不受雇用他们的人侵犯。

<blockquote>

列宁：《关于工会在新经济政策条件下的作用和任务的提纲草案》（1921年12月30日—1922年1月4日），《列宁全集》第42卷，人民出版社1987年第二版，第366—367页。

</blockquote>

关于新经济政策的一切探讨和争论都应当移到争论俱乐部去

政治局向一切经济机关指出，现在，在1921年12月党代表会议和苏维埃第九次代表大会以后，新经济政策已经十分清楚、十分明确地规定下来了。

因此，必须尽一切努力让新经济政策尽可能迅速而广泛地在实践中试行。一切有关新经济政策问题的一般讨论、理论探讨和争论，都应当移到争论俱乐部去进行，部分移到报刊上去进行。

<blockquote>

列宁：《俄共（布）中央政治局关于新经济政策的指示草案》（1922年1月9日和12日之间），《列宁全集》第42卷，人民出版社1987年第二版，第379页。

</blockquote>

政治局坚决要求全体人民委员在实际试行新经济政策时要雷厉风行，杜绝官僚主义和拖拉作风。政治局坚决要求让负责人员中有尽可能多的办事迅速、提高了产量和扩大了国内外贸易额的人受到奖励。这一要求首先是对对外贸易人民委员部提出的，其次是对国家银行（特别是它的贸易部）、中央消费合作总社和最高国民经济委员会提出的。

列宁：《俄共（布）中央政治局关于新经济政策的指示草案》（1922 年 1
月 9 日和 12 日之间），《列宁全集》第 42 卷，人民出版社 1987 年第二版，
第 380 页。

在新经济政策问题上，不要再卖弄聪明、高谈阔论了！诗，让诗人去
写好了，这是他们诗人的事。但是，经济工作者，请不要再侈谈新经济政
策了，请你们更多地建立这种合营公司，查一下善于同资本家竞赛的共产
党员有多少。

退却已经结束，现在的问题是重新部署力量。这就是代表大会应当作
出的指令，这个指令应当结束忙乱现象。安静点吧，不要自作聪明，这是
有害的。需要在实践上证明，你工作得并不比资本家坏。资本家为了发财
致富建立了同农民的经济结合；为了加强我们无产阶级国家的经济实力，
你也应该建立同农民经济的结合。

列宁：《俄共（布）第十一次代表大会文献》（1922 年 3—4 月），《列宁
全集》第 43 卷，人民出版社 1987 年第二版，第 90—91 页。

31. 社会主义的计划经济

社会主义经济是最统一最集中的经济

我们建设的不是资产阶级经济，就是说，每个人都追求自己的个人的
利益，不关心国家整体，不向自己提出有计划地组织全国规模的经济的问
题。不是的，我们建设的是社会主义社会。这就是说，应该考虑到整个社
会的需要，应该有计划地、有意识地、以全俄规模来组织经济。

斯大林：《无产阶级专政的三年》，《斯大林全集》第 4 卷，人民出版社
1956 年版，第 343 页。

社会主义经济是最统一最集中的经济，社会主义经济是按计划进行的，
这个事实难道不是说明社会主义经济会有一切有利条件足以在较短期间内
证明自己优于被内部矛盾所分裂、被危机所腐蚀的资本主义经济制度吗？

斯大林：《共产国际执行委员会第七次扩大全会》，《斯大林全集》第 9
卷，人民出版社 1954 年版，第 122 页。

危机、失业、浪费和广大群众的贫困，——这就是资本主义的不治之
症。我们的制度不患这种病症，因为政权掌握在我们手里，掌握在工人阶
级手里，因为我们实行计划经济，有计划地积累资财，并且按国民经济各
部门合理地加以分配。我们不患资本主义的不治之症。这就是我们和资本

主义不同的地方，这就是我们优越于资本主义的有决定意义的地方。

斯大林：《论经济工作人员的任务》，《斯大林选集》（下），人民出版社
1979 年版，第 269 页。

国民经济有计划发展的规律产生的条件

有人说，我国国民经济有计划（按比例）发展的必然性，使苏维埃政权有可能来消灭现存的经济规律和创造新的经济规律。这是完全不对的。不能把我们的年度计划和五年计划跟国民经济有计划、按比例发展的客观经济规律混为一谈。国民经济有计划发展的规律，是作为资本主义制度下竞争和生产无政府状态的规律的对立物而产生的。它是当竞争和生产无政府状态的规律失去效力以后，在生产资料公有化的基础上产生的。它之所以发生作用，是因为社会主义的国民经济只有在国民经济有计划发展的经济规律的基础上才能得到发展。这就是说，国民经济有计划发展的规律，使我们的计划机关有可能去正确地计划社会生产。

斯大林：《苏联社会主义经济问题》，《斯大林选集》（下），人民出版社
1979 年版，第 543—544 页。

在共产主义社会的第二阶段上，用于生产产品的劳动量，将不是以曲折迂回的方法，不是凭借价值及其各种形式来计算，如象在商品生产制度下那样，而是直接以耗费在生产产品上的时间数量即钟点来计算的。至于说到劳动分配，那么各个生产部门之间的劳动分配，将不依靠那时已失去效力的价值规律来调节，而是依靠社会对产品的需要量的增长来调节的。这将是这样一种社会，在那里，生产将由社会的需要来调节，而计算社会的需要，对于计划机关将具有头等重要的意义。

斯大林：《苏联社会主义经济问题》，《斯大林选集》（下），人民出版社
1979 年版，第 555 页。

在按计划领导经济方面，必须做到使失算的情况减少

在资本主义国家那里所发生的经济危机、商业危机和财政危机，都只是触及个别资本家集团。而在我们这里却是另一种情况。商业和生产中的每次严重停滞，我国经济中的每个严重失算，都不会只以某种个别危机来结束，而一定会打击到整个国民经济。每次危机，不论是商业危机、财政危机或工业危机，在我们这里都可能变成打击全国的总危机。因此，我们在建设方面就应当特别谨慎小心，应当具有远见。因此，我们在按计划领

导经济方面，必须做到使失算的情况减少，使我们领导经济的工作极为明智，极为谨慎小心，极其正确无误。

> 斯大林：《联共（共）第十四次代表大会》，《斯大林全集》第 7 卷，人民出版社 1958 年版，第 248 页。

国民经济的计划化要遵守的两个条件

因此，国民经济有计划发展的规律的作用，只是在它以社会主义基本经济规律为依据时，才能充分发挥起来。

至于说到国民经济的计划化，那么，它只有遵守下列两个条件，才能得到良好的结果，这两个条件是：（一）它正确地反映国民经济有计划发展的规律的要求；（二）它在各方面适应社会主义基本经济规律的要求。

> 斯大林：《苏联社会主义经济问题》，《斯大林选集》（下），人民出版社 1979 年版，第 569—570 页。

这就是说，国民经济有计划发展的规律，使我们的计划机关有可能去正确地计划社会生产。但是，不能把可能同现实混为一谈。这是两种不同的东西。要把这种可能变为现实，就必须研究这个经济规律，必须掌握它，必须学会熟练地应用它，必须制定出能完全反映这个规律的要求的计划。

> 斯大林：《苏联社会主义经济问题》，《斯大林选集》（下），人民出版社 1979 年版，第 544 页。

按照一个总的大计划进行建设，并力求合理地使用经济资源

只有按照一个总的大计划进行的、力求合理地利用经济资源的建设，才配称为社会主义的建设。苏维埃政权决不想贬低地方政权的意义，决不想扼杀它们的独立性和主动性。

> 列宁：《在省苏维埃主席会议上的讲话》（1918 年 7 月 30 日），《列宁全集》第 35 卷，人民出版社 1985 年版，第 18 页。

必须使我国工业计划不是按照官僚主义的臆想而是密切联系我国国民经济状况、联系对我国资源和后备的估计来制定的。在制定工业建设计划上不能落后于工业发展。但也不能向前跑得太远，脱离农业，不顾我国的积累速度。

> 斯大林：《关于苏联经济状况和党的政策》，《斯大林选集》（上），人民出版社 1979 年版，第 469 页。

夸大计划原则的作用就更是错误了

轻视计划工作的作用和意义是错误的。可是夸大计划原则的作用，以

为我们已经达到了能够计划一切和调节一切的发展水平，那就更加错误了。

不应当忘记，在我国国民经济中，除了那些受我们计划控制的成分以外，还有另一些暂时不受计划控制的成分……

　　　　斯大林：《在粮食战线上》，《斯大林选集》（下），人民出版社 1979 年版，第 42 页。

32. 社会主义国家的对外经济关系

谁也不否认我国国民经济对世界资本主义经济的依赖是存在的

第一，俄国是一个经济落后的国家，如果它不用自己的原料换取西方国家的机器和装备，那就很难靠本身的力量组织运输业，发展工业并使城乡工业电气化。第二，俄国至今还是一个被工业比较发达的敌视俄国的资本主义国家包围的社会主义孤岛。……所以在无产阶级革命还没有在一个或几个工业资本主义国家内获得胜利之前，苏维埃俄国和我们这个领导它的党就不得不寻求同敌视我们的西方资本家集团建立经济合作的形式和方法，以便取得必需的技术装备。租让制形式和对外贸易——这些就是达到这个目的的手段。

　　　　斯大林：《党在取得政权以前和以后》，《斯大林全集》第 5 卷，人民出版社 1957 年版，第 87 页。

谁也不否认我国国民经济对世界资本主义经济的依赖是存在的。过去和现在谁也不否认这一点，正象谁也不否认每个国家和每个国家的国民经济（美国的国民经济也不例外）对国际资本主义经济的依赖是存在的一样。但这种依赖是双方面的。不只是我们的经济依赖资本主义国家，而且资本主义国家也依赖我们的经济，依赖我们的石油、我们的粮食、我们的木材以及我们广大的市场。……

这是不是说我国国民经济对资本主义国家的依赖使我国不可能建成社会主义经济呢？当然不是这个意思。以为社会主义经济是一种绝对闭关自守、绝对不依赖周围各国国民经济的东西，这就是愚蠢之至。能不能断言社会主义经济绝对不会有任何输出和输入，不会输入本国所没有的产品，因而也不会输出自己的产品呢？不，不能这样断言。而什么是输出和输入呢？这是一些国家依赖另一些国家的表现。这是经济上相互依赖的表现。

现代资本主义国家也是这样。你们不能设想出一个没有输出和输入的国家。就拿世界上最富的国家美国来说吧。能不能说现在的资本主义国家譬如英国或美国是绝对不依赖他国的国家呢？不，不能这样说。为什么呢？因为它们依赖输出和输入，它们依赖其他国家的原料（例如美国依赖橡胶和其他原料），他们依赖销售市场来销售自己的设备和其他成品。

　　这是不是说既然没有绝对不依赖他国的国家，也就不能有各个国家国民经济的独立性呢？不，不是这个意思。我国依赖其他国家，正象其他国家依赖我国国民经济一样，但这并不意味着我国因而丧失了或就要丧失自己的独立性，它不能保持自己的独立性，它应当变成国际资本主义经济的小螺丝钉。应该把一些国家对另一些国家的依赖性和这些国家的经济独立性区别开来。否认各个国民经济单位的绝对不相依赖，并不等于也不能等于否认这些单位的经济独立性。

　　　　斯大林：《再论我们党内的社会民主主义倾向》，《斯大林选集》（上），人民出版社 1979 年版，第 594—596 页。

　　由此得出的结论是，我们应该这样来建设我国的经济：使我国不致变成世界资本主义体系的附属品，使我国不致被卷入资本主义发展的总体系中去成为它的辅助企业，使我国经济不是作为世界资本主义的辅助企业发展起来，而是作为独立的经济单位发展起来，这种独立的经济单位主要是依靠国内市场，依靠我国工业和我国农民经济的结合。

　　　　斯大林：《联共（布）第十四次代表大会》，《斯大林全集》第 7 卷，人民出版社 1958 年版，第 246 页。

使我国不变成资本主义国家的附属品的保证

　　把我国从农业国变成能自力生产必需的装备的工业国，——这就是我们总路线的实质和基础。我们应当设法使经济工作人员的全部思想和意图都集中到这一方面，即集中到把我国从一个输入装备的国家变成一个生产这种装备的国家。因为这是我国经济独立的基本保证。因为这样就能保证我国不变成资本主义国家的附属品。索柯里尼柯夫不愿意了解这个简单而明白的道理。他们这些道威斯计划的制定人，想使我们只生产花布这种物品，但是这对于我们是不够的，因为我们不仅要生产花布，而且要生产织造花布所必需的机器。他们想使我们只生产汽车这种物品，但是这对于我们是不够的，因为我们不仅要生产汽车，而且要生产制造汽车所必需的机器。他们想使我们只生产皮鞋这种物品，但是这对于我们是不够的，因为我们不仅要生产皮鞋，而且要生产制造皮鞋所必需的机器。如此等等。

斯大林：《联共（布）第十四次代表大会》，《斯大林全集》第7卷，人民出版社1958年版，第294页。

列宁是怎样提出问题的呢？在1921年，列宁知道我国工业不发达而农民又需要商品，知道工业不能立刻得到发展……所以当时列宁认为在一切可行的办法中最妥善的办法就是吸收外资，利用外资来振兴工业，也就是说实行国家资本主义，通过它来建立苏维埃政权和农村的结合。这条道路在当时无疑是正确的……

斯大林：《联共（布）第十四次代表大会》，《斯大林全集》第7卷，人民出版社1958年版，第304页。

我认为两种对立的体系即资本主义体系和社会主义体系的存在，并不排斥签订这种协定的可能性。我认为在和平发展的环境下签订这种协定是可能的而且是适宜的。

输出和输入就是签订这种协定最适当的基础。我们需要机器装备、原料（如棉花）、半制品（金属的和其他的），而资本家需要销售这些商品。这就是签订协定的基础。资本家需要石油、木材、粮食，而我们需要销售这些商品。这就是签订协定的基础。

斯大林：《和第一个美国工人代表团的谈话》，《斯大林全集》第10卷，人民出版社1954年版，第109页。

我们的对外政策是明明白白的。它是维护和平并加强和世界各国的贸易关系的政策。苏联不想威胁任何人，更不想侵犯任何人。我们主张和平并捍卫和平事业。但是我们不怕威胁，我们准备以打击回答战争挑拨者的打击。

斯大林：《在党的第十七次代表大会上关于联共（布）中央工作的总结报告》，《斯大林全集》第13卷，人民出版社1956年版，第270页。

应当把对外贸易事业经营得使我国手中能保有外汇储备

我们在对外贸易方面首先需要有后备。我们需要把我们的出口和进口经营得使国家手中能保持一定的后备，保持一定的对外贸易出超。这是完全必要的，因为这不仅可以防备国外市场上的意外事情，而且是维持我们切尔文的手段。我们的切尔文暂时是稳定的，但是，如果我们不能达到对外贸易出超的话，它还可能波动。加强我们的输出，使我们的输入和输出的能力相适应，——任务就是如此。

我们不能象旧时那样地说："自己吃不饱，也得要输出。"我们不能说这样的话，因为工人和农民要象人一样地吃饭，而我们在这一点上是完全支持他们的。但是我们还是可以在不损害人民消费的条件下采取一切办法使我国输出增加，使国家手中能保有一定的外汇储备。我们 1923 年能由苏维埃纸币进到稳定的货币，其原因之一就是我们当时由于我国对外贸易出超而有一定的外汇储备。如果我们想维持我们的切尔文，我们今后也应当把对外贸易事业经营得使我国手中能保有外汇储备，作为我们切尔文的基础之一。

> 斯大林：《关于苏联经济状况和党的政策》，《斯大林选集》（上），人民出版社 1979 年版，第 466—467 页。

至于说到对外贸易，我觉得我们经济方面现有的许多困难得不到解决是和输出不够有关的。我们是否能够增加输出呢？我认为是能够的。我们是否在采取一切办法去大大增加输出呢？我认为并不是一切办法都采取了。

> 斯大林：《联共（布）第十五次代表大会：中央委员会的政治报告》，《斯大林全集》第 10 卷，人民出版社 1954 年版，第 267 页。

对外贸易垄断都会长久存在下去

大家知道，对外贸易的垄断是我们年轻的社会主义工业的盾牌和屏障。可是难道资本家在取消对外贸易垄断方面已经获得胜利了吗？只要苏维埃政权存在，不管怎样，对外贸易垄断都会长久存在下去，这难道不易理解吗？

> 斯大林：《再论我们党内的社会民主主义倾向》，《斯大林选集》（上），人民出版社 1979 年版，第 597 页。

五　列宁、斯大林论苏联的民族国家建设

33. 民族自决权与民族主义

俄国民族问题的具体特点决定了承认民族自决权的迫切意义

在民族问题上，俄国所具有的特殊条件恰恰同我们在奥地利看到的相反。俄国是以一个民族即以大俄罗斯民族为中心的国家。大俄罗斯人占据着广袤的连片地区，人口约有 7000 万。这个民族国家的特点是：第一，"异族人"（总计占全国人口多数，即 57%）恰恰是住在边疆地区；第二，这些异族人所受的压迫比在邻国（并且不仅是在欧洲的邻国）要厉害得多；第三，这些居住在边疆地区的被压迫民族往往有一些同族人住在国界的另一边，他们享有较多的民族独立（只要提一下住在俄国西部和南部边界以外的芬兰人、瑞典人、波兰人、乌克兰人、罗马尼亚人就够了）；第四，"异族"边疆地区的资本主义发展程度和一般文化水平，往往高于国家的中部地区。最后，我们看到，正是在毗邻的亚洲国家资产阶级革命和民族运动的阶段已经开始，这种革命和运动部分地蔓延到了俄国境内的那些同血统的民族。

可见，正是由于俄国民族问题的这些具体的历史特点，我们在当前所处的时代承认民族自决权，具有特别迫切的意义。

> 列宁：《论民族自决权》（1914 年 2—5 月），《列宁全集》第 25 卷，人民出版社 1988 年第二版，第 236 页。

俄国是各族人民的牢狱，这不仅是因为沙皇制度具有军事封建性质，不仅是因为大俄罗斯资产阶级支持沙皇制度，而且还因为波兰等民族的资产阶级为了资本主义扩张的利益而牺牲民族自由和整个民主制度。俄国无产阶级若不在现时就彻底地和"无条件地"要求让一切受沙皇制度压迫的民族有从俄罗斯分离的自由，那它就不能领导人民进行胜利的民主革命（这是它的最近任务），也不能同欧洲的兄弟无产者一道为社会主义革命而斗争。我们并不是脱离我们争取社会主义的革命斗争来提这个要求的，而是因为不把这个斗争同所有民主问题，其中包括民族问题的革命提法联系和结合起来，这个斗争就始终只能是一句空话。我们要求民族有自决的自

由，即独立的自由，即被压迫民族有分离的自由，并不是因为我们想实行经济上的分裂，或者想实现建立小国的理想，相反，是因为我们想建立大国，想使各民族接近乃至融合，但是这要在真正民主和真正国际主义的基础上实现；没有分离的自由，这是不可想象的。马克思在 1869 年要求爱尔兰分离，并不是为了制造分裂，而是为了将来爱尔兰能同英国自由结盟，不是"替爱尔兰主持公道"，而是为了英国无产阶级革命斗争的利益；同样，我们认为，俄国社会党人拒绝要求上述意义上的民族自决的自由，那就是对民主主义、国际主义和社会主义的直接背叛。

列宁：《革命的无产阶级和民族自决权》（1915 年 10 月 16 日［29 日］以后），《列宁全集》第 27 卷，人民出版社 1990 年第二版，第 85 页。

在俄国，被压迫民族占全国人口 57% 以上，总数超过 1 亿人；这些民族多半居住在边区；这些民族的一部分在文化上高于大俄罗斯人。在俄国，政治制度的特点是特别野蛮，具有中世纪性质，资产阶级民主革命还没有完成。因此，在俄国，为了完成自己民主主义的和社会主义的任务，社会民主党必须承认受沙皇制度压迫的民族有从俄国自由分离的权利。我们党在 1912 年 1 月重建后，在 1913 年通过了一项决议，这项决议再次肯定了自决权，并且对其具体含义作了如上的解释。1914—1916 年大俄罗斯沙文主义在资产阶级中间和机会主义社会党人（鲁巴诺维奇、普列汉诺夫和《我们的事业》杂志等等）中间的猖獗，更加促使我们坚持这个要求，并且认为否定这个要求的人实际上就是在支持大俄罗斯沙文主义和沙皇制度。我们党声明，它对这种反对自决权的言行决不承担任何责任。

列宁：《社会主义革命和民族自决权》（1916 年 1—2 月），《列宁全集》第 27 卷，人民出版社 1990 年第二版，第 266 页。

民族自决就是民族脱离异族集合体的国家分离

因此，建立最能满足现代资本主义这些要求的民族国家，是一切民族运动的趋势（趋向）。最深刻的经济因素推动人们来实现这一点，因此民族国家对于整个西欧，甚至对于整个文明世界，都是资本主义时期典型的正常的国家形式。

因此，如果我们懂得民族自决的意义，不是去玩弄法律上的定义，"杜撰"抽象的定义，而是去研究民族运动的历史—经济条件，那就必然得出如下结论：所谓民族自决，就是民族脱离异族集合体的国家分离，就是成立独立的民族国家。

> 列宁：《论民族自决》（1914 年 2—5 月），《列宁全集》第 25 卷，人民出
> 版社 1988 年第二版，第 225 页。

这就是说，从历史—经济的观点看来，马克思主义者的纲领中所谈的"民族自决"，除政治自决，即国家独立、建立民族国家以外，不可能有什么别的意义。

> 列宁：《论民族自决权》（1914 年 2—5 月），《列宁全集》第 25 卷，人民
> 出版社 1988 年第二版，第 228 页。

真诚地想承认民族自由，承认民族自决权，那就应当反对为了压迫波兰而打仗，就应当主张现在受俄国压迫的乌克兰、芬兰等民族有从俄国分离的自由。

> 列宁：《论俄国当前的口号：没有兼并的和约和波兰独立》（1916 年 2 月
> 16 日［29 日］），《列宁全集》第 27 卷，人民出版社 1990 年第二版，第
> 279 页。

自决权就是：只有民族自己有权决定自己的命运

自决权就是：只有民族自己有权决定自己的命运，谁也没有权利用暴力干涉这个民族的生活，毁坏它的学校和其他机关，破坏它的风俗和习惯，限制它的语言，削减它的权利。

这当然不是说社会民主党要支持一个民族的一切风俗和机关。它反对用暴力压迫民族，仅仅维护由民族自己决定自己命运的权利，同时要进行鼓动，反对该民族的一切有害的风俗和机关，使该民族的劳动阶层能够摆脱这些有害的东西。

自决权就是民族能按照自己的愿望去处理自己的事情。它有权按自治原则安排自己的生活。它有权和其他民族建立联邦关系。它有权完全分离出去。每个民族都是自主的，一切民族都是平等的。

这当然不是说社会民主党将维护民族的任何要求。一个民族甚至有恢复旧制度的权利，但这还不是说社会民主党将赞同该民族某个机关的这种决定。社会民主党是保护无产阶级的利益的，而民族则是由不同的阶级组成的，因此，社会民主党的义务和民族的权利是两种不同的东西。

社会民主党为民族自决权而斗争，目的是消灭民族压迫政策，使这种政策没有立足的余地，以便消除民族间的斗争，使它缓和下去，使它减到

最小限度。

这就是觉悟的无产阶级的政策同资产阶级力求加剧并扩大民族斗争、继续并激化民族运动的政策在本质上的区别。

……

民族有权按自治原则处理自己的事情。它甚至有权分离。但这并不是说它在任何条件下都应当这样做，也不是说自治或分离无论何时地都有利于该民族，即有利于该民族中的多数，有利于劳动阶层。

> 斯大林：《马克思主义和民族问题》，《斯大林选集》（上），人民出版社1979 年第一版，第 74—76 页。

分离是为了各族革命无产阶级的团结和联合

社会民主党将永远反对任何暴力或任何非正义手段从外部影响民族自决的企图，但是，无条件地承认争取民族自决的自由的斗争，这丝毫也不意味着我们必须支持任何民族自决的要求。社会民主党作为无产阶级的政党，其真正的主要的任务不是促进各民族的自决，而是促进每个民族中的无产阶级的自决。我们应当永远无条件地努力使各民族的无产阶级最紧密地联合起来。只有在个别的特殊情况下，我们才能提出并积极支持建立新的阶级国家或者用比较松散的联邦制的统一代替一个国家政治上的完全统一等等要求。

> 列宁：《我们纲领中的民族问题》（1903 年 7 月 15 日［28 日］），《列宁全集》第 7 卷，人民出版社 1986 年第二版，第 218 页。

不要向俄国资本家即古契柯夫、米留可夫、临时政府对芬兰、库尔兰、乌克兰等民族实行的兼并政策让步！不要害怕承认所有这些民族的分离自由。不要用暴力，而只应用真正自愿、真正自由的协议（没有分离的自由，这种协议是不可能达成的）来吸引其他民族同大俄罗斯人结成联盟。

俄国愈自由，我们的共和国愈坚决地承认各个非大俄罗斯民族有分离的自由，这些民族就会愈要同我们结成联盟，摩擦就会愈少，真正分离的情况就会愈少，某些民族分离的时间就会愈短，归根到底，俄罗斯无产阶级—农民共和国同其他任何民族的共和国结成的兄弟联盟就会愈紧密，愈巩固。

> 列宁：《芬兰和俄国》（1917 年 4 月 30 日和 5 月 1 日［5 月 13 日和 14 日］），《列宁全集》第 29 卷，人民出版社 1985 年第二版，第 471 页。

我们希望的是革命无产阶级的团结和联合，而不是分离

最后，我应当在这里答复某些同志对草案中的一条所产生的问题，据我所知，这个问题没有在出版物上提出过。这就是关于政治纲领第 9 条，即关于民族自决权的问题。这一条包括两部分：第一部分对自决权作了新的表述；第二部分的内容不是要求，而是宣言。向我提出的问题是：把宣言摆在这里是否妥当。一般说来，党纲内不应有宣言，但我认为这里的例外是必要的。"自决"一词曾多次引起了曲解，因此我改用了一个十分确切的概念："自由分离的权利"。俄国革命无产阶级的政党，用大俄罗斯语言进行工作的政党，必须承认分离权，这一点在有了 1917 年这半年来的革命经验以后，未必再会引起争论了。我们夺得政权之后，会无条件地立刻承认芬兰、乌克兰、亚美尼亚以及任何一个受沙皇制度（和大俄罗斯资产阶级）压迫的民族都享有这种权利。但是从我们方面来说，我们决不希望分离。我们希望有一个尽可能大的国家，尽可能紧密的联盟，希望有尽可能多的民族同大俄罗斯人毗邻而居；我们这样希望是为了民主和社会主义的利益，是为了尽可能多地吸引不同民族的劳动者来参加无产阶级的斗争。我们希望的是革命无产阶级的团结和联合，而不是分离。我们希望的是革命的联合，因此我们不提所有一切国家联合起来的口号，这是因为社会革命只把已经过渡到或正在过渡到社会主义的国家、正在获得解放的殖民地等等联合起来的问题提上日程。我们希望的是自由的联合，因此我们必须承认分离的自由（没有分离的自由就无所谓自由的联合）。我们尤其必须承认分离的自由，因为沙皇制度和大俄罗斯资产阶级的压迫在邻近的民族里留下了对所有大俄罗斯人极深的仇恨和不信任；必须用行动而不是用言论来消除这种不信任。

但我们是希望联合的，这一点应当说清楚，在一个多民族国家的党的纲领里讲明这一点极为重要，为此，就必须打破惯例，容许提出宣言。我们希望俄罗斯（我甚至想说大俄罗斯，因为这样更正确）人民的共和国能把其他民族吸引到自己方面来，但用什么方法呢？不是用暴力，而是完全靠自愿的协议。否则就要破坏各国工人的团结和兄弟般的联盟。我们同资产阶级民主派不同，我们提出的口号不是各民族兄弟般的团结，而是各族工人兄弟般的团结；因为我们不信任各国资产阶级，认为他们是敌人。

列宁：《论修改党纲》（1917 年 10 月 6—8 日 ［19—21 日］），《列宁全集》

第 32 卷，人民出版社 1985 年第二版，第 369—370 页。

我们既然是国际主义者，第一，就应该特别坚决地反对"俄罗斯"共产党人的大俄罗斯帝国主义和沙文主义的（有时是不自觉的）残余，第二，就应该正是在民族问题这个比较不大重要的问题上（对国际主义者说来，国界问题是次要的，甚至是极其次要的）作出让步。重要的是其他问题，重要的是无产阶级专政的基本利益，重要的是在同邓尼金作斗争的红军的统一和纪律这一利益，重要的是无产阶级对农民的领导作用；至于乌克兰是否要成为一个单独的国家，那是一个极其次要的问题。如果乌克兰的工人和农民要尝试一下各种制度，比方说他们在若干年内既实际试一下同俄罗斯联邦合并，又实际试一下与它分离而成为一个独立的乌克兰苏维埃社会主义共和国，又试一下同它结成各种形式的亲密联盟，如此等等，即使出现这样的前景也丝毫不会使我们感到惊奇，也不应该使我们感到恐慌。

> 列宁：《立宪会议选举和无产阶级专政》（1919 年 12 月 16 日），《列宁全集》第 38 卷，人民出版社 1986 年第二版，第 20—21 页。

在社会主义制度下如果拒绝实行民族自决，那就是背叛社会主义

我们应当使民族自决的要求服从的正是无产阶级阶级斗争的利益。这个条件正是我们对民族问题的提法同资产阶级民主派的提法的区别之所在。资产阶级民主派（以及跟在他们后面亦步亦趋的现代社会党内的机会主义者）以为民主制可以消灭阶级斗争，所以他们抽象地、笼统地、"无条件地"、从"全民"利益的观点、甚至从永恒的绝对的道德原则的观点来提出自己的一切政治要求。社会民主党人无论何时何地都无情地揭露这种资产阶级的幻想，不管它表现为抽象的唯心主义哲学，还是表现为无条件地要求民族独立。

> 列宁：《我们纲领中的民族问题》（1903 年 7 月 15 日［28 日］），《列宁全集》第 7 卷，人民出版社 1986 年第二版，第 220 页。

不允许把民族自决权问题（即受国家宪法保障用完全自由和民主的方式解决分离的问题）同某一民族实行分离是否适宜的问题混淆起来。对于后者，社会民主党应当从整个社会发展的利益和无产阶级争取社会主义的阶级斗争的利益出发，完全独立地逐个加以解决。

同时，社会民主党应当注意到，被压迫民族的地主、神父和资产阶级往往用民族主义的口号来掩饰他们离间工人和愚弄工人的意图，暗中同占统治地位的民族的地主和资产阶级勾结，损害各民族劳动群众的利益。

> 列宁：《有党的工作者参加的俄国社会民主工党中央委员会 1913 年夏季会议的决议》（1913 年 9 月），《列宁全集》第 24 卷，人民出版社 1990 年第二版，第 62 页。

无产阶级只有通过民主制，就是说，只有充分实现民主，把最彻底的民主要求同自己的每一步斗争联系起来，才能获得胜利。把社会主义革命和反对资本主义的革命斗争同民主问题之一（在这里是民族问题）对立起来是荒谬的。我们应当把反对资本主义的革命斗争同实现一切民主要求的革命纲领和革命策略结合起来；这些民主要求就是：建立共和国，实行民兵制，人民选举官吏，男女平等，民族自决等等。

> 列宁：《革命的无产阶级和民族自决权》（1915 年 10 月 16 日［29 日］以后），《列宁全集》第 27 卷，人民出版社 1990 年第二版，第 78 页。

取得胜利的社会主义必将实现充分的民主，因而，不但要使各民族完全平等，而且要实现被压迫民族的自决权，即政治上的自由分离权。任何社会主义政党，如果不能在目前和在革命时期以及革命胜利以后，用自己的全部行动来证明它们将做到解放被奴役的民族并在自由结盟的基础上——没有分离自由，自由结盟就是一句谎话——建立同它们的关系，那就是背叛社会主义。

当然，民主也是一种国家形式，它将随着国家的消失而消失，但那只是在取得最终胜利和彻底得到巩固的社会主义向完全的共产主义过渡时候的事。

> 列宁：《社会主义革命和民族自决权》（1916 年 1—2 月），《列宁全集》第 27 卷，人民出版社 1990 年第二版，第 254—255 页。

社会主义革命不是一次行动，不是一条战线上的一次会战，而是充满着激烈的阶级冲突的整整一个时代，是在一切战线上，也就是说，在经济和政治的一切问题上进行的一系列的会战，这些会战只有通过剥夺资产阶级才能完成。如果认为争取民主的斗争会使无产阶级脱离社会主义革命，或者会掩盖、遮挡住社会主义革命等等，那是根本错误的。相反，正象不实现充分的民主，社会主义就不能胜利一样，无产阶级不为民主而进行全面的彻底的革命的斗争，就不能作好战胜资产阶级的准备。

如果从民主纲领中删去一条，例如删去民族自决这一条，借口这一条在帝国主义时代似乎"不能实现"，或者说是"一种虚幻"，那同样是错误的。

> 列宁：《社会主义革命和民族自决权》（1916 年 1—2 月），《列宁全集》第 27 卷，人民出版社 1990 年第二版，第 255 页。

民族自决权只是一种政治意义上的独立权，即在政治上从压迫民族自由分离的权利。具体说来，这种政治民主要求，就是有鼓动分离的充分自由，以及由要求分离的民族通过全民投票来决定分离问题。因此，这种政治民主要求并不就等于要求分离、分裂、建立小国，它只是反对任何民族压迫的斗争的彻底表现。一个国家的民主制度愈接近充分的分离自由，在实际上要求分离的愿望也就愈少愈弱，因为无论从经济发展或群众利益来看，大国的好处是不容置疑的，而且这些好处会随着资本主义的发展而日益增多。承认自决并不等于承认联邦制这个原则。可以坚决反对这个原则而拥护民主集中制，但是，与其存在民族不平等，不如建立联邦制，作为实行充分的民主集中制的唯一道路。主张集中制的马克思正是从这种观点出发，宁愿爱尔兰和英国结成联邦，而不愿爱尔兰受英国人的暴力支配。

社会主义的目的不只是要消灭人类分为许多小国的现象，消灭一切民族隔绝状态，不只是要使各民族接近，而且要使各民族融合。

> 列宁：《社会主义革命和民族自决权》（1916 年 1—2 月），《列宁全集》第 27 卷，人民出版社 1990 年第二版，第 257—258 页。

在社会主义制度下如果拒绝实行民族自决，那就是背叛社会主义。

> 列宁：《关于自决问题的争论总结》（1916 年 7 月），《列宁全集》第 28 卷，人民出版社 1990 年第二版，第 17 页。

社会主义的利益高于民族自决权的利益

现在，只有明确提出推翻其他国家的资产阶级这一目标并得到社会主义军队完全赞同的那种社会主义共和国同资产阶级国家的战争，才是真正的革命战争。但是，在目前这种时候我们显然还不能给自己提出这个目标。如果我们现在进行战争，客观上就是为解放波兰、立陶宛和库尔兰而战。但是，任何一个马克思主义者，如果不愿违背马克思主义和整个社会主义的原则，那就不能否认，社会主义的利益高于民族自决权的利益。为了实现芬兰、乌克兰及其他民族的自决权，我们的社会主义共和国已经做了它所能够做的一切，并且还在继续做下去。但是，既然具体情况是，为了几个民族（波兰、立陶宛、库尔兰等）的自决权遭到侵犯这件事，社会主义共和国的生存目前受到了威胁，那就很清楚，保存社会主义共和国是更高的利益。

> 列宁：《谈谈不幸的和约问题的历史》（1918 年 1 月 7 日〔20 日〕—2 月
> 11 日〔24 日〕以前），《列宁全集》第 33 卷，人民出版社 1985 年第二
> 版，第 254 页。

根据无产阶级革命的利益来鼓动赞成分离或反对分离的自由

怎样安排被压迫民族的政治生活？对于这个问题必须这样回答：应当使俄国国内各被压迫民族有权利自己决定，愿意留在俄罗斯国家内还是愿意分离为独立的国家。现在我们面前摆着芬兰人民和临时政府之间的实际冲突。芬兰人民的代表，社会民主党的代表，要求临时政府把芬兰人民在并入俄国以前所享有的权利归还他们。临时政府拒绝这个要求，不承认芬兰人民有自主权。我们应当站在哪一方面呢？显然应当站在芬兰人民方面，因为承认把任何一个民族强留在统一的国家范围内是不可思议的。我们提出民族自决权的原则，也就把反对民族压迫的斗争提到了反对我们的共同敌人——帝国主义的斗争的高度。不这样做，我们就会成为帝国主义者的帮凶。如果我们社会民主党人拒绝承认芬兰人民有表示其分离意志的权利和实现这种意志的权利，那我们就会变成沙皇制度的政策的继承人。

决不容许把民族有权利自由分离的问题和某一民族在某一时期是否一定要实行分离的问题混为一谈。对于这个问题，无产阶级政党在每个不同的场合应当根据具体情况截然有别地加以解决。我们承认被压迫民族有分离的权利，有决定自己的政治命运的权利，但这并不是说这样我们就解决了某个民族在目前是否应当和俄罗斯国家分离的问题。我可以承认某一民族有分离的权利，但这还不是说我一定要它这样做。一个民族有分离的权利，但是根据具体条件它也可以不行使这种权利。而我们只有根据无产阶级的利益，根据无产阶级革命的利益来鼓动赞成分离或反对分离的自由。总之，分离的问题在每个不同的场合要根据具体情况分别加以解决，正因为如此，不应当把承认分离权的问题和在某些条件下实行分离是否适当的问题混为一谈。比如说，从南高加索和俄国的共同发展以及无产阶级斗争的一些条件等等着想，我个人是反对南高加索分离的。但是，如果南高加

索各民族仍旧要求分离，那么它们当然可以分离，而且它们是不会遭到我们的反对的。

……

对于那些愿意留在俄罗斯国家范围内的民族怎么办？如果说各民族过去不信任俄罗斯，那么这种不信任首先是由沙皇制度的政策培植的。既然沙皇制度已经不存在了。既然它的压迫政策已经不存在了，那么对俄罗斯的不信任就必然减弱，对它的向心力就必然增长。我认为在沙皇制度被推翻之后，十分之九的民族是不愿意分离的。所以党主张，凡是不愿意分离而具有特殊的生活习惯和语言的区域，如南高加索、土耳其斯坦、乌克兰等，都可以实行区域自治。这种自治区域的边界应当由当地居民根据经济、生活习惯等条件来自行决定。

> 斯大林：《俄国社会民主工党（布尔什维克）第七次代表会议（四月代表会议）》，《斯大林全集》第 3 卷，人民出版社 1955 年版，第 49—50 页。

应当记住，除了民族自决权以外，还有工人阶级巩固自己政权的权利，自决权从属于后一权利。有时候会发生自决权同另一个权利，即同最高权利——执政的工人阶级巩固自己政权的权利相抵触的情况。在这种情况下，——必须直截了当地说——自决权不能而且不应当成为工人阶级实现自己专政权利的障碍。前者必须向后者让步。

> 斯大林：《俄共（布）第十二次代表大会》，《斯大林全集》第 5 卷，人民出版社 1957 年版，第 215 页。

应当把民族区分为压迫民族和被压迫民族

因此，在社会民主党的纲领中居中心地位的，应当是把民族区分为压迫民族和被压迫民族。这正是帝国主义的本质所在，正是社会沙文主义者和考茨基用谎言加以回避的东西。从资产阶级的和平主义或小市民的空想的观点看来，这种区分是无关紧要的，但是从反对帝国主义的革命斗争的观点看来，它恰恰是至关重要的。根据这个区分应当得出我们对"民族自决权"的彻底民主主义的、革命的、同为社会主义而立即斗争的总任务相适应的定义。为了这种权利，为了真正承认这种权利，压迫民族的社会民主党人应当提出被压迫民族有分离的自由这一要求，否则，所谓承认民族平等和工人的国际团结，实际上就只能是一句空话，只能是一种欺人之谈。被压迫民族的社会民主党人则应当把被压迫民族的工人同压迫民族的工人的团结一致和打成一片摆到首位，否则，这些社会民主党人就会不由自主地成为一贯出卖人民和民主的利益、一贯准备兼并和压迫其他民族的这个或那个民族的资产阶级的同盟者。

列宁：《革命的无产阶级和民族自决权》（1915 年 10 月 16 日［29 日］以后），《列宁全集》第 27 卷，人民出版社 1990 年第二版，第 81 页。

我在关于民族问题的一些著作中已经指出过，抽象地提民族主义问题是极不恰当的。必须把压迫民族的民族主义和被压迫民族的民族主义，大民族的民族主义和小民族的民族主义区别开来。

对于第二种民族主义，我们大民族的人，在历史的实践中几乎从来都是有过错的，我们施行了无数暴力，甚至施行了无数暴力和侮辱，自己还没有察觉。只要回忆一下我在伏尔加河流域时的情况，就可以知道我们的人是怎样蔑视异族人的；把波兰人都叫作"波兰佬"，嘲笑鞑靼人为"王爷"，乌克兰人为"一撮毛"，格鲁吉亚人和其他高加索异族人为"蛮子"。

因此，压迫民族或所谓"伟大"民族（虽然只不过是因为施行暴力而伟大，只不过是象杰尔席莫尔达那样的伟大）的国际主义，应当不仅表现在遵守形式上的民族平等，而且表现在压迫民族即大民族要处于不平等地位，以抵偿在生活中事实上形成的不平等。谁不懂得这一点，谁就不懂得对待民族问题的真正无产阶级态度，谁就实质上仍持小资产阶级观点，因而就不能不随时滚到资产阶级的观点上去。

对无产者来说重要的是什么呢？对无产者来说，不仅重要而且极其必要的是保证在无产阶级的阶级斗争中取得异族人的最大信任。为此需要什么呢？为此不仅需要形式上的平等。为此无论如何需要用自己对待异族人的态度或让步来抵偿"大国"民族的政府在以往历史上给他们带来的那种不信任、那种猜疑、那种侮辱。

我想，对于布尔什维克，对于共产党人，这是用不着再作详细解释的。我想，这一次在对待格鲁吉亚民族方面，我们有了一个典型的例子，说明我们要是以真正无产阶级的态度处理问题，就必须采取非常谨慎、非常客气和让步的态度。一个格鲁吉亚人对事情的这一方面掉以轻心，满不在乎地随便给人加上"社会民族主义"的罪名（其实他自己不仅是真正道地的"社会民族主义分子"，而且是粗暴的大俄罗斯的杰尔席莫尔达），那么这个格鲁吉亚人实质上就破坏了无产阶级阶级团结的利益，因为没有什么比民族问题上的不公正态度更能阻碍无产阶级团结的发展和巩固的了，因为"受欺侮"民族的人没有比对平等感、对破坏这种平等更敏感的了，哪怕是自己的无产者同志出于无心或由于开玩笑而破坏这种平等。因此，在这种情况下，在对少数民族让步和宽容这方面做得过些比做得不够要好。因此，在这种情况下，无产阶级团结以及无产阶级阶级斗争的根本利益，要求我们对待民族问题无论何时都不能拘泥形式，而要时刻考虑到被压迫民族（或小民族）的无产者在对待压迫民族（或大民族）的态度上必然有的差别。

> 列宁：《关于民族或"自治化"问题（续）》（1922 年 12 月 31 日），《列宁全集》第 43 卷，人民出版社 1987 年第二版，第 352—353 页。

34. 联邦制

联邦制是向社会主义单一制的过渡形式

联邦制是以存在着一些自治的、民族的、政治的统一体为前提的，而联合会①却拒绝提出民族自治的要求。联合会如果要做到立论前后完全一致，就应当从纲领中删去成立联邦制的共和国的要求，只提出成立一般民主共和国的要求。鼓吹联邦制和民族自治并不是无产阶级应做的事情，提出这类必然导致要求成立自治的阶级国家的要求，也不是无产阶级应做的事情。无产阶级应做的事情就是要把所有民族中尽可能广泛的工人群众更紧密地团结起来，以便在尽可能广阔的舞台上为建立民主共和国和社会主义而斗争。由于当局采用一系列令人愤懑的暴力，当前让我们表演的全国性舞台已经建立起来，而且还将继续存在并日益扩大，那么，正是为了成功地同各种剥削和压迫进行斗争，我们应当把深受压迫、最善于斗争的工人阶级的力量联合起来，而不是使之分散。要求承认每个民族具有自决权，这件事本身仅仅说明我们无产阶级政党应当永远无条件地反对任何用暴力或非正义手段从外部影响人民自决的企图。我们一直履行着自己这种否定的义务（对暴力进行斗争和提出抗议），从我们这方面来说，我们所关心的并不是各民族的自决，而是每个民族中的无产阶级的自决。因此，俄国社会民主党永远必须遵循的总的基本纲领，应当只是要求公民（不分性别、

---

① 指亚美尼亚社会民主党人联合会。——编者注

语言、宗教、种族、民族等等）的完全平等和公民的自由的民主的自决权。至于说到对民族自治要求的支持，那么这种支持根本不是无产阶级经常性和纲领性的职责。只有在个别的特殊情况下，这种支持才是无产阶级所必须提供的。

列宁：《论亚美尼亚社会民主党人联合会的宣言》（1903 年 2 月 1 日［14日］），《列宁全集》第 7 卷，人民出版社 1986 年第二版，第 89—90 页。

我们主张民主集中制。因此必须弄明白，民主集中制一方面同官僚主义集中制，另一方面同无政府主义有多么大的区别。反对集中制的人常常提出自治和联邦制作为消除集中制的差错的方法。实际上，民主集中制不但丝毫不排斥自治，反而以必须实行自治为前提。实际上，甚至联邦制，只要它是在合理的（从经济观点来看）范围内实行，只要它是以真正需要某种程度的国家独立性的重大民族差别为基础，那么它同民主集中制也丝毫不抵触。在真正的民主制度下，尤其是在苏维埃国家制度下，联邦制往往只是达到真正的民主集中制的过渡性步骤。俄罗斯苏维埃共和国的例子特别清楚地表明，我们目前实行的和将要实行的联邦制，正是使俄国各民族最牢固地联合成一个统一的民主集中的苏维埃国家的最可靠的步骤。

民主集中制决不排斥自治和联邦制，同样，它也丝毫不排斥各个地区以至全国各个村社在国家生活、社会生活和经济生活方面有采取各种形式的完全自由，反而要以这种自由为前提。把民主集中制同官僚主义和公式化混为一谈，是再错误不过的了。我们目前的任务就是要在经济方面实行民主集中制，保证铁路、邮电和其他运输部门等等经济企业在发挥其职能时绝对的协调和统一；同时，真正民主意义上的集中制的前提是历史上第一次造成的这样一种可能性，就是不仅使地方的特点，而且使地方的首创性、主动精神和达到总目标的各种不同的途径、方式和方法，都能充分地顺利地发展。因此，组织竞赛的任务包括两个方面：一方面它要求实行上述的民主集中制，另一方面它意味着有可能找出改造俄国经济制度的最正确最经济的途径。总的说来，这种途径已经知道了。这就是向建立在机器工业基础上的大经济过渡，向社会主义过渡。但是，由于开始向建立社会主义前进时所处的条件不同，这种过渡的具体条件和形式必然是而且应当是多种多样的。地方差别、经济结构的特点、生活方式、居民的素质、实现这种或那种计划的尝试，——所有这些都必定会在国家这个或那个劳动公社走向社会主义的途径的特点上反映出来。这种多样性愈是丰富（当然，不是标新立异），我们就能愈可靠愈迅速地达到民主集中制和实现社会主义经济。现在还需要我们做的就是组织竞赛，即保证公开报道，使国家所有的村社都有可能了解各个地区经济发展的情况；其次，保证使这个公社和那个公社在向社会主义进展方面的成果可以进行比较；最后，保证一个村社取得的经验能为其他村社实际运用，保证在国民经济或国家管理的有关方面表现得很突出的物力和人力能够进行交换。由于受资本主义制度的压制，现在我们甚至还不能确切地设想，在劳动群众中，在这个大国的各种各样的劳动公社中，在一向死气沉沉、默不作声地执行资本家命令的知识分子中，蕴藏着多大的力量。我们的工作就在于为这些力量扫清道路。如果我们把组织竞赛作为我们国家的任务提出来，那么在实行苏维埃国家制度的原则条件下，在废除土地、工厂等私有制的条件下，我们一定会取得成绩，而这些成绩会给我们提示未来的建设形式。

　　　　列宁：《〈苏维埃政权的当前任务〉一文初稿》（1918 年 3 月 23 日和 28 日
　　　　之间），《列宁全集》第 34 卷，人民出版社 1985 年第二版，第 139—
　　　　141 页。

　　目前不能局限于空口承认或空口提倡各民族劳动者互相接近，必须实行使一切民族解放运动和一切殖民地解放运动同苏维埃俄国结成最密切的联盟的政策，并且根据各国无产阶级中共产主义运动发展的程度，或根据落后国家或落后民族中工人和农民的资产阶级民主解放运动发展的程度，来确定这个联盟的形式。

　　联邦制是各民族劳动者走向完全统一的过渡形式。无论在俄罗斯联邦同其他苏维埃共和国（过去的匈牙利苏维埃共和国、芬兰苏维埃共和国、拉脱维亚苏维埃共和国，现在的阿塞拜疆苏维埃共和国、乌克兰苏维埃共和国）的关系中，或在俄罗斯联邦内部同从前既没有成立国家又没有实行自治的各民族（例如，在俄罗斯联邦内，1919 年建立的巴什基尔自治共和国、1920 年建立的鞑靼自治共和国）的关系中，联邦制已经在实践上显示出它是适当的。

　　　　……

　　既然承认联邦制是走向完全统一的过渡形式，那就必须力求建立愈来愈密切的联邦制联盟，第一，因为没有各苏维埃共和国最密切的联盟，便不能捍卫被军事方面无比强大的世界帝国主义列强所包围的各苏维埃共和国的生存；第二，因为各苏维埃共和国之间必须有一个密切的经济联盟，否则便不能恢复被帝国主义所破坏了的生产力，便不能保证劳动者的福利；因为估计到建立统一的、由各国无产阶级按总计划调整的完整的世界经济的趋势，这种趋势在资本主义制度下已经十分明显地表现出来，在社会主义制度下必然会继续发展而臻于完善。

> 列宁：《为共产国际第二次代表大会准备的文件》（1920年6—7月），《列宁全集》第39卷，人民出版社1986年第二版，第162—163页。

联邦制，不会满足而且不能满足民主的要求

联邦制在俄国不会解决而且不能解决民族问题，它只能用唐·吉诃德式的挣扎来扭转历史车轮，把民族问题弄得错综复杂起来，这不是很明显吗？

不，主张在俄国应用1776年美国的经验是完全不适当的。不彻底的过渡形式——联邦制，不会满足而且不能满足民主的要求。

民族问题的解决应当是切合实际的，同样应当是根本的和彻底的，即：

（一）凡居住在俄国一定区域内而不能或不愿留在国家整体范围内的民族都有分离的权利；

（二）凡具有一定的民族成分而仍旧留在国家整体范围内的各个区域都可以在具有统一宪法规范的统一的（合为一体的）国家范围内实行政治自治。

关于俄国各个区域的问题，应当这样而且只能这样来解决。

> 斯大林：《反对联邦制》，《斯大林全集》第3卷，人民出版社1955年版，第27—28页。

在我看来，这就是我们眼前正在形成的俄罗斯联邦的一般轮廓。很多人倾向于把联邦制度看做最稳固的甚至是理想的制度，并且时常以美国、加拿大和瑞士为例。可是，历史证明迷恋联邦制是不对的。第一、美国和瑞士已经不是联邦国家。它们在十九世纪六十年代曾经是联邦国家，从十九世纪末全部政权由各州、各邦转归中央联邦政府的时候起，它们事实上已经变成单一制的国家了。

历史证明，美国和瑞士的联邦制是各州、各邦从独立走向完全联合的过渡阶段。联邦制作为从独立到帝国主义单一制的过渡阶段是一种完全适宜的形式，但是各州、各邦联合成统一的国家整体的条件一成熟，联邦制就被废除和抛弃了。

……

俄国的政治建设是相反地进行的。这里沙皇时代的强制性的单一制正被自愿的联邦制所代替，以便逐渐使联邦制让位给俄国各民族和各部落劳动群众的兄弟般的自愿联合。斯大林同志在结束谈话的时候说：俄国的联邦制也同美国和瑞士的联邦制一样注定要起过渡作用，过渡到将来的社会主义单一制。

> 斯大林：《俄罗斯联邦共和国的组织——和〈真理报〉记者的谈话》，《斯大林全集》第 4 卷，人民出版社 1955 年版，第 67—68 页。

从否定联邦制到承认联邦制所经历的道路

本文[①]反映了当时在我们党内占统治地位的对国家联邦制度的否定态度。这种对国家联邦制度的否定态度，在列宁 1913 年 11 月致邵武勉的一封著名的信中表现得最为明显。列宁在这封信中说："我们无条件地拥护民主集中制。我们反对联邦制……我们在原则上反对联邦制，因为它削弱经济联系，它对于一个国家来说是一种不合适的形式。你愿意分离吗？如果你能割断经济联系，或者说得确切些，如果'共处'所引起的压迫和纷争竟能损害和毁坏经济联系的事业，那么你就滚吧。你不愿意分离吗？那么对不起，请不要代我做决定，不要以为你有'权利'建立联邦。"

值得注意的是，1917 年 4 月党的代表会议所通过的关于民族问题的决议完全没有提到国家联邦制度的问题。决议谈到民族分离权，谈到在统一的（单一的）国家范围内实行民族区域自治，谈到颁布反对任何民族特权的根本法，但是一句话也没有谈到可以实行国会联邦制度的问题。

在列宁的《国家和革命》（1917 年 8 月）一书中，党以列宁为代表第一次在承认联邦制可以作为"向集中制共和国"过渡的一种形式方面跨进了一大步，但承认的同时又附有许多重要的附带条件。列宁在这本书中说：

"恩格斯也和马克思一样，是以无产阶级和无产阶级革命的观点来坚持民主集中制，坚持统一而不可分割的共和国的。他把联邦共和国或者看做例外情形和发展的障碍，或者看做由君主国向集中制共和国的过渡，看做

---

① 指斯大林 1924 年 12 月对自己的《反联邦制》一文所作的注释。

在一定特殊条件下的‘前进一步’。在这种特殊条件中突出的是民族问题……甚至在英国，在这个无论从地理条件、共同的语言或数百年的历史方面看来都似乎已经把国内各个小地区的民族问题‘解决了’的国家，恩格斯也估计到一个明显的事实，即民族问题还没有消失，因此，他承认联邦共和国是‘前进一步’。自然，这里他丝毫没有放弃批评联邦共和国的缺点，丝毫没有放弃为实现统一的、集中制的民主共和国而进行最坚决的宣传和斗争。"

只是在十月革命以后，党才明确而肯定地采取了国家联邦制的观点，把国家联邦制作为各苏维埃共和国在过渡时期的国家制度的方案提出来。在 1918 年 1 月由列宁起草经党中央委员会批准的著名的《被剥削劳动人民权利宣言》中第一次反映了这个观点。在这个宣言中说："苏维埃俄罗斯共和国是建立在自由民族的自由联盟基础上的各苏维埃民族共和国的联邦。"

党的第八次代表大会（1919 年）正式确定了这个观点。大家知道，在这次代表大会上通过了俄国共产党党纲。在这个党纲中说："党主张按照苏维埃型式组织起来的各个国家实行联邦制的联合，作为走向完全统一的一种过渡形式。"

这就是党从否定联邦制到承认联邦制，承认它是"各民族劳动人民走向完全统一的过渡形式"所经历的道路。我们党在国家联邦制问题上的观点的这种演变应由下面三个原因来说明：

第一、到十月革命时俄国许多民族实际上已经处于完全分离和彼此完全隔绝的状态，因此，联邦制是使这些民族的劳动群众由分散趋于接近，趋于联合的前进一步。

第二、在苏维埃建设进程中确立起来的联邦形式本身，远不象从前所想象的和俄国各民族劳动群众在经济上接近起来的目的有那样大的抵触，甚至象后来的实践所表明的那样，联邦形式和这些目的完全不相抵触。

第三、民族运动所占的比重，比从前，比战前时期或十月革命以前时期所想象的要大得多，而各民族联合的方法也要复杂得多。

斯大林：《反对联邦制》，《斯大林全集》第 3 卷，人民出版社 1955 年版，第 28—30 页。

35. 联盟的建设与巩固

建个什么样的联盟：列宁的主张

我们主张建立自愿的民族联盟，这种联盟不允许一个民族对另一个民族施行任何暴力，它的基础是充分的信任，对兄弟般团结一致的明确认识，完全的自觉自愿。这样的联盟是不能一下子实现的。应当十分耐心和十分谨慎地去实现这种联盟，不要把事情弄坏，不要引起不信任，要设法消除许多世纪以来由地主和资本家的压迫、私有制以及因瓜分和重新瓜分私有财产而结下的仇恨所造成的不信任心理。

所以，在力求实现各民族统一和无情地打击一切分裂各民族的行为时，我们对民族的不信任心理的残余应当采取非常谨慎、非常耐心、肯于让步的态度。但在争取劳动摆脱资本压迫的斗争中涉及劳动基本利益的一切问题上，我们决不让步，决不调和。至于现在暂时怎样确定国界（因为我们是力求完全消灭国界的），这不是基本的、重要的问题，而是次要的问题。这个问题可以而且应当从缓解决，因为在广大农民和小业主中，民族的不信任心理往往是根深蒂固的，操之过急反而会加强这种心理，对实现完全彻底的统一这个事业造成危害。

> 列宁：《为战胜邓尼金告乌克兰工农书》（1919 年 12 月 28 日），《列宁全集》第 38 卷，人民出版社 1986 年第二版，第 46—47 页。

斯大林同志：我基本上同意您的意见。但我认为在措辞上应稍作变动。

（1）承认建立外高加索共和国联邦在原则上是绝对正确的，也是绝对应该实行的，言外之意是立刻实行还为时过早，就是说，需要一定的时间来进行讨论、宣传并由苏维埃自下而上地实施。

（2）建议格鲁吉亚、亚美尼亚和阿塞拜疆的中央委员会（通过高加索局）把联邦问题提交全党和工农群众广泛讨论，大力进行建立联邦的宣传并通过每个共和国的苏维埃代表大会来实施；如果有很多人反对，应准确而及时地报告俄共中央政治局。

> 列宁：《对俄共（布）中央政治局关于成立外高加索共和国联邦的决定草案的修改意见——给斯大林的便条》（1921 年 11 月 28 日），《列宁全集》第 42 卷，人民出版社 1987 年第二版，第 282 页。

加米涅夫同志：您大概已从斯大林那里收到了他的委员会关于各独立

共和国加入俄罗斯社会主义联邦苏维埃共和国的决议①。

如果没有收到，请立即从秘书那里要来看一下。我昨天同索柯里尼柯夫，今天同斯大林谈过这个问题。明天将要会见姆季瓦尼（被认为有"闹独立"嫌疑的格鲁吉亚共产党员）。

依我看，问题极端重要。斯大林有点操之过急。您曾经打算研究这个问题，甚至已经作过一些研究，您要好好考虑一下；季诺维也夫也一样。

斯大林已经同意作一个让步。在第1条中把"加入"俄罗斯社会主义联邦苏维埃共和国改成——

"同俄罗斯社会主义联邦苏维埃共和国一起正式联合成欧洲和亚洲苏维埃共和国联盟"。

我希望，这一让步的精神是明白易懂的：我们承认自己同乌克兰社会主义苏维埃共和国以及其他共和国是平等的，将同他们一起平等地加入新的联盟，新的联邦，即"欧洲和亚洲苏维埃共和国联盟"。

这样一来，第2条也要作修改。例如，除俄罗斯社会主义联邦苏维埃共和国全俄中央执行委员会会议之外，建立一个——

"欧洲和亚洲苏维埃共和国联盟全联邦中央执行委员会"。

如果前者和后者每星期各开会一次（或者后者每两星期开会一次），这是不难安排的。重要的是，我们不去助长"独立分子"，也不取消他们的独立性，而是再建一层新楼——平等的共和国联邦。

第2条第二段可以保留：不满意者（对劳动国防委员会和人民委员会的决定）可以向全联邦中央执行委员会提出申诉，但不得因此停止执行（与在俄罗斯社会主义联邦苏维埃共和国内相同）。

第3条可以保留，措辞要修改："合并为全联邦的各人民委员部，留驻莫斯科，同时俄罗斯社会主义联邦苏维埃共和国各相应的人民委员部在加入欧洲和亚洲共和国联盟的所有共和国中均有自己的全权代表以及规模不大的机构"。

第3条第二段保留；为了更加平等似可写成："由加入欧洲和亚洲苏维埃共和国联盟的各共和国中央执行委员会协商"。

第三段斟酌一下：是否以"必须的"代替"适当的"？或者是否加上

---

① 该决议即斯大林的"自治化"方案。——编者注

有条件地必须遵守的规定，即至少要征求意见，只有在"特别紧急重要"的情况下才允许不征求意见就作出决定？

第4条似可也写成"按照各共和国中央执行委员会的协议合并"？

第5条似可补充："设立纯粹协商性质的（或者只具有协商性质的）联席（或共同的）代表会议和代表大会"？

附注（1）和附注（2）作相应的修改。

斯大林同意推迟到我回来后再把决议案提交中央政治局。我在星期一，即10月2日回来。希望在上午能同您和李可夫会见两小时，比如说12点到2点，如果需要，可在下午，比如说5点到7点或6点到8点。

> 列宁：《关于成立苏维埃共和国联盟——给列·波·加米涅夫并转俄共（布）中央政治局委员的信》（1922年9月26日），《列宁全集》第43卷，人民出版社1987年第二版，第213—215页。

加米涅夫同志：我宣布要同大俄罗斯沙文主义决一死战。我那颗该死的牙齿一治好，我就要用满口好牙吃掉它。

要绝对坚持在联盟中央执行委员会中由俄罗斯人、乌克兰人、格鲁吉亚人等轮流担任主席。绝对！①

> 列宁：《就反对大俄罗斯沙文主义给列·波·加米涅夫的便条》（1922年10月6日），《列宁全集》第43卷，人民出版社1987年第二版，第216页。

我们的经验使我们坚信，只有对各个民族的利益极其关心，才能消除冲突的根源，才能消除互不信任，才能消除对某种阴谋的担心，才能建立语言不同的人们，特别是工人农民的互相信任，没有这种信任，无论各族人民之间的和平关系，或者现代文明中一切珍贵事物的比较顺利的发展，都是绝对不可能的。

> 列宁：《答〈观察家报〉和〈曼彻斯特卫报〉记者 M. 法尔布曼问》（1922年10月27日），《列宁全集》第43卷，人民出版社1987年第二版，第239—240页。

我觉得我很对不起俄国工人，因为我没有十分坚决十分果断地过问有名的自治化问题，其正式的说法似应叫作苏维埃社会主义共和国联盟问题。

---

① 据《列宁全集》俄文第4版第33卷所载的原文，此件下方有斯大林的批语："对！约·斯大林"。——编者注

夏天，当这个问题发生的时候，我正在病中，后来，在秋天，我寄极大希望于自己的康复和十月全会和十二月全会使我有可能来过问这个问题。然而，不论十月全会（讨论了这个问题）还是十二月全会，我都没能出席，因而这个问题几乎完全绕过了我。

我只同捷尔任斯基同志谈过一次话，他从高加索回来，向我谈了这个问题在格鲁吉亚的情况。我还同季诺维也夫同志交谈了几句，向他表示了我对这一问题的忧虑。根据捷尔任斯基同志（他是中央委员会派去"调查"格鲁吉亚事件的委员会的领导人）说的情况，我只能感到莫大的忧虑。如果事情发展到奥尔忠尼启则竟会动手打人——这是捷尔任斯基同志告诉我的，那么可想而知，我们已掉到什么样的泥潭里去了。可见，整个这个"自治化"的想法是根本不对的，是根本不合时宜的。

据说需要统一机关。但是，这种主张来自何处呢？还不是来自俄罗斯机关本身，而这种机关，正如我在前面的一篇日记里已经指出的，是我们从沙皇制度那里接收过来的，不过稍微涂了一点苏维埃色彩罢了。

毫无疑问，应当等到我们能够说，我们可以保证有真正是自己的机关的时候，再采取这种措施。现在我们应当老实说，正好相反，我们称为自己机关的那个机关，实际上是和我们完全格格不入的，它是资产阶级和沙皇制度的大杂烩，在没有其他国家帮助，又忙于军"务"和同饥荒斗争的情况下，根本不可能在五年内把它改造过来。

在这种条件下，很自然，我们用来替自己辩护的"退出联盟的自由"只是一纸空文，它不能够保护俄国境内的异族人，使他们不受典型的俄罗斯官僚这样的真正的俄罗斯人，大俄罗斯沙文主义者，实质上是恶棍和暴徒的侵害。毫无疑问，在苏维埃的和苏维埃化了的工人中，会有很少一部分人沉没在这个大俄罗斯沙文主义垃圾的大海里，就象苍蝇沉没在牛奶里一样。

有人出来为这种措施辩护，说直接涉及民族心理、民族教育的人民委员部都已划出去了。但是，这就出现两个问题：是否能把这些人民委员部完全划出去；其次，我们是否已经关怀备至地采取措施来真正保护异族人免遭真正俄罗斯的杰尔席莫尔达①之流侵害呢？我认为，我们并没有采取

---

① 果戈理的喜剧《钦差大臣》中的一个愚蠢粗野、动辄用拳头打人的警察。

这些措施，虽然我们是能够而且应该采取这些措施的。

我想，斯大林的急躁和喜欢采取行政措施以及他对有名的"社会民族主义"的愤恨，在这件事情上起了决定性的作用。愤恨通常在政治上总是起极坏的作用。

我还担心，去高加索调查这些"社会民族主义分子""罪行"案件的捷尔任斯基同志，在这件事情上也只是突出表现了他的真正俄罗斯人的情绪（大家知道，俄罗斯化的异族人在表现真正俄罗斯人的情绪方面总是做得过火），他的整个委员会是否不偏不倚，这在奥尔忠尼启则"动手打人"这件事上得到了充分说明。我想，这种俄罗斯式的动手打人行为是不能用受到任何挑衅甚至侮辱作辩解的，而捷尔任斯基同志无法补救的过错就在于他对这种动手打人行为采取了轻率的态度。

奥尔忠尼启则对于高加索的其余所有公民就是权力。奥尔忠尼启则无权发怒，尽管他和捷尔任斯基借口说是被别人激怒的。相反，奥尔忠尼启则必须克制自己，而任何一个普通公民，尤其是一个被指控犯了"政治"罪的普通公民倒不是非克制自己不可的。要知道，从实质上说，社会民族主义分子就是被指控犯了政治罪的公民，而且从这种指控的全部情况来看，也只能这样认定。

这就提出一个重要的原则问题：怎样理解国际主义？

> 列宁：《关于民族或"自治化"问题》（1922 年 12 月 30 日），《列宁全集》第 43 卷，人民出版社 1987 年第二版，第 349—351 页。

在目前形势下应当采取哪些具体措施呢？

第一，应当保留和巩固社会主义共和国联盟；对这一措施是不可能有怀疑的。我们需要它，正如全世界共产主义无产阶级需要它来同世界资产阶级作斗争，来防备世界资产阶级的阴谋一样。

第二，就外交机关而言需要保留社会主义共和国联盟。顺便指出，这个机关在我们国家机关中是一个特别的机关。我们没有让任何一个在沙皇旧机关里有点影响的人进入这个机关。这个机关里面全部有点权威的工作人员都是共产党员。因此，这个机关已经取得（可以这样大胆地说）可靠的共产主义机关的称号。它在极大程度上清除了沙皇的、资产阶级的、小资产阶级的旧机关工作人员，而这是我们在其他各人民委员部中只好凑合利用的那些机关不能相比的。

第三，需要处分奥尔忠尼启则同志以儆效尤（谈到这点时，我深感遗憾，因为我本人是他的朋友，在侨居国外时同他一道工作过），并要补充调查或重新调查捷尔任斯基的委员会的全部材料，以便纠正其中无疑存在的大量不正确的地方和不公正的判断。当然应当使斯大林和捷尔任斯基对这一真正大俄罗斯民族主义的运动负政治上的责任。

第四，在加入我们联盟的其他各民族共和国中使用民族语言这个方面应制定极严格的规章，并对这些规章进行非常认真的检查。毫无疑问，在我们的现有机关的情况下，我们这里将有人借口铁路业务统一、国库统一等等而干出大量真正俄罗斯式的胡作非为的事情。同这些胡作非为现象作斗争，必须特别机智，不消说参加这一斗争的人要特别真诚。这里要有一个详细的法典，这个法典只有居住在该共和国内的本民族的人才能够比较成功地拟定出来。而且决不应事先保证，由于做了这些工作，在下次苏维埃代表大会上就不会退回去，也就是说，只在军事和外交方面保留苏维埃社会主义共和国联盟，而在其他方面恢复各个人民委员部的完全独立。

应当注意到，拿莫斯科和其他中心城市来说，各人民委员部的分散及其工作不协调的影响，是能够靠党的威信在相当程度上加以克服的，只要十分谨慎和公正地运用这种威信。由于各民族机关和俄罗斯机关没有统一起来而可能给我们国家造成的损害，比起那种不仅给我们，而且给整个国际、给继我们之后不久即将登上历史前台的亚洲几亿人民造成的损害要小得多。如果在东方登上历史前台的前夜，在它开始觉醒的时候，我们由于对我们本国的异族人采取哪怕极小的粗暴态度和不公正态度而损害了自己在东方的威信，那就是不可宽恕的机会主义。必须团结起来反对维护资本主义世界的西方帝国主义者，这是一回事。这是毫无疑问的，不用说，我是绝对赞成这些措施的。要是我们自己即使在小事情上对被压迫民族采取帝国主义态度，从而完全损害了自己反对帝国主义斗争的原则上的真诚性和自己维护反对帝国主义斗争的原则态度，那又是一回事。而世界史的明天，将是这样一个日子，那时已经被唤醒的、受帝国主义压迫的各民族将彻底觉醒，并开始争取自身解放的长期艰苦的决定性的战斗。

列宁：《关于民族或"自治化"问题（续）》，《列宁全集》第 43 卷，人民出版社 1987 年第二版，第 354—355 页。

建个什么样的联盟：斯大林的主张

联合的性质应当是自愿的，完全自愿的，每个民族共和国都应当有退出联盟的权利。因此，自愿原则应当作为签订成立苏维埃社会主义共和国联盟的条约的基础。

斯大林：《关于各独立民族共和国的联合问题》，《斯大林全集》第 5 卷，人民出版社 1957 年版，第 117 页。

有人以为，如果俄罗斯苏维埃联邦社会主义共和国不是作为一个完整的联邦单位加入共和国联盟，而是作为俄罗斯苏维埃联邦社会主义共和国所属的共和国分别加入共和国联盟，也许会更恰当些，显然，这就事先要把俄罗斯苏维埃联邦社会主义共和国分解成几个组成部分才行。我认为这条道路是不合理的，不恰当的，并且是运动进程本身所排斥的。第一、它会造成这样的结果：除了各共和国的联合过程以外，还会有使已建立的联邦分离的过程，就是说，还会有和各共和国已经开始的革命联合过程完全相反的过程。第二、如果我们走这条不正确的道路，那就会造成这样的情况：除了八个自治共和国以外，我们还必须从俄罗斯苏维埃联邦社会主义共和国内分出特殊的俄罗斯全俄中央执行委员会和俄罗斯人民委员会，这就会造成组织上的大变动，这种变动在目前是完全没有必要的和有害的；无论内部状况或外部状况都丝毫没有要求这样做。正因为如此，我认为联盟的主体应该是下面四个共和国：俄罗斯苏维埃联邦社会主义共和国、南高加索联邦、乌克兰和白俄罗斯。

起草联合条约的原则应当是这样的：对外贸易、陆海军、外交、交通、邮电各人民委员部只设立在联盟人民委员会内。财政、经济、粮食、劳动、检查各人民委员部设立在各缔约共和国内。但必须按照联盟中央的相当的人民委员部的指示办事。为了使各共和国的劳动群众在粮食、最高国民经济委员会、财政人民委员部或劳动方面的力量在联盟中央领导下联合起来，这样做是必要的。最后，内务、司法、教育、农业等其余一些人民委员部（总共有六个）因为同各共和国内各族人民的生活方式、风俗习惯、土地规划的特殊形式、法院组织的特殊形式以及语言和文化有直接关系，应当成为独立的人民委员部，受各缔约共和国中央执行委员会和人民委员会领导。这样做是必要的，这是保证各苏维埃共和国内的各族人民有民族发展自由的实际条件。

在我看来，这些原则都应当成为我们各共和国之间最近就要签订的条约的基础。

根据这一点，我提出一个已由全俄中央执行委员会主席团批准的决议草案：

一、认为俄罗斯苏维埃联邦社会主义共和国、乌克兰苏维埃社会主义共和国、南高加索苏维埃联邦社会主义共和国和白俄罗斯苏维埃社会主义共和国联合成苏维埃社会主义共和国联盟是适时的。

二、联合建立在各共和国的自愿平等的原则上，每个共和国都有自由退出共和国联盟的权利。

三、委托俄罗斯苏维埃联邦社会主义共和国代表团会同乌克兰、南高加索共和国和白俄罗斯各国代表团起草共和国联盟成立宣言草案，说明要求各共和国联合成联盟国家的种种情况。

四、委托俄罗斯苏维埃联邦社会主义共和国代表团起草俄罗斯苏维埃联邦社会主义共和国加入共和国联盟的条件，责成该代表团在审查联盟条约时坚持下列各项原则：

（甲）成立相当的联盟立法机关和执行机关；

（乙）陆海军、交通、外交、对外贸易、邮电各人民委员部必须合并；

（丙）各缔约共和国的财政、粮食、国民经济、劳动和工农检查各人民委员部必须服从共和国联盟相当的人民委员部的指示；

（丁）充分保证各缔约共和国内各族人民的民族发展利益。

五、条约草案在提交共和国联盟第一次代表大会以前，必须呈请全俄中央执行委员会主席团批准。

六、授权俄罗斯苏维埃联邦社会主义共和国代表团根据全俄中央执行委员会所批准的联合条件，缔结俄罗斯苏维埃联邦社会主义共和国同乌克兰、南高加索和白俄罗斯各苏维埃社会主义共和国成立苏维埃社会主义共和国联盟的条约。

七、条约必须提交共和国联盟第一次代表大会批准。

斯大林：《论各苏维埃共和国的联合》，《斯大林全集》第 5 卷，人民出版社 1957 年版，第 125—127 页。

1. 认为乌克兰、白俄罗斯、阿塞拜疆、格鲁吉亚、亚美尼亚这几个独立的苏维埃共和国正式加入俄罗斯苏维埃联邦社会主义共和国是适宜的。关于布哈拉、花拉子模和远东共和国的问题留待以后解决，目前只和他们订立有关关税、外贸、外交、军事等方面的条约。

附注：第 1 点中提到的各共和国的宪法中的相应改动，将于苏维埃开会讨论这一问题后着手。

2. 认为将俄罗斯苏维埃联邦社会主义共和国的全俄中央执行委员会、人民委员会和劳动与国防委员会的职权范围扩大到第 1 点中所列举的各共和国中央苏维埃的相应机构是适宜的。

3. 第 1 点中提到的各独立共和国外事（外交和外贸）、军事、铁道和邮电，与俄罗斯苏维埃联邦社会主义共和国的这些事务合并。

4. 粮食人民委员部，劳动人民委员部和国民经济人民委员部正式服从俄罗斯苏维埃联邦社会主义共和国相应人民委员部的指令。

5. 认为第 1 点中提到的各共和国的其他人民委员部，如司法人民委员部，教育人民委员部，内务人民委员部，农业人民委员部，工农检查人民委员部，卫生和社会保障人民委员部，是独立的。

附注：上述各共和国与反革命斗争的机构服从俄罗斯苏维埃联邦社会主义共和国国家政治保卫局的指令。

6. 本决议如果得到俄共中央委员会赞同，将不公布，而作为通令分发各民族共和国党中央委员会，以便在召开全俄苏维埃代表大会以前，先由上述各共和国中央执行委员会或苏维埃代表大会通过，在全俄苏维埃代表大会召开时，再作为这些共和国的愿望予以公布。

> 《斯大林提出的关于俄罗斯苏维埃联邦社会主义共和国与各独立共和国相
> 互关系的决议草案①》（不早于 1922 年 8 月 11 日），《苏联历史档案选编》
> 第 5 卷，社会科学文献出版社 2002 年版，第 329—330 页。

列宁同志！我们已经到了这样的地步：中央和地方关系的现状，即缺乏经济秩序，一片混乱，正在变得忍无可忍，这种现状引发了冲突、怨恨和愤慨，把所谓统一的联邦国民经济变得有名无实，在全俄范围内阻碍一切经济活动，使其处于瘫痪状态。两者必择其一：要么真正独立，那样的话，没有中央干预，有自己的外交人民委员部，自己的对外贸易人民委员部，自己的租让委员会，自己的铁路部门，而且，共同的问题通过对等的谈判，根据协议解决，而俄罗斯联邦全俄中央执行委员会、人民委员会和劳动与国防委员会的决定，各独立共和国不必执行；要么把各苏维埃共和

---

① 即通常所说的斯大林的"自治化"计划。

国真正统一成一个经济整体，把俄罗斯联邦人民委员会、劳动国防委员会以及全俄中央执行委员会的权力正式扩大到各独立国家的人民委员部、中央执行委员会和经济委员会，即以各共和国在诸如语言、文化、法律、内务、农业等方面真正的内部自治来取代有名无实的独立。

应当注意到：

1. 如果正式规定俄罗斯联邦人民委员会、劳动国防委员会和全俄中央执行委员会的决定各独立共和国不一定执行，而这些机构又经常取消各独立共和国中央机构的决定，这会引起后者对莫斯科中央机构"非法行为"的抗议。

2. 在这种情况下，俄共中央一般是在地方中央机构已经发出自己的命令，而这些命令旋即被莫斯科中央机构取消之后才进行干预，这就造成经济工作中的拖延和停滞现象，而且在地方上引起非党群众的不解和共产党员的愤慨。

3. 在四年国内战争期间，由于武装干涉，我们莫斯科不得不在民族问题上表现出自由主义，但是却意外地在共产党人中培养出一些真正彻底的社会独立主义分子，他们要求全部意义上的真正独立，把俄共中央的干预视为莫斯科的欺骗和虚伪。

4. 我们正在经历这样的发展阶段：形式、法律和宪法不能轻视，地方上年轻的一代共产党人不把搞独立投机看做投机，固执地把关于独立的文字当成真的，还固执地要求我们一字不差地落实独立共和国的宪法。

5. 如果我们现在不努力使地方应当在一切基本的问题上无条件地服从中央这种中央和地方相互关系的形式，与实际的相互关系一致起来，就是说，如果我们现在不用形式上的（同时也是实际的）自治取代形式上的（名义上的）独立，那么，一年之后，维护各苏维埃共和国的实际统一将无比困难。

现在的话题是可别"得罪"民族共和国的人，一年以后，话题很可能是可别因此引起党的分裂，因为，"民族"自发势力在地方上的作用对各苏维埃共和国的统一不利，形式上的独立有利于这种作用。实例很多，其中之一是：前不久，格鲁吉亚中央竟然不与俄共中央打招呼就决定，允许奥斯曼银行（英法资本）在梯弗里斯开设分行，这无疑会导致外高加索在财政上屈从于君士坦丁堡（现在，土耳其里拉已经成了统治货币，正在把格鲁吉亚货币和俄罗斯货币排挤出市场），而且中央的果断禁令（在索柯里尼柯夫同志的坚持下通过的）竟在格鲁吉亚民族主义共产党人中引起轩然大波。

我的计划：

1. 关于布哈拉、希瓦和远东共和国（尚未建立苏维埃政权）的问题暂时搁置，即暂不实行自治。

2. 对其他 5 个独立共和国（乌克兰、白俄罗斯、格鲁吉亚、阿塞拜疆、亚美尼亚）宜承认自治，好让这些共和国的中央执行委员会自己自愿地向全俄苏维埃代表大会表明，它们愿意在自治的原则下，加入到与莫斯科更加紧密的经济关系中来（我已经有阿塞拜疆和亚美尼亚两共和国共产党中央希望自治化的申请、格鲁吉亚共产党中央希望保持独立的申请）。

关于确定与边疆区关系的中央委员会会议可能于 23 日或 24 日召开（尚未全部到达）。委员会大多数成员赞成自治，其中也有索柯里尼柯夫同志。

至于美国股东，有消息传开：一些人认为他们可以信赖，另一些人认为他们不可信赖。近日内我将收集准确的信息告知。

附笔：

1. 为备不时之需，给您寄上"假冒的"民族主义者马努伊尔斯基①同志的信并告知您，据说，绝对"不是假冒的"乌克兰人拉柯夫斯基②同志对自治表示反对。

　　　　《斯大林就地方和中央的关系问题致列宁》（1922 年 9 月 22 日），《苏联历
　　　　史档案选编》第 5 卷，社会科学文献出版社 2002 年版，第 340—342 页。

我们认为，中央委员会关于俄罗斯联邦与独立共和国关系问题委员会的决议（已分发中央委员和候补委员）基本是正确的，无疑是可以接受的，只需确切说明主要涉及联盟中央机构的组成和部分涉及其职能的几点。与某些中央委员和与许多当地民族共和国人士的交谈使我们对此确信不疑。据此，我们向中央委员会提出经过某些改动的、对该委员会决定更加准确的说明：

---

①　时任乌克兰共产党（布）中央书记。

②　时任乌克兰共产党（布）中央委员会，乌克兰人民委员会主席。

"1. 认为乌克兰、白俄罗斯、外高加索共和国联邦和俄罗斯联邦之间缔结关于联合成'社会主义苏维埃共和国联盟'而同时为每一个共和国保留自由退出'联盟'的权利的条约是必要的。

2. 认为'联盟'的最高机关是'联盟中央执行委员会',这一委员会由俄罗斯联邦、外高加索联邦、乌克兰和白俄罗斯的中央执行委员会的代表组成,代表人数按各中央执行委员会所能代表的人口分配。

3. 认为'联盟中央执行委员会'任命的'联盟人民委员会',是'联盟中央执行委员会'的执行机构。

4. 加入'联盟'的共和国和联邦的外交人民委员部、对外贸易人民委员部、陆军人民委员部、交通人民委员部和邮电人民委员部同'苏维埃社会主义共和国联盟'相应的机构合并。而'共和国联盟'的各人民委员部在各共和国和联邦中有自己的全权代表以及规模不大的机构。这些全权代表由'联盟'的各人民委员同各联邦和共和国的中央执行委员会协商后指派。

附注:认为吸收各有关共和国代表参加外交人民委员部和对外贸易人民委员部相应的国外代表机构是必要的。

5. 加入'共和国联盟'的共和国和联邦的财政、粮食、国民经济、劳动和检查等人民委员部及其同反革命作斗争的中央机关服从'共和国联盟'相应的人民委员部的指令和人民委员会和劳动国防委员会的决定。

6. 认为加入'联盟'的共和国的其他人民委员部,如司法、教育、内务、农业、卫生和社会保障等人民委员部,是独立的。"

《斯大林等人关于修改文本致俄共（布）全体中央委员和候补委员的信》（不早于 1922 年 9 月 26 日）,《苏联历史档案选编》第 5 卷,社会科学文献出版社 2002 年版,第 352—353 页。

（1）依我看,对委员会决议的第 1 条可以同意列宁同志的建议,把它表述为:"认为乌克兰、白俄罗斯、格鲁吉亚、阿塞拜疆和亚美尼亚各苏维埃社会主义共和国同俄罗斯联邦正式联合成欧洲和亚洲苏维埃社会主义共和国联盟是适宜的（布哈拉、花拉子模和远东共和国暂不正式联合,因为其中前两个不是社会主义共和国,而第三个还没有建立苏维埃政权）。"

（2）列宁同志对第 2 条的修改,即除俄罗斯联邦全俄中央执行委员会之外,建立一个全联邦中央执行委员会,依我看,不应接受,因为莫斯科存在两个中央执行委员会，其中一个看来将代表"下院"，而另一个将代表"上院"，这除了制造冲突和摩擦外，不会有任何好处。我建议用以下修改方案代替列宁同志的方案："与此相应，把俄罗斯联邦中央执行委员会改组成全联邦中央执行委员会，加入共和国联盟的中央机构都必须执行其决定。"我认为，按列宁同志的修改意见所作的其他任何决定都会导致一定要建立俄罗斯中央执行委员会，而把加入俄罗斯联邦的 8 个自治共和国（鞑靼共和国、土库曼共和国等等）排除在外，并宣布这些自治共和国同乌克兰和其他独立共和国一起独立，导致在莫斯科建立两院（俄罗斯院和联邦院），总之，导致深刻的改建，这在当前国内外都无此必要，依我看，在目前情况下，这样做不适宜，至少为时过早。

（3）列宁同志对第 3 条小修改纯属措辞上的修改。

（4）依我看，对第 4 条，列宁同志要求把财政、粮食、劳动和国民经济人民委员部并入联邦的各人民委员部有点"操之过急"。毫无疑问这种"操之过急"将"助长独立分子"而有损列宁同志的民族自由主义。

（5）依我看，列宁同志对第 5 条的修改是多余的。

《斯大林答列宁致加米涅夫的信》（1922 年 9 月 27 日），《苏联历史档案选编》第 5 卷，社会科学文献出版社 2002 年版，第 359—360 页。

这个联盟的基础是联盟成员的自愿联合和法律上的平等。所以要做到自愿和平等，是因为我们的民族纲领是从各民族有成立独立国家的权利（过去叫做自决权）这一点出发的。从这一点出发，我们应当肯定地说，任何民族联盟，任何组成统一国家的民族联合，如果它不以完全自愿为基础，如果各民族自己不愿意联合，那是决不能牢固的。第二个基础是加入联盟的各民族在法律上的平等。这是很容易理解的。现在不谈事实上的平等，这个问题我在后面再谈，因为在先进民族和落后民族之间确立事实上的平等是一件很复杂很艰巨的工作，需要很多年才能完成。我现在谈谈法律上的平等。这种平等表现在：加入联盟的各个共和国，即南高加索、白俄罗斯、乌克兰和俄罗斯苏维埃联邦社会主义共和国这四个共和国都在同样程度上享受联盟的利益，同时也都在同样程度上为了联盟的利益放弃自己的某些独立的权利。如果俄罗斯苏维埃联邦社会主义共和国、乌克兰、白俄罗斯和南高加索共和国都不设立外交人民委员部，那就很明显，撤销各共和国的外交人民委员部而在共和国联盟内设立统一的外交人民委员部，

必然会使这些共和国原有的独立受到同等程度的某些限制。很明显，过去
这些共和国都设有自己的对外贸易人民委员部，现在为了在共和国联盟内
设立共同的对外贸易人民委员部，就把俄罗斯苏维埃联邦社会主义共和国
和其他各共和国对外贸易人民委员部撤销了，这样，这些共和国过去充分
享有的独立就受到了某种限制，但是缩小这种独立是为了联盟的共同利益，
如此等等。有些人提出了一个纯经院式的问题：各共和国在联合以后是否
还是独立的？这是一个经院式的问题。各共和国的独立是要受到限制的，
因为任何一种联合都会使联合者原有的权利受到某些限制。不过每个共和
国都无条件地保留着独立的基本因素，这至少是因为每个共和国都有单方
面退出联盟的权利。

　　总之，在目前，在我们所处的情况下，民族问题的具体形式可归结为
建立各民族经济、外交和军事方面的合作问题。我们应当在这几方面把这
些共和国联合成一个统一的联盟——苏维埃社会主义共和国联盟。目前民
族问题的具体形式可归结为这一点。

斯大林：《俄共（布）第十二次代表大会》，《斯大林全集》第 5 卷，人民
出版社 1957 年版，第 196—197 页。

巩固联合，克服阻碍联合的因素

　　现在来分析一下我们必须用来克服阻碍联合的三个因素——大俄罗斯
沙文主义、各民族事实上的不平等、地方民族主义（特别是当它变成沙文
主义的时候）的手段或方法。在能够帮助我们无痛苦地铲除全部阻碍各民
族接近的旧遗产的手段中，我提出三个来谈谈。

　　第一个手段是采取一切办法使各共和国的苏维埃政权成为人们所了解
和亲近的政权，使它不仅成为俄罗斯的政权，而且成为各民族的政权。为
此就必须不仅使学校，而且使一切机关，一切党的机关和苏维埃机关逐步
民族化，使用群众所懂得的语言，在适合本民族生活习惯的条件下进行工
作。只有在这种条件下，我们才有可能把苏维埃政权从俄罗斯的政权变成
各民族的政权，变成所有共和国特别是那些在经济上和文化上落后的共和
国的劳动群众所亲近、了解和爱戴的政权。

　　第二个能够有助于我们无痛苦地铲除沙皇制度和资产阶级所留下的遗
产的手段，就是共和国联盟各人民委员部应当这样来组织：至少使各个主
要民族在部务会议中都有自己的人参加，造成一种使各个共和国的需要和

要求都能无条件得到满足的环境。

第三个手段是必须在我们的中央最高机关中设立一个能够反映所有的共和国和民族的需要和要求的机关。

我希望你们特别注意最后这一点。

如果我们能在联盟中央执行委员会内设立两个平等的院，第一院由联盟苏维埃代表大会选出，不分民族，第二院由各共和国和各民族地区选出（各共和国的代表人数相等，各民族地区的代表人数也相等），并由共和国联盟苏维埃代表大会批准，我想那时我们的最高机关就能不仅反映所有劳动者的阶级利益，而且反映纯粹民族的需求。这样我们就会有一个能反映共和国联盟境内各民族、各部族和各部落特殊利益的机关。同志们，联盟总共不下 1.4 亿人，其中约有 6500 万是非俄罗斯人，在这种条件下，如果在这里，在莫斯科，在最高机关内没有这些民族派来的代表，没有这种不仅反映整个无产阶级的共同利益，而且反映特殊的独特的民族利益的代表，那就不可能管理这样的国家。同志们，没有这个条件就不可能进行管理。没有这种晴雨表，没有这种能够表达各个民族特殊需要的人，就不可能进行管理。

斯大林:《俄共（布）第十二次代表大会》,《斯大林全集》第 5 卷，人民出版社 1957 年版，第 209—210 页。

有人对我们说，不能委屈少数民族。这是完全正确的，我同意这一点，不应当委屈少数民族。但是如果因此而创造出一种新的理论，说必须使大俄罗斯无产阶级在对过去被压迫民族的关系上处于不平等的地位，——那就是胡说八道了。

斯大林:《俄共（布）第十二次代表大会》,《斯大林全集》第 5 卷，人民出版社 1957 年版，第 214 页。

只有走这条道路，我们才能正确地解决民族问题

总之，民族问题的重要性是由新的国际形势决定的，是由下面的事实决定的：我们必须在这里，在俄国，在我们联邦内正确地模范地解决民族问题，以便给东方的那些重要的革命后备力量做出榜样，从而增强它们对我们联邦的信心和向往。

从内部状况来说，新经济政策的条件，日益猖獗的大俄罗斯沙文主义和地方沙文主义也都使我们不得不强调民族问题的特殊重要性。

其次，我说过，民族问题的实质就是在过去统治民族的无产阶级和过去被统治民族的农民之间建立正确的关系，从这个观点来看，目前民族问题的具体形式就是寻求在共和国联盟内、在统一国家内建立各族人民合作的途径和手段。

其次，我谈过促进这种民族接近的各种因素。我也谈过阻碍这种联合的各种因素。我特别谈到大俄罗斯沙文主义，认为它是一种日益猖獗的力量。这种力量是主要的危险，因为它能破坏过去各被压迫民族对俄罗斯无产阶级的信任。这是我们最危险的敌人，我们必须把它打倒，因为打倒了它就是把某些共和国内过去保存下来的、现在正在发展的民族主义打倒9/10。

其次，我们还面临着一种危险，就是有一些同志会把我们推上给一些民族特权而损害其他民族的利益的道路。我已经说过，我们不能走这条道路，因为它会破坏民族和平，摧毁其他民族群众对苏维埃政权的信任。

其次，我说过，在中央执行委员会内设立第二院是使我们可能最无痛苦地铲除这些阻碍联合的因素的主要手段。关于第二院我在中央二月全会上谈得比较露骨，而在提纲中谈得比较含蓄，目的是使同志们也许有可能找出其他更灵活的方式，找出其他能反映各民族利益的更适当的机关。

结论就是这样。

我认为，只有走这条道路，我们才能正确地解决民族问题，才能高举无产阶级革命的大旗，才能把在未来的无产阶级同帝国主义的搏斗中将起决定作用的重要革命后备力量——东方各国的同情和信任集合在这一旗帜的周围。

斯大林：《俄共（布）第十二次代表大会》，《斯大林全集》第 5 卷，人民出版社 1957 年版，第 212—213 页。

苏联各族人民的相互关系问题，对我们不能不具有头等的意义

关于苏联社会生活变化的情形，如果不说一说还有一方面的变化，那是不完全的。我指的是苏联民族相互关系的方面。大家知道，苏联约有 60 个民族和民族集团。苏维埃国家是多民族的国家。因此很明显，苏联各族人民的相互关系问题，对我们不能不具有头等的意义。

大家知道，苏维埃社会主义共和国联盟，是 1922 年在苏联苏维埃第一次代表大会上成立的。它是根据苏联各族人民平等和自愿的原则组成的。

1924年通过的现行宪法，是苏联第一个宪法。那时，各族人民间的关系还没有得到应有的调整，对大俄罗斯人的不信任心理的残余还没有消失，离心力还继续发生作用。当时必须在这种条件下，在经济、政治和军事互助的基础上调整各族人民的兄弟合作关系，把他们联合成一个多民族的联盟国家。苏维埃政权不能不看到这项事业的困难。它看到了资产阶级国家建立多民族国家的失败经验。它看到了旧奥匈帝国瓦解的经验，但它毕竟进行了创立多民族国家的实验，因为它知道，在社会主义基础上产生的多民族国家，一定能够经得住所有一切考验。

从那时起已经有14年了。为了审查这一实验，这样一个时期已经足够长了。结果怎样呢？过去这一时期，毫无疑义地证明：在社会主义基础上建立多民族国家的实验，是完全成功了。这是列宁的民族政策取得的毫无疑义的胜利。

制造民族纠纷的主要势力即剥削阶级已不存在，培植民族互不信任心理和燃起民族主义狂热的剥削制度已不存在，反对一切奴役而忠实地实现国际主义思想的工人阶级已经掌握了政权，各族人民在经济和社会生活一切方面已经切实实行互助，最后，苏联各族人民的民族文化，即民族形式和社会主义内容的文化，已经有了蓬勃的发展，——所有这些因素以及诸如此类的因素，导致苏联各族人民的面貌发生根本改变，他们中间互不信任的心理已经消失，而相互友爱的感情已经发展，因而建立了各族人民在统一的联盟国家体系中真正兄弟合作的关系。

因此，我们现在有了完全形成的、经住了一切考验的、多民族的社会主义国家，这个国家的巩固，是世界上任何一洲的任何一个单民族国家都比不上的。

这就是过去这一时期苏联各民族相互关系方面发生的变化。

和资产阶级宪法不同，苏联新宪法草案具有深刻的国际主义性质。它的出发点是，一切民族和种族的权利平等。它的出发点是，各民族和种族在肤色或语言、在文化水平或国家发展水平方面的区别，以及其他任何区别，都不能成为替民族不平等现象辩护的根据。它的出发点是，一切民族和种族，不管它们过去和现在的状况如何，不管它们强或弱，都应当在社会一切经济生活、社会生活、国家生活和文化生活方面享受同等的权利。

（1）首先，谈一谈对宪法草案第1条的修改意见。共有四个修改意见。第一个意见主张用"劳动者国家"几字来代替"工农国家"。另一个意见主张把"工农国家"改为"工农和劳动知识分子的国家"。第三个意见主张用"苏联境内所有种族和民族的国家"来代替"工农国家"。第四个意见主张用"集体农庄庄员"或"社会主义农业劳动者"来代替"农"字。

是否应当采纳这些修改意见呢？我认为不应当。

关于苏联各民族和种族也是这样。在宪法草案第 2 章内已经写明，苏联是享有平等权利的各民族的自由联盟。是不是需要在说明苏联社会阶级成分而不是说明苏联社会民族成分的宪法草案第 1 条里，重复这一公式呢？显然不需要。至于苏联各民族和种族的权利，在宪法草案第二、第十和第十一章内都已说明。从这几章可以清楚地看到，苏联各民族和种族，在全国经济、政治、社会和文化生活各方面都享有同等的权利。所以，根本谈不到民族权利会受损害。

　　……

（2）其次，是对宪法草案第 17 条的修改意见。这个意见主张把宪法草案上关于各加盟共和国都保留自由退出苏联的权利的第 17 条全部删去。我认为这个提议是不正确的，因此是代表大会不应当采纳的。苏联是享有平等权利的各加盟共和国的自愿联盟。如果把关于自由退出苏联的权利这一条从宪法上删去，那就违反了这个联盟的自愿性质。我们可以同意这个做法吗？我认为不可以而且不应当同意这样做。有人说，在苏联，没有一个共和国会愿意退出的，所以第 17 条没有实际意义。说在我们苏联没有一个共和国会愿意退出的，这当然是对的。可是绝对不能由此得出结论说，我们不应当在宪法上明文规定加盟共和国有自由退出苏联的权利。同样，在苏联也没有哪一个加盟共和国会愿意压迫另一个加盟共和国。可是绝对不能由此得出结论说，应当把关于各加盟共和国权利平等的一条从苏联宪法上删去。

（3）再其次，有人提议在宪法草案第二章内另外加上一条说：苏维埃社会主义自治共和国在经济和文化发展到相当水平时，可以改为苏维埃社会主义加盟共和国。这个提议可以采纳吗？我认为不应当采纳。这个提议，不仅从内容来说不正确，而且从它的理由来说也是不正确的。把自治共和国改为加盟共和国，不能以该共和国经济和文化的成熟程度为理由；同样，把某个共和国保留为自治共和国，也不能以该共和国的经济和文化落后为理由。如果这样，那就不是马克思主义的态度，不是列宁主义的态度。例如鞑靼共和国还是自治共和国，而哈萨克共和国却成了加盟共和国，但这还不是说，从文化和经济发展方面来看，哈萨克共和国高于鞑靼共和国。实际情况恰巧相反。例如，关于伏尔加河流域德意志人自治共和国和吉尔吉斯加盟共和国，情况也是这样，从文化和经济方面来看，前者高于后者，但前者还是自治共和国。

究竟要具备哪些标志才有根据把自治共和国改为加盟共和国呢？

这种标志有三个。

第一，这个共和国必须在边疆，而不是四周都被苏联领土环绕着。为什么呢？因为如果加盟共和国保留自由退出苏联的权利，那就一定要这个成了加盟共和国的共和国有可能在逻辑上和事实上提出退出苏联的问题。而能够提出这样的问题的，只有同某一外国交界，即不是四周都被苏联领土环绕着的共和国。当然，我们没有哪一个共和国会在事实上提出退出苏联的问题。可是，既然加盟共和国保留退出苏联的权利，那就必须使这个权利不致变成毫无意思的纸上空文。例如，拿巴什基尔共和国或鞑靼共和国来说吧。假定这两个自治共和国改成了加盟共和国。试问，它们能在逻辑上和事实上提出退出苏联的问题吗？不能。为什么呢？因为它们四周都被苏联的共和国和州环绕着，老实说，它们就是要想退出苏联也无处可退。因此，把这些共和国改为加盟共和国是不正确的。

第二，这个民族在用它的名称命名的苏维埃共和国人口中，必须是比较聚居而占多数的。例如拿克里木自治共和国来说吧。它虽然是边疆共和国，但克里木鞑靼人在该自治共和国内并不占多数，反而是占少数。所以，如果把克里木共和国改为加盟共和国，那是不正确的，不合逻辑的。

第三，这个共和国按人口数量来说，必须不是一个很小的共和国，它的人口至少要超过 100 万。为什么呢？因为如果以为人口极少而军队不大的一个小苏维埃共和国，能够指望维持独立国家的生存，那就不正确了。毫无疑问，帝国主义强盗会立即把它抓到手的。我认为，没有这三个客观标志，在目前的历史时期提出把某个自治共和国改为加盟共和国的问题，是不正确的。

（4）再其次，有人提议，把第 22、23、24、25、26、27、28、29 等条

内关于各加盟共和国所属各边疆区和各州行政区域划分的详细记载删去。我认为这个提议也是不能采纳的。在苏联有些人非常喜欢不厌其烦地改变各边疆区和各州的界线，以致在工作中造成混乱和缺乏信心。宪法草案正是要给这些人一个限制。这是很好的，因为在这方面，也象在其他许多方面一样，我们要有自信的气氛，要有稳定性、明确性。

（5）第五个修改意见是关于第33条的。提意见的人认为建立两院制是不适当的，提议取消民族院。我认为这个意见也是不正确的。如果苏联是一个单民族的国家，那么一院制会比两院制好。但是苏联不是单民族的国家。大家知道，苏联是多民族的国家。我们有一个不分民族而代表苏联一切劳动者共同利益的最高机关。这就是联盟院。可是，苏联各民族除了共同利益以外，还有与民族特点有关的各自特有的特别利益。可以忽视这些特别利益吗？不可以。是不是需要一个正是反映这些特别利益的专门最高机关呢？绝对需要。无疑，没有这样一个机关，就无法管理苏联这样一个多民族的国家。这样的机关就是第二院，即苏联民族院。

有人援引欧美各国议会史中的事实，说两院制在这些国家里只有坏处，第二院一般都成了反动的中心，成了前进的障碍。所有这一切都是对的。可是，这些现象所以发生，是因为这些国家里的两院是不平等的。大家知道，第二院往往比第一院有更多的权利，而且第二院照例不是通过民主的方式成立的，往往是用上面指定议员的方式成立的。毫无疑问，如果两院平等，第二院也象第一院那样用民主方式成立，就不会有这种坏处。

（6）其次，有人对宪法草案提出补充，要求两院代表名额相等。我认为这个提议是可以采纳的。据我看来，这个提议有明显的政治上的好处，因为它强调两院的平等。

（7）再其次，有人对宪法草案提出补充，说民族院代表也应当象联盟院代表一样由直接选举产生。我认为这个提议也是可以采纳的。固然，这会在选举方面造成某些技术上的不便。可是，这在政治上有很大的益处，因为它一定会提高民族院的威信。

……

（10）再其次，是对同一条，即第48条的修改意见。主张把苏联最高苏维埃主席团副主席增加到 11 人，使每个加盟共和国有一个副主席。我认为这个意见可以采纳，因为这会改善我们的事业，而且只会巩固苏联最高苏维埃主席团的威信。

斯大林：《关于苏联宪法草案——1936 年 11 月 25 日在全苏苏维埃第八次（非常）代表大会上的报告》，《斯大林文集（1934—1952）》，人民出版社 1985 年版，第 105—108 页。

六　列宁、斯大林论东欧

36. 巴尔干地区

巴尔干事变的实质就是欧洲反革命联盟对付亚洲日益增长的民主运动

最近一个时期，巴尔干事变不仅占满了俄国的政治报刊，而且占满了整个欧洲的政治报刊。欧洲爆发战争的危险曾一度迫在眉睫，现在也还远没有消除，虽然更大的可能是，仅仅叫嚣和空喊一番，而不至于真的爆发战争。

……

但是，所有这些言论都不过是现代欧洲各国反动政府和现代欧洲反动资产阶级卑鄙无耻的资产阶级伪善行为的典型。事实上，无论哪一个自称民主国家的欧洲国家，无论哪一个以民主、进步、自由、激进等等命名的欧洲资产阶级政党，都丝毫不能证明自己真正愿意帮助土耳其革命，真正希望这场革命得到胜利和巩固。相反，它们全都害怕土耳其革命的成功，因为这场革命的成功一方面必然意味着巴尔干各国人民争取独立自主、争取真正民主的意愿日益强烈，另一方面必然意味着波斯革命取得胜利，亚洲民主运动得到新的推进，印度争取独立的斗争得到加强，在与俄国接壤的广阔地区建立起自由制度，从而为阻碍黑帮沙皇政府的政策的推行和促进俄国革命的高涨创造新的条件，如此等等。

目前在巴尔干、土耳其、波斯所发生的事情，其实质就是欧洲列强结成反革命联盟来对付亚洲的日益增长的民主运动。欧洲各国政府的一切努力、欧洲各"大"报的一切宣传，都不过是为了掩饰这个事实，迷惑舆论，用伪善的言辞和外交手法来掩盖欧洲的所谓文明国家为对付文明程度最低却最渴望民主的亚洲国家而组成的反革命联盟。无产阶级在这个关头所采取的政策的全部实质就在于，揭下资产阶级伪君子的假面具，在最广大的人民群众面前揭露欧洲各国政府的反动性，揭露这些政府由于害怕它们国内的无产阶级的斗争而充当或帮助充当对付亚洲革命的宪兵。

围绕土耳其和巴尔干的种种事变，欧洲施展的阴谋诡计极为错综复杂，普通公众都上了外交家的当，因为他们力图把人们的注意力转移到枝节问题、局部问题上面，转移到正在发生的事变的个别方面，力图模糊整个过程的意义。相反，我们的任务，国际社会民主党的任务，恰恰是向人民说明事变的总的联系，说明正在发生的一切事变的基本趋势和背景。

> 列宁：《巴尔干和波斯的事变》（1908 年 10 月 16 日［29 日］），《列宁全
> 集》第 17 卷，人民出版社 1988 年第二版，第 199—200 页。

20 世纪开始以来世界各地发生的事件，引起了战争和革命

俄国工人同志们和全体公民们！

巴尔干爆发了四国反对土耳其的战争。全欧战争迫在眉睫。同政府的一切骗人的辟谣相反，俄国和奥地利正在准备战争。意大利在推行掠夺土耳其领土的政策时愈来愈厚颜无耻。在维也纳和柏林，在巴黎和伦敦，交易所里的惊慌混乱表明，整个欧洲的资本家都不认为欧洲能保持和平。

整个欧洲都想插手巴尔干事件！大家都主张"改革"，甚至主张"斯拉夫人的自由"。而实际上俄国想从土耳其亚洲部分捞一把，占领博斯普鲁斯，奥地利对萨洛尼卡，意大利对阿尔巴尼亚，英国对阿拉伯，德国对安纳托利亚都虎视眈眈。

危机在激化。为几个头顶王冠的强盗的王朝的利益，为处心积虑想掠夺别国领土的资产阶级的利润，数十万以至数百万受资本雇用的奴隶和受农奴主压榨的农民正在去大厮杀。

20 世纪开始以来世界各地发生的事件，加剧了阶级矛盾和国际矛盾，引起了战争和革命，巴尔干就是这一连串事件的总链条中的一环。日俄战争、俄国革命、亚洲一系列革命、欧洲各国互相竞争和敌对的加剧、摩洛哥事态对和平的威胁、意大利出兵掠夺的黎波里——这些事件酝酿了当前的危机。

> 列宁：《告俄国全体公民书》（1912 年 10 月 10 日［23 日］以前），《列宁
> 全集》第 22 卷，人民出版社 1990 年第二版，第 148—149 页。

只有用革命的方法推翻沙皇制度才能保证俄国和整个东欧自由发展

在东欧——在巴尔干、奥地利和俄国，除资本主义高度发展的地区外，我们看到的仍然是封建制度、专制制度以及形形色色的中世纪残余势力对群众的压迫。在亚得里亚海沿岸的波斯尼亚—黑塞哥维那，那里的农民同俄国中部数千万农民一样，直到现在还被农奴主—地主踩在脚下。为了巩

固君主制政权，为了永远奴役各民族，哈布斯堡强盗王朝和罗曼诺夫强盗王朝支持这一农奴制压迫，竭力煽起民族间的仇恨。在东欧，直到现在君主之间还在分割各民族，讨价还价，进行交换，为各自王朝的利益把一个个分割得七零八落的不同民族拼凑成一个个国家，完全象在农奴制下地主分割他们所管辖的农户，把它们拼凑成一个个家庭一样！

建立巴尔干联邦共和国——这是我们的兄弟，巴尔干各国的社会党人为了捍卫民族自决和民族充分自由，以便给广泛开展争取社会主义的阶级斗争扫清道路，向群众发出的号召。

……只有用革命的方法推翻沙皇制度才能保证俄国和整个东欧自由发展。只有在俄国建立共和国的同时在巴尔干建立联邦共和国，才能使亿万人民免遭战祸，并在所谓"和平"时期免受压迫和剥削的苦难。

……巴尔干各国社会党人强烈谴责战争。意大利、奥地利以及整个西欧的社会党人齐心协力地支持他们。我们也要和他们同声谴责战争，更广泛地开展反对沙皇君主制的宣传。

列宁：《告俄国全体公民书》（1912 年 10 月 10 日［23 日］以前），《列宁全集》第 22 卷，人民出版社 1990 年第二版，第 149—152 页。

"巴尔干属于巴尔干人民"——这一口号已经实现

现在，巴尔干问题引起了普遍的注意。这是可以理解的。在整个东欧，人民自己自由地、坚定地表示意见的时刻可能已经来到了。资产阶级"列强"和它们那些极尽耍阴谋、施诡计、互相倾轧之能事的外交家们，现在再也不能玩弄把戏了。

巴尔干人民会说出往日我国农奴常说的那句话："老爷发怒也罢，老爷爱怜也罢，都是最可怕的灾难，可千万别落到我们头上。"的确，欧洲"列强"充满敌意的干涉也罢，貌似友好的干涉也罢，对巴尔干的农民和工人来说，都只意味着在普遍的资本主义剥削之外又增加了阻挠自由发展的各种桎梏。

因此，我们既要反对政府当局的"外交"，也要反对自由派的"外交"。例如，《言语报》的议论就是彻头彻尾的欺骗，它前几天竟然请求"俄国社会"（即资产阶级）记住英国内阁机关报的话：欧洲不能容许在巴尔干出现"恶劣的统治！"《言语报》大声疾呼："我国的外交界不可袖手旁观。"

我们回答说，即使是最"自由主义的"资产阶级的欧洲，除了对腐朽势力和停滞现象的支持，除了给自由增添的官僚主义障碍以外，什么也不会带给巴尔干。正是"欧洲"在阻碍巴尔干联邦共和国的建立。

巴尔干的先进工人和巴尔干的整个民主派把希望完全寄托在群众的觉悟程度、民主精神和自主精神的增长上，而不是寄托在资产阶级外交家的阴谋诡计上，不管这些外交家们用什么自由主义词句来为自己乔装打扮！

> 列宁:《巴尔干人民和欧洲外交》（1912 年 10 月 16 日［29 日］），《列宁全集》第 22 卷，人民出版社 1990 年第二版，第 155—156 页。

土耳其的溃败是毫无疑问的。结成四国联盟的巴尔干国家（塞尔维亚、保加利亚、门的内哥罗、希腊）的胜利是巨大的。这四个国家结成联盟已成事实。"巴尔干属于巴尔干人民"——这一口号已经实现。

那么，世界历史的这新的一章究竟有什么意义呢？

在东欧（奥地利、巴尔干、俄国），严重阻碍社会发展和无产阶级成长的顽固的中世纪制度的残余至今还未消灭。这些残余就是专制制度（不受限制的专制政权）、封建制度（农奴主—地主的土地占有制和特权）和民族压迫。

巴尔干各国觉悟的工人首先提出了用彻底民主的办法解决巴尔干民族问题的口号。这个口号就是：建立巴尔干联邦共和国。由于目前巴尔干各国的民主阶级力量薄弱（无产阶级的人数少，农民闭塞、分散、没有文化），巴尔干君主国的联盟就成了经济上和政治上必不可少的联盟。

> 列宁:《世界历史的新的一章》（1912 年 10 月 21 日［11 月 3 日］），《列宁全集》第 22 卷，人民出版社 1990 年第二版，第 168 页。

在整个东欧，现在只有一个俄国是最落后的国家了

巴尔干民族问题的解决有了重大的进展。在整个东欧，现在只有一个俄国是最落后的国家了。

尽管在巴尔干建立的是君主国的联盟，而不是共和的联盟，尽管这个联盟的形成是由于战争，而不是由于革命，——尽管如此，整个东欧在摧毁中世纪制度的残余方面，还是向前迈进了一大步。民族党人先生们，你们高兴得太早了！这一步是冲着你们来的，因为俄国的中世纪制度的残余保留得最多！

至于西欧，无产阶级正在更加有力地喊出这样的口号：反对任何干涉！

巴尔干属于巴尔干人民！

> 列宁：《世界历史的新的一章》（1912 年 10 月 21 日 ［11 月 3 日］），《列宁全集》第 22 卷，人民出版社 1990 年第二版，第 168—169 页。

塞尔维亚人和保加利亚人的胜利，就意味着马其顿封建统治的垮台

"对马其顿来说，保加利亚和塞尔维亚对它的征服，意味着一场资产阶级革命，意味着一个 1789 年或 1848 年"，——奥地利的马克思主义者奥托·鲍威尔的这句话一针见血地揭示了巴尔干目前事态的主要实质。

......

马其顿同所有的巴尔干国家一样，经济上非常落后，在那里，还保留着大量农奴制、中世纪那种农民对地主封建主的依附关系的残余。这些残余包括：农民向地主交纳代役租（货币或实物），以及对分制（按对分制，马其顿的农民通常把收成的三分之一交给地主，比俄国少些）等等。

马其顿的地主（所谓斯帕吉）是土耳其人，伊斯兰教徒；农民则是斯拉夫人，基督教徒。因此，阶级矛盾由于宗教矛盾和民族矛盾而更加尖锐。

所以说，塞尔维亚人和保加利亚人的胜利，就意味着马其顿封建统治的垮台，意味着农民土地占有者这一比较自由的阶级的形成，意味着巴尔干各国曾经受到专制制度和农奴制关系阻碍的整个社会的发展有了保证。

各种资产阶级报纸，从《新时报》到《言语报》，都在谈论巴尔干的民族解放，却避而不谈经济解放。而实际上，后者恰恰是主要的。

只有彻底摆脱地主和专制制度的压迫，民族解放和民族自决的充分自由才会必然到来。相反，如果地主和巴尔干各君主国对人民的压迫仍然存在，民族压迫也就必然会在某种程度上继续存在。

> 列宁：《塞尔维亚和保加利亚的胜利的社会意义》（1912 年 11 月 7 日 ［20 日］），《列宁全集》第 22 卷，人民出版社 1990 年第二版，第 205—206 页。

欧洲的资产阶级和欧洲的工人对待巴尔干问题的态度根本不同

如果马其顿的解放是通过革命，即通过塞尔维亚、保加利亚和土耳其的农民共同反对所有这些民族的地主（以及反对巴尔干各国的地主政府）的斗争而实现的，那么巴尔干人民为争取解放献出的生命，也许不到现在这场战争所造成的死亡人数的百分之一。这样，为争取解放而付出的代价会轻得多，解放也会彻底很多。

试问，究竟是哪些历史原因使得这个问题是通过战争而不是通过革命解决的呢？主要的历史原因就是：巴尔干各国的农民群众软弱、分散、落后和愚昧，还有工人数量太少，——虽然工人对形势了解得很清楚，并且提出了建立巴尔干联邦（联盟）共和国的要求。

因此，很明显，欧洲的资产阶级和欧洲的工人对待巴尔干问题的态度根本不同。资产阶级，甚至象我国的立宪民主党人这样的自由派资产阶级都在大喊"斯拉夫人"的"民族"解放。这就是直接歪曲巴尔干目前事态的真相和历史意义，给巴尔干各国人民的真正解放事业增添困难。这就是赞成在某种程度上保存地主特权、政治压迫和民族压迫。

工人民主派则相反，只有它才坚决主张巴尔干各国人民的真正的、彻底的解放。只有彻底实现巴尔干各民族的农民在经济上和政治上的解放，才能根本消除一切民族压迫。

列宁：《塞尔维亚和保加利亚的胜利的社会意义》（1912 年 11 月 7 日［20日］），《列宁全集》第 22 卷，人民出版社 1990 年第二版，第 206—207 页。

第三点是关于巴尔干战争、国际形势和俄国的对外政策。

这个最具有现实意义的题目绝不能避而不谈。这个题目包括下列几个问题：

巴尔干战争。俄国工人代表也应该宣布建立巴尔干联邦共和国的口号。反对斯拉夫人同土耳其人互相敌视。争取巴尔干一切民族的自由和平等。

反对其他强国干涉巴尔干战争。必须响应国际社会党代表大会召开时在巴塞尔举行的那种维护和平的游行示威。以战争对付战争！反对一切干涉！保卫和平！这就是工人的口号。

列宁：《关于工人代表的某些发言问题》（1912 年 11 月 11 日［24 日］以后），《列宁全集》第 22 卷，人民出版社 1990 年第二版，第 214 页。

社会民主党党团要响应在巴塞尔国际代表大会上坚决反对战争的全世界工人的呼声。工人要求和平。工人反对对巴尔干事务的任何干涉。只有巴尔干各国人民得到充分的自由和完全的独立，只有建立巴尔干联邦共和国，才能够保证找到摆脱目前危机的最好办法并通过承认一切民族完全平等和有政治自决的绝对权利的途径使民族问题得到真正解决。

列宁：《关于杜马中的工人代表和他们的宣言问题》（不晚于 1912 年 11 月

13 日［26 日］)，《列宁全集》第 22 卷，人民出版社 1990 年第二版，第
220 页。

无产阶级在谈论和平的必要性，资本家在谈论巴尔干战争中的"爱
国"榜样，各谈各的。各有各的喜好。工人证明说，为巴尔干革命所要付
出的牺牲也许不及巴尔干战争的百分之一，却能带来上千倍的更广泛更持
久的民主成果。

资本家——无论是"右派的"还是自由派的资本家直到我国的进步党
人和立宪民主党人，都竭力证明说，你们看，巴尔干的资产者联合起来捞
到了多少多少东西，而如果英国、法国和俄国的资产者联合起来，那就会
"同心协力地"捞到更多更多的东西。

列宁：《不明智的热心》(1912 年 11 月 25 日［12 月 8 日］以前)，《列宁
全集》第 22 卷，人民出版社 1990 年第二版，第 232 页。

巴尔干战争是亚洲和东欧中世纪制度崩溃的事件中的一个环节

巴尔干战争快要结束了。阿德里安堡的攻克，是保加利亚人具有决定
意义的胜利。问题的重心已经完全从战场转移到所谓强国勾心斗角的舞台
上去了。

巴尔干战争是亚洲和东欧中世纪制度崩溃的一系列世界性事件中的一
个环节。建立巴尔干各个统一的民族国家，推翻地方封建主的压迫，使巴
尔干各族农民从地主的桎梏下彻底解放出来，——这就是当时摆在巴尔干
各族人民面前的历史任务。

这项任务，巴尔干各族人民本来可以通过建立一个巴尔干联邦共和国
来完成，这样做比现在要容易十倍，而付出的牺牲也可以比现在少百分之
九十九。如果是在完全、彻底的民主的条件下，就既不可能产生民族压迫
和民族纷争，也不可能因宗教信仰不同而引起争端。巴尔干各族人民也可
以保证得到真正迅速的、广泛的和自由的发展。

是什么历史原因使巴尔干的这些迫切问题要通过由资产阶级和王朝的
利益左右的战争来解决呢？主要原因是巴尔干的无产阶级力量薄弱，其次
是强大的欧洲资产阶级的反动影响和压力。欧洲资产阶级既害怕本国也害
怕巴尔干获得真正自由，它所追求的只是靠牺牲别人来使自己发财致富，
它煽起沙文主义情绪和民族仇恨，以便推行掠夺政策，阻挠巴尔干各被压
迫阶级的自由发展。

巴尔干事件反映出的俄国沙文主义的丑恶程度并不亚于欧洲的沙文主义。

> 列宁：《巴尔干战争和资产阶级沙文主义》（1913年3月29日［4月11日]），《列宁全集》第23卷，人民出版社1990年第二版，第39—40页。

在巴尔干，按照资产阶级民族的方向进行的"国家建设"没有完成

一组东欧国家——俄国、奥地利、土耳其（现在把土耳其在地理上算作亚洲国家而在经济上算作"半殖民地"比较合理）和巴尔干的6个小国，即罗马尼亚、保加利亚、希腊、塞尔维亚、门的内哥罗和阿尔巴尼亚——情况显然与上面所讲的根本不同。其中没有一个国家的民族成分是单纯的！只有巴尔干的那些小国，才可以称为民族国家，但是不要忘记：即使在这些国家中，异族居民也占5%—10%；大批（同该民族总人数相比）罗马尼亚人和塞尔维亚人，住在"自己的"国家以外，总的说来，在巴尔干，按照资产阶级民族的方向进行的"国家建设"，甚至经过可以说是"昨天"的1911—1912年战争也还没有完成。在巴尔干的那些小国中，没有一个象西班牙、瑞典等国那样的民族国家。

> 列宁：《统计学和社会学》（1917年1月），《列宁全集》第28卷，人民出版社1990年第二版，第369页。

当西欧各民族发展成国家的时候，东欧却形成了多民族的国家

东欧的情形却有些不同。当西欧各民族发展成国家的时候，东欧却形成了多民族的国家，即由几个民族组成的国家。奥匈帝国和俄国就是这样的国家。在奥地利，当时政治上最为发展的是德意志人，于是他们就负起了把奥地利各民族统一成一个国家的任务。在匈牙利，最能适应国家组织性的是匈牙利各民族的中坚——马扎尔人，于是他们成了匈牙利的统一者。在俄国，是以历史上形成的强大而有组织的贵族军事官僚为首的大俄罗斯人担负了统一各民族的使命。

东欧的情形就是如此。

只有在封建制度还没有消灭、资本主义还不大发达、被排挤到次要地位的各民族在经济上还没有结合成完整的民族的条件下，才能有这种特殊的国家形成方式。

可是资本主义在东欧各国也开始发展起来了。商业和交通日益发达，大城市相继出现，各民族在经济上逐渐结合起来。资本主义闯进了被排挤的各民族的平静生活中，惊醒了它们，使它们行动起来。报刊和剧院的发展，莱希斯拉特（奥地利）和杜马（俄国）的活动，都加强了"民族意识"。新兴的知识分子充满了"民族思想"，并在这方面进行活动……

但是那些觉醒起来要求独立生活的被排挤的民族已不能形成独立的民族国家了，因为它们在自己的道路上碰到了早已居于国家领导地位的统治民族中的领导阶层极其强烈的反对。它们来迟了！……

奥地利的捷克人和波兰人等等，匈牙利的克罗地亚人等等，俄国的拉脱维亚人、立陶宛人、乌克兰人、格鲁吉亚人和亚美尼亚人等等就是这样形成民族的。在西欧（爱尔兰）是例外的，在东欧却成了通例。

西欧的爱尔兰用民族运动回答了这个例外的情形，东欧已觉醒的各民族也不免要这样回答。

推动东欧各个年轻民族去进行斗争的情况就是这样形成的。

其实，斗争并不是在整个民族和整个民族之间，而是在统治民族的和被排挤民族的统治阶级之间开始并激烈起来的。通常是被压迫民族中的城市小资产阶级起来反对统治民族中的大资产阶级（捷克人和德意志人），或者被压迫民族中的农村资产阶级起来反对统治民族中的地主（波兰的乌克兰人），或是被压迫民族中的整个"民族"资产阶级起来反对统治民族中的执政贵族（俄国的波兰、立陶宛、乌克兰）。

资产阶级是主角。

> 斯大林：《马克思主义和民族问题》（1913 年 1 月），《斯大林选集》（上），人民出版社 1979 年版，第 69—70 页。

不论哪一个地区都不是清一色的单一民族区

无疑地，不论哪一个地区都不是清一色的单一民族区，因为每个地区里都杂居着少数民族。例如波兰有犹太人，立陶宛有拉脱维亚人，高加索有俄罗斯人，乌克兰有波兰人等等。因此，有人就要担心少数民族会受多数民族的压迫。但是只有当国家还保存着旧制度的时候，这种担心才有根据。如果国家具有完备的民主制度，这种担心就失去任何根据了。

> 斯大林：《马克思主义和民族问题》（1913 年 1 月），《斯大林选集》（上），人民出版社 1979 年版，第 114 页。

民族权利不是一个独立自在的问题，是无产阶级革命总问题的一部分

这当然不是说，无产阶级在任何地方和任何时候，在每个具体情况下，

都应当援助任何一种民族运动。这里所说的是要援助目的在于削弱帝国主义、推翻帝国主义，而不在于巩固和保持帝国主义的那种民族运动。有时候，个别被压迫国家的民族运动会和无产阶级运动发展的利益相冲突。不言而喻，在这种情况下是谈不到什么援助的。民族权利问题并不是一个独立自在的问题，而是无产阶级革命总问题的一部分，它服从整体，要求从整体的观点来观察。马克思在十九世纪四十年代拥护波兰人和匈牙利人的民族运动，而反对捷克人和南方斯拉夫人的民族运动。为什么呢？因为当时捷克人和南方斯拉夫人是"反动民族"，是欧洲的"俄国前哨"，是专制制度的前哨，而当时波兰人和匈牙利人确是反对专制制度的"革命民族"。因为当时援助捷克人和南方斯拉夫人的民族运动就是间接援助欧洲革命运动的最危险的敌人沙皇制度。

> 斯大林：《论列宁主义基础》，《斯大林选集》（上），人民出版社 1979 年
> 版，第 239 页。

37. 波兰

在反对资本家阶级的斗争中波兰工人是俄国工人的同志

资本的统治是国际性的。因此，工人只有进行反对国际资本的共同斗争，各国工人争取解放的斗争才会取得成就。因此在反对资本家阶级的斗争中，无论是德国工人、波兰工人或法国工人，都是俄国工人的同志，同样，无论是俄国资本家、波兰资本家或法国资本家，也都是他们的敌人。

> 列宁：《社会民主党纲领草案及其说明》（1895 年和 1896 年），《列宁全
> 集》第 2 卷，人民出版社 1984 年第二版，第 82 页。

攻击那些起来争取自己权利、抵抗厂主专横的和平工人的，是包括警察和军队、宪兵和检察长在内的国家政权的全部力量；反对那些靠自己的几文钱和自己同志——英国工人、波兰工人、德国工人和奥地利工人的几文钱来维持生活的工人的，是答应援助穷苦厂主的国库的全部力量。

工人当时没有联合起来。他们不能进行募捐，不能吸引其他城市和其他工人，他们到处遭到迫害，他们不得不在国家政权的全部力量面前实行让步。于是大臣先生们欢呼政府胜利了！

> 列宁：《告沙皇政府》（1896 年 11 月 25 日［12 月 7 日］以前），《列宁全
> 集》第 2 卷，人民出版社 1984 年第二版，第 98 页。

俄国工人阶级即使得不到其他任何阶级的帮助，也能单独进行经济斗争和政治斗争。但是在政治斗争中工人并不是孤立的。人民毫无权利，强盗官吏横行霸道，也激怒了一切对限制言论自由和思想自由的行为不能容忍的比较正直的知识界人士，激怒了受迫害的波兰人、芬兰人、犹太人和俄国的教派信徒，激怒了受官吏和警察欺压而又无处投诉的小商人、小企业主和小农。所有这些居民集团是无力单独进行坚决的政治斗争的，但是只要工人阶级举起斗争的旗帜，他们就会从各方面向工人阶级伸出援助之手。

列宁：《为〈工人报〉写的文章》（不早于 1899 年 10 月），《列宁全集》
第 4 卷，人民出版社 1984 年第二版，第 163 页。

波兰的同志已经经历过大家都热衷于普遍设立工人储金会这样一个运动的阶段，但是当他们弄清楚这只能使宪兵获得丰收时，他们马上就放弃了这种思想。假使我们想有广泛的工人组织，同时又不愿意遭到广泛破坏，不愿意使宪兵满意，那我们就应当设法使这些组织完全不具有什么固定的形式。

列宁：《怎么办?》（1901 年秋—1902 年 2 月），《列宁全集》第 6 卷，人
民出版社 1986 年第二版，第 112 页。

在 16 年中间，蒸汽发动机马力的数量在俄国增加了两倍，而在欧俄则增加了一倍半。蒸汽机数目增加得较少，因为每一蒸汽机的平均马力大大增加了，在欧俄从 18 马力增加到 24 马力，而在波兰王国则从 18 马力增加到 41 马力。……这些数字清楚地表明波兰和南俄这两个新的工业中心形成了。

列宁：《俄国资本主义的发展》（1895 年底—1899 年 1 月），《列宁全集》
第 3 卷，人民出版社 1984 年第二版，第 465 页。

在波兰地区，五金工人的胜利最为显著，而且一般说来，该地区进行罢工斗争的经济条件对工人最为有利。这里一切工业部门的工人都取得了胜利（在南方，"其他部门工人"遭到了失败，在波罗的海沿岸地区，纺织工人斗争的结果是"平局"：胜利的和失败的都是 1485 人）。在 1912 年下半年，在全俄国，纺织工人一般说来遭到了最严重的失败（43000 人遭到失败，2 万人获得胜利），但是在波兰王国却取得了辉煌的胜利：只有390 人遭到失败，而获得胜利的有 8060 人。

列宁：《1912年五金工人的罢工》（1913年8月24日—10月25日 [9月6日—11月7日]），《列宁全集》第23卷，人民出版社1990年第二版，第410—411页。

波兰农民的竞争力

他（西斯蒙第）要英国农场主相信，他们经不起贫穷的波兰农民的竞争，因为粮食对于波兰农民来说，几乎是一文不值的；此外，他们还受到从黑海港口运去的俄国粮食的更加可怕的竞争。

列宁：《评经济浪漫主义》（1896年8月—1897年3月），《列宁全集》第2卷，人民出版社1984年第二版，第135页。

西斯蒙第继续说："的确，这些农场主很富裕，很有学识，而且得到各种科学成就的大力支持，他们套车的马很漂亮，篱笆很结实，田地上的杂草除得很干净，但是他们经不起没有知识、遭受奴隶制压迫、只能在酗酒中寻找安慰、农业技术尚处于原始状态的可怜的波兰农民的竞争。波兰中部汇集的粮食，在付出数百里约①的水运、陆运、海运运费之后，在付出等于本身价值的30%—40%的进口税之后，仍然要比英国最富庶的郡的粮食便宜。"

列宁：《评经济浪漫主义》（1896年8月—1897年3月），《列宁全集》第2卷，人民出版社1984年第二版，第164页。

1876—1879年的资料是专门为1882年的展览会搜集的；这批资料极为完备，不仅包括农具的"工厂"生产，而且还包括农具的"手工业"生产；在1876—1879年间，欧俄和波兰王国平均每年计有企业340家，但是若按"工厂"统计资料来看，1879年欧俄制造农业机器和农具的工厂至多不过66家（根据奥尔洛夫的1879年《工厂一览表》计算）。

列宁：《俄国资本主义的发展》（1895年底—1899年1月），《列宁全集》第3卷，人民出版社1984年第二版，第193页。

波兰的民族独立应当是无条件的，还是只在某种条件下提出这个要求

罗莎·卢森堡曾经认为波兰独立的要求"不可能实现"（对波兰工人党来说），考茨基在反驳她的时候令人信服地指出这是完全错误的。

列宁：《我们党的纲领草案》（1899年底），《列宁全集》第4卷，人民出版社1984年第二版，第203页。

---

① 里约是法国旧长度单位，约等于4.5公里。

我们纲领中对于民族问题的这个解释，招来了波兰社会党的强烈抗议。在《俄国社会民主党对民族问题的态度》一文（1903 年 3 月《黎明》）中，波兰社会党对于这种"令人惊异的"解释，对于我们"神秘的"自决之"模糊不清"表示愤慨，指责我们是学理主义，是"无政府主义"观点，似乎我们认为"除了彻底消灭资本主义之外，其余什么都与工人无关，因为语言、民族、文化等等都只是资产阶级的虚构"，如此等等。这个论据值得详细地谈一谈，因为它把社会党人中在民族问题上很经常、很普遍的误解几乎暴露无遗了。

……

《黎明》说："如果自由自决这个要求能按它的本义来理解（我们至今是这样来理解的），那我们就满意了。"这就十分明显，违背纲领本义的正是波兰社会党。从形式上看来，它的结论之不合逻辑是肯定无疑的。

但是我们不愿只从形式上来检验我们的解释。我们要直截了当地从实质上提出问题：社会民主党应当永远无条件地要求民族独立呢，还是只在某种条件下提出这个要求？这种条件究竟是什么？波兰社会党在解答这个问题时总是赞成无条件地承认民族独立。因此，它对要求建立联邦制的国家制度、主张"完全地无条件地承认民族自决权"（《革命俄国报》第 18 号《民族的奴役和革命的社会主义》一文）的俄国社会革命党人脉脉含情，我们就一点也不觉得奇怪了。可惜这只不过是一种资产阶级民主主义的空话，它第一百次、第一千次地表明了所谓社会革命党人的所谓党的本性。波兰社会党经不起这种空话的引诱，受到这种叫嚣的迷惑，这证明它在理论认识和政治活动方面同无产阶级的阶级斗争的联系是多么薄弱。

马克思主义者只能有条件地而且只能在上述条件下承认民族独立的要求，这一点如果还需要证明，我们可以援引一位著作家的话，他曾经从马克思主义观点出发卫护过波兰无产者提出的波兰独立要求。1896 年，卡尔·考茨基在《波兰完了吗?》一文中写道："只要波兰无产阶级着手解决波兰问题，他们就不能不主张波兰独立，也不能不欢迎目前在这方面可能采取的每一步骤，因为这种步骤总的说来同正在进行斗争的国际无产阶级的阶级利益是相符的。"

列宁：《我们纲领中的民族问题》（1903 年 7 月 15 日［28 日]），《列宁全集》第 7 卷，人民出版社 1986 年第二版，第 218—220 页。

你们看：考茨基坚决反对无条件地要求民族独立，他不仅坚决要求在一般的历史基础上提出问题，而且正是要求在阶级基础上提出问题。如果我们研究一下马克思和恩格斯对波兰问题的提法，那就会发现，他们一开始就是这样提出问题的。《新莱茵报》曾经用了很大的篇幅来谈波兰问题，它不仅坚决要求波兰独立，而且坚决要求德国为了波兰的自由同俄国作战。然而，马克思同时也抨击过在法兰克福议会主张波兰自由的卢格，因为他只用"可耻的非正义行为"这类资产阶级民主主义的空话解决波兰问题，而不作任何历史分析。……马克思引述了一些特殊的社会条件，由于这些条件，"波兰已经成了俄国、奥地利和普鲁士的革命的部分……甚至波兰小贵族阶级（一部分还站在封建的立场上）也以无比的忘我精神参加民主的土地革命。当德国还在最庸俗的立宪思想和浮夸的哲学思想中徘徊的时候，波兰就已经成了东欧民主的策源地……只要我们〈德国人〉还在帮助压迫波兰，只要我们还把波兰的一部分拴在德国身上，我们自己就仍然要受俄国和俄国政策的束缚，我们在国内就不能彻底摆脱宗法封建的专制政体。建立民主的波兰是建立民主德国的首要条件。"

> 列宁：《我们纲领中的民族问题》（1903 年 7 月 15 日［28 日］），《列宁全
> 集》第 7 卷，人民出版社 1986 年第二版，第 221 页。

波兰社会党枉费心机地把事情说成似乎它同德国或俄国的社会民主党人的不同之处，就在于这两国的社会民主党人否认自决权，否认要求建立自由独立的共和国的权利。并非如此，是他们忘掉了阶级观点，用沙文主义掩盖阶级观点，破坏当前政治斗争的统一，——正是这一点，使我们看不出波兰社会党是真正的工人社会民主党。请看波兰社会党通常对问题的提法吧："……我们只能用波兰脱离俄国的方法来削弱沙皇制度，至于推翻沙皇制度则是俄国同志的事情。"又如："……专制制度消灭以后，我们只会这样来决定自己的命运：使波兰同俄国脱离。"请看，这种即使从恢复波兰独立的纲领性要求看来也是十分奇怪的逻辑引出了多么奇怪的结论。因为恢复波兰独立是民主演进可能产生的（不过在资产阶级之下肯定不会很有保障）结果之一，所以波兰无产阶级不能同俄国无产阶级一起为推翻沙皇制度而斗争，而"只能"用波兰脱离俄国的方法来削弱沙皇制度。因为俄国沙皇制度同德奥等国的资产阶级和政府结成日益紧密的联盟，所以波兰无产阶级就应该削弱同俄国、德国和其他国家的无产阶级（现在波兰无

产阶级正和他们在反对同一种压迫）的联盟。这无非是为了迎合资产阶级民主派关于民族独立的见解而牺牲无产阶级最迫切的利益。

> 列宁：《我们纲领中的民族问题》（1903 年 7 月 15 日［28 日］），《列宁全集》第 7 卷，人民出版社 1986 年第二版，第 224 页。

毫无疑问，血腥的尼古拉的忠臣现在提出这样的口号，对于尼古拉是很有利的。沙皇政府在地主和资本家的支持下，派兵掠夺和奴役加里西亚（更不必说瓜分土耳其等等的条约了）。同样掠夺成性的德国帝国主义者，派兵打退了俄国强盗，不仅把他们赶出了加里西亚，而且赶出了"俄属波兰"。（为了两个集团的利益，成千上万的俄国和德国的工人和农民死于战场。）这样，"没有兼并的和约"这个口号便成了沙皇政府"秘密外交的"神奇"玩物"。他们说，我们受欺侮了，被掠夺了，波兰被人从我们手中给夺走了，我们反对兼并！

扮演沙皇政府奴役的角色，多么合乎《工人晨报》的社会沙文主义者的"胃口"，这从该报第 1 号上的《波兰侨民》一文中看得特别清楚。这篇文章写道："由于过去几个月的战争，在波兰广大人民的意识中产生了要求独立的深切愿望。"在战前，这种愿望当然是没有的！！"在波兰民主派的广大阶层的社会意识中，要求波兰民族独立的群众（显然印错了，应当是：主张，思想等）胜利了……""在俄国民主派的面前，不断地、充分地提出了波兰的问题……""俄国自由派"拒绝对"波兰独立"这些棘手的问题给以直截了当的回答……

当然啦！血腥的尼古拉、赫沃斯托夫、切尔诺科夫、米留可夫及其一伙完全赞成波兰独立，他们现在衷心地赞成波兰独立，因为现在这个口号实际上的含义是打败从俄国手中夺走波兰的德国。请注意，"斯托雷平工党"的创立者在战前是根本反对民族自决的口号、反对波兰有分离的自由的。为了达到替沙皇压迫波兰辩护这一高尚的目的，还抬出了机会主义者谢姆柯夫斯基。而现在，当波兰从俄国手里被夺走的时候，他们又赞成波兰"独立"了（对德国独立，关于这一点他们谦虚地不置一词……）。

社会沙文主义者先生们，你们骗不了俄国有觉悟的工人！你们在 1915 年提出波兰独立和没有兼并的合约这个"十月党人的"口号，实际上是向沙皇政府献媚，沙皇政府正是在现在，在 1916 年 2 月，恰好需要用"没有兼并的合约"（把兴登堡赶出波兰）和波兰独立（对威廉独立，而对尼古拉二世依附）这样一些漂亮动听的话来掩饰它进行的战争。

> 列宁：《论俄国当前的口号：没有兼并的和约和波兰独立》（1916 年 2 月
> 16 日［29 日］），《列宁全集》第 27 卷，人民出版社 1990 年第二版，第
> 277—278 页。

至于恢复波兰的独立，那既是德奥资本家的骗人的把戏，又是高喊所谓波俄"自由"军事同盟的俄国临时政府的骗人的把戏。因为要真正判明所有被兼并地区的人民的意志，就必须撤退军队，自由地征询民意。只有在整个波兰（即不仅在俄国占领区，而且在德奥占领区）和整个亚美尼亚以及其他地区采取这种措施，才能使政府的诺言成为事实。

> 列宁：《俄国社会民主工党（布）第七次全国代表会议（四月代表会议）
> 文献》（1917 年 4 月），《列宁全集》第 29 卷，人民出版社 1985 年第二
> 版，第 370—371 页。

当时，波兰确实是反对沙皇制度的文明堡垒

当时整个波兰，不仅农民而且很多贵族都是革命的。民族解放斗争的传统是如此地有力和深刻，甚至在本国失败之后，波兰的优秀儿女还到处去支援革命阶级，东布罗夫斯基和弗卢勃列夫斯基的英名，同 19 世纪最伟大的无产阶级运动，同巴黎工人最后一次——我们希望是最后一次——不成功起义，是紧密地联系在一起的。当时，不恢复波兰的独立，民主运动在欧洲确实不可能取得完全的胜利。当时，波兰确实是反对沙皇制度的文明堡垒，是民主运动的先进部队。现在，波兰的统治阶级、德奥的贵族地主、俄国的工业金融大亨，都在充当压迫波兰的各国统治阶级的支持者。而德国和俄国的无产阶级，同英勇地继承了过去革命波兰的伟大传统的波兰无产阶级一起，在为自己的解放而斗争。现在，邻国先进的马克思主义者密切地注视着欧洲政局的发展，对波兰人的英勇斗争充满了同情，不过他们也公开承认："彼得堡现在已经成为比华沙重要得多的革命中心，俄国革命运动已经比波兰革命运动具有更大的国际意义。"早在 1896 年，考茨基在赞成波兰社会民主党的纲领中包括恢复波兰的独立要求的时候就有过这样的评语。1902 年，梅林考察了 1848 年以来波兰问题的演进情况，得出了这样的结论："如果波兰无产阶级要在自己的旗帜上写上恢复波兰的阶级国家（关于这一要求，统治阶级本身连听都不愿意听），那就等于演出历史的滑稽剧：对有产阶级来说这是常有的事（如波兰贵族在 1791 年就是

如此），但是工人阶级却不该堕落到这个地步。

这种利益绝对地要求在三个瓜分波兰的国家中的波兰工人义无反顾地同自己的阶级弟兄并肩战斗。资产阶级革命可以建立自由波兰的时代已经一去不复返了；现在，只有通过一场现代无产阶级将在其中砸碎自己身上锁链的社会革命，波兰才有恢复独立的可能。"

> 列宁：《我们纲领中的民族问题》（1903 年 7 月 15 日［28 日］），《列宁全集》第 7 卷，人民出版社 1986 年第二版，第 222—223 页。

现在波兰问题的情况和 50 年前根本不同了

毫无疑问，现在波兰问题的情况和 50 年前根本不同了。但是不能认为现在这种情况是万古不变的。毫无疑问，现在阶级的对抗已经使民族问题远远地退居次要地位了，但是，也不能绝对肯定地说某一个民族问题不会暂时地居于政治戏剧舞台的主要地位，否则就有陷入学理主义的危险。毫无疑问，在资本主义崩溃以前，恢复波兰的独立是不可思议的；但是也不能说绝对没有可能，不能说波兰资产阶级不会在某种情况下站到主张独立这边来，如此等等。俄国的社会民主党决不束缚住自己的手脚。它在自己的纲领中承认民族自决权的时候，把所有的可能性，甚至凡是可能发生的一切情况都估计到了。这个纲领丝毫不排斥波兰无产阶级把建立自由独立的波兰共和国作为自己的口号，尽管这在社会主义以前极少有实现的可能。

> 列宁：《我们纲领中的民族问题》（1903 年 7 月 15 日［28 日］），《列宁全集》第 7 卷，人民出版社 1986 年第二版，第 223—224 页。

和我们推翻专制制度的目的不同，波兰社会党所追求的是俄国的四分五裂，而只要经济的发展使一个政治整体的各个部分更加紧密地结合在一起，只要世界各国资产阶级愈来愈齐心地联合起来反对共同的敌人——无产阶级，支持共同的盟友——沙皇，那么俄国的四分五裂在目前和将来都只能是一句空话。然而，目前在这种专制制度压迫下受苦受难的无产阶级力量的四分五裂，这倒是可悲的现实，这是波兰社会党犯错的直接后果，是波兰社会党崇拜资产阶级民主公式的直接后果。为了假装看不到无产阶级力量的四分五裂，波兰社会党只得堕落到沙文主义的地步，例如，他们对俄国社会民主党人的观点作了这样的歪曲："我们（波兰人）应当等待社会革命，在这以前应该耐心忍受民族压迫。"这简直是胡说八道。……在波兰社会党看来，民族问题只是"我们"（波兰人）同"他们"（德国人、俄国人等等）的对立。而社会民主党人则把"我们"无产者同"他们"资产阶级的对立放在首位。……正因为如此，我们根本不在乎沙文主义和机会主义的攻击，我们要经常地告诉波兰工人：只有同俄国无产阶级结成最亲密无间的联盟，才能满足目前反对专制制度的政治斗争的要求，只有这样的联盟，才能保证政治上和经济上的彻底解放。

我们在波兰问题上所说的话，也完全适用于任何其他民族问题。

> 列宁：《我们纲领中的民族问题》（1903 年 7 月 15 日［28 日］），《列宁全集》第 7 卷，人民出版社 1986 年第二版，第 224—226 页。

波兰和高加索已经树立了进行更高形式的斗争的榜样

波兰和高加索运动的特点是斗争非常顽强，民众使用武器和炸弹的情况比较多。

> 列宁：《莫斯科流血的日子》（1905 年 9 月 27 日［10 月 10 日］），《列宁全集》第 11 卷，人民出版社 1987 年第二版，第 317 页。

当时我们第一次看到了震惊世界的运动，广大工人群众万众一心、团结一致地起来为政治要求而战。但是这个运动在革命性方面还是极不自觉的，在装备和军事准备方面还是很差的。波兰和高加索已经树立了进行更高形式的斗争的榜样，那里的无产阶级已经部分地武装起来，战争具有持久的形式。

> 列宁：《莫斯科的政治罢工和街头斗争》（1905 年 10 月 4 日［17 日］），《列宁全集》第 11 卷，人民出版社 1987 年第二版，第 352 页。

由里加带头，波罗的海沿岸边疆区也参加了这一运动。英勇的波兰重新参加了罢工者的行列，这好像是对敌人的无可奈何的愤怒的一种嘲笑，因为敌人幻想用自己的打击粉碎它，结果只是使它的革命力量锻炼得更加坚强了。

> 列宁：《全俄政治罢工》，《列宁全集》第 12 卷，人民出版社 1987 年第二版，第 2 页。

在这一方面高加索、波兰和波罗的海沿岸边疆区已经走在我们前面了，也就是说这些运动中心的运动对旧的恐怖手段摆脱得最彻底，起义准备得最充分，无产阶级斗争的群众性表现得最明显和最突出。

> 列宁：《俄国的目前形势和工人政党的策略》（1906 年 2 月 7 日［20日］），《列宁全集》第 12 卷，人民出版社 1987 年第二版，第 164 页。

戒严会使士兵中的鼓动工作加强，使民众不再畏惧最"可怕的"镇压形式；波兰和波罗的海沿岸地区的情况，就最有说服力地证明了这一点。

> 列宁：《政府的政策和未来的斗争》（1906 年 9 月 8 日［21 日］），《列宁全集》第 13 卷，人民出版社 1987 年第二版，第 380 页。

波兰资产阶级利用民族压迫和宗教压迫进行投机

在波兰有一个比立宪民主党更右的十足的资产阶级政党民族党（民族民主党），而且这个党在选举中引人注目。要说这种情况是警察的迫害和武力迫害造成的，那是讲不通的。波兰资产阶级老练地利用全体波兰人所受的民族压迫和全体天主教徒所受的宗教压迫来投机，在群众中寻找并且找到了某种支持。至于波兰农民，那就用不着说了。

> 列宁：《彼得堡工人选民团的选举》（1907 年 1 月 30 日［2 月 12 日］），《列宁全集》第 14 卷，人民出版社 1988 年第二版，第 341 页。

在杜马中站在俄国自由派方面的还有波兰"黑帮"，即"民族民主党"，该党采取这种立场不是出于政治信念，而是出于机会主义的考虑。在波兰，他们不择手段地反对革命无产阶级，直到告密、实行同盟歇业和进行暗杀。

> 列宁：《杜马选举和俄国社会民主党的策略》（1907 年 3 月 14 日［27 日］），《列宁全集》第 15 卷，人民出版社 1988 年第二版，第 78 页。

在资本主义高度发达的先进的波兰不存在俄国这样的土地问题

如果同俄国的非俄罗斯部分即波兰和高加索对比一下，就可以再次证明资产阶级不是俄国资产阶级革命的真正动力。在波兰，根本不存在农民革命运动，没有任何城市资产阶级反对派，几乎没有自由派。大资产阶级和小资产阶级结成反动联盟反对革命的无产阶级。所以在那里民族民主党取得了胜利。……在资本主义高度发达的先进的波兰不存在俄国这样的土地问题，根本不存在农民没收地主土地的革命斗争。因此在波兰，革命离开无产阶级便没有牢固的支撑点。那里的阶级矛盾近似于西欧类型。

> 列宁：《杜马选举和俄国社会民主党的策略》（1907 年 3 月 14 日［27 日］），《列宁全集》第 15 卷，人民出版社 1988 年第二版，第 85 页。

考虑到这篇文章是给波兰同志写的，因此在这里作一点说明也许是有必要的。很遗憾，我不懂波兰文，了解到的一些波兰的情况，只是道听途说。因此别人很容易驳倒我，说正是在波兰，整个党遭到失败，是因为从事软弱的游击活动、恐怖活动和一连串的突然行动，而且正是为了起义的传统和无产阶级同农民的斗争（所谓波兰社会党"右派"）。很可能，从这一观点看来，波兰的情况和俄国其他地方的情况确实有很大不同。我不能对这一点下判断。但是我应当指出，除了波兰以外，我们没有在其他地方看见过这种荒谬的、会引起正当的反对和斗争的离开革命策略的现象。这里自然会产生这样的想法：正是波兰在 1905 年 12 月没有发生这样的群众性武装斗争！可是这难道不正是因为在波兰，而且只是在波兰，无政府主义那种"制造"革命的反常的荒谬策略曾经风行一时吗？不正是因为那里的条件不容许开展哪怕是短暂的群众性武装斗争吗？难道这样的斗争传统即十二月武装起义的传统有时不正是克服（克服的办法不是靠陈腐庸俗的小市民说教，而是放弃无目的的、无意义的、分散的暴力行动而采取有目的的、群众性的、为了广泛推动和加紧直接的无产阶级斗争联系而进行的暴力行动）工人政党内部无政府主义倾向的唯一有效手段吗？

列宁：《谈谈对俄国革命的估计》（1908 年 4 月），《列宁全集》第 17 卷，人民出版社 1988 年第二版，第 40—41 页。

俄国不自由，波兰就无法得到自由

马斯洛夫说："波兰同志们，请你们说一句，从被没收的土地上所得的收入应该归波兰议会呢，还是应当交给彼得堡的莫斯卡里？"

多妙的论据啊！连一点煽动的意思也没有！根本没有把土地问题同波兰自治问题混为一谈！

但是我要说，俄国不自由，波兰就无法得到自由。而波兰和俄国的工人如果不支持俄国农民争取土地国有化的斗争，不帮助俄国农民把这一斗争进行到在政治领域和土地关系领域中取得完全胜利，俄国就不会自由。在估计地方公有化和国有化时，应当从俄国中部地区的经济发展和整个国家的政治命运着眼，而不应单从某一民族自治区域的个别特点着眼。没有俄国无产阶级和革命农民的胜利，谈论什么波兰的真正自治和地方自治机关的权利等等，那是可笑的。这是在讲空话。

列宁：《对彼·马斯洛夫的〈答复〉的几点意见》（1908 年 10—11 月），《列宁全集》第 17 卷，人民出版社 1988 年第二版，第 245 页。

波兰语与维护波兰的民族文化

前不久，国务会议否决了在波兰未来的自治机构中使用波兰语的提案。这次违反政府首脑的意志而举行的表决，在关于俄国各统治阶级以及我国国家制度和国家管理的"特点"问题上向我们说明了许多东西。

报刊上已经披露了波兰自治机构使用波兰语问题的久远历史。掌握政权的俄国地主早从 1907 年起就已经同波兰的上层贵族进行了这方面的谈判。商谈过俄国黑帮和波兰黑帮哪怕进行某种程度的合作或者仅仅实现比较和平地相处的条件。—— 而且这一切自然完完全全是为了"民族文化"的利益。

波兰地主一向维护波兰的民族文化，要争得自治机构（而不仅是自治权）和使用波兰语的权利。大俄罗斯地主则维护俄罗斯的民族文化，声明（他们已经掌握了一切，因此无需再争得什么）俄罗斯民族文化是至高无上的，"俄罗斯的"海乌姆地区应当脱离波兰。同时，双方还缔结了反对犹太人的协定，预先把犹太人的"百分比"缩小到一定限度，——使波兰在用黑帮手段迫害和压迫犹太人方面不致落后于俄国。

据报道，是斯托雷平亲自和波兰的贵族、波兰的大地主进行这些谈判的。斯托雷平作了承诺。草案也提出来了。但是……海乌姆地区虽已分离出来，而在波兰自治机构使用波兰语的权利却被我们的国务会议否决了。科科夫佐夫"忠心耿耿地"维护斯托雷平的事业，但是并没有能维护住。国务会议中的右派成员没有跟他走。

> 列宁：《政治教训》（1914 年 3 月 22 日［4 月 4 日］），《列宁全集》第 25 卷，人民出版社 1988 年第二版，第 17—18 页。

而在我们所举的例子里，不是资产阶级，不是反对派，而是最道地的地主们也达成了默契："我们"进一步靠拢斯托雷平，他们给我们自治和使用波兰语的权利。靠拢倒是靠拢了，可是使用波兰语的权利并没有获得。

从这个小小的例子可以得到丰富的政治教训。民族间的斗争在我们眼前变成了两个民族的统治阶级勾结起来对第三个（犹太）民族进行特殊压迫。必须记住，所有的统治阶级，不仅地主，就是资产阶级，甚至最民主的资产阶级都是这样干的。

> 列宁：《政治教训》（1914 年 3 月 22 日［4 月 4 日］），《列宁全集》第 25 卷，人民出版社 1988 年第二版，第 17—18 页。

波兰不能不失去其特殊的革命意义

马克思的这种观点，在 19 世纪第二个三分之一或第三个四分之一的时期是完全正确的，但是到 20 世纪就不再是正确的了。在大多数斯拉夫国家，甚至在其中最落后的国家之一俄国，都掀起了独立的民主运动，甚至独立的无产阶级运动。贵族的波兰已经消失而让位给资本主义的波兰了。在这种条件下，波兰不能不失去其特殊的革命意义。

波兰社会党（现在的"弗腊克派"）在 1896 年企图把适用于另一时代的马克思观点"固定下来"，这已经是利用马克思主义的词句来反对马克思主义的精神了。因此，当时波兰社会民主党人起来反对波兰小资产阶级的民族主义狂热，指出民族问题对于波兰工人只有次要的意义，第一次在波兰创立了纯粹无产阶级政党，并且宣布波兰工人同俄罗斯工人在其阶级斗争中应该结成最紧密联盟的极重要的原则，这些都是完全正确的。

> 列宁：《论民族自决权》（1914 年 2—5 月），《列宁全集》第 25 卷，人民
> 出版社 1988 年第二版，第 262 页。

俄国人民不愿再做波兰的压迫者！

没有忘记自己纲领的俄国社会民主党人的看法不同。他会说：俄国民主派——首先是而且主要是指大俄罗斯的民主派，因为只有他们在俄国始终享有语言的自由——无疑成了受益者，因为俄国现在没有压迫波兰，没有把波兰强留在它的版图内。俄国无产阶级无疑是受益的，因为它现在不再压迫一个它昨天帮助压迫过的民族。德国民主派无疑成了受害者，因为只要德国无产阶级还容忍德国压迫波兰，它就仍然处于一种比奴隶还坏的地位，处于帮助奴役其他民族的打手地位。受益的无疑地只是德国的容克和资产者。

由此可以得出结论：当现在在俄国有人提出"没有兼并的和约"和"波兰独立"的口号时，俄国社会民主党人应当揭穿这是沙皇政府在欺骗人民。因为在当前的情况下，这两个口号意味着企图继续打仗，并且为这种企图辩护。我们应当说：决不因为波兰而打仗！俄国人民不愿再做波兰的压迫者！

那么，怎样帮助波兰从德国压迫下解放出来呢？难道我们不应当帮助吗？当然应当，只是帮助的办法不应当是支持沙皇俄国或资产阶级俄国甚至资产阶级共和的俄国进行帝国主义战争，而应当是支持德国革命的无产阶级，支持那些同休特古姆分子、考茨基及其一伙的反革命工人政党作斗争的德国社会民主党人。不久以前，考茨基特别清楚地证明了自己的反革命性：1915 年 11 月 26 日，他把街头游行示威叫作"冒险行动"（就象司徒卢威在 1905 年 1 月 9 日前说俄国没有革命的人民一样）。而 1915 年 11

月 30 日在柏林举行了万名女工的游行示威!

无论是谁,只要他不是象休特古姆、普列汉诺夫、考茨基那样,而是真诚地想承认民族自由,承认民族自决权,那就应当反对为了压迫波兰而打仗,就应当主张现在受俄国压迫的乌克兰、芬兰等民族有从俄国分离的自由。无论是谁,只要他不愿意在行动上做一个社会沙文主义者,就应当只支持各国社会党内那些公开地、直接地、立即在自己国家内部促进无产阶级革命的人。

不要"没有兼并的和约",而要给茅屋和平,对宫廷宣战;给无产阶级和劳动者和平,对资产阶级宣战!

> 列宁:《论俄国当前的口号:没有兼并的和约和波兰独立》(1916 年 2 月 16 日〔29 日〕),《列宁全集》第 27 卷,人民出版社 1990 年第二版,第 278—279 页。

波兰国家所处的客观条件特殊

毫无疑问,反对自决的荷兰和波兰的马克思主义者是国际社会民主运动中优秀的革命者和国际主义者。但是,正象我们看到的那样,他们的理论上的论断全是一大堆错误,没有一个一般性论断是正确的,除了"帝国主义经济主义",什么也没有!怎么会这样呢?

这决不是因为荷兰同志和波兰同志的主观素质特别差,而是因为他们的国家所处的客观条件特殊。这两个国家(1)在现代大国"体系"中都是孤立无援的小国;(2)在地理上都处于竞争最激烈的、势力强大的帝国主义掠夺者(英国和德国;德国和俄国)之间;(3)这两个国家对过去自己曾经是强盛的"大国"的时代怀念极为强烈,其传统极为深刻:荷兰曾是一个比英国更强盛的殖民大国,波兰曾经是一个比俄国和普鲁士更有文化和更强盛的大国;(4)这两个国家直到现在还保持着压迫异族的特权:荷兰资产者拥有极富庶的荷属印度;波兰地主压迫乌克兰的和白俄罗斯的"农奴",波兰资产者压迫犹太人,等等。

在爱尔兰、葡萄牙(它有一个时期曾被西班牙兼并)、阿尔萨斯、挪威、芬兰、乌克兰、拉脱维亚边疆区、白俄罗斯边疆区及其他许多地方,都找不到由这四个特殊条件结合而成的独特境况。而问题的全部实质正在于这种独特性!当荷兰和波兰社会民主党人用一般论据,即关于一般帝国主义、一般社会主义、一般民主制、一般民族压迫的论据来反对自决时,真可以说他们是错上加错，一错再错。但是，只要一抛开一般论据的这层显然错误的外壳，从荷兰和波兰独特的特殊条件的角度来看问题的实质，他们的独特的立场就是可以理解的而且是完全合乎情理的。可以说（不怕成为奇谈怪论），当荷兰和波兰的马克思主义者口沫飞溅地反对自决时，他们所说的并不完全是他们想要说的，换句话说，他们想要说的并不完全是他们所说的。

我们在提纲里已经举了一个例子。哥尔特反对自己的国家实行自决，但是赞成受"他的"民族压迫的荷属印度实行自决！我们认为，同德国的考茨基、我国的托洛茨基和马尔托夫那种在口头上假装承认自决的人相比，他是较忠诚的国际主义者和较接近我们的志同道合者，这难道有什么奇怪吗？根据马克思主义一般的和基本的原则，无疑有义务为受"我自己的"民族压迫的民族的分离自由而斗争，但是完全没有必要恰恰把荷兰的独立放在首位，荷兰的缺点主要就是狭隘的、守旧的、自私的、愚蠢的封闭性：让全世界都燃烧吧，这与我们无关，"我们"满足于自己过去的猎获和它的极其丰富的"余产"——东印度，其余的事情与"我们"毫不相干！

另一个例子：波兰社会民主党人卡尔·拉狄克，由于在大战爆发之后在德国社会民主党内为国际主义进行坚决的斗争，建立了很大的功绩。他在《民族自决权》一文（载于 1915 年 12 月 5 日《光线》杂志第 3 年卷第 3 期，该杂志由尤·博尔夏特主编，是左翼激进派的月刊，被普鲁士书报检查机关查禁）中，激烈地反对自决。顺便说说，他仅仅引用了荷兰和波兰权威者的话来为自己辩护，并且除了其他的论据以外还提出这样一个论据：自决会助长"社会民主党似乎必须支持争取独立的任何斗争"这种思想。

从一般理论的观点来看，这种论据简直令人气愤，因为它显然不合逻辑：第一，如果不使局部服从整体，那就没有而且也不可能有任何一个局部的民主要求不致被滥用；我们既不必支持争取独立的"任何"斗争，也不必支持"任何"共和运动或反神父运动。第二，没有而且也不可能有任何一个反对民族压迫的提法不带有同样的"缺点"。拉狄克本人在《伯尔尼哨兵报》（1915 年第 253 号）上就曾用过"反对新旧兼并"的提法。任何一个波兰民族主义者都将理所当然地从这个提法中"得出"结论："波兰已被兼并，我反对兼并，也就是说我赞成波兰独立。"记得罗莎·卢森堡在1908年写的一篇文章里发表过这样的意见：用"反对民族压迫"这个提法就够了。但是，任何一个波兰民族主义者都会说，而且完全有权利说，兼并是民族压迫的形式之一，因而，如何如何。

撇开这些一般的论据不谈，拿波兰的特殊条件来说：现在波兰的独立不经过战争或革命是"不能实现"的。如果仅仅为了复兴波兰而赞成全欧战争，那就意味着充当最坏的一种民族主义者，把少数波兰人的利益放在要遭受战争折磨的几亿人的利益之上。可是，例如"弗腊克派"（波兰社会党右派）就正是这样的，他们只是口头上的社会主义者，波兰社会民主党人要比他们正确千百倍。现在，在毗邻的帝国主义大国处于目前这种关系的形势下提出波兰独立的口号，实际上就是追求空想，陷入狭隘的民族主义，忘记了全欧革命或至少是俄国和德国革命这个前提。这就象1908—1914年在俄国把结社自由作为独立口号提出来一样，意味着追求空想，在客观上帮助斯托雷平工党（现在是波特列索夫—格沃兹杰夫工党，其实是一样的货色）。但是，如果把社会民主党纲领中结社自由的要求完全去掉，那就是发疯！

第三个例子，也许是最重要的一个例子。在波兰人的提纲里（第3节第2条末尾）有一段话是反对波兰成为独立缓冲国这种主张的，说这是"一些没有力量的小集团的空想。要是这个主张得以实现，那就意味着建立一个小小的残缺不全的波兰国家，它会成为这个或那个大国集团的军事殖民地，成为它们军事利益和经济利益的玩物，成为受外国资本剥削的地区和未来战争的战场"。这一切如果是用来反对现在提出波兰独立的口号，那是很正确的，因为仅仅波兰一国的革命不会带来任何变化，反而会使波兰群众不去注意主要方面，即他们的斗争同俄国和德国无产阶级斗争的联系。现在波兰无产阶级本身只有同邻国无产者共同进行斗争，反对狭隘的波兰民族主义者，才能帮助社会主义和自由的事业，包括波兰自由的事业，这不是奇谈怪论，而是事实。波兰社会民主党人在反对波兰民族主义者的斗争中的巨大的历史功绩，是不能否认的。

但是，那些从当前时代的波兰特殊条件来看是正确的论据，如果当成一般性的论据，那显然就不正确了。一旦发生战争，波兰就会成为德国和俄国之间的战场，这不能成为反对在两次战争的间隔时期争取更广泛的政治自由（从而也争取政治独立）的理由。关于受外国资本剥削、充当外国利益的玩物的考虑，也是如此。波兰社会民主党人现在不能提出波兰独立的口号，因为作为国际主义派无产者的波兰人，在这方面不可能有任何作为，而只能象"弗腊克派"那样，对帝国主义君主国之一俯首帖耳。可是，俄国和德国的工人将成为兼并波兰的参加者（这意味着教德国和俄国的工人农民去干最卑鄙的野蛮勾当，同意充当残杀异族人民的刽子手）还是波兰将获得独立，这对他们并不是无关紧要的。

当前的状况的确非常混乱，但摆脱这种状况的出路还是有的，这就是所有参加讨论的人都做国际主义者：俄国和德国的社会民主党人要求给波兰以无条件的"分离自由"，而波兰社会民主党人则为大小国家的无产阶级斗争的团结而奋斗，在当前时期或目前阶段不提波兰独立的口号。

> 列宁：《关于自决问题的争论总结》（1916 年 7 月），《列宁全集》第 28 卷，人民出版社 1990 年第二版，第 44—48 页。

法律是一种政治措施，是一种政治。任何政治措施也不能禁止经济。不管波兰具有什么样的政治形式，不管它是沙皇俄国的一部分还是德国的一部分，不管它是自治区还是政治上独立的国家，这都不能禁止或消除波兰对帝国主义列强金融资本的依附和后者对波兰企业股票的收买。

> 列宁：《论面目全非的马克思主义和"帝国主义经济主义"》（1916 年 8— 9 月），《列宁全集》第 28 卷，人民出版社 1990 年第二版，第 140 页。

我们认为，在这方面，蒙古或埃及的农民和工人同波兰或芬兰的农民和工人之间的唯一差别，就在于后者发展程度高，他们在政治上比大俄罗斯人更有经验，在经济上更加训练有素，等等。因此，他们大概很快就会说服本国人民：他们现在仇恨充当刽子手的大俄罗斯人是合乎情理的，但是把这种仇恨转移到社会主义工人和社会主义俄国身上，那就不明智了；经济的利益以及国际主义和民主主义的本能和意识，都要求各民族在社会主义社会中尽快地接近和融合。因为波兰人和芬兰人都是具有高度文化的人，所以他们大概很快就会相信这种说法是正确的，而波兰和芬兰的分离在社会主义胜利以后，可能只实行一个短时期。文化落后得多的费拉、蒙古人和波斯人分离的时间可能要长一些，但是我们要象上面所说的那样，力求通过无私的文化援助来缩短分离的时间。

我们在对待波兰人和蒙古人方面，没有而且也不可能有任何别的差别。宣传民族分离自由同我们组成政府时坚决实现这种自由，同宣传民族的接近和融合，没有而且也不可能有任何"矛盾"。——

——我们确信，任何一个头脑清楚的工人、真正的社会主义者、真正的国际主义者，对于我们和彼·基辅斯基的争论都会这样"想"的。

> 列宁：《论面目全非的马克思主义和"帝国主义经济主义"》（1916 年 8—
> 9 月），《列宁全集》第 28 卷，人民出版社 1990 年第二版，第 161—
> 162 页。

谁也没有象俄罗斯民族那样压迫过波兰人

由于俄国长期的压迫，波兰的政策完全是民族主义的，整个波兰民族充满了向莫斯卡里复仇的思想。谁也没有象俄罗斯民族那样压迫过波兰人。俄罗斯民族充当了沙皇扼杀波兰自由的刽子手。没有一个民族象波兰人那样憎恨俄国，那样不喜欢俄国，因此就产生了一种奇怪的现象。波兰的资产阶级使波兰成了社会主义运动的障碍。哪怕全世界遍地烽火，只要波兰自由就行。这种提法当然是对国际主义的嘲笑。自然，波兰现在是在暴力的控制下，但是波兰民族主义者指望俄国来解放波兰，那是背叛国际。波兰民族主义者把自己的观点灌输给了波兰人民，使他们也有了这种看法。

> 列宁：《俄国社会民主工党（布）第七次全国代表会议（四月代表会议）
> 文献》（1917 年 4 月），《列宁全集》第 29 卷，人民出版社 1985 年第二
> 版，第 424—425 页。

直到现在，波兰的地主和资本家还能蒙骗波兰群众。他们所以能这样做，是因为在沙皇时期波兰是受压迫的，波兰人对"莫斯卡里"仍怀恨在心。但是，波兰是一个遭到极度破坏的国家。你们知道，波兰在帝国主义战争中受到的苦难比其他国家深重得多。俄国军队也好，德国军队也好，都曾多次在波兰的国土上进进出出，整个整个的村庄被毁灭了，而就在这样一个遭到破坏的国家里，地主和资本家试图把局面支撑下来，办法就是靠出卖土地和股票来换取协约国的武器，他们指望能加强自己军队的实力，但是他们自己也不知道是否要打仗。情况就是这样：无论是谁，我们也好，波兰的代表人物也好，都不知道他们是否要打仗。不过为了获得更多的弹药，他们摆出一副想要打仗的架势。那里有许多党派鼓吹必须同布尔什维克打仗。他们说：我们是资本主义国家，同苏维埃俄国不共戴天；不是他们死，就是我们亡。波兰地主就是这样考虑问题的。他们从这样的观点出发，鼓吹同俄国打仗，不惜牺牲自己的利益，牺牲大财主的利益。但是，

波兰的小资产阶级象波兰的无产阶级一样是不想打仗的。因为如果全波兰的小资产阶级想打仗的话，按常理说，当邓尼金占领奥廖尔附近地区的时候，他们是应该帮助他的。结果会怎样呢？邓尼金在俄国是沙皇的将军，是地主，他就会重新推行俄国资本家的那套政策，即克伦斯基同孟什维克和社会革命党人继续推行过的那套政策，也就是不承认小国自治，缔结曾被布尔什维克揭露过的秘密条约（条约规定把君士坦丁堡和达达尼尔交给地主作为他们战胜德国人的报酬）。邓尼金的胜利就会是波兰的失败，因为法国是决不会保护波兰的。

> 列宁：《在俄共（布）莫斯科省第十七次代表会议上关于国际形势和国内经济状况的报告》（1920 年 3 月 13 日），《列宁全集》第 38 卷，人民出版社 1986 年第二版，第 227 页。

我们俄国人应当强调分离的自由，在波兰则应当强调联合的自由

波兰社会民主党的同志们的巨大历史功绩，就在于他们提出了国际主义的口号，他们说：对于我们，最重要的是同其他一切国家的无产阶级结成兄弟联盟，我们决不会去为波兰的解放而战。这是他们的功绩，因此，我们一直认为只有这些波兰社会民主党的同志才是社会主义者。其余的人则是爱国主义者，是波兰的普列汉诺夫们。但是，由于这种特殊的立场，要人们为了拯救社会主义而不得不反对疯狂的病态的民族主义的时候，就产生了一种奇怪的现象：同志们跑来对我们说，我们应当拒绝给波兰自由，拒绝让波兰分离。

为什么我们这些比其他民族压迫着更多民族的大俄罗斯人应当拒绝承认波兰、乌克兰、芬兰的分离权呢？有人建议我们当沙文主义者，因为这样一来我们就可以使社会民主党人在波兰处于有利的地位。我们并不妄图解放波兰，因为波兰人民处在两个有战斗力的国家之间。波兰工人应当这样谈论问题：只有那些认为波兰人民应该获得自由的社会民主党人才是民主主义者，因为在社会党的队伍中不容有沙文主义者；波兰社会民主党人没有对工人这样说，反而说，正因为我们认为同俄国工人结成联盟有利，所以我们反对波兰分离。他们完全有权利这样做。但这些人不想了解，为了加强国际主义，就不需要重复这些话，而是应当在俄国强调被压迫民族有分离的自由，在波兰强调联合的自由。联合的自由是以分离的自由为前提的。我们俄国人应当强调分离的自由，在波兰则应当强调联合的自由。

列宁：《俄国社会民主工党（布）第七次全国代表会议（四月代表会议）文献》（1917 年 4 月），《列宁全集》第 29 卷，人民出版社 1985 年第二版，第 425—426 页。

现在的情形是，比我国工人先进的、文化程度较高的波兰工人，大多数都持有社会护国主义和社会爱国主义的观点。必须等待。这里决不能说劳动群众自决。我们应当宣传这种分化。这点我们已经在做，但毫无疑义，现在不能不承认波兰民族自决。这是很明显的。波兰无产阶级运动和我国一样是向着无产阶级专政前进的，可是前进的方式却不同，在那里，人们恐吓工人说：向来压迫波兰人的莫斯卡里、大俄罗斯人，想在共产主义招牌的掩盖下，把他们的大俄罗斯沙文主义移植到波兰来。共产主义是不能用暴力来灌输的。我向一个优秀的波兰共产党同志说，"你们要用另一种方式去做"；他回答我说."不，我们要做同样的事情，不过要比你们做得好些"。对于这种说法，我根本无法反驳。应当让他们有可能实现这个谦虚的愿望：把苏维埃政权建立得比我们的好些。不能不估计到那里所走的道路的一些特殊性，决不能说："打倒民族自决权！我们只让劳动群众有权自决。"这种自决过程是很复杂很困难的。现在除了俄国，任何地方都没有这种自决，必须预计到其他国家发展的一切阶段，决不要从莫斯科发号施令。

列宁：《俄共（布）第八次代表大会文献》（1919 年 3 月），《列宁全集》第 36 卷，人民出版社 1985 年第二版，第 147 页。

一句话，不管形势对我们怎样有利，还是应该指出，危险，甚至来自外部的危险，还没有完全消除。敌人还在作各种尝试，尤其是法帝国主义还在试图唆使波兰同俄国开战。当然，你们大家从报刊上，从中央执行委员会的决定中，从哥萨克代表大会及其他许多代表大会所作的声明中都已经知道：苏维埃共和国方面已尽了最大的努力来防止这场战争的爆发，我们曾经正式地而且极其友好地向波兰人民提议媾和，我们曾经发表过极其明确的声明，十分庄重地承认波兰国家的独立。我们在军事方面竭力使波兰地主和资本家的意图不能得逞，——说到意图，与其说是波兰地主和资本家的，不如说是法帝国主义的也许更恰当些，因为波兰的地主和资本家受着法国的操纵，对法国负债累累。我们竭力不让这些资本家和地主唆使波兰人民对俄国开战的意图得逞。虽然我们已尽了一切努力，但是往后的事情却不取决于我们。波兰的地主和资本家连自己也不知道他们明天要干什么。波兰的国内形势非常严重，他们正由于自己的阶级地位岌岌可危，一旦感到末日将至，就会进行这种冒险。因此，虽然我们已经取得了许多胜利，但是即使从外部安全的角度来看，我们也还毫无保障。我们应该保持警惕，保持和加强自己的作战准备，才能实现工人阶级面临的任务。假如波兰帝国主义者在法国支持下，无视我们所作的一切努力，还要对俄国开战，进行军事冒险，那他们就必将遭到并且一定会遭到迎头痛击，他们那不堪一击的资本主义和帝国主义整个就会彻底崩溃。

> 列宁：《在莫斯科工人和红军代表苏维埃会议上的讲话》（1920 年 3 月 6 日），《列宁全集》第 38 卷，人民出版社 1986 年第二版，第 206—207 页。

民族问题只有和发展着的历史条件联系起来看才能得到解决

十九世纪中叶，马克思曾主张俄属波兰分离，他是正确的，因为当时的问题是要把较高的文化从破坏它的那种较低的文化中解放出来。当时这个问题不是单纯理论上的问题，不是学院式的问题，而是实践中、实际生活中的问题……

十九世纪末叶，波兰马克思主义者却反对波兰分离，他们也是正确的，因为近五十年来俄国和波兰的关系发生了重大的变化，它们在经济和文化方面接近起来了。此外，在这个时期，分离问题已由实践的问题变成至多只能引起国外知识分子注意的学院式的争论问题了。

当然，并不是说从此就不会出现某种内部和外部的情况，使波兰分离问题重新提上日程。

由此可见，民族问题只有和发展着的历史条件联系起来看才能得到解决。

> 斯大林：《马克思主义和民族问题》（1913 年 1 月），《斯大林选集》（上），人民出版社 1979 年版，第 76—77 页。

苏军进攻华沙时重犯了波兰军队的错误

1920 年波兰军队的错误，如果单从军事方面来说，在于他们忽视了这个规则。这也就是他们一口气打到基辅，然后又不得不同样地一口气退到华沙的原因之一。1920 年苏维埃军队的错误，如果也是单从军事方面来说，在于他们进攻华沙时重犯了波兰军队的错误。

> 斯大林：《答集体农庄庄员同志们》，《斯大林选集》（下），人民出版社 1979 年版，第 256 页。

苏波谈判不包含任何反对德国的东西

路德维希：近来在德国某些政治家中间有一种严重的忧虑，生怕苏联和德国传统的友好政策会被排挤到次要地位。这种忧虑是由于苏联和波兰的谈判而引起的。如果经过这次谈判，苏联对波兰现在疆界的承认成了事实，那么就会使全体德国人民大失所望，因为德国人民直到现在还认为苏联是反对凡尔赛体系的，是不打算承认它的。

斯大林：我知道在德国某些政治家中间有某种不满和担心，生怕苏联在和波兰的谈判中或者在和波兰签订的什么条约中会采取一种意味着苏联承认和保证波兰的领土和疆界的措施。

据我看来，这种忧虑是错误的。我们一向声明我们愿意和任何国家缔结互不侵犯条约。我们已经和许多国家缔结了这种条约。我们公开声明我们也愿意和波兰签订同样的条约。既然我们声明我们愿意和波兰签订互不侵犯条约，那么我们这样做就不是为了讲空话，而是为了真正签订这种条约。我们可以说是特种的政治家。有一些政治家，他们今天答应或者声明一件事，到第二天不是忘记了，就是否认他们声明过的东西，而且竟不觉得难为情。我们是不能这样做的。在国外做的事情，国内必然会知道，全体工人和农民必然会知道。如果我们说的是一套，而做的是另一套，那么我们就会丧失我们在人民群众中的威信。当波兰人声明他们愿意和我们举行关于缔结互不侵犯条约的谈判时，我们自然表示同意并着手进行谈判。

在德国人看来，可能发生的最大危险是什么呢？是对德国人的关系的改变，关系的恶化吗？但这是毫无根据的。我们正如波兰人一样，应当在条约中声明我们将不采取暴力和侵略来改变波兰和苏联的疆界或者来破坏双方的独立。正如我们向波兰人许下这种诺言一样，他们也向我们许下这种诺言。不写下这样一点，即我们两国不打算进行战争来破坏双方的独立或疆界的完整，不写下这一点就不能缔结条约。没有这一点就谈不到什么条约。我们所能做到的至多就是这样。

这是不是承认凡尔赛体系呢？不是的。或者这也许是保证疆界吧？不是的。我们从来没有做过而且永远也不会做波兰疆界的保证人，正如波兰没有做过而且也不会做我们疆界的保证人一样。我们对德国的友好关系仍然和以前一样。这是我坚决相信的。

因此，你所说的忧虑是完全没有根据的。这种忧虑是由某些波兰人和法国人所散布的谣言引起的。如果条约由波兰签了字，当我们把它公布出来的时候，这种忧虑是会消失的。大家将会看到，这个条约并不包含任何反对德国的东西。

> 斯大林：《和德国作家埃米尔·路德维希的谈话》，《斯大林选集》（下），人民出版社 1979 年版，第 306—308 页。

38. 论罗马尼亚、保加利亚、捷克斯洛伐克、塞尔维亚

罗马尼亚政府决不是站在革命方面

然而，罗马尼亚政府决不是站在革命方面，绝不是！不过它还不想屈尊到甘当全俄国人人仇视和蔑视的沙皇警察的地步。它拒绝沙皇的请求。它的所作所为也只是一个"自尊自重的民族的政府"的所作所为。

> 列宁：《俄国沙皇寻求土耳其苏丹的保护以抵御本国人民》（1905 年 6 月 27 日 ［7 月 10 日］），《列宁全集》第 10 卷，人民出版社 1987 年第二版，第 326 页。

罗马尼亚已被出卖给了外国资本家

但是还有尚未同俄国作过战的罗马尼亚这样的国家，还有由军事冒险家集团和剥削阶级统治的波兰这样的国家。我们知道，它们纠集不起足够的力量来反对我们，同时我们也知道，维护和平，尽可能把全部力量用于恢复经济，这对我们来说是最宝贵的，因此我们应当非常非常谨慎。我们可以说，国际政治方面的主要困难已经过去了，但是，如果我们无视敌人有再度侵犯的可能，那就未免太疏忽大意了。当然，弗兰格尔已被我们彻底肃清，罗马尼亚在对它有利的时机都不敢发动战争，现在发动战争的可能性就更小了。但是不应该忘记，罗马尼亚和波兰的统治阶级正濒于绝境。这两个国家已被零打碎敲地或一股脑儿地出卖给了外国资本家。它们负债累累，根本没有能力偿还债务。破产是不可避免的。工农的革命运动日益高涨。在这种情况下，资产阶级政府会轻举妄动，铤而走险，这在过去是屡见不鲜的。所以，就是现在也不能不估计到敌人发动新的军事侵犯的可能性。

> 列宁：《在全俄服装工业工人第四次代表大会上的讲话》（1921 年 2 月 6 日），《列宁全集》第 40 卷，人民出版社 1986 年第二版，第 321 页。

宣告成立农民共和国的保加利亚非常了不起

象保加利亚这样的国家似乎是不会使英美帝国主义这样的巨人感到可

怕的。但是这个又弱又小、完全不能自助的国家的革命，却使得英国人和美国人惊慌失措，提出了形同占领的停战条件。现在，在这个以宣告成立农民共和国的国家，在索非亚这个重要的铁路枢纽站，所有的铁路都被英美军队占领。他们要同这个小小的农民共和国进行斗争。从军事上看，这易如反掌。那些抱着资产阶级即旧统治阶级的观点，从旧的军事关系看问题的人，都不以为意，一笑置之。区区保加利亚在英美的军队面前算得了什么？从军事上看，确实算不得什么，但从革命观点看，却非常了不起。这不是在殖民地，可以随随便便把被征服者成百万地屠杀。英国人和美国人认为，这不过是在野蛮的非洲人中间建立秩序，传播文明和基督教罢了。但这不是中非洲。不管他们在保加利亚的军队多么强大，他们的士兵一遇到革命就会土崩瓦解。

> 列宁：《在全俄工人、农民、哥萨克和红军代表苏维埃第六次（非常）代表大会上的两次讲话》（1918 年 11 月上旬），《列宁全集》第 35 卷，人民出版社 1985 年第二版，第 156 页。

奥地利的捷克人以分离主义者的姿态出现

在国际工人运动中，分离主义问题在 1910 年哥本哈根代表大会上提得特别尖锐。奥地利的捷克人以分离主义者的姿态出现，破坏了捷克工人和德意志工人的原先的统一。哥本哈根国际代表大会一致谴责了分离主义，但遗憾的是，捷克人直到现在还是分离主义者。

捷克分离主义者感到在无产阶级国际中处境孤立，长期以来在徒劳无益地寻求同道者。现在他们总算找到了，这就是崩得分子和取消派。分离主义者出版的德文小杂志《捷克斯拉夫社会民主党人》在第 3 期（1913 年 4 月 15 日在布拉格出版）上刊登了一篇题为《向好的方向转变》的文章。这种似乎是向"好的方面"的"转变"（实际上是向分离主义转变），捷克分离主义者是从……读者，您以为是从什么地方？……是从取消派的《我们的曙光》杂志中，是从崩得分子弗·科索夫斯基的文章中看出来的！

捷克分离主义者在无产阶级国际中终于不孤立了！他们甚至乐于抓住取消派，乐于抓住崩得分子，这是不难理解的。但是俄国所有的觉悟工人都应该好好想一想这一事实：受到国际一致谴责的捷克分离主义者正在抓住取消派和崩得分子的衣襟不放。

只有象高加索那样长久而成功地把各族工人完全统一起来（在各地，

自下而上），才符合工人运动的利益和任务。

> 列宁：《俄国的分离主义者和奥地利的分离主义者》（1913 年 4 月 26 日
> [5 月 9 日]），《列宁全集》第 23 卷，人民出版社 1990 年第二版，第
> 106—107 页。

反对苏维埃政权的根本不是捷克斯洛伐克人，而是他们的反革命军官

因此，目前反革命势力想趁俄国人民疲惫不堪、遭受饥荒的机会，作颠覆苏维埃政权的最后尝试。

现在他们抓住了捷克斯洛伐克人，应该说，捷克斯洛伐克人根本不反对苏维埃政权，反对苏维埃政权的不是捷克斯洛伐克人，而是他们的反革命军官。帝国主义想靠这些军官把俄国拖进正在继续进行的世界大屠杀。

> 列宁：《在索科利尼基俱乐部群众大会上的讲话》（1918 年 6 月 21 日），
> 《列宁全集》第 34 卷，人民出版社 1985 年第二版，第 402—403 页。

这就是西伯利亚盛产粮食的省份由于捷克斯洛伐克军的暴动现在同我们失去联系的基本原因之一。但是，我们十分了解，是什么力量促成了这次暴动。我们清楚地知道，捷克斯洛伐克士兵对我们的军队、工人和农民的代表们说：他们不愿意同俄国和俄国苏维埃政权作战；他们只想手持武器冲到边境去，可是领导他们的，还是那些为英法的金钱工作、受投靠资产阶级的俄国社会主义叛徒支持的昨天的将军、地主和资本家。

> 列宁：《莫斯科工会和工厂委员会第四次代表会议文献》（1918 年 6 月），
> 《列宁全集》第 34 卷，人民出版社 1985 年第二版，第 413—414 页。

对于塞尔维亚来说，战争是两种政治的继续

当前这场战争的民族因素仅仅表现在塞尔维亚反对奥地利的战争（这一点在我们党的伯尔尼会议的决议中已经指出过）。只有在塞尔维亚和在塞尔维亚人那里，我们才看到进行多年的、有几百万"人民群众"参加的民族解放运动，而当前塞尔维亚反对奥地利的战争就是这一运动的"继续"。假定这个战争是孤立的，就是说它同全欧的战争，同英、俄等国的自私的掠夺的目的没有关系，那么一切社会党人都应当希望塞尔维亚的资产阶级获胜——这就是从当前的战争的民族因素中得出的唯一正确的、绝对必需的结论。

……对于塞尔维亚来说，即对于当前这场战争的百分之一左右的参加者来说，战争是资产阶级解放运动的"政治的继续"。对于百分之九十九

的参加者来说，战争是帝国主义资产阶级，即只能腐蚀各民族而不能解放各民族的已经衰朽的资产阶级的政治的继续。三协约国"解放"塞尔维亚，其实是在把塞尔维亚的自由出卖给意大利帝国主义，以换取它对掠夺奥地利的帮助。

列宁：《第二国际的破产》（1915 年 5—6 月），《列宁全集》第 26 卷，人民出版社 1988 年第二版，第 252—253 页。

后　记

　　《马克思、恩格斯、列宁、斯大林论俄国—苏联和东欧中亚》一书经过编者和编辑们历时几年的努力，终于付梓。回顾这段经历，苦辣酸甜，皆浸于心。

　　本书是在中国社会科学院有关领导的亲自关怀和指导下启动并由研究所立项的。研究所的几任领导对项目的执行给予了大力支持和热情帮助。孟庆海书记和邢广程所长，晋保平书记和吴恩远所长等所领导，在项目落实、人员组成、经费支持等方面亲自过问，为项目推进排忧解难。科研处冯育民处长也为项目初期成果的推介给予了周到细致的帮助。

　　参与本书编辑的有王桂香（论俄国部分）、刘显忠、张文莲、王伟（论苏联部分）、周伟（论东欧部分）等同志，他们从阅读原著、摘选段落、编辑校对各个环节，尽心尽力，克服种种困难，表现出的责任心与实干精神让人平生敬意。此外，瞿晓明、张雪、王游同学，也为本书的校对付出了辛勤的劳动。院马工程办、评议专家和出版社的田文编辑等，为本书的把关荐策，精心编辑，付出了大量心血。

　　本书历经数年，编辑过程数遇周折，尽管常备揣揣之心，难免尚存疏漏之处，谨望读者不吝赐教。

吴　伟

2013 年 7 月于北京